L'AME

ET

LA PHYSIOLOGIE

PAR

LE P. J. DE BONNIOT

DE LA COMPAGNIE DE JÉSUS

PARIS

RETAUX-BRAY, LIBRAIRE-ÉDITEUR

82, RUE BONAPARTE, 82

1889

L'AME

ET

LA PHYSIOLOGIE

D

L'AME

ET

LA PHYSIOLOGIE

PAR

LE P. J. DE BONNIOT

DE LA COMPAGNIE DE JÉSUS

PARIS

RETAUX-BRAY, LIBRAIRE-ÉDITEUR

82, RUE BONAPARTE, 82

—

1889

OUVRAGES DU MÊME AUTEUR

PRÉFACE

Il y a longtemps qu'on l'a remarqué, l'esprit scientifique n'est pas la même chose que le génie des langues. Les Grecs, qui n'étaient pas savants, appelaient du nom de *physiologie* la science de la nature, et il faut avouer que l'expression était assez fidèlement appliquée à l'idée. Nos contemporains sont certainement bien supérieurs aux Grecs dans la hiérarchie du savoir; aussi usent-ils des mots de manière à désespérer l'étymologie. La *physiologie* est pour eux l'*étude des fonctions des organes vivants.* La disproportion entre le mot et la chose est vraiment excessive. Mais, en pareille matière, il suffit qu'on soit prévenu.

C'est de la physiologie des modernes, on le comprend, que nous voulons nous occuper, et ce n'est pas sans motif, on le verra plus loin, si l'on veut bien nous faire l'honneur de nous lire.

La fonction d'un organe n'est pas une entité surajoutée à l'organe, comme un cheval à une voiture, c'est l'organe, en tant qu'il est capable d'agir, et son acte n'est pas autre chose que l'organe en tant qu'il agit. Le physiologiste remonte de l'acte à la fonction : il faut connaître ce qui est pour savoir ce qui peut être. L'observation de l'organe agissant, tel est l'objet immédiat de la physiologie, et la détermination du mode suivant lequel l'organe agit, son objet définitif. Inutile d'entrer dans le détail des procédés que cette étude comporte, d'expliquer comment elle appelle à son secours la physique, la chimie, l'anatomie, employant tour à tour le scalpel, la cornue, le microscope, la balance; comment elle isole les organes, en provoque le jeu : une seule chose nous importe en ce moment, et elle est indubitable, c'est que la physiologie, en définitive, n'a qu'un instrument, le sens externe. Elle regarde, elle palpe, elle écoute, elle flaire, elle goûte; elle s'exerce exclusivement sur un objet matériel, étendu, coloré, quelquefois sonore, odorant et sapide. Mais cela n'empêche pas les physiologistes de faire fréquemment des excursions dans le domaine de la psychologie, tout en croyant rester sur leurs propres terres.

La pensée est à proprement parler l'exercice de l'intelligence. Les physiologistes donnent à la signification de ce mot plus d'étendue. La pensée est pour eux l'ensemble des phénomènes *psychologiques*, c'est-à-dire de ces états particuliers de l'âme que chacun de nous connaît si bien et qui se révèlent à tout instant dans nos paroles, lorsque nous disons : Je sens, je connais, je veux. Qu'il nous soit permis de parler ici la langue des physiologistes, pour la commodité de la discussion.

La pensée offre un caractère fort remarquable : elle ne peut tomber sous les sens. Qui a jamais touché, vu, entendu, goûté, flairé une sensation, une idée? Y a-t-il rien de plus absurde qu'un désir sonore, coloré, liquide, gazeux, solide, chaud ou froid? Il semblerait donc que l'étude de la pensée, c'est-à-dire des phénomènes psychologiques, dût être soustraite à la physiologie. Tel n'est point l'avis des physiologistes. Ces savants réclament à grands cris l'homme tout entier. Il n'y a pas, disent-ils, de différence radicale entre les phénomènes qui s'accomplissent dans le sujet humain. Un organisme vivant n'a pas deux manières d'agir, ses actions sont de même ordre, dans le cerveau comme dans le foie, mouvements matériels des deux côtés. Les sécrétions du foie sont du ressort de la physiologie, tout le monde en convient; donc tout le monde doit convenir que la pensée, c'est-à-dire la fonction du cerveau rentre dans

la même condition. La psychologie, science de
rêveurs, n'a rien à démêler en ces matières.

Cette prétention, qu'on veuille bien le remarquer, n'est pas le propre des matérialistes et
des positivistes. Parmi les savants qui ont un
nom, peut-être en est-il fort peu qui ne *croient*
pas à l'âme. Mais, pour le plus grand nombre,
l'âme n'a rien de *scientifique*, ce qui veut dire
qu'elle échappe à la grosse expérimentation par
le scalpel, la balance et la cornue; et, pour ce
beau motif, on étudie ses phénomènes comme
si elle n'existait pas. Au point de vue de la
méthode, il semble qu'il n'y a que des matérialistes. L'âme à son tour est devenue une hypothèse inutile, du moins dans la démonstration.

Les écoles de médecine sont la source d'où le
matérialisme s'est répandu sur notre pays. Il
n'y a pas lieu de s'en étonner. La méthode, je
ne dis pas *physiologique*, mais des *physiologistes*,
est le germe qui contient cette affection pernicieuse de l'âme. Les jeunes gens qui fréquentent
les amphithéâtres en sont les premiers atteints.
Rien de plus naturel : ils ont pour tout préser-
vatif le savoir philosophique du bachelier ès
lettres. Leurs maîtres, hélas! qui sont passés,
comme eux, de la salle académique sur les bancs
de l'amphithéâtre, puis, comme quelques-uns
d'entre eux le feront un jour, des bancs de
l'amphithéâtre dans la chaire du haut de laquelle

ils leur distribuent maintenant le savoir qu'ils
possèdent, leurs maîtres n'en savent pas plus
qu'eux. Ils en savent moins : les manipulations
ont usé en partie le peu qu'ils savaient. Ce n'est
pas moi qui le dis. Un homme peu suspect et
qui a pu les étudier de près, M. Vacherot, ne
craint pas d'écrire, avec l'attention polie de désigner les savants par la science qu'ils profes-
sent : « N'ayant guère pour toute science du
moral que les seules notions que la psychologie
animale peut donner, elle (la physiologie) s'en
tient aux grands traits, pour ne pas dire aux
gros traits de la nature humaine, c'est-à-dire à
ceux qui lui sont communs avec l'animalité (1). »
M. Vacherot est peut-être encore trop généreux :
on ne connaît bien l'animal qu'en le comparant
et l'opposant à l'homme bien connu. M. Tissot
écrit de son côté : « Les physiologistes sont
malheureusement si peu psychologues, qu'ils
ont rarement distingué ce qui doit l'être, et que
leur méthode, leur classification et leur vocabu-
laire, en ce qui touche les phénomènes spirituels, laissent considérablement à désirer... De
là des faits qu'ils croient avoir observés chez les
animaux, et qui n'en sont que l'apparence, tels
que la comparaison, le jugement, la généralisation, l'induction, la déduction... Ils confondent

---

(1) *La Science et la Conscience*, p. 20.

tout, depuis la conception jusqu'à la sensation (1). »

L'insuffisance de la physiologie est donc incontestable. Peut-être sa confiance en elle-même
ne l'est pas moins, c'est du reste un défaut de
jeunesse ; la physiologie n'est pas encore adulte.
On conçoit quels effets regrettables doivent
produire toutes ces causes réunies : *Inde mali
labes.*

Mais qu'importe après tout, si les physiologistes ont la vérité pour eux? Périsse le spiritualisme, périsse la morale, périsse l'humanité,
périsse l'univers, si la vérité le demande! Les
droits de la vérité sont supérieurs à tout. — La
vérité n'est pas si dangereuse. Cherchons-la
avec une entière bonne foi, c'est-à-dire avec un
désir sincère de la trouver. Examinons les faits
et les théories. On verra que le spiritualisme,
la morale, l'humanité et l'univers n'ont rien à
redouter de cette étude.

Mais il ne sera pas inutile de dire, avant
d'entrer en matière, que nous voulons rendre
service aux savants eux-mêmes. La science,
pour les savants, est expérimentale, et n'est
que cela. En dehors de l'expérience, il peut y
avoir foi, crédulité, il n'y a jamais certitude. Il
suit de là que les sens sont l'unique source de

_____
(1) *La Vie dans l'homme,* t. I, p. 318.

la vérité, de la science. Ébranler le témoignage des sens, c'est donc ébranler la science, c'est la détruire, car une science qui chancelle n'est plus science. Or, ici, l'attitude des savants est vraiment plaisante. Les sensations, unique fondement de cette science, qui est devenue pour eux un fétiche, ils ont pris à tâche d'en ruiner toute l'autorité. Ils en font de purs phénomènes cérébraux sans rapport avec le monde extérieur, de telle sorte que tout ce qu'ils prétendent savoir n'est plus qu'hypothèse et rêverie. N'est-ce pas leur rendre service que de leur démontrer qu'ils se trompent! Qu'il nous soit permis d'essayer cette démonstration.

LIVRE PREMIER

LES FACULTÉS DE LA CONNAISSANCE

~~~~~~~

CHAPITRE PREMIER

LES DONNÉES DE LA PHYSIOLOGIE

§ I. — *Notions d'anatomie sur le système nerveux.*

Il est indispensable, si l'on veut comprendre le langage d'une science, d'avoir au moins quelques notions générales du sujet dont elle s'occupe. Nous ne pouvons donc parler de la physiologie de la pensée, sans dire d'abord quelque chose de ce qui est, d'après les physiologistes, l'organe propre, et, d'après nous, la condition matérielle de la pensée, sans présenter un aperçu rapide du système nerveux cérébro-spinal. L'organisme comprend deux systèmes nerveux. L'un préside aux fonctions végétatives, c'est celui qu'on appelle le système du *grand sympathique;* il n'a pour nous présentement aucun intérêt. L'autre, bien plus important, a son siège principal dans le crâne, d'où il se distribue par l'épine dorsale dans tout le corps. C'est de celui-ci que nous devons nous occuper. Nous tâcherons d'être aussi clair et aussi bref que possible.

Deux éléments constituent le système nerveux : les tubes ou filaments et les cellules.

1

On distingue dans chaque filament, dit M. Gratiolet, « une *gaîne tubulaire* finement striée dans le sens de sa longueur et un *axe central* que revêt peut-être une membrane pellucide. Cet axe est un tractus de matière diaphane sans organisation appréciable et semblable à un fil de cristal ». Son diamètre varie entre un et deux centièmes de millimètre.

Les cellules, de configuration très variable, sont constituées par une membrane enfermant un liquide visqueux diversement coloré. Dans ce liquide est un *noyau*, et le noyau contient un ou deux *nucléoles*. Il y a de petites et de grosses cellules; six centièmes de millimètres mesurent celles-là; celles-ci s'étendent jusqu'à un dixième.

En s'associant, les tubes nerveux constituent les *nerfs* ou *cordons nerveux*, et les cellules, les *ganglions*.

Les nerfs, qui, par l'une de leurs extrémités, s'enchaînent aux centres nerveux, et, par l'autre, plongent dans les organes, comptent à leur partie moyenne jusqu'à vingt-deux mille filaments ou tubes. Tout filament offre ce caractère particulier et fort important qu'il ne se confond jamais avec un autre filament qu'il rencontre en son parcours. Il chemine à côté, le croise, ou s'en sépare, conservant toujours son indépendance. Les cordons nerveux, au nombre de quarante-trois paires, s'insèrent les uns dans l'encéphale, les autres dans la moelle épinière. Ceux-ci pénètrent dans la moelle par deux racines, l'une antérieure et l'autre postérieure. Cette particularité est digne d'attention, parce qu'elle a été le point de départ de toute la physiologie des cordons nerveux.

Les cellules se groupent de diverses façons. Elles restent quelquefois indépendantes. D'autres fois elles émettent des *rayons* plus ou moins nombreux, qui, passant des unes aux autres, forment des réseaux très compliqués.

La moelle épinière est comme une longue tige contenue dans le canal formé par les vertèbres dorsales et projetant régulièrement à droite et à gauche des rameaux qui sont les cordons nerveux. Elle se compose de fibres et de cellules. Les relations des cordons nerveux avec les éléments de la moelle ne sont pas encore bien déterminées; on admet que les cellules de la moelle font communiquer les deux racines de chaque nerf entre elles par plusieurs de leurs rayons, et avec le cerveau par d'autres. L'anatomie n'a pas encore dit ici son dernier mot.

Elle ne l'a point dit non plus au sujet de l'encéphale, et sans doute elle ne le dira pas de longtemps. Il n'est peut-être rien dont l'étude soit entourée de plus de difficultés. Dans le cerveau, les fibres s'enlacent, s'entrecroisent, s'enroulent, se déploient, se ramifient, se resserrent, s'épanouissent, enveloppant et enchâssant les cellules distribuées en groupes différents, de mille façons diverses, et toujours de manière à défier l'observation la plus attentive et la plus patiente. C'est un dédale où l'anatomie fait, pour se diriger, des efforts prodigieux, et en grande partie inutiles. Elle a remarqué les carrefours les plus saillants avec quelques avenues, et les a nommés. Pour passer de l'un à l'autre, elle ne suit pas les circuits qui les relient : elle ne les connaît pas; elle se transporte par le dehors dans les régions principales de ce labyrinthe incomparable. Tel le fils de Métion, à l'aide des ailes qu'il s'était fabriquées, voltigeait au-dessus du labyrinthe construit par lui-même.

Il n'est cependant pas impossible de se faire de la partie capitale du système nerveux une idée suffisante à notre étude. La chose me semble même facile, si l'on veut s'aider de quelque comparaison.

Nous avons dit que la moelle épinière ressemble à une tige. Cette tige se *renfle* au moment où elle pénètre dans le crâne, puis elle se *dédouble* à droite et à gauche et se *termine*, de chaque côté, par un énorme bouton qui rappelle, d'un peu loin, un quartier d'œuf colossal coupé deux fois suivant sa longueur. Les deux boutons rapprochés font la moitié, le petit bout est du côté du front, le gros bout à l'occiput. La forme de la tête indique que la surface convexe regarde le haut. Ce sont les deux *hémisphères cérébraux*, ou le *cerveau* proprement dit.

La surface des hémisphères est creusée de sillons dont la direction générale est constante. En ouvrant les hémisphères au moyen d'une section, on s'aperçoit qu'ils sont constitués par une couche mince de *substance grise* enveloppant un amas considérable de *substance blanche*. La substance grise est formée de cellules, et la substance blanche de fibres. Celles-ci unissent les cellules entre elles et convergent vers un point central.

Divisés d'avant en arrière par un large sillon, les hémisphères cérébraux sont réunis dans leur profondeur par une voûte membraneuse qui s'étend de la partie antérieure à la partie postérieure sur une longueur d'environ 9 centimètres et plonge à droite et à gauche d'à peu près 3 centimètres de chaque côté. Sous la voûte on distingue certains amas de substance grise et blanche appelés *corps striés* et *couches optiques*. Les corps striés sont en avant et au-dessus, les couches optiques en arrière. On est prié de s'en souvenir. Il en sera question plus tard.

Avant de s'épanouir en un double bouton, la tige médullaire a projeté en arrière un gros bourgeon que la partie occipitale des hémisphères est destinée à recouvrir. Ce bourgeon est le *cervelet*. Il ressemble à deux segments de sphère, dit M. Fournié; à un cœur, dit M. Gratiolet, mais à un cœur dont la pointe serait en avant. Le cervelet s'implante dans la tige par trois sortes de racines superposées qu'on appelle les *pédoncules cérébelleux*.

Les anatomistes ne dédaignent pas les métaphores tirées de la botanique, nous les imitons. Les racines moyennes du cervelet semblent s'enrouler autour de la tige comme un anneau, et prennent le nom de *protubérance annulaire*, ou *pont de Varole*. C'est au-dessus du *pont de Varole* que la tige se dédouble, avant de s'épanouir. Chaque moitié de la tige ainsi dédoublée est un *pédoncule cérébral*. A la partie postérieure des pédoncules cérébraux, entre le cerveau et le cervelet, on remarque quatre petits mamelons, occupant les quatre angles d'un carré à base horizontale. Ce sont les *tubercules quadrijumeaux*, qui portaient des noms moins polis dans la langue des vieux anatomistes.

En résumé, on distingue dans l'encéphale le renflement de la tige médullaire, qui prend le nom de *bulbe*; au-dessus du bulbe, la *protubérance annulaire*, ou *pont de Varole;* en arrière de la protubérance, le cervelet; au-dessus, les *pédoncules cérébraux;* en arrière des pédoncules, entre le cerveau et le cervelet, cachés par les lobes de l'un et de l'autre, les *tubercules quadrijumeaux;* au-dessus des pédoncules, les *hémisphères cérébraux*, réunis par une voûte membraneuse qu'on appelle le *corps calleux*. Sous le corps calleux, à des points symétriques des deux hémisphères, se trouvent les *corps striés* et les *couches optiques*. Les hémisphères sont encore mis en communication, au-dessous du corps calleux, par trois cordons appelés *commissures*. Telles sont les parties de l'encéphale qu'il était indispensable de connaître pour comprendre les observations et les théories des physiologistes. Ajoutons qu'on les retrouve dans tous les animaux vertébrés, mais avec des proportions qui varient suivant les espèces. Cette remarque n'est pas indifférente. C'est sur les animaux que les physiologistes ont essayé leurs expériences, concluant à l'homme par analogie.

§ II. — *Principaux phénomènes observés par les physiologistes.*

Si l'on coupe un cordon nerveux, le membre dans lequel ses fibres se distribuent est frappé de paralysie et d'insensibilité. L'animal ne peut plus le remuer; il reste indifférent à toutes les impressions produites sur ce membre. Une excitation factice du tronçon du nerf détaché laisse le membre insensible, mais y détermine des mouvements automatiques. Cette excitation exercée sur le bout qui tient au centre détermine une sensation de douleur et provoque des mouvements dans les membres encore intacts. Une observation aussi curieuse qu'incontestable montre que la sensation n'est pas rapportée au lieu de l'impression, mais aux parties dans lesquelles les nerfs se terminent normalement. L'amputé qui a perdu un bras sent encore sa main et ses doigts, lorsque le bout du nerf est excité.

La section des deux racines produit les mêmes effets que celle de tout le cordon. Mais il y a division, si l'on supprime l'une ou l'autre. En coupant la racine antérieure, on détermine la paralysie, et l'insensibilité, en coupant la racine postérieure. Sur ce fait, parfaitement sûr, est fondée la fameuse distinction des nerfs en nerfs de mouvement et nerfs de sensibilité. Cette découverte a suffi pour immortaliser un savant anglais, Ch. Bell. M. Cl. Bernard en revendiquait l'honneur pour son maître, Magendie. Personne ne disconviendra du moins que M. Cl. Bernard a mis lui-même dans un jour tout nouveau la découverte de Bell ou de Magendie. L'illustre physiologiste tuait à son gré les nerfs de sensation ou les nerfs de mouvement. Il employait pour cela deux poisons, le *curare* qui paralyse, et la *strychnine*, qui rend insensible.

Lorsqu'on divise la moelle par une section transversale, et qu'on interrompt ainsi la communication d'un segment avec le cerveau, tous les membres qui reçoivent les cordons nerveux situés au-dessous de la section sont frappés de paralysie et d'insensibilité : l'animal ne les sent plus et ne les remue plus. Ce résultat était facile à prévoir; mais ce qui ne l'était pas, c'est ce que nous allons ajouter. Les cordons restant ainsi isolés, une excitation artificielle et périphérique d'une fibre motrice ne produit aucun effet; sur la fibre de sensibilité, elle détermine fatalement un mouvement. L'influence est transmise de la fibre sensible aux cellules de la moelle, des cellules à la fibre motrice, et de celle-ci au muscle, qui se contracte alors et produit le mouvement final du membre ou de l'organe. Ce sont ces mouvements inconscients pour l'animal, que l'on appelle *réflexes*, parce que le phénomène semble revenir sur lui-même. Ils ont pour caractère d'être indépendants de la volonté. On en rencontre plusieurs, même dans un organisme sain.

M. Cl. Bernard a réimprimé le rapport qu'en 1867 il publia sur la *Physiologie générale*. Un sous-titre est ainsi formulé : *Exposé des découvertes et progrès principaux de la physiologie générale en France depuis vingt-cinq ans*. Or le rapport du célèbre physiologiste se borne, en ce qui touche le système nerveux, aux travaux qui ont eu les cordons nerveux ou la moelle pour objet; il ne signale aucune étude sur l'encéphale. Qu'est-ce à dire? La physiologie n'aurait-elle pas dépassé les vertèbres cervicales? ou plutôt le savant rapporteur aurait-il eu en médiocre estime les travaux accomplis dans les régions supérieures? Dans un article postérieur (1), il écrivait : « Le mécanisme de la pensée nous est inconnu. » Lisez : « Le

(1) *Des fonctions du cerveau; Revue des Deux-Mondes*, 15 mars 1872.

jeu du cerveau nous est inconnu. » Ces paroles semblent signifier assez clairement que les expériences de
Flourens et de ses imitateurs n'apprennent rien de bien
sûr au sujet du cerveau. Une telle opinion de la part
d'un homme aussi compétent devait trouver sa place ici.
Mais nous ne pouvons pas nous dispenser de faire connaître, au moins sommairement, les tentatives, du reste,
fort remarquables, de nos physiologistes.

M. Gratiolet résume ainsi les observations de Flourens
sur le *cervelet*. « Des animaux auxquels on a enlevé le
cerveau en ménageant le cervelet, se meuvent avec une
aisance admirable, bien qu'ils soient alors aveugles et
sans instincts ; le cervelet seul est-il détruit, tout subsiste,
les sensations et les mouvements ; mais ces mouvements
ne s'enchaînent plus, et le corps s'agite sous l'empire
d'une volonté impuissante, comme cela a lieu dans
l'ivresse (1). » La simple mutilation du cervelet produit
d'autres phénomènes. Ainsi un animal, chez qui on a
coupé un pédoncule cérébelleux et la partie correspondante du cervelet, roule sur lui-même comme une boule.
Le mouvement change de direction suivant le siège de
la lésion.

Le bulbe et la protubérance donnent lieu à des phénomènes encore assez mal définis. Les tubercules quadrijumeaux ont été étudiés avec plus de bonheur. « Il suffit
de les enlever à un animal, dit M. Fournié, pour déterminer chez lui une cécité complète. Si on enlève les
tubercules d'un côté seulement, la cécité ne se montre
que d'un côté (2). » Le fait s'explique par cette circonstance que les nerfs optiques, nerfs de la vision, vont,
après s'être croisés, se terminer dans les tubercules qua-

---

(1) *Anatomie du système nerveux,* considérée dans ses rapports
avec l'intelligence, t. II, p. 367.
(2) *Physiologie du système nerveux,* p. 98.

drijumeaux. Mais M. Gratiolet observe que l'homme et le singe font en partie exception : chez eux un certain nombre de fibres des nerfs de la vision vont s'épanouir dans le cerveau. D'autre part les tubercules ont encore ce rôle de régler les mouvements de l'iris dans tous les vertébrés. Il s'ensuit qu'un homme en qui les tubercules seraient détruits verrait encore, mais d'une manière confuse. Cette induction se trouve confirmée par la pathologie. « Chez un malade observé par M. Jobert (de Lamballe), la vue baissa graduellement, les pupilles se dilatèrent, et il n'y eut plus que la perception d'une simple lueur (1). »

Les hémisphères cérébraux présentent les phénomènes les plus considérables. Quand on les enlève à un animal, il continue à vivre; mais ce n'est plus qu'un automate. « Il ne cherche plus sa nourriture, dit encore M. Gratiolet, bien qu'il soit capable de l'avaler. S'il marche, il n'a pas de but, et ne sait plus éviter les obstacles, mais il respire et digère. Une poule ainsi mutilée obéit à l'instinct du caquetage, et quand elle dort, cache sa tête sous son aile; elle marche si on la pousse, et si on la jette en l'air, elle vole; la place-t-on sur le dos, elle se remet sur ses pattes; en un mot, toutes les forces d'où l'équilibre résulte sont intactes. Ainsi l'automate vit, mais l'âme, en tant que principe de sensations et de spontanéité, est absente (2). »

Cette interprétation, qui est celle de Flourens, n'est pas admise intégralement par tous les physiologistes. Il en est qui pensent que toutes les sensations persistent en l'absence des hémisphères cérébraux, mais dans une sorte d'état brute et d'isolement. Longet et Vulpian croient retrouver toutes les sensations dans leurs expé-

(1) P. 377.
(2) P. 372.

riences sur des rats, des lapins, des chiens, des chats,
des pigeons. Après avoir enlevé le cerveau à ces bêtes,
ils observent successivement : des cris plaintifs, des
soubresauts répondant à certains bruits, des grimaces
au contact sur la langue de liqueurs fort désagréables,
des mouvements de tête pour éviter une menace de la
main. Le sens de la douleur, l'ouïe, le goût, la vue sub-
sisteraient donc encore. Pour rendre leur opinion inat-
taquable, ces savants auraient bien dû prouver qu'ils ne
se sont pas trouvés en présence de purs mouvements
réflexes. La chose n'est peut-être pas très facile.

Mais tout le monde convient qu'en l'absence des hémisphères, les facultés supérieures semblent anéanties. Un
obstacle aux fonctions de cet organe produit le même
effet. « Une pression, dit Mueller, exercée sur le cerveau
proprement dit, amène toujours le délire ou la stupeur,
suivant qu'elle a lieu avec ou sans irritation, et le résultat est le même qu'elle soit déterminée par une pièce
d'os enfoncée, ou par un corps étranger, ou par de la
sérosité, du sang, du pus. Les mêmes causes, suivant
le lieu où se porte leur action, entraînent souvent la
perte du mouvement volontaire ou de la mémoire. Dès
que la pression cesse, dès que la pièce d'os est relevée,
la connaissance et la mémoire reviennent fréquemment;
on a même vu des malades reprendre la série de leurs
idées au point juste où la lésion l'avait interrompue (1). »
Mais, chose étonnante, cet organe qu'une seule pression
réduit à l'impuissance, diminué de volume ne perd autre
chose qu'un certain degré d'énergie. On connaît des
exemples de malades en qui l'exercice des facultés intellectuelles était intact, quoiqu'ils fussent privés de tout
un lobe cérébral. Les deux hémisphères peuvent être

(1) *Manuel de Physiologie*, t. I, p. 762.

taillés à la fois par devant, par derrière, par en haut, par en bas, de toutes les façons; pourvu que dans ces ablations, on ne dépasse pas certaines limites, les fonctions ne perdent rien en qualité.

Les procédés employés dans les expériences dont nous venons de parler, sont bien un peu grossiers. Le cerveau est un mécanisme d'une complexité et d'une délicatesse extrêmes; ses diverses parties sont engagées les unes dans les autres de mille manières. Comment toucher à un point sans intéresser l'ensemble? Que dire d'un horloger novice qui étudierait le jeu d'une montre en la divisant à coups de hache? N'y a-t-il pas quelque analogie entre les procédés?

Le docteur Fournié expérimentait avec plus de précision. Laissant de côté les pigeons, les poules et les lapins de Flourens, parce que, disait-il, « l'imagination doit jouer un trop grand rôle dans l'appréciation des phénomènes observés » sur ces animaux inférieurs, il choisissait pour sujet de ses études le chien, que l'on a plaisamment appelé un candidat à l'humanité. Il ouvrait avec un vilebrequin le crâne de l'animal *chloroformisé*, et introduisait dans telle ou telle partie du cerveau, à l'aide d'une seringue de Pravaz munie d'une aiguille très fine et en or, un liquide caustique, par exemple, une solution sursaturée de chlorure de zinc. Il observait ensuite comment l'animal se comportait à son réveil, et enfin, après l'avoir sacrifié (c'est l'expression consacrée), il comparait les phénomènes observés à l'état du cerveau.

Les expérimentations de M. Fournié ont porté sur quatre parties principales : les couches corticales, le noyau blanc, les corps striés et les couches optiques. Voici quel en a été le résultat; nous laissons de côté les circonstances accessoires. La destruction d'une partie quelconque de la substance grise ou corticale n'entraîne pas la perte du sentiment; mais l'animal est hébété; il est excité à un mouvement incessant; on le dirait ivre; il se heurte partout, chancelle et tombe. — La lésion des centres blancs a pour effets ordinaires : « affaiblissement, paralysie, ambulation en cercle. » — L'action du liquide caustique confinée dans les corps striés, ne provoque « en général aucun trouble de la sensibilité; l'animal voit, entend, odore, souffre, goûte »; mais elle se termine toujours par une paralysie complète. — Enfin, si les couches optiques sont détruites, tous les sens disparaissent à la fois; l'animal exécute sur place un mouvement de galop et parfois jusqu'à la mort (1).

Voilà tout. Nous croyons n'avoir omis, dans cette revue, aucune observation essentielle. On peut, sans doute, en faire jaillir la lumière, nous le voulons bien; nous constatons avec plus de certitude encore qu'elle ne jaillit pas d'elle-même. Admettons que tout soit clair et rigoureusement défini, que pourrons-nous conclure? Nous pourrons conclure que les différents nerfs de sensibilité sont nécessaires aux différentes sensations, les différents nerfs de mouvement aux différents mouvements, et les cellules aux sensations et aux mouvements; nous pourrons conclure que le cervelet sert à régler les mouvements volontaires, que les tubercules quadrijumeaux jouent un rôle important dans la vision, que les couches optiques sont le centre organique de toutes les sensations, et les corps striés, de tous les mouvements correspondants, et enfin que de l'intégrité relative des hémisphères dépend l'éveil des facultés supérieures. Mais est-il permis de dépasser ces conclusions? est-il permis de dire que chaque élément suffit avec le concours des autres au phénomène psychologique qui lui est associé?

(1) *Recherches expériment.*, § VII.

est-il permis de dire surtout que le phénomène n'est pas autre chose que l'action de l'élément? Non, certes, si l'on s'en tient à l'expérience. Tout le monde, les positivistes exceptés (mais quelle autorité présentent en telle matière ces ennemis de l'analyse?), tout le monde en convient. L'induction toutefois supplée à l'observation... dans certaines limites.

§ III. — *Inductions et théories des physiologistes.*

Nulle part les fibres nerveuses ne constituent, par leur manière d'être, la sensation ou le désir, tous les physiologistes sont d'accord sur ce point. Les nerfs sont de simples organes de transmission. Ils transmettent non la sensation ou le désir (qu'est-ce que cela voudrait dire?) mais une impression qui précède la sensation et la fait naître, une impression qui suit le désir et provoque le mouvement. Comment s'opère cette transmission toute matérielle? C'est un mystère.

L'honneur refusé à la fibre, on l'accorde à la cellule. Déjà, dans la moelle, cet élément nerveux est doté d'une *sensation inconsciente* par M. Cl. Bernard. Je ne sais pourquoi le docte physiologiste n'a pas placé à côté de la sensation inconsciente le désir inconscient. Il avait besoin de la sensation pour expliquer les mouvements réflexes, mais la sensation ne suffit pas aux mouvements de l'animal, il faut encore le désir. Je suppose qu'il voulait désigner par un même mot les deux phénomènes. Comment un esprit aussi pénétrant n'a-t-il pas vu qu'il les supprimait tous les deux en accolant à leur nom commun l'épithète *d'inconsciente?* Qu'est-ce que cet adjectif, sinon la négation même de la sensation! Une sensation inconsciente, c'est du blanc noir. Mais M. Cl. Bernard avait constaté, dans certains mouvements des membres, la disparition de la conscience; d'autre part, ces mouvements lui paraissaient provoqués par une sensation; de là, cette association monstrueuse qui a fait jeter les hauts cris aux psychologues et à plus d'un physiologiste. Une seule chose résulte des observations de M. Cl. Bernard sur les mouvements réflexes, c'est que ces mouvements sont causés par une action des cellules, et que cette action n'est pas la *sensation*. Elle est si peu la sensation, qu'une irritation toute matérielle, un pincement, une goutte d'acide, peut avoir la même efficacité sur le nerf moteur. La cellule de la moelle n'est donc pas un organe de sensation. Acquiert-elle des propriétés nouvelles, parce qu'elle n'est plus confinée dans une humble vertèbre, et qu'elle s'élève dans les hauteurs crâniennes?

Si nous en croyons les expériences de Flourens, le bulbe, le cervelet, la protubérance, les pédoncules et les tubercules quadrijumeaux ne confèrent pas des propriétés bien sublimes aux cellules qu'ils renferment. Gratiolet va jusqu'à dire que tous ces organes constituent le cerveau de l'automate. Un automate n'a pas de sensation, que je sache. D'autres physiologistes, Vulpian et Longet, par exemple, ont cru saisir dans ces régions des signes de sensibilité rudimentaire. Toujours est-il que la cellule ne revêtirait que dans les hémisphères les attributs de la sensibilité parfaite, de l'intelligence et de la liberté. La manière dont s'accomplit cette transformation considérable n'est pas connue; mais le fait est affirmé, on essaye même de le prouver. La démonstration de M. Cl. Bernard a son prix.

« Les phénomènes métaphysiques de la pensée, écrivait le célèbre physiologiste (1), de la conscience et de l'in-

---

(1) *Revue des Deux-Mondes*, t. XCVIII, p. 375.

telligence, qui servent aux manifestations diverses de l'âme humaine, considérés au point de vue physiologique, ne sont que des phénomènes ordinaires de la vie, et ne peuvent être que le résultat de la fonction de l'organe qui les exprime. » Cette phrase assez obscure, assez peu correcte au point de vue philosophique, revient à dire que la pensée est une fonction du cerveau, et, par conséquent, l'action même des cellules cérébrales. Cette interprétation ne laissera pas l'ombre d'un doute, si l'on fait attention que la thèse est dirigée contre ceux qui *conçoivent*, avec Blainville, que « l'on puisse ramener la digestion, la respiration, la locomotion, etc., à des phénomènes de mécanique, de physique et de chimie », et qui *n'admettent* pas « que la pensée, l'intelligence et la volonté se soumettent à de semblables explications ». La conclusion n'est pas moins formelle : « Le cerveau est l'organe de l'intelligence au même titre que le cœur est l'organe de la circulation, que le larynx est l'organe de la voix. » L'opinion de M. Cl. Bernard n'est donc pas douteuse. En voici les motifs. Un argument les résume tous. Le cerveau est un organe comme tous les autres organes. Donc il se comporte comme tous les autres.

Que le cerveau soit un organe comme tous les autres, M. Cl. Bernard n'a pas de peine à le prouver. « Dans son développement anatomique, il (le cerveau) suit la loi commune, c'est-à-dire qu'il devient plus volumineux quand les fonctions auxquelles il *préside* augmentent de puissance (1). » En second lieu, « les conditions orga-

---

(1) N'oublions pas cependant que la loi invoquée ici est loin d'être rigoureuse. L'éléphant et la baleine l'emportent sur l'homme sous le rapport du volume des hémisphères. D'autre part, le cerveau du mouton est notablement plus gros que le ganglion céphalique de la fourmi. L'intelligence ne suit évidemment pas la même proportion.

niques et physico-chimiques nécessaires à l'entretien de
la vie et à l'exercice des fonctions sont les mêmes dans
le cerveau que dans tous les autres organes ». Le sang
est une condition universelle. « Une simple modification
dans la température du sang, dans sa pression, suffit
pour produire des troubles profonds dans la sensibilité,
le mouvement ou la volonté. » On nous dispensera de
poursuivre jusqu'au bout un parallèle d'ailleurs incontestable, en grande partie. La conclusion qui en découle
est évidente ; c'est que le cerveau est un organe soumis
aux conditions générales des autres organes, que sa
fonction est régie par les mêmes lois. Un seul point a
été omis par l'illustre physiologiste, et ce point est
essentiel. Il fallait établir que la *pensée est la fonction
du cerveau*. Comment, sans cela, *le cerveau* serait-il
*l'organe de l'intelligence au même titre que le cœur est
l'organe de la circulation?* M. Cl. Bernard ne fait pas
même allusion à cette question capitale. Il l'a supposée
résolue peut-être, sans s'apercevoir que si elle était
résolue, son article n'avait plus de motif. Ainsi sa démonstration, fort remarquable à d'autres points de vue,
a le défaut trop grave de passer à côté de la thèse (1).

Le docteur Fournié ne démontre pas, il explique, et,
pour expliquer, il formule une théorie. Cette théorie, fort
ingénieuse, mérite d'être connue.

On n'a pas oublié qu'une fibre nerveuse sensible est
toujours associée à une fibre nerveuse motrice. L'association s'opère dans la moelle au moyen d'une cellule

(1) M. Cl. Bernard exprimait une pensée plus vraie, lorsque,
dans son *discours de réception* à l'Académie française, il disait :
« Les phénomènes de l'intelligence et de la conscience exigent,
pour se manifester, des *conditions* organiques ou anatomiques,
des *conditions* physiques et chimiques. » Ces conditions peuvent
être la fonction de l'organe, elles ne sont pas le phénomène
psychologique.

sensible et d'une cellule motrice. Ces quatre éléments constituent le type primitif de tout le système. La fibre sensible transmet une impression, la cellule sensible la recueille, la cellule motrice la transforme en excitation motrice, la fibre motrice transmet l'excitation. Observons que l'on connaît expérimentalement le jeu des fibres, mais le rôle des cellules n'est connu que par hypothèse. L'anatomie a classé les cellules en deux groupes distincts; les grosses sont immédiatement en communication avec les fibres motrices; les petites avec les fibres sensibles. C'est une des raisons principales pour lesquelles on suppose que celles-ci président au sentiment, et celles-là au mouvement. Seulement dans la moelle, comme nous l'avons déjà dit, le sentiment des cellules sensibles est parfaitement nul. Cette doctrine, si intelligible dans sa simplicité, sert de point de départ à la théorie.

On remarque, dans chaque hémisphère du cerveau, deux groupes considérables de cellules. L'un est formé de grosses cellules, l'autre de petites; le premier constitue les *corps striés*, le second, les *couches optiques*. Ces deux centres communiquent probablement entre eux. Plus probablement, toutes les fibres sensibles communiquent avec les couches optiques, et toutes les fibres motrices avec les corps striés. N'y a-t-il donc pas lieu de penser que les couches optiques, recueillant toutes les impressions, sont le centre des sensations et des perceptions, et que les corps striés sont le centre où la sensation se transforme (en désir, puis) en mouvement? Nous retrouverions ainsi dans le cerveau le type agrandi et généralisé du système nerveux. Cependant cela ne suffirait pas encore pour expliquer l'animal, qui vit surtout de son passé. La sensation est peu de chose sans la mémoire. Les couches optiques ne doivent donc pas recueillir seulement les impressions actuelles; elles doi-

vent ordinairement les associer aux impressions passées.
C'est ce qui a lieu. La périphérie des hémisphères, avons-
nous dit, est constituée par des cellules, dont le volume
indique le rôle, et qui sont en rapport avec les couches
optiques par des fibres convergentes. On conçoit que la
sensation puisse de la sorte se transporter facilement des
couches optiques aux cellules corticales. Elle y persévère
à l'état latent, dynamique, prête à se réveiller et à revenir
au centre sous l'influence de quelque sensation actuelle
plus ou moins analogue. Le nombre incalculable des cellules de la périphérie permet d'emmagasiner des sensations sans cesse renouvelées, et prépare aux opérations
des couches optiques des matériaux chaque jour plus
riches et mieux élaborés. Ainsi deviennent possibles la
comparaison, le jugement, le raisonnement. Les corps
striés désormais obéissent à une opération de la raison ;
les couches optiques leur déversent maintenant un produit élaboré dans des conditions supérieures (1).

M. Fournié ne se dissimule pas que sa théorie contient
au moins un point obscur. Il place dans la cellule des
couches optiques « un produit nouveau sans pareil dans
l'organisme, et qui résulte de la transformation du mouvement impressionneur en une *perception* ou une *impression sentie.* — Or, il est impossible de se figurer une
molécule *sentant* une impression ou *voulant* un mouvement. Nous pouvons constater que cette molécule reçoit

(1) Dans une figure schématique, destinée à soulager la mémoire, M. Fournié fait cheminer l'action nerveuse des couches
optiques aux cellules corticales, et des cellules corticales aux
corps striés. Mais il enseigne ailleurs (*Rech. expérim.*, p. 94) que
les cellules de la périphérie « conservent en puissance une
modalité dynamique capable de *transmettre ses effets jusqu'aux
couches optiques*, à travers les fibres du noyau blanc, et de réveiller ainsi le centre de perception. » Nous avons donc bien
compris la pensée de ce savant.

le mouvement impressionneur, nous pouvons la voir impressionnée par lui; mais ce que nous ne pouvons ni expliquer ni comprendre, c'est que ce mouvement physique soit plus qu'un mouvement communiqué et reçu et devienne une chose *sentie* (1). » Le cerveau est un organe qui se comporte comme tous les autres. Connaissons-nous l'action par laquelle le foie transforme le sang en bile, mieux que nous ne connaissons la genèse de la pensée? La molécule qui sécrète, comme la molécule qui pense, a besoin d'être associée à un principe immatériel, au *principe de vie*. De ce principe, nous ne pouvons connaître l'activité intime, parce qu'elle est sans analogue dans la nature. Mais une fois que l'on accorde à la cellule célébrale *l'aptitude à la perception*, comme on accorde à *la fibre musculaire l'aptitude à la contraction* (2), le reste de la physiologie du cerveau se débrouille comme par enchantement.

Ce *postulatum* n'a pas des propriétés si merveilleuses. Il n'a pas même le droit de se faire accepter sous ce titre modeste, comme on le verra par la thèse que nous allons établir : la pensée ne peut être une fonction de l'organe.

(1) P. 240.
(2) *Rech. expérim.*, p. 15.

CHAPITRE II

LES NERFS ET LA PENSÉE. — LE SYSTÈME NERVEUX N'EST PAS L'ORGANE DE LA PENSÉE

§ 1. — *Considérations générales et empiriques sur les rapports du cerveau avec l'intelligence.*

Un grand nombre de savants ont employé beaucoup de temps et de peine à établir une sorte de proportion extérieure entre le cerveau et le pouvoir de connaître. Supposant que le cerveau est un organe dont la pensée est la fonction, ils espéraient constater expérimentalement que ces deux termes sont la juste mesure l'un de l'autre. Jamais espérance ne fut plus cruellement déçue.

Si l'on considère le poids du cerveau, on forme une échelle où l'homme se trouve placé au-dessous de l'éléphant, de la baleine et du dauphin. L'encéphale de l'éléphant et celui de la baleine pèsent chacun de 1500 à 1600 grammes; celui du dauphin pèse 1800 grammes et celui de l'homme 1320 grammes seulement. Si l'on ne tient compte que des hémisphères cérébraux, considérés par la plupart des physiologistes comme l'organe de l'intelligence, le rapport ne change pas; car le poids des hémisphères est de 1300 grammes pour la baleine et pour l'éléphant, de 1500 pour le dauphin et seulement de 1000 pour l'homme (1).

On a essayé de rendre à l'homme le rang qui lui appartient, en prenant pour terme de comparaison, non pas le poids absolu du cerveau, mais le rapport de ce poids au poids du corps, comme si l'énergie intellectuelle du cerveau était en raison inverse de la masse de l'organisme. Ce moyen était assez bien choisi pour faire descendre le roi des pachydermes et les grands cétacés à la place qui leur convient, mais l'homme ne remonte pas à la sienne, il se trouve au-dessous du ouistiti, du moineau, de la mésange et du serin.

Évidemment on ne peut faire fond sur un procédé qui conduit à de tels résultats. N'aurait-on pas négligé quelque élément principal du problème? D'après les travaux les plus récents, les cellules de la périphérie corticale seraient les instruments des opérations intellectuelles (2). Or la couche de deux ou trois millimètres qui les contient suit tous les contours des circonvolutions et des anfractuosités de la surface des hémisphères. Elle sera d'autant plus vaste, sa puissance croîtra d'autant plus que les plis et replis seront plus multipliés.

Ce raisonnement, assez spécieux en lui-même, ne peut malheureusement pas s'appliquer à l'échelle zoologique. L'âne, par exemple, est fort bien doué en circonvolutions, le mouton ne l'est guère moins. L'écureuil, au contraire, et le castor, regardés comme beaucoup plus intelligents, ne possèdent qu'un cerveau lisse.

D'après M. Gratiolet, la richesse des circonvolutions cérébrales est en rapport non avec l'intelligence, mais avec la taille. La taille ici, remarque importante, n'est

(1) Lélut, *Physiologie de la pensée*, t. II, p. 302. — Sappey, *Anatomie descriptive*, t. II, p. 60.
(2) Il faudrait dire *imaginatives*.

point celle de l'individu que l'on considère, ni même de l'espèce à laquelle il appartient; c'est celle des plus grandes espèces comprises dans le même groupe que la sienne. Ainsi le mouton a beaucoup de circonvolutions, parce qu'il fait partie d'un groupe zoologique où il y a des buffles et des bœufs.

Cette loi ne pèche pas par excès de simplicité. Elle n'a pu cependant englober toutes les exceptions. « L'homme, dit Sappey (1), domine, sous ce rapport, tout l'embranchement des vertébrés d'une immense hauteur. » Malheureusement, Gratiolet ajoute : « La quantité de plis que présente le cerveau de l'homme supposerait chez un primate une taille supérieure à l'éléphant (2). » L'éminent anatomiste continue : « Il est vrai que l'homme est aussi un géant prodigieux, mais c'est dans l'ordre de l'intelligence. » On ne se tire pas d'une difficulté avec plus d'esprit. « M. Baillarger, par des recherches en quelque sorte géométriques, a montré que le développement de l'intelligence, loin d'être en raison directe de l'étendue des surfaces cérébrales, serait plutôt en raison inverse. » Ainsi parle M. Lélut (3), qui n'hésite pas à condamner ces essais d'équations empiriques entre les circonvolutions et la pensée.

Ce qu'on a tenté pour tout le règne animal, on l'a essayé pour l'homme seul; on a voulu établir une table proportionnelle entre les cerveaux et les intelligences de l'espèce humaine. Il n'était pas difficile de mesurer ou de peser des encéphales, mais comment évaluer la force intellectuelle? Un simple coup d'œil sur ces travaux de statistique cérébrale montre qu'on n'a pas même cherché des approximations; quand on a qualifié un homme d'intelligent, grossier, civilisé, sauvage, on a cru faire assez.

(1) P. 75.
(2) P. 264.
(3) T. I, p. 327.

Une distinction était d'abord nécessaire : il fallait ne pas confondre *être intelligent* et *savoir*, la puissance et l'effet. Un homme fort intelligent peut ne rien savoir du tout; il suffit pour cela qu'il n'ait pas eu l'occasion de s'instruire ou la volonté d'en profiter. Une rare intelligence paralysée par une rare paresse est un phénomène qu'on rencontre tous les jours. D'ailleurs, le pouvoir de comprendre n'est pas immobile dans le même individu : il se développe et s'accroît par l'exercice; chaque connaissance nouvelle est un nouveau degré de force qui lui est communiqué. Or, ces acquisitions successives ont leur première raison d'être dans des circonstances extérieures, souvent accidentelles, toujours variables, imprévues et réfractaires au calcul. Comment faire la part de la nature, du travail personnel, du milieu? Le statisticien est ici enveloppé de ténèbres de tous côtés; ses classifications ont le caractère de la haute fantaisie. Un exemple entre plusieurs : les races humaines ont été distribuées suivant leur degré d'intelligence. En général, la race du classificateur est à la tête; au dernier rang, fort loin, tout près du gorille, on relègue les Boshimans, les Papous et les Tasmaniens; les nègres occupent à peu près le milieu de l'échelle. Cette première opération achevée, on mesure les crânes, on pèse les cerveaux et on arrive à cette conclusion : « La capacité du crâne et le volume de l'encéphale ne *diffèrent pas sensiblement* dans les différentes races (1). » Ce qui prouve évidemment qu'il y a proportion entre les cerveaux et les intelligences.

M. Lélut s'est livré à de grands travaux de comparaison entre les cerveaux humains. Mais cet esprit sage et lucide ne s'est pas mépris sur la valeur de semblables études, qu'il qualifie avec raison d'*empiriques*. Voici

(1) Sappey, p. 62.

comment il résume les résultats de ses travaux : « Pour les rapports à établir entre le développement général du cerveau et celui de l'intelligence, il y a un fait hors de doute, et c'est bien la moindre chose : ce fait consiste en ceci, que, à partir et au-dessous d'une certaine limite, d'un certain chiffre de pesanteur ou de volume, le cerveau n'est plus et ne saurait plus être que l'instrument de l'idiotisme et de l'imbécillité. » Par rapport à la pesanteur, ce chiffre minimum est d'environ 1,000 grammes. « De 100 ou 200 grammes au-dessus, l'esprit a retrouvé tout ce qu'il lui faut d'instrument ou de matière. Son jeu peut être aussi parfait avec 1,100 grammes qu'avec 1,300 ou 1,400 (1). » Cela ne veut pas dire que, dans ces conditions de poids, on soit assuré contre l'imbécillité. Le même savant nous apprend que l'encéphale des idiots n'est que d'un treizième plus léger que celui des hommes sensés; il ajoute que, si l'on tient compte de la taille, qui a son influence dans le développement cérébral, la différence disparaît entièrement (2).

Ces observations me semblent démontrer clairement que le cerveau de l'idiot est tel par défaut d'organisation et non par défaut de poids. En général, au-dessous de 1,000 grammes, le développement ne se fait pas avec proportion dans toutes les parties, et l'instrument est faussé. Mais si l'harmonie se conserve, même au-dessous de 1,000 grammes, je ne doute pas que l'intelligence ne puisse s'exercer en toute liberté. Le fait suivant, raconté par le chevalier de Jaucourt (3), en est la preuve. « Le nain de Mme Humiecka, nommé M. Borwilasky, gentilhomme polonais..., peut être regardé comme un être fort singulier dans la nature. Il a aujourd'hui (1760) vingt-

(1) T. I, p. 317.
(2) T. II, p. 312.
(3) *Encyclopédie méthodique*, art. *Nains*.

deux ans; sa hauteur est de vingt-huit pouces, il est bien formé dans sa taille, *sa tête est bien proportionnée*, ses yeux sont assez beaux, sa physionomie est douce, ses genoux, ses jambes et ses pieds sont dans toutes les proportions naturelles. Il ne boit que de l'eau, mange peu, dort bien, résiste à la fatigue et jouit, en un mot, d'une bonne santé. Il joint à des manières gracieuses des reparties spirituelles, sa mémoire est bonne, son jugement est sain, son cœur est sensible et capable d'attachement. M. Joseph Borwilasky est demeuré long-temps sans éducation; ce n'est que depuis deux ans que Mᵐᵉ Humiecka en a pris soin. Présentement, il sait lire, écrire, l'arithmétique, un peu d'allemand et de français; enfin, il est d'une grande adresse pour tous les ouvrages qu'il entreprend. » Un écrivain postérieur, J.-J. Virey, ajoute : « Borwilaski... se fit connaître par la variété de ses talents; il écrivit lui-même son histoire, et sa renommée s'étendit dans toute l'Europe. Il présenta le phénomène de l'accroissement de la taille dans la vieillesse. »

Borwilaski avait une taille de 756 millimètres et il était très bien proportionné. Le poids moyen du cerveau de l'adulte est de 1,320 grammes et sa taille moyenne de 1,684 millimètres. Puisque à égale densité les poids sont entre eux comme les volumes, et que les volumes semblables sont en raison des cubes de leurs dimensions linéaires, il s'ensuit que le cerveau de Borwilaski devait peser environ 119 grammes. On le voit, nous sommes fort loin des 1,000 grammes assignés, par Lélut, comme limite inférieure aux cerveaux réguliers.

Ce fait est digne de remarque à un autre point de vue. M. Huxley (1) écrit que le cerveau du grand singe, du gorille, ne dépasse pas 620 grammes. Il dépasse, du

_____

(1) *De la place de l'homme dans la création*, p. 234.

moins, celui de Borwilaski. Ce n'est donc pas le défaut de cervelle qui empêche le gorille de penser, c'est l'absence du principe intelligent. Un esprit logé dans une telle tête parviendrait à penser, s'il avait seulement le pouvoir de modérer à son gré le mouvement de l'imagination. L'intelligence a besoin d'un signe sensible pour s'exercer, mais elle se contente de bien peu : un sens avec l'imagination correspondante lui suffit à la rigueur. Un homme aveugle, sourd et muet, parvient à penser, grâce aux sensations fournies par le toucher; l'expérience le démontre. Il est évident que, dans ces conditions, les parties du cerveau destinées aux sensations et aux images visuelles et auditives restent inertes, sont inutiles; elles pourraient être supprimées sans modifier le phénomène psychologique, si toutefois les autres parties conservaient leur intégrité. C'est donc en vain qu'on a conçu la singulière espérance de voir entrer le singe dans nos rangs, par le simple perfectionnement de son cerveau. Avec un cerveau de singe, l'homme serait encore un homme; avec un cerveau d'homme, le singe ne serait qu'un singe. L'imagination serait modifiée de part et d'autre, mais l'intelligence resterait la part inaliénable du premier.

La composition chimique d'un instrument n'est pas indifférente à sa perfection. On a fait grand bruit, il y a quelques années, de quelques parcelles de phosphore découvertes dans le cerveau. Un chimiste, M. Couerbe, avait cru reconnaître deux centièmes de phosphore dans les cerveaux d'hommes ordinaires, un centième dans les cerveaux d'idiots et quatre centièmes dans les cerveaux d'aliénés. M. Frémy a découvert toute autre chose. Mais, si la physiologie, la pathologie, la chimie s'intéressent à ces découvertes, la psychologie doit garder une stricte neutralité. Le phosphore ne l'inquiète pas plus que l'azote, le carbone, l'hydrogène, le soufre, la potasse, la chaux, le chlore et les autres substances qui constituent la matière cérébrale. Est-il étonnant qu'un corps soit composé d'éléments corporels? Si l'on prétend que le phosphore est la pensée, la question change, et la psychologie démontrera sans peine qu'à un fait peut-être réel on a accolé une impossibilité, une absurdité. Le phosphore, la constitution chimique du cerveau, est la pensée, exactement au même titre que la constitution chimique d'un morceau de craie et celle d'un tableau noir sont la démonstration géométrique. Le cerveau est un instrument dont la perfection dépend de la nature et de la proportion des éléments qui le constituent, de son organisation et de la facilité de son jeu. Cet instrument a pour fin immédiate de recevoir des impressions, comme le tableau, des figures géométriques. Mais l'impression est peu de chose par elle-même; il faut à ces traits matériels une lumière qui les rende visibles : c'est la vie, la vie sensible, qui rayonne sur l'impression et devient ainsi la sensation et l'imagination. L'image la plus parfaite, la plus brillante, n'est pas encore la pensée. Il y a, de l'une à l'autre, la distance qui sépare quelques lignes blanches tracées sur un tableau et bien éclairées et la démonstration d'un théorème, ou l'intelligence de cette démonstration. Cet intervalle ne peut se combler, ni avec du phosphore, ni avec rien de matériel, ni même avec la vie sensible; la vie intellectuelle peut seule unir des termes aussi éloignés, et elle le peut, parce qu'elle est la faculté de l'universel et de l'absolu.

Mais n'anticipons pas. Ces considérations sur le défaut de proportion que les savants constatent bon gré mal gré entre le cerveau et l'intelligence est au moins une forte présomption contre leur théorie. Ce qui va suivre enlèvera à cette théorie même le droit d'être une hypothèse raisonnable.

§ II. — *Opposition essentielle entre la pensée et les fonctions des nerfs.*

Malgré leur petitesse microscopique, les cellules sont matérielles. Réduites au noyau, au nucléole, assez subtiles pour échapper aux plus forts grossissements, elles seraient encore étendues, composées de parties multiples, soumises aux conditions des corps. Leur action serait tout entière constituée par un mouvement, mouvement moléculaire, atomistique, si l'on veut, mais toujours matériel, c'est-à-dire de vibration, d'oscillation, de rotation, de translation, ce qui n'est, après tout, qu'un changement de place de la molécule ou de tout le corps. En ce genre de phénomènes, toutes les différences spécifiques, malgré leur grand nombre, se ramènent à des différences d'intensité, de vitesse et de direction. Si l'on ne sait pas encore quelle espèce de mouvement chaque cellule nerveuse est capable d'exécuter, il n'est pas douteux que, pour la cellule, agir, c'est se mouvoir d'une façon spéciale. Je crois que ce fait est universellement admis par les physiologistes. Si donc la pensée est une opération de la cellule, il n'y a pas à tergiverser, la pensée est un mouvement cellulaire. Que la cellule soit animée par un principe vital ou simplement organisée, peu importe; matérielle, elle agit matériellement, elle ne peut que se mouvoir. Comment n'a-t-on pas vu qu'entre se mouvoir et penser il y a un abîme, un abîme infranchissable?

« Si notre intelligence et nos sens, dit Tyndall (1), étaient assez perfectionnés, assez vigoureux, assez illuminés pour nous permettre de voir et de sentir les molécules mêmes du cerveau; si nous pouvions suivre tous

_____
(1) *Revue scientifique*, 1868-69, n° 1.

les mouvements, tous les groupements, toutes les dé-
charges électriques, si elles existent, de ces molécules;
si nous connaissions parfaitement les états moléculaires
qui correspondent à tel ou tel état de pensée ou de
sentiment, nous serions encore *aussi loin que jamais*
de la solution de ce problème : quel est le lien entre cet
état physique et les faits de la conscience? L'abîme qui
existe entre ces deux classes de phénomènes serait toujours intellectuellement infranchissable. » Le docteur
Durand, l'un de ces rares savants en qui l'esprit philosophique est à la hauteur du talent d'observation, en a
parfaitement saisi la raison. « La plupart des physiologistes se trompent, dit-il (1), faute de saisir la distinction la plus radicale, la plus absolue qui existe, celle
des points de vue objectif et subjectif. » Tout est là. On
n'a pas assez remarqué la distance qui sépare l'objet et
le sujet, c'est-à-dire, dans le langage du savant physiologiste, l'objet du sens et l'objet de la conscience. Ce
qu'un œil voit, tous les yeux peuvent le voir. Un phénomène de conscience échappe non seulement à tous les
yeux, mais il n'est saisi que par une seule conscience,
la conscience en laquelle il se produit peut seule l'apercevoir. Le *moi* est un sanctuaire où aucun regard étranger
ne pénètre, si ce n'est celui de Dieu, qui n'est étranger
nulle part dans la création. Un professeur *démontre* aux
yeux d'un nombreux auditoire le mécanisme et le jeu
d'un cerveau, tel qu'il l'a vu lui-même. Avec un scalpel, quelques réactifs et un microscope, la plupart des
hommes seront capables de reproduire sur leur rétine
toutes les images qui ont d'abord affecté la sienne. Si
je ne craignais de manquer de respect à la science,
j'ajouterais qu'il ne serait pas impossible de faire voir

_____
(1) *Essais de physiologie philosophique*, p. 118.

tout cela à plus d'un animal. Mais le génie du plus grand physiologiste ne peut pénétrer jusqu'à la conscience du lapin dont il vient d'ouvrir le crâne et qui palpite sous sa main : les mouvements, les cris du pauvre animal sont un signe pour le savant ; mais l'objet du signe, la sensation, la douleur, le désir s'accomplissent dans une sphère impénétrable. Une seule conscience nous est ouverte, la nôtre ; toute autre, même celle de l'insecte, nous est à jamais fermée. La physiologie a beau marcher de découvertes en découvertes, elle ne se rapproche pas de la pensée, c'est-à-dire de la conscience, par une raison assez analogue à celle qui ne veut pas qu'on arrive à la solution d'un problème, par exemple, en prenant le chemin de fer. On n'atteint un but qu'en entrant dans sa voie, et la voie est toujours de même ordre que le but. Le cerveau et la pensée ne sont pas de même ordre.

Penser, avons-nous dit, c'est, au point de vue qui nous occupe, sentir, connaître, vouloir. Or, aucun de ces phénomènes ne peut coïncider avec l'action propre du cerveau, c'est-à-dire avec le mouvement de la fibre nerveuse, quel qu'il soit. Quelques rapprochements rendront cette vérité incontestable.

Examinons d'abord la sensation. Pour plus de clarté nous donnerons le nom d'impression au phénomène matériel de l'organe, réservant celui de sensation au phénomène que nous révèle la conscience. Nous allons voir que ces deux phénomènes, intimement unis, ont cependant des caractères qui rendent toute indentification impossible et absurde.

Les expériences de M. Fournié semblent établir que le centre des impressions est unique, constitué par les couches optiques. Mais les couches optiques sont au nombre de deux, situées dans deux parties symétriques de l'encéphale, et chacune d'elles, d'après les études anatomiques

de M. Luys, contient quatre centres secondaires, amas
distincts de substance grise qui correspondent d'une
manière distincte aux fibres de l'odorat, à celles de la
vue, à celles de la sensibilité générale et à celles de l'ouïe.
Cette analyse est confirmée par plusieurs faits pathologiques; les expériences mêmes de M. Fournié y sont
favorables. Ainsi le centre unique des sensations se résout
en huit autres. Cette division, du reste, est indispensable.

Supposez en effet qu'il n'y ait qu'un centre, les impressions apportées de la périphérie s'y mêleront, s'y confon-
dront, perdront leur caractère propre. Un mobile unique
peut sans doute être soumis à l'action simultanée de plusieurs forces, mais il est impossible qu'il obéisse alors à
chacune d'elles comme s'il recevait leur influence isolément. La pierre qui tombe à mes pieds sous l'action de la
pesanteur, va tomber à cinquante pas loin de moi, si je
lui communique une impulsion d'autre sorte. Le chemin
parcouru n'est évidemment pas le même. Une résultante
contient intégralement, si l'on veut, les composantes,
moins ce qui les distingue. Et dans la question présente,
c'est la distinction qui est l'essentiel.

La physiologie d'ailleurs ne garde pas le silence sur ce
point. Un courant électrique détermine des sensations
diverses suivant les nerfs auxquels il est appliqué : une
sensation d'odeur par le nerf olfactif, de lumière par le
nerf optique, de son par le nerf acoustique. La constitution de tous les nerfs est la même, l'histologie le prouve;
l'action exercée par le courant est également la même, le
résultat est pourtant différent. Donc, sous peine de ne pas
expliquer cette différence, il faut admettre que les centres
sont différents.

Cette distinction centrale se rencontre même pour un
seul sens. On sait qu'en faisant coïncider en un même
point de la rétine du même œil deux images de couleurs

complémentaires, rouge et verte par exemple, on ne voit ni rouge ni vert, mais du blanc. Et en vérité cela ne doit pas surprendre, puisque l'action d'un objet rouge unie à l'action d'un objet vert, détermine sur l'organe exactement les mêmes vibrations qu'un seul objet blanc. Or, si, au lieu de faire tomber les deux images dans le même œil, on les dirige de telle sorte que l'image verte soit dans un œil, et l'image rouge dans l'autre, ce qu'il est toujours facile de faire, par exemple au moyen du stéréoscope, dans ce cas, les images superposées, non dans les yeux, mais dans la sensation, conservent chacune sa propre coloration, de telle sorte que pour voir distinctement l'une ou l'autre, il suffit de vouloir. Ce fait, sûrement constaté, ne prouve-t-il pas la dualité du centre organique pour la vision? Comment un même centre organique, recevant à la fois les ondes lumineuses qui correspondent au rouge et celles qui correspondent au vert, ne ferait-il pas naître l'image blanche, qui correspond précisément aux vibrations du rouge et du vert?

Ce n'est pas tout. Le même œil pouvant donner naissance à la perception simultanée de plusieurs couleurs distinctes, il en résulte que les centres sont multiples pour un même œil, aussi nombreux que les couleurs distinguées du même coup. D'après la théorie la plus universellement admise aujourd'hui, il y a trois couleurs fondamentales, dont chacune est saisie isolément par un fascicule nerveux spécial, c'est-à-dire par un fascicule nerveux qui a la propriété d'entrer seul en vibration harmonique avec l'onde lumineuse de cette couleur. Mais cette spécialité serait inutile si le centre était commun, les vibrations d'ordre différent étant condamnées à s'y confondre (1). Il faut donc admettre autant de centres orga-

(1) Les fibres étant de structure identique, il s'ensuit, d'après

3

niques d'impression que l'on peut percevoir de couleurs fondamentales distinctes. Et comme, pour la même raison, les nuances ne peuvent non plus être distinguées qu'à la condition d'être séparées, ce n'est plus trois centres d'impression visuelle, ni même sept, mais des milliers que l'on devra compter.

Ce que nous disons de l'œil n'est pas moins vrai pour l'oreille. Helmholtz compte dans la rampe du limaçon trois mille fibrilles nerveuses, dont chacune ne vibre harmoniquement qu'avec une seule note musicale. L'induction nous oblige d'appliquer la même doctrine au toucher, au goût et à l'odorat, qui donnent naissance à des myriades d'impressions distinctes. N'y aurait-il pas lieu de conclure d'une manière générale que chaque fibrille d'impression a son centre propre, lequel serait probablement une seule cellule! On comprendrait alors pourquoi l'encéphale renferme tant et tant de cellules, groupées en des régions distinctes. Mais ce qu'il y a de parfaitement indubitable, c'est que l'unité de centre d'impression est une pure chimère : les centres sont innombrables.

M. Luys, qui pressent dans ce fait des conséquences désastreuses pour le matérialisme, s'efforce d'y échapper. Il espère reconstituer l'unité au moyen des *commissures* (1). En effet, les rayons émis par les cellules les enlacent les unes aux autres dans un même groupe, et les divers groupes sont mis en rapport entre eux par des systèmes de fibres. Ainsi la couche optique gauche communique avec la couche optique droite

la théorie, que toute la différence est dans les centres. Du reste l'identité centrale rendrait la diversité des fibres inutiles et cela suffit à notre thèse.

(1) Il a maintenant changé d'avis, comme on en sera convaincu en lisant deux pages curieuses qu'il vient de publier (1889) et que nous rapportons en appendice.

par un cordon transversal, appelé *commissure grise*.

Remarquons d'abord que, suivant la doctrine généralement admise aujourd'hui, les fibres sont simplement
des organes de transmission, et que par conséquent aucune d'elles ne saurait être centre ou organe d'élaboration. Remarquons aussi combien il est bizarre d'essayer
de rétablir, au moyen de fibres certainement plus nombreuses, l'unité détruite par la multitude des centres. Mais
supposons que, par une savante disposition des fibres de
communication, le résultat de l'élaboration de toutes les
cellules sensibles afflue, comme par des canaux conver-
gents, en une seule et même fibre *commissurante*, en
un seul et même point de cette fibre, en serons-nous plus
avancés? Eh quoi! la nature, pour conserver aux impressions leur caractère propre, a divisé les fibrilles
périphériques par millions, et vous pensez qu'un point
unique d'une fibre commissurante unique réunira sans
les confondre toutes les impressions élaborées par les
cellules! Une corde de violon qui, sous un seul coup
d'archet, donnerait à la fois toutes les notes musicales,
et de plus tous les degrés de la gamme, des couleurs,
avec les nuances sans nombre de la température, des
saveurs et des parfums, ne serait pas une conception
plus absurde. Il est bien de répéter à plaisir que les lois
de la nature régissent tous les êtres, le monde organique
non moins que le monde inorganique; mais il est encore
mieux de ne pas oublier dans l'application ces apho-
rismes retentissants, et de ne pas créer, pour le besoin
d'une cause, des exceptions que rien ne justifie.

Ainsi donc, le cerveau humain est admirablement
disposé pour conserver aux impressions leurs propriétés
spécifiques, mais précisément à cause de cela, il ne peut
les faire coïncider en un centre unique. Ces deux pouvoirs s'excluent l'un l'autre dans le cerveau, comme la

nuit et le jour. Or, c'est là précisément ce qui creuse un abîme entre l'impression et la sensation.

Aux impressions distinctes correspondent des sensations distinctes, distinctes entre elles comme les impressions, et distinctes des impressions par leur nature. Il ne m'arrive jamais de confondre la saveur d'une pêche avec le son d'une cloche, ni la fraîcheur de la température avec le vert des prés. On croira sans peine que la délicatesse de mes sens va même au delà; que dans un concert, par exemple, je ne prends pas la flûte pour les cymbales, ni le triangle pour le hautbois. Je discerne même assez bien les diverses parties. Mais il me faut plus d'efforts pour saisir les différences à mesure que les différences des impressions diminuent; et je ne me flatte pas de dédoubler un *sol* de la même gamme donné à la fois par deux instruments de cuivre, ou par deux voix d'enfants. Les sensations suivent donc les impressions. Voici en quoi elles s'en séparent radicalement. Nous avons vu que les impressions doivent se distribuer en des centres divers sous peine de perdre leur identité; les sensations, au contraire, même les plus diverses, coïncident toutes en un sujet unique d'une simplicité parfaite.

Ne demandez ni à l'imagination, ni même à la raison, quel est ce sujet : ce n'est ni une fantaisie, ni une hypothèse, ni une abstraction. C'est la conscience qui nous le révèle avec certitude et clarté. On se figure le *moi* comme un point : fiction puérile, le *moi* n'a rien de semblable ni de près, ni de loin. Le *moi*, c'est nous, c'est l'être que nous désignons par le pronom personnel *je*, toutes les fois que nous énonçons une proposition commençant par ce mot. Or est-il possible de concevoir rien de plus indivisible qu'un tel sujet? Veuillez trouver une proposition, une seule, où ce sujet s'énonce comme diminué, augmenté, divisé ou multiplié. Lorsque j'affirme la présence d'une sensation en *moi*, le *je* est aussi complet que lorsque j'en constate dix mille; *je* ne m'épanouis pas dans un concert, dans un spectacle aux sensations innombrables; *je* ne resserre pas mon être lorsque je me trouve au milieu du silence absolu des sens. Mutilé, mourant, l'homme dit : *j'ai perdu un membre, je me meurs*; et cependant sa conscience place identiquement la même réalité sous le sujet de ces propositions dont les attributs signifient diminution, dépérissement d'éléments intimement associés, mais non identifiés avec ce sujet. Quand il s'agit du *moi* proprement dit, et non d'une fiction, l'imagination même ne peut le diviser. Comment se figurer, par exemple, un quart de *je* qui goûte, un autre quart qui entend, un troisième quart qui regarde, et le dernier qui palpe? Rien n'est donc plus sûr que l'indivisible simplicité du sujet révélé par la conscience.

Mais il n'est pas moins certain que, dans ce sujet unique et indivisible, toutes les sensations sont recueillies. Que dis-je? La conscience nous atteste qu'elles sont toutes des manières d'être de ce sujet, ce sujet lui-même diversement modifié? C'est *moi* qui vois, *moi* qui entends, *moi* qui souffre, *moi* qui jouis, etc., qui suis voyant, entendant, souffrant, jouissant, identique dans mon être, divers dans mes manières d'être, divers sans division, identique sans confusion. A la diversité subjective, je n'en disconviens pas, correspond la diversité des phénomènes du monde extérieur et la diversité des impressions organiques. Mais là s'arrête l'analogie. Ce qui est matériel ne peut diviser sans désunir, ni unir sans confondre. La physiologie ne s'élève pas plus haut, la psychologie ne descend pas plus bas. Telle est la limite qui sépare à jamais ces deux rivales. C'est la conscience qui la pose d'une manière définitive.

Avant de passer à la connaissance, je ne puis me dispenser de signaler entre l'impression et la sensation une disproportion qu'on ne remarque pas assez. L'impression centrale, quelle qu'elle soit, ne dépasse pas les limites des centres. Si elle s'étend au delà des couches optiques, ce qui est au moins fort douteux, elle est confinée dans le crâne, elle ne s'élève jamais au-dessus du cuir chevelu. Mais n'est-il pas vrai que la sensation semble s'appliquer, s'adapter à l'objet extérieur qui la cause? A quelques pas d'une maison, à quelques centaines de mètres d'une montagne, le sens de la vue suscite en moi une sensation qui me paraît mesurer à peu près la maison et la montagne, c'est-à-dire excéder notablement la capacité de la tête humaine. Une maison et une montagne ne constituent pas une exception. Personne ne disconviendra que si l'impression est une image, ce ne peut être qu'une image tout à fait réduite, une photographie souvent microscopique. Comment se fait-il donc que nous voyions les objets suivant leurs véritables dimensions? Comment se fait-il que la sensation soit juste, lorsque l'impression ne l'est pas? On peut, sans témérité, mettre la physiologie au défi d'expliquer ce problème au moyen des seuls mouvements organiques.

La divergence, déjà bien grande entre l'impression et la pensée, va devenir complète.

Suivant une observation très juste du docteur Fournié, la *notion* diffère du tout au tout de la *sensation*, qu'il appelle *perception*. La *sensation* est un état d'abord *passif* déterminé par une impression matérielle. La *notion* résulte de l'*activité*, du travail conscient de l'esprit qui *distingue un objet de tout autre*. Les sensations se produisent *distinctes*, sont éprouvées *distinctes*, mais ne sont point *distinguées* par une réaction consciente du sujet qui les éprouve (1). En opérant sur ces sensations, en les

_____

(1) Nous verrons plus loin que dans toute sensation achevée il y a réaction, mais inconsciente.

comparant, les analysant, l'esprit en *note* les caractères, les différences; il les discerne, les connaît. De là, la notion, ou la connaissance proprement dite. Cette observation est précieuse. En disant que la notion d'un objet consiste à distinguer activement cet objet de tout autre, on a tout dit, et on a dit beaucoup. Tant qu'un objet peut être confondu avec un autre, il n'est pas vraiment connu; il est vraiment connu, dès que l'esprit le met dans une place à part d'où il élimine tout ce qui n'est pas lui. Il suit de là que, dans toute notion, il y a essentiellement deux aspects : l'un positif, l'autre négatif; par le premier, l'esprit sait clairement *ce qu'est* l'objet; par le second, il sait confusément *ce qu'il n'est pas*. Mais, qu'on veuille bien le remarquer, ce second aspect est encore une connaissance, puisque l'esprit *sait* ainsi ce que n'est pas l'objet connu par lui. C'est bien là une connaissance infiniment confuse sans doute, mais quelle *extension*! pour parler comme les logiciens. Elle embrasse tout ce que n'est pas l'objet en question, tout, moins cet objet. Une notion simple est donc une pure abstraction, sans réalité dans l'existence. Pour connaître, l'esprit se porte nécessairement sur deux termes, l'un qu'il veut directement connaître, l'autre constitué par l'océan sans bornes et ténébreux où sont confondus tous les autres objets. Il me semble que, si les physiologistes avaient un peu réfléchi à cette nature incontestable de la notion, ils n'auraient jamais songé à la confiner dans une cellule cérébrale. Comment un mouvement moléculaire pourrait-il représenter la notion sous son aspect négatif, c'est-à-dire un ensemble contenant tout ce qui est ou peut être, un seul être excepté? Quelle tête faudrait-il pour renfermer un nombre suffisant de cellules? Et la tête existât-elle, en serait-on plus avancé? Une difficulté resterait encore, et elle serait insurmontable. Il faudrait trouver

le moyen de placer devant les sens cet objet composé de
tous les objets, moins un, de tous les objets, dis-je,
actuels ou possibles, puisque les cellules ne peuvent
entrer en vibration convenable que sous une impression
des sens présente ou passée. Je pense que jamais objet
semblable ne s'est montré dans le champ de la vision
d'aucun physiologiste. L'objet individuel, positif, ne s'y
montre pas lui-même tout entier.

En tant qu'il est connu et non senti, cet objet échappe
à toute représentation de la cellule et même de l'imagination. Pour éviter des considérations trop métaphysiques, prenons un exemple aussi vulgaire qu'on voudra,
la notion d'une personne, d'une plante. En quoi consiste
cette notion? Vous allez la formuler vous-même. Si l'on
vous demande : « Quelle est cette personne? cette
plante? » Vous répondrez : « C'est un tel. — C'est une
giroflée, un géranium. » Votre double réponse traduit
exactement votre double connaissance. Elle semble signifier peu de chose; mais que l'apparence est trompeuse!
La seconde — « c'est une giroflée », — contient un nom
commun, un nom d'espèce, l'espèce de la giroflée. Or,
une espèce ne peut pas être représentée par une image;
car l'espèce est une idée qui contient un nombre infini
d'individus. La giroflée contient toutes les giroflées actuelles, passées, futures, possibles. Or, d'un tel objet, il
n'est pas d'image sensible.

La giroflée que vous tenez à la main, envoie des rayons
qui en reproduisent l'image en miniature sur le fond de
votre double rétine. Cette petite image circule-t-elle par
les deux nerfs optiques jusque dans les tubercules quadrijumeaux, les couches optiques, les cellules corticales?
Va-t-elle se réfléchissant au fond de toutes les cellules
qu'elle rencontre sur son passage de manière à se répéter
elle-même, des milliers et des milliers de fois, à former

des constellations de petites fleurs sous cette voûte que
Platon comparait au ciel étoilé? Ce serait sans doute
l'hypothèse la plus favorable à la génération mécanique
de l'idée spécifique. Le multiple sortirait ainsi de l'unité
par une multiplication purement automatique, comme au
contact d'une étincelle, d'une poignée de poudre jaillissent des myriades d'autres étincelles. Malheureusement,
cette hypothèse est fausse, et, fût-elle vraie, elle serait
encore insuffisante. Elle est fausse, car un objet, quel
qu'il soit, ne suscite jamais en notre conscience qu'une
seule image de lui-même, ni plus, ni moins. Le surplus
est une pure fiction. Qui a jamais senti son cerveau
constellé d'images? En outre, si elle était vraie, une
diminution de la substance cérébrale devrait modifier le
phénomène, de même que l'anéantissement de toute une
région du ciel entraînerait l'extinction des constellations
qu'elle comprend. Or, cela n'a pas lieu. Un homme
privé d'un hémisphère du cerveau, exerce sa pensée tout
comme un autre au milieu des idées universelles, dont
l'extension n'est pas plus restreinte pour lui que pour un
homme au cerveau intact; ses constellations idéales sont
restées entières. Le témoignage de la pathologie est
formel en ce point. Enfin, ce qui est parfaitement sûr,
c'est que l'hypothèse est insuffisante. Le nombre des
cellules du cerveau, quelque grand qu'il soit, est nécessairement fini, contenu dans un chiffre exactement limité,
qui n'admet pas une unité de plus. L'espèce idéale, au
contraire, dépasse tout nombre donné, s'étend infiniment
au-delà; aucun chiffre ne peut la contenir. Par conséquent, les milliers et les milliers d'images cellulaires,
nécessairement finies, ne pourraient jamais en être la
représentation adéquate. Il y a là un vide qu'aucun mouvement matériel et mécanique ne parviendra à combler,
même à travers, je ne dis pas une vie humaine, mais des

séries de siècles. Le second exemple n'est pas moins concluant.

Quand vous avez répondu : « c'est un tel », « en ajoutant le nom de la personne, ce nom ne représente pas pour vous un habit sur un corps. Il représente un assemblage de qualités physiques et morales. Pour former l'idée individuelle qu'il exprime, vous avez choisi entre la bienveillance et l'égoïsme, la malice et la simplicité, la grandeur d'âme et la petitesse d'esprit, entre tous les traits qui peuvent constituer le caractère d'un homme. A ces éléments choisis par vous, vous imprimez un tour spécial qui se trouve uniquement dans la personne que vous considérez; vous les faites reposer dans une âme semblable à la vôtre, douée du pouvoir de connaître, d'aimer, de vouloir et de sentir; vous en gravez les signes dans un pli de sa bouche, un regard de ses yeux, dans un de ses gestes, une de ses attitudes, le son de sa voix. C'est ce tout complexe que vous avez désigné par un nom propre. Or, si quelques parties de ce tout peuvent être reproduites par des mouvements matériels, n'est-il pas vrai que le plus grand nombre n'offrent aucune prise aux organes des sens? On imagine un pli de la bouche, mais comment imaginer la malice? Comment imaginer le rapport de la malice à ce pli? On imagine un corps à stature droite, posé sur deux pieds, avec deux bras et une tête, à peu près semblable au vôtre et au mien; on imagine les mouvements qu'il exécute; mais comment imaginer la vie qui l'anime, la raison qui le dirige, la volonté qui le met en mouvement? Ainsi en est-il pour toutes les notions. Il n'en est aucune que l'on puisse emprisonner dans une image, à plus forte raison dans une cellule. Celles dont l'objet est le plus matériel, s'en échappent par les rapports qu'elles ont avec tout le reste. C'est en vain qu'on opposerait les notions simples. La notion simple n'est jamais une première notion. Elle est un fruit de l'analyse et de l'abstraction. Dans la réalité, l'esprit humain commence par le multiple et le composé. Une connaissance qui se porterait sur un élément simple, isolé, logiquement séparé de tout autre, est une pure impossibilité. Il n'est pas possible de connaître *un* sans connaître *deux*. Cela suffit pour réduire à néant les prétentions de la physiologie. Le cerveau, tout merveilleux qu'en soit le mécanisme, ne peut représenter que l'*individu sensible;* ses fibres n'ont aucune prise sur le *général*, sans lequel l'*individu intelligible* n'est jamais compris.

C'est grâce à son activité, nous l'avons dit, que l'intelligence formule, crée la notion. Cette activité de l'intelligence, sous une de ses formes, est l'*attention*. Il est intéressant de voir avec quelle agilité, quelle aisance, l'attention se porte sur les diverses parties d'un objet que l'on veut connaître, de quelle sorte elle va, rapide comme l'éclair, du connu à l'inconnu, de ce qui est *observé* à ce qui est *su*, de l'individu à l'espèce, du contingent au nécessaire, du périssable à l'immuable, afin d'assigner avec rigueur la place qui convient dans l'ordre intellectuel à l'objet examiné. Un botaniste examine une fleur. Son attention se promène en toute liberté, se reposant çà et là, où il lui plaît, aussi souvent et aussi longtemps qu'il lui plaît. Elle observe la tige, le calice, la corolle, les pétales, le pistil, les étamines, l'ovaire; elle s'arrête à la forme de ces diverses parties, en remarque la coloration, la constitution, la vigueur. Cependant elle suscite un essaim confus d'idées de fleurs, de parties de fleurs semblables, de fleurs analogues, de fleurs différentes, le monde végétal tout entier, que dis-je? elle évoque peut-être toute la création, la nature inorganique et la nature animée, le temps et l'espace, l'infini et l'éternité. Toutes

les sciences entourent une petite fleur : elle tient à la
chimie par sa constitution, à la physique par ses propriétés générales, à la géométrie par sa forme, à l'astronomie par son harmonie avec le mouvement annuel et
diurne de la terre, à l'esthétique par sa beauté, à la
philosophie par son essence et les conditions générales de
son être. La plus petite créature est en rapport avec tout.
Quel champ immense pour l'activité de l'intelligence! Or,
qu'on veuille bien se rappeler le phénomène physiologique produit par cette fleur. C'est un mouvement moléculaire spécial communiqué à une ou plusieurs cellules
du cerveau, probablement des centres optiques et de la
périphérie corticale, rien de plus. Je ne demande pas
maintenant comment ce mouvement moléculaire peut
représenter cette infinité de rapports que nous avons à
peine indiquée; je demande seulement quelle peut être
pour la physiologie cette puissance libre, indépendante,
active et agile, qui se transporte à son gré, non pas à
tous les coins du cerveau, non pas dans toutes les parties
de l'univers, mais, qu'on veuille bien le remarquer, dans
l'infini du monde intellectuel, de ce monde dont presque
tous les aspects sont infinis. Ne dites pas : c'est une
fiction; l'attention est confinée dans le cerveau. Si l'attention, et partant la connaissance, sont confinées dans le
cerveau, la science croule, nous n'avons plus qu'à nous
taire. Eh quoi! les axiomes, les principes, les vérités universelles, sont-ils des états du cerveau? Quelle pitié de le
penser un instant! Ces axiomes, ces principes, ces vérités,
nous les connaissons pourtant. Donc l'attention peut les
atteindre. Une cellule nerveuse le pourrait-elle! Son
mouvement propre se communiquerait-il jusque-là? Comment? et à travers quel milieu? Mais, malgré l'absurdité
de l'hypothèse, supposons que l'attention soit un mouvement engendré par diverses cellules, et communiqué par

les fibres divergentes ou convergentes. La difficulté ne serait pas encore écartée. Un mouvement de cellules différentes constitue des mouvements multiples : l'attention est une et identique, la conscience nous l'atteste. Un mouvement d'ailleurs ne s'engendre pas lui-même ; il est engendré et nécessairement contenu dans certaines conditions fatales qui en règlent la naissance, la forme, la durée. Qu'est-ce qu'un mouvement qui se produit lui-même, se dirige lui-même, se suspend, s'accélère lui-même, échappe aux conditions de l'espace et du temps, atteint avec la même facilité et la même rapidité les objets les plus éloignés comme les plus voisins? Autant vaudrait demander qu'est-ce qu'un cercle carré? Non, l'attention n'est pas un mouvement, car elle est libre, car elle se possède, car elle commande aux mouvements du cerveau. Je n'ai qu'à le vouloir, je susciterai telle image qu'il me plaira ; je ferai passer dans mon imagination une ville, une montagne, un paysage, l'Océan, le ciel, réveillant du même coup, sans en avoir conscience, sans les connaître, les mouvements correspondants de l'encéphale. Ce qui dispose en maître d'un système de mouvements et de chacun des mouvements du système, restant à soi-même sa propre loi, ne saurait être un mouvement. Donc l'attention non plus n'est pas une fonction du cerveau.

Que reste-t-il maintenant des prétentions de la physiologie? Et cependant nous sommes loin d'avoir passé en revue toutes les impossibilités devant lesquelles ces prétentions viennent échouer. C'est une matière que nous avons à peine effleurée. Nous n'avons rien dit de la raison, de son objet, de ses opérations, de ses lois; rien de l'absolu; rien de l'intuition, du jugement, du raisonnement, de l'enchaînement des idées; rien de la certitude, du doute, de l'opinion, de la science; rien des notions premières, de ces notions dont l'objet est à la fois uni-

versel, immuable, nécessaire, éternel. Nous avons à peine
indiqué une des formes de la volonté; nous avons laissé
dans l'ombre la liberté morale, la conscience morale, la
notion de la loi, du devoir, du mérite et du démérite, de
la vertu et du vice, du bien et du mal; l'honneur, le
désintéressement, l'amour intelligent; les inclinations du
cœur humain, le besoin de connaître et d'aimer sans
mesure, le sentiment et la notion du beau, beau sensible,
beau moral, beau intellectuel, l'art qui l'exprime et le
goût qui en jouit; le sens et le désir de l'infini, source
intarissable de poésie, d'enthousiasme et de piété. Nous
n'avons pas parlé de la connaissance de Dieu, qui se rencontre même dans l'athée, car on ne peut nier ce que l'on
ne connaît pas; connaissance dont l'objet se présente
comme le type immense, vivant et réel dont nos idées les
plus hautes, les plus vastes et les plus profondes ne sont
que de pâles images, comme le principe et la fin, la cause
et la raison de tout ce qui est et de tout ce qui peut être,
l'être en un mot, l'être sans limite, l'être sans imperfection, infini dans sa réalité, dans sa puissance, dans sa
majesté. Voilà une série de phénomènes dont, par défaut
de pénétration, on peut nier le *substratum* immatériel;
on ne peut en nier l'existence. Quiconque pense, les
observe par cela même qu'il pense; ce ne sont que les
formes diverses de la pensée humaine. On voit que le
temps n'est pas encore venu d'exiger des physiologistes
qu'ils réduisent ces phénomènes à des mouvements moléculaires. Ces savants s'étaient flattés sans doute de réussir
plus facilement dans les bas fonds de la sensation. Même
là, nous l'avons vu, le succès se fera longtemps attendre.
Tout mouvement, disait jadis Aristote, procède de l'immobile. Si l'on n'avait pas oublié cette parole bien profonde, on se serait épargné l'entreprise chimérique de
tout expliquer par le mouvement.

CHAPITRE III

L'AME HUMAINE

M. de Feletz nous a conservé, dans ses *Mélanges* (1),
l'opinion d'un M. T., qui regardait l'âme comme « un
abrégé, un extrait, une miniature parfaite de notre corps,
dont elle reproduit toutes les parties et tous les traits
dans des dimensions si infiniment petites que l'imagination ne saurait s'en faire une idée. Telle reste cette petite
âme, tant qu'elle est entravée par les liens du corps;
mais est-elle débarrassée de sa prison, elle grandit, se
développe, atteint la taille de l'individu dont elle n'était
auparavant que la *miniature*, et le représente parfaitement dans l'état et le point précis où il était le plus beau,
dans tout l'éclat de sa jeunesse...; tout cela perfectionné
même par des formes plus sveltes, plus légères, plus
déliées, plus aériennes ». Quand M. T. inventa cette
merveille, il avait jugé à propos de laisser dormir sa
raison. Ainsi fait le peuple, ainsi font les médecins qui
cherchent à la pointe de leur scalpel l'âme dans les replis
du cerveau, ainsi font les poètes eux-mêmes, pour qui
l'âme est une substance éthérée, sphérique comme le
soleil, radieuse comme les étoiles.

(1) T. I, p. 329.

Les philosophes, en général, sont plus sages, mais ils ne se garantissent pas toujours suffisamment contre d'aussi regrettables illusions. Ils affirment et prouvent fort bien que le principe de la pensée est une substance immatérielle douée d'intelligence et de volonté. Rien de mieux, s'ils n'essayaient, en analysant leur définition, de saisir dans son fond cette substance, ce principe. Leur regard alors perd quelquefois sa vigueur et s'obscurcit. Voyant que l'étendue s'amoindrit à mesure qu'on la divise, ils en viennent à croire que la division poussée à ses dernières limites atteint l'inétendue, l'immatériel. L'âme est à leurs yeux comme un point, élément invisible et insaisissable d'une poussière impalpable, dernier degré du corpuscule divisible. Suivant quelques-uns, c'est un point sans dimension aucune, ni largeur, ni profondeur, identique au centre d'un cercle, à l'intersection de deux lignes.

L'âme n'est ni une substance éthérée, ni un point physique, ni un point mathématique. Elle n'est pas une substance éthérée, parce que la substance éthérée est matière. Elle n'est pas un point physique, parce que le point physique, malgré la petitesse de ses dimensions, est étendu et par conséquent matériel. Elle n'est pas un point mathématique, parce que le point mathématique est un élément de l'étendue, et, ce qui est plus grave, une abstraction, c'est-à-dire un néant d'existence. Une surface mathématique existe-t-elle? Non, sans doute. La surface mathématique n'existe pas, parce qu'elle est une abstraction; elle ne communiquera donc pas l'existence à la ligne qu'elle engendre par un nouvel effort d'abstraction; la communiquerait-elle au point, abstraction du troisième degré?

On fait fausse route lorsqu'on poursuit la notion de l'âme dans l'analyse de l'étendue. Je ne dirai pas qu'il

vaudrait autant chercher le jour dans la nuit ; car jour
et nuit sont deux termes opposés qui s'excluent et cependant s'appellent. Mais c'est commettre la faute du
chimiste qui travaille à découvrir dans sa cornue l'inspiration d'où est sortie la *Transfiguration* de Raphaël.
L'inspiration esthétique et l'analyse chimique appartiennent à deux ordres différents : l'une n'a rien de commun
avec l'autre. Telles sont l'âme et l'étendue, des choses
d'ordre totalement distinct. Dire que l'âme est un point
mathématique, ce n'est guère moins absurde que de dire
qu'elle est une boule. Le génie de Raphaël est aussi mal
à l'aise dans la formule de l'atome le plus subtil que dans
celle du composé le plus grossier.

Mais quoi ! nous sera-t-il impossible de connaître
l'âme ? La plupart des physiologistes le croient et le
répètent. Pour M. Fernand Papillon, l'âme « est la plus
mystérieuse certitude de notre conscience ». Suivant
M. Fournié, elle est « une hypothèse », logiquement
nécessaire, sans doute, mais hypothèse. M. Lélut, parlant « du problème de notre nature », écrit : « Pas plus
du côté de l'esprit que de celui de la matière, la lumière
n'est complètement faite, les ténèbres couvrent encore
une grande partie de l'horizon. » M. Cl. Bernard affirme
que « les causes premières (et parmi les causes premières
il range le principe de la vie) sont hors de la portée du
savant et ne doivent jamais le préoccuper ». On sait que
les positivistes placent l'âme dans la région du « formidable incognoscible ». L'expression est de M. Littré.
Tous ces écrivains et les hommes fort nombreux qui pensent de la même manière ressemblent, suivant le mot
de Joseph de Maistre, à des gens qui seraient plongés
dans l'eau jusqu'à la bouche inclusivement et qui de-
manderaient à boire.

Il y a de l'exagération à dire avec Gratiolet : « La

pensée ne connaît directement que la pensée. » Mais il
est très vrai que l'âme se connaît implicitement dans
chacune de ses pensées, de ses modifications conscientes.
Est-il rien que nous connaissions plus pleinement que la
douleur, la joie, la tristesse, le désir, l'amour, la haine,
l'ennui, l'espérance, la volonté, l'effort, la résolution, le
doute, la certitude, l'ignorance, la connaissance, l'attention, le jugement, etc., en tant que ces divers phénomènes s'accomplissent en nous (1)? Or, ces phénomènes,
que sont-ils, sinon des modifications différentes de notre
âme, aperçues de l'intérieur; sinon notre âme elle-même,
revêtant diverses manières d'être et se reconnaissant elle-
même dans ses états? Voulez-vous donc savoir ce qu'est
votre âme? Regardez au dedans de vous-même; constatez
en vous la joie, la tristesse, la haine, l'amour, le savoir,
le vouloir; tout cela, c'est votre âme en acte. Cet acte
même par lequel vous cherchez ce qu'est votre âme, c'est
encore votre âme, votre âme qui se cherche; et connaissant cet acte, c'est votre âme que vous connaissez. *Cum
quærentem se novit, se utique novit et omne quod novit
tota novit, atque ita totam se novit* (2). Elle est tout
entière dans chacune de ses manières d'être, quoiqu'elle
ne soit pas à la fois dans toutes ses manières d'être, et
la connaître dans une de ses manières d'être, c'est la
connaître tout entière, mais non toutes ses manières
d'être.

Ainsi donc nous connaissons tous très bien notre âme,
quoique plusieurs ne le soupçonnent pas. N'est-ce pas

---

(1) Nous verrons plus loin que plusieurs de ces phénomènes
affectent le corps dans leur détermination. Mais, originellement
et au fond, ils sont la vie même de l'âme. C'est sous ce rapport
que nous les considérons ici.

(2) Saint Augustin, *De Spiritu et Anima*, cité par Gratiolet,
p. 401.

une contradiction? Ce n'est qu'une illusion, erreur d'appellation. Vous avez voulu vous figurer votre âme, vous en faire une idée. Pour cela, rassemblant certaines notions recueillies sur le monde extérieur et dépouillées plus ou moins pleinement de leurs conditions matérielles, vous en avez formé une conception à laquelle vous avez surajouté plusieurs propriétés abstraites des données de la conscience, et ce tout informe, desséché, mort, production équivoque de votre raison et de votre imagination, distinct et séparé de vous, vous l'avez appelé du nom d'âme, oubliant que votre âme est vivante, concrète, individuelle, agissante, tout entière dans ses actes, vous-même enfin. L'intelligence a un double regard; l'un se porte sur l'objet connu, l'autre sur le sujet connaissant. Celui-ci est, selon l'expression d'Aristote, la pensée de la pensée νόησις νοήσεως. C'est par le premier que vous avez voulu voir votre âme : vous n'avez vu, vous n'avez pu voir qu'un fantôme. L'âme n'est aperçue que par la pensée de la pensée; elle est le sujet se connaissant lui-même, vivant et agissant, par cela même qu'il vit et qu'il agit.

Considérée dans la pensée, la sensation, la volition, l'âme prend aux yeux de l'*imagination* comme un aspect vaporeux, sans consistance; il semble qu'elle va s'évanouir avec le temps qui emporte du vol le plus rapide chacun de ses phénomènes. L'imagination n'a que faire dans la question présente. Les manières d'être dans lesquelles l'âme se connaît paraissent et disparaissent avec une promptitude extrême, cela est vrai. Si donc l'âme n'était que ses phénomènes, rien de plus fugace, plus vain. Mais ce ne sont point seulement ses phénomènes qu'elle connaît, elle se connaît surtout elle-même dans ses phénomènes, et la preuve, c'est qu'elle se reconnaît *une* dans la variété simultanée, *identique* dans la

variété successive de ses pensées, de ses volitions et de
ses sensations; elle se reconnaît une force qui persévère
toujours intérieurement la même, et, à ce titre, supérieure à tous les êtres de la nature. Si l'on veut une
preuve manifeste de ce privilège, il suffit de faire attention à une propriété particulière du *moi*. Le diamant le
plus dur cède à la puissance de l'art; le lapidaire en
sépare les molécules superficielles, le chimiste le réduit
en poussière. Il n'est aucune substance matérielle que
l'homme ne divise, ne fractionne. En est-il ainsi du *moi*?
Qu'est-ce que le moi divisé en dix, en quatre, en deux?
L'âge, la maladie, les accidents ôtent au corps quelque
chose de lui-même; le *moi* n'augmente ni ne diminue, et
l'homme qui dit : je meurs, ne met pas moins de réalité
sous ce sujet *je*, que celui qui s'écrit : je vis. Peut-être
comprenez-vous que vous puissiez cesser d'exister, mais,
pendant qu'il vous est donné d'être, il vous est impossible de vous figurer réduit à la moitié, par exemple,
de votre moi. Est-il rien de plus ridicule que de supposer
un homme qui ne pourrait parler de lui-même, sans
donner au pronom de la première personne la signifi-
cation rigoureuse de $\frac{je}{1}$, $\frac{je}{2}$, $\frac{je}{3}$, etc.? Mais est-ce le
corps qui donne au *moi* cette merveilleuse indivisibilité?
Le corps communiquerait-il ce qu'il est absolument
incapable de posséder? Ne soyons pas absurdes à plaisir.
L'indivisibilité n'appartient qu'à l'indivisible; l'indivisible en nous, c'est notre âme qui persévère dans son
unité et qui, introduisant le corps dans sa vie, lui communique par cela même quelque chose de cette unité. Le
corps vivant peut sans doute être divisé, mais ce qui
est séparé de lui sort à la fois de l'unité de la vie et de
l'unité du moi restée intacte.

Immuable dans le fond de sa vie et de son activité,
l'âme se connaît encore une force capable d'agir sur les

forces de la nature matérielle. Connaître et vouloir ne
sont pas toutes les puissances de son être. Elle sait très
bien que l'effort qu'elle oppose à la résistance extérieure
par les muscles de l'organisme, a sa source en elle-même :
elle sait très-bien qu'elle le distribue et le proportionne
à son gré. Sans doute, ce pouvoir n'est pas sans limites,
il est même inférieur à beaucoup d'autres forces créées.
Mais il ne perd point pour cela sa nature ; il est même
le type auquel nous comparons, pour les évaluer, toutes
les énergies que l'expérience nous révèle, ce qui revient
à dire que nous ne connaîtrions aucune force, si nous
ne connaissions d'abord celle que nous sommes. Il y a
plus, quoique bornée, la puissance dont l'âme dispose
est capable de dominer presque toutes les puissances de
la nature ; car indivisible en elle-même, elle sait diviser,
et, par la division, affaiblir dans une juste mesure. Une
seule chose l'arrête, l'imperfection de l'instrument matériel et divisible qu'elle est condamnée à employer.

Une substance que la divisibilité ne peut atteindre, que
le temps n'use jamais, qui lutte avec les forces de l'univers et sait les dominer, est-elle une vapeur qui se dissipe? Ne faut-il pas dire plutôt qu'auprès d'elle, les autres
substances, celles que l'œil aperçoit et que la main palpe,
n'en sont que de grossières imitations (1)?

Nous connaissons notre âme, nous en connaissons la

---

(1) Quelques philosophes modernes, tels que M. Tissot, distinguent le *moi* du sujet de la pensée. Cette distinction ne
manque pas d'originalité. Le *moi*, pour eux, c'est l'acte de la
conscience, acte variable et transitoire comme tous les actes.
Mais ce *moi* n'est pas celui de tout le monde. Le *moi* de tout
le monde est celui à qui tout le monde attribue les *attributs*
de toutes les propositions commençant par *je*, ou tout autre
pronom équivalent. Or, ce *je* là, certes, n'est pas un acte fugitif,
mais tout ce qu'il y a de plus durable et de moins transitoire.
C'est de ce *je*, celui de tout le monde, que nous avons voulu

solide réalité. Nous connaissons en même temps qu'elle est immatérielle, c'est-à-dire inétendue. Cela résulte de ce que nous la connaissons comme indivisible. Mais il convient d'insister sur ce point, à cause des conséquences qu'il renferme. Tout ce qui est étendu est composé de parties, qui sont nécessairement dans des rapports réciproques déterminés. De là, délimitation extérieure, figure appréciable à l'œil, à la main, ou du moins à l'esprit. D'un tel objet, la géométrie est toujours possible ; la géométrie n'est-elle pas la science de l'*étendue?* Veuillez donc maintenant interroger votre conscience ou votre mémoire. Vous vous êtes connu triste, joyeux, voulant, refusant, sachant, croyant, hésitant. Avez-vous jamais aperçu dans ces états rien qui se rapproche d'une figure quelconque? Est-ce la pyramide qui est la forme de l'amour, la sphère de la haine, le cylindre de la croyance, le cube de l'hésitation? Quelles questions ridicules! Tant il est vrai que les conditions de la matière sont évidemment en contradiction avec les phénomènes de la conscience, c'est-à-dire avec notre âme !

Non, l'âme n'a rien de commun avec l'étendue, rien. Par conséquent, qu'on veuille bien remarquer cette conséquence, elle est la clef de la psychologie physiologique, par conséquent l'âme ne peut occuper l'étendue à la

parler dans les lignes qui précèdent. (Voir la *Vie dans l'homme,* par J. Tissot.)

On trouverait d'autres idées singulières dans l'ouvrage que nous indiquons ici, ouvrage d'ailleurs, nous devons le reconnaître, recommandable à bien des titres. Ainsi on peut y lire (t. I, l. I, c. II, § 2) une thèse longuement développée pour établir que les *conceptions de la raison,* c'est-à-dire les *notions premières,* n'ont pas d'objet. *Pas d'objet* et *rien* étant parfaitement identiques, il s'ensuit que les notions premières sont la connaissance de *rien,* et, comme ces notions sont la base de toutes les autres connaissances, il s'ensuit encore qu'en définitive nous ne connaissons rien du tout. C'est beaucoup trop peu.

manière d'un corps, en remplir, en mesurer une partie
qui l'enfermerait et la mesurerait à son tour. Par elle-
même, elle n'est point, elle n'entre point dans l'espace,
qui est une condition des corps étendus, elle est en
dehors de l'espace. Mais cela n'empêche pas qu'elle
n'entre en relation avec des êtres dont les conditions
d'existence sont différentes. Comment? par quels procédés? je l'ignore; mais le fait est indubitable; il s'impose
à notre conviction avec la même rigueur que tout phénomène de conscience. Il existe entre l'âme inétendue et un
certain corps étendu une union si intime, si étroite, que
le *moi* embrasse à la fois l'une et l'autre, que les phénomènes propres à l'une et à l'autre sont attribués au même
sujet. Quand je dis : *je marche*, ou *je chante*, je ne place
pas sous le sujet *je*, un autre *moi* que lorsque je dis : *je
pense* ou *je veux*. Des événements d'un ordre tout différent convergent au même centre. Un coup qui me brise
un membre, et un acte qui lèse mon honneur, ne font
pas une même blessure, mais les deux blessures de nature
si diverse sont reçues par un même sujet d'attribution.
Enfin l'*union* de l'âme et du corps est telle qu'elle a pu
se faire accepter par des esprits superficiels comme
l'*unité*, préparant ainsi la voie à deux erreurs très éloignées et très voisines, l'idéalisme et le matérialisme.

Ce n'est pas tout. En dépit de l'imagination, la logique
et l'évidence des faits nous forcent d'avancer plus loin.
En relation immédiate avec tout le corps, ou avec une
partie du corps (peu importe ici l'alternative), l'âme est
immédiatement unie à des éléments matériels qui occupent des points distincts de l'espace. Entrant indirectement dans l'espace par son union avec ces éléments dont
l'espace est la condition, elle se trouve ainsi tout entière
dans des lieux divers à la fois : *tout entière*, parce qu'elle
est indivisible; *en des lieux divers*, parce que, même un

fragment de matière, si petit soit-il, a des éléments multiples distribués en des lieux multiples. Mais, encore une
fois, l'âme n'est dans l'espace que par le corps auquel elle
est unie, et c'est parce que le corps est multiple que
l'âme, sans se diviser, sans se dédoubler, sans se multiplier, restant parfaitement une et simple, existe en même
temps en plusieurs points distincts. Telle est, croyons-
nous, la doctrine des scolastiques. La physiologie ne nous
permet pas d'en avoir une autre.

Rien n'est prouvé, nous l'avons dit, comme l'unité indivisible du principe pensant. Or, l'organisme, le corps
n'offre dans aucune de ses parties, de centre unique.
Non seulement les organes extérieurs et leurs cordons
nerveux sont doubles, la même division se remarque
dans les centres physiologiques. Il y a deux hémisphères
cérébraux, deux corps striés, deux groupes de couches
optiques, deux pédoncules cérébraux, deux paires de
tubercules quadrijumeaux, deux lobes principaux dans le
cervelet, deux moitiés parfaitement distinctes dans le
bulbe et la moelle, toutes ces doubles parties étant parfaitement symétriques entre elles comme les deux mains,
les deux yeux, les deux oreilles. Si donc l'une d'elles est
centre, celle qui lui correspond doit l'être au même titre;
d'où il suit que le dernier centre organique, que le centre
des centres est au moins double. Donc le principe de la
pensée, l'âme, qui est immédiatement unie au moins
avec le dernier centre physiologique, se trouve à la fois
une et entière au moins dans deux organes distincts,
physiquement séparés. Il servirait de peu de parler des
commissures qui relient les centres symétriques, car, il
est admis en physiologie que les *commissures* sont des
organes de transmission, et nullement des centres. Il
reste donc bien établi, même par la science, que la
substance spirituelle peut, en s'unissant au corps, ré-

sider, à sa manière, intégralement en plusieurs points
étendus situés en des points différents de l'espace.

Cette conséquence révolte l'imagination ; mais, encore
une fois, l'imagination, dont l'objet est le corps, n'a rien
à démêler avec l'esprit. Appliquée à l'immatériel, elle en
fausse nécessairement la notion. On se rappelle cet
aveugle-né qui, à force d'y réfléchir, avait découvert que
le rouge cramoisi ressemble beaucoup au son de la trom-
pette. Telle, l'imagination, s'exerçant sur un objet qui
n'est pas le sien, donne à celui-là les propriétés de celui-
ci, étend l'inétendu, divise l'indivisible, loge dans un lieu
déterminé de l'espace ce qui n'a rien de commun avec
l'espace, créant à plaisir des monstres mille fois plus
étrangers à la réalité que les inventions de la fable. Ce
n'est pas à l'imagination, c'est à l'intelligence, c'est surtout à la conscience qu'il faut demander la solution du
problème qui nous occupe. Nous avons conscience, nous
l'avons dit, de notre unité, de notre indivisibilité. Mais
n'est-il pas vrai aussi que, dans la même unité de temps
et d'une manière indivisible, nous avons conscience de ce
qui se passe dans les couches optiques, dans les corps
striés et dans les cellules corticales? Nous sommes donc,
en tant que principe immatériel, immédiatement unis
avec chacun de ces organes, tout entiers avec le premier, tout entiers avec le second, tout entiers avec le
troisième, bien plus, tout entiers avec chacun des éléments qui les constituent. Ai-je besoin de me transporter
d'un point à l'autre pour recueillir une impression,
déterminer un mouvement? Non, j'y suis. Ai-je besoin
de circuler avec la rapidité de la foudre dans le dédale
inextricable des fibres convergentes et divergentes, pour
m'informer de ce qui se passe dans chaque cellule, pour
constater ici des impressions sonores, visuelles, odorantes, tactiles ; là, des séries innombrables de souvenirs,

des collections d'impressions antiques; plus loin, des
dispositions d'où résultent des passions, des habitudes?
Quelle dérision! Je suis en même temps partout dans
mon petit individu, ou, pour parler plus exactement, je
suis tout moi-même. Dire que je change de place pour
retrouver quelque chose de moi, c'est dire un non-sens.
Je suis moi, et par conséquent incapable d'aller en
quelque partie de moi où je ne sois déjà. Je suis divisible
et en rapport avec l'espace, parce que je suis matière; je
suis indivisible et supérieur à l'espace, parce que je suis
esprit. Matière et esprit par la plus intime des unions,
en ma personne je ramène le composé au simple, mais je
fais rayonner le simple sur le composé.

En résumé, l'âme n'a rien de matériel, elle est unie au
corps de l'union la plus étroite, mais, parce qu'elle est
inétendue, elle se trouve tout entière avec chacun des
éléments matériels qu'elle anime. Nous pouvons considérer maintenant ces trois points comme définitivement
acquis, en réservant toutefois le problème très difficile et,
en un sens, très nouveau des limites du corps vivant.

CHAPITRE IV

ORGANISME ET SENSIBILITÉ.
DU ROLE PROPRE DE L'ORGANISME DANS LA PRODUCTION
DES PHÉNOMÈNES DE SENSIBILITÉ

La pensée n'est pas une fonction du système nerveux.
Nous avons essayé de démontrer cette vérité d'ailleurs
indubitable pour quiconque à l'usage des sens ajoute
celui de la raison. Le docteur Durand, que nous aimons
à citer à cause de sa rare compétence en ces matières,
a écrit : « De nos jours, ce serait se montrer aussi
mauvais physiologiste que méchant philosophe d'attribuer la propriété de voir au globe oculaire ou aux
fibres optiques. » Et il trouve que ce n'est pas une
moindre « énormité de dire que *le cerveau pense*, que
*la faculté de penser est inhérente aux hémisphères
cérébraux*, que le sentiment, l'intelligence, l'affection,
la volonté, c'est-à-dire la conscience, c'est-à-dire le *moi*,
c'est une *propriété histologique* (des tissus), une *propriété de la matière vésiculaire cérébrale!* » Aussi
invite-t-il les physiologistes à quitter « un moment le
scalpel et le microscope pour laisser parler leur raison,
pour se recueillir et pour comprendre enfin que, de
toutes les méprises possibles, celle du singe naufragé
dont parle la fable y comprise, la plus absurde, la plus

choquante et la plus humiliante, c'est de confondre le
sujet avec l'objet (1). » On sent dans ces paroles l'indignation d'un homme intelligent qui ne peut s'expliquer
dans ses confrères un cas étrange de paralysie intellectuelle et volontaire.

Mais, si le cerveau n'est à aucun titre ni l'organe
générateur, ni le sujet de la pensée, il n'en est pas
moins vrai qu'il joue un rôle très considérable dans la
production de ce phénomène. C'est même ce rôle incontestable qui est pour les physiologistes la cause de leur
illusion. Il importe donc de s'en rendre un compte exact,
afin, non pas de constater le mirage, c'est déjà fait, mais
de le dissiper. C'est une entreprise hérissée de difficultés; nous croyons cependant devoir la tenter. Appuyé
en même temps sur les données les moins douteuses de
la physiologie et sur les principes certains de la philosophie, c'est-à-dire de la raison, nous espérons que notre
étude ne sera pas sans produire quelque fruit. Sous une
forme nouvelle, nos lecteurs intelligents reconnaîtront
une doctrine qui au fond ne l'est pas.

Notre travail comprend naturellement deux parties :
rapports du cerveau et de la sensibilité, rapports du
cerveau et de l'intelligence. Ces rapports sont tout autres
dans les deux cas, on va le voir. Les phénomènes de
sensibilité sont en partie matériels dans leur fond, les
phénomènes d'intelligence sont secondés par la matière,
mais n'ont rien de matériel. Entrons dans notre sujet.
La sensibilité ayant deux formes, qui sont la sensation
et l'imagination, nous nous occuperons successivement
de ces deux facultés.

(1) *Essais*, p. 279.

§ 1. — *Du rôle de l'organisme dans les sensations.*

Nous n'aborderons ici la question que sous un point de vue général, réservant pour une étude postérieure l'analyse détaillée des éléments qui constituent les diverses sensations.

Müller a écrit : « Le problème de tous les temps a été de concevoir comment l'affection des parties du corps occupant une certaine position relative, par exemple, celle des particules de la rétine, rangées les unes à côté des autres, peut procurer, à l'âme qui est simple et non composée de parties, la perception d'objets étendus et figurés. »

M. P. Janet répond : « La perception de l'étendue n'est pas étendue ; la perception d'un carré n'est pas carrée, ni d'un triangle triangulaire. Au contraire, tant que la représentation de l'étendue est elle-même étendue, vous restez dans le domaine de l'objectif, vous n'êtes pas dans celui de la perception : l'image dessinée sur la rétine n'est pas une perception, et, si petite que soit cette image, elle ne deviendra pas une perception tant que l'étendue n'aura pas absolument disparu. L'étendue ne peut être qu'objet et non sujet (1). »

Il est bien vrai que, sans un centre inétendu, la perception de l'étendue est impossible. Mais si vous faites reculer l'étendue dans l'objet, de manière à lui interdire tout accès vers le sujet, que l'illustre professeur de la Sorbonne nous permette de le lui dire avec tout le respect dû à son talent, la perception reste également impossible. Or, c'est sur ce point précisément que tombe la difficulté soulevée par Müller. Il nous semble que M. Janet passe à côté, sans y toucher.

(1) *Le cerveau et la pensée*, p. 172.

Une solution spécieuse s'offre d'abord à la pensée. Un esprit peut agir sur la matière et percevoir son action. Il n'est pas d'effet qui ne remonte à une origine spirituelle. M. Cl. Bernard en convient lui-même (1). D'autre part, le caractère de l'action spirituelle, c'est d'être connue par le principe d'où elle procède. Un esprit peut donc agir sur un élément matériel, situé où il peut être situé, c'est-à-dire dans l'espace. Mais s'il peut agir sur un, il peut agir sur deux, sur trois, sur quatre, sur un nombre donné; il peut agir successivement, il peut agir simultanément. En agissant, il connaît le terme de son action, puisqu'il connaît son action. Est-ce connaître une action que de ne pas connaître ce qui la termine? Si les termes sont multiples et simultanés, l'esprit connaît nécessairement, en vertu de l'action qu'il exerce sur ces éléments, et leur situation respective et leur situation par rapport à l'espace. Mais connaître cette double sorte de rapports, c'est évidemment connaître un objet étendu. Rien n'empêche donc un esprit, malgré la simplicité de sa nature, de connaître ce qui est matériel.

Cette réponse générale, vraie au fond, ne s'applique ni à la sensation, ni à l'âme humaine. La sensation, en effet, est une manière de connaître qui résulte, non pas d'une action, mais d'un état presque totalement passif du principe vivant. Elle ne réclame pas un exercice des facultés savamment conscient. Il suffit que les sens soient ouverts à l'impression des objets extérieurs, pour qu'elle naisse comme d'elle-même. Tel, ou à peu près, un paysage va se peindre au fond de la chambre obscure, sans autre condition qu'une disposition convenable de l'instrument. En outre, les organes des sens sont admirablement construits pour séparer et conduire dans un ordre parfait les impres-

(1) « Ni la matière organisée, ni la matière brute, n'engendrent les phénomènes. » (*De la Phys. générale*, p. 325.)

sions dans les centres nerveux où les phénomènes du monde matériel vont ainsi se réfléchir sans confusion, clairement dessinés. La nature distingue, distribue elle-même les impressions élémentaires suivant le rapport des éléments impressionnants; elle a pris à sa charge cette opération préalable sans laquelle la perception de la matière est impossible. Or, si l'on veut bien considérer que, dans la création, l'inutile n'existe pas, on se convaincra que ce mécanisme était nécessaire, que notre âme a des aptitudes dont l'exercice dépend du corps, et que, sans le corps, la sensation *humaine* ne s'accomplirait pas.

Mais, l'avouerai-je? après ce que nous avons dit ci-dessus, il me semble que le problème n'a rien de bien embarrassant. L'âme est unie au corps. Principe vivant, elle s'unit au corps de telle sorte qu'elle lui communique sa vie; principe immatériel, sa nature demande qu'elle soit tout entière avec chacun des éléments qu'elle anime. Ces deux faits, du reste parfaitement sûrs, sont la clef de la question.

Pour la clarté du langage, distinguons l'impression et la sensation. Appelons *impression* le déplacement relatif des particules organiques par l'action matérielle des objets extérieurs, et la transmission de ce déplacement de la périphérie aux centres; appelons *sensation* la modification même du principe vivant. Comment de l'impression va naître la sensation? la vie est le propre de l'âme, c'est l'âme elle-même. Par son union avec les molécules matérielles, l'âme les pénètre de sa vie, les fait entrer dans sa vie, les tient sous son influence immédiate, exerçant sur elles comme une action continue qui les embrasse totalement et leur donne une manière d'être, une situation, une forme, une tonalité déterminées. Cette vie cependant, pour une raison qui nous échappe, ne s'aperçoit pas clairement elle-même, elle reste confuse et vaguement consciente, tant qu'elle ne rencontre aucun obstacle sur sa route. C'est un fleuve qui coule silencieusement sur un lit de sable fin, doucement incliné. On dirait que, tranquille sur elle-même et sur son œuvre, elle s'endort dans un sentiment indéfini de l'existence. Ce ne sont point là de pures métaphores; quiconque sait réfléchir sur les phénomènes de la conscience nous rendra le témoignage que nos paroles expriment ce qui est.

Mais la molécule matérielle, pour être vivante, ne laisse pas d'être encore matérielle et par conséquent soumise aux actions des causes matérielles. Supposez qu'elle soit accidentellement sous l'influence d'un objet extérieur, qu'elle soit mise en vibration par une cause étrangère, que sera cette impression, par rapport à l'action continue de l'âme sur cette même molécule? un conflit, ou un concours; nécessairement l'impression sera contraire ou favorable à l'action de l'âme; l'âme sera contrariée ou favorisée dans une forme de l'effusion de sa vie, et, par cela même qu'elle est vivante, elle réagira de deux façons opposées. La vie sera ainsi modifiée en elle-même, mais indirectement, moyennant l'impression, par l'agent extérieur. De là un triple contraste qu'elle offrira : contraste de l'état contrarié, si je puis parler de la sorte, et de l'état favorisé, et contraste de chacun de ces deux états avec sa manière d'être générale, silencieuse. Or, le contraste distingue, et de la distinction de la vie résulte la conscience distincte. Ainsi, la lumière, invisible en elle-même, devient visible et prend mille aspects divers, lorsqu'elle se brise et se réfléchit sur les objets opaques.

Toute action d'un objet matériel ne cause pas nécessairement une impression. Il faut, pour que l'impression ait lieu, une certaine proportion entre l'organe et l'action de l'objet. Rien n'est mieux prouvé en physiologie. C'est du reste un cas particulier d'une loi générale que l'on observe dans le monde physique et le monde moral. Mais le nombre et la variété des impressions produites par les agents extérieurs sont incalculables. Il est par suite facile de comprendre qu'à chaque impression spéciale doit correspondre une sensation spéciale, au moins lorsque l'impression intéresse de près ou de loin la vie sensible. La vie sensible est comme ce courant d'air continu qui remplit les porte-vent de l'orgue. Dans l'air se trouvent toutes les notes possibles; et cependant elles resteront éternellement étouffées, si les touches, en ouvrant tour à tour certains passages, ne leur donnent le moyen de se produire, de se former, de se modeler, pour ainsi dire, suivant la disposition des tuyaux où l'air se précipite. Ces milliers de notes distinctes qui sortent des tuyaux se fuyant, se cherchant, se heurtant, se mariant, ne sont que l'air diversement modifié, et l'air, doué d'un pouvoir conscient, se reconnaîtrait lui-même et lui seul dans toutes ces mélodies et tous ces accords. L'impression organique joue le rôle des tuyaux et du clavier. Elle n'est pas la sensation; mais, sans cette modification matérielle, la sensibilité reste un mouvement atone, continu, presque inconscient. L'organe modifié par l'impression brise de diverses façons le courant vital et le force de se révéler à lui-même sous toute sorte d'aspects. On comprend par là comment la vie sensible, diversement modifiée sous l'action des causes matérielles diverses, doit produire, ou plutôt, devenir diverses sensations. Quant à expliquer par quelle sorte de conflit s'engendrent les espèces des sensations, les sept notes de la musique, les sept couleurs du prisme, la gamme des saveurs, si elle existe, celle des parfums, et enfin les phénomènes peu classifiés du toucher, c'est un mérite que nous abandonnons à de plus habiles. Peut-être la science actuelle ne peut-elle pas s'élever jusque-là.

Nous réservons pour un chapitre ultérieur, la question de la certitude des sens et du procédé curieux par lequel ils atteignent avec une exactitude relative les objets extérieurs. Mais la sensation offre un point de vue qu'il importe de considérer maintenant.

Le monde extérieur agit sur l'âme par le corps; l'âme, à son tour, agit, par le corps, sur le monde extérieur. Le terme dernier de l'action du monde extérieur sur l'âme, c'est la sensation, et le point de départ de l'action de l'âme sur le monde extérieur, c'est un phénomène vivant, encore peu étudié, le *désir*.

Pour en bien comprendre le mécanisme, faisons d'abord une remarque importante. Nos organes immédiats, ce sont nos nerfs et nos innombrables cellules nerveuses. Par conséquent, c'est l'impression de l'élément nerveux qui est immédiatement sentie; par conséquent, toutes nos sensations, quelles qu'elles soient, sont la traduction de quelque impression nerveuse; c'est toujours quelque partie de cet organe mystérieux que nous sentons, lorsque nous croyons sentir le monde extérieur. Disons tout de suite, pour éviter une confusion regrettable, que la sensation n'est pas la perception. Rien ne nous semble plus inconnu que l'organe principal de notre âme, et, néanmoins, en un sens, rien ne nous est plus connu. Ainsi, lorsque, dans une profonde obscurité, la lanterne magique vient à projeter une image lumineuse sur une toile, le spectateur qui n'est pas prévenu, croit ne voir qu'une image, et cependant c'est la toile qu'il voit, car l'image n'en est qu'un aspect. Un objet éclairé frappe votre regard, il se peint sur votre rétine, puis, cheminant dans les fibres du nerf optique, son impression va se terminer dans les cellules de vos couches optiques; vous croyez à la présence d'un corps visible, vous ne vous trompez probablement pas, mais l'image lumineuse n'est pas où vous pensez; elle est dans les éléments nerveux de l'œil, c'est là, je ne dis pas que vous la voyez, mais que vous la sentez. Vous sentez l'impression de la substance nerveuse oculaire, et vous ne vous en doutez pas, parce que cet organe ne devient susceptible d'être senti qu'autant qu'il imite quelque chose de l'objet visible extérieur, de même que la toile lorsqu'elle imite le verre peint de la lanterne magique. Nous sentons donc certains points de nos organes, au lieu même où ils sont, mais sans nous rendre compte de leur situation réelle. Revenons maintenant au désir.

La plupart des sensations donnent naissance à des désirs, et les désirs sont à leur tour accompagnés de sensations spéciales. Ce sont là des faits connus de tout le monde, sur lesquels nous ne voulons pas insister. Ce qui est plus ignoré, c'est le rôle de ces sensations concomitantes. Les désirs ne sont pas destinés à rester stériles. Ils doivent être le principe de mouvements musculaires, dont les objets extérieurs seront le terme définitif, il s'agit de savoir par quel procédé.

L'âme pourrait-elle produire directement un mouvement dans une molécule matérielle séparée? Aucun fait ne le prouve. Son union avec un organisme serait plutôt un argument contraire. Le corps est le moyen par lequel les objets extérieurs agissent sur l'âme, et le moyen par lequel l'âme agit sur les objets extérieurs. Cette double action suppose une double organisation de l'instrument. La nature, qui a multiplié les organes élémentaires de réception pour conserver aux impressions leur indépendance, leur pureté, ne pouvait attribuer aux mêmes organes un rôle inverse du premier, qui aurait eu pour résultat de bouleverser la première ordonnance. La cel-

lule sensible ne devait donc plus suffire; il fallait des cellules qui fussent le point de départ des mouvements
dirigés vers la périphérie, et des cellules en nombre égal
au nombre des mouvements spéciaux que l'organisme
peut exécuter. Il fallait de plus un nombre proportionné
de fibres efférentes destinées à distribuer le mouvement
des cellules dans les muscles. Ce qui doit être, c'est ce
qui est. L'anatomie constate très bien deux ordres de cellules et deux ordres de fibres, nous l'avons déjà dit. L'impulsion motrice est communiquée par le principe vivant.
Il n'est pas douteux que son action tombe d'abord sur la
cellule motrice. Mais la difficulté consiste à choisir avec
certitude la cellule convenable, ce que, suivant le témoignage infaillible de la conscience, l'âme ne fait certainement pas. Elle ne peut même le faire, si les cellules sont
isolées. Pour choisir, il faut connaître. Mais l'âme ne
connaît ce qui est matériel que grâce à des impressions
matérielles. Ici l'impression est absolument inconcevable.
D'où viendrait-elle? De l'intérieur? Les cellules y sont
supposées isolées. De l'extérieur? Il est expérimentalement démontré qu'aucune impression ne se rend de la
périphérie aux centres par les fibres motrices. Faut-il se
rejeter sur des coïncidences fortuites à peu près toujours
heureuses? Rien dans la nature n'est abandonné au
hasard. Voici la solution du problème :

Qu'on se rappelle les mouvements réflexes, l'impression partie de la périphérie par les fibres afférentes et
revenant à la périphérie sous forme de mouvement par
les fibres efférentes, moyennant l'intervention centrale
des cellules médullaires, et cela, indépendamment de
toute influence consciente ou même vitale. Ce fait nous
démontre que l'impression modifiée dans la cellule sensitive, se transmet automatiquement par les fibres commis-
surantes à la cellule motrice où elle prend une nouvelle

forme en rapport avec l'effet terminal qui sera produit à
la périphérie. Assurément il se passe quelque chose
d'analogue dans le cerveau. L'isolement des cellules
motrices n'est qu'une supposition. Les cellules de divers
ordres sont reliées les unes aux autres par un système de
fibres dont la savante disposition fait le désespoir des
anatomistes. L'impression, qui est sentie dans la cellule
sensible, passe dans la cellule motrice, sous une autre
forme, par une fibre commissurante ordonnée pour cela.
Là, elle donne naissance à cette sensation que nous avons
appelée concomitante. Cette sensation, qu'il est facile de
discerner par la réflexion, a pour caractère d'être une sollicitation, une sorte d'entraînement pour l'activité sensible de l'âme. « La tendance au mouvement, dit Gratiolet, qui suit une sensation véritable, est une tendance
nécessaire. » Cette tendance s'empare donc automatiquement de la cellule qui est l'origine centrale de ce mouvement. La cellule, impressionnée de la sorte, doit se faire
sentir; car elle doit contrarier ou favoriser l'activité sensible de l'âme. L'impression de tendance, étant sentie,
devient l'attrait, rien de plus naturel. L'attrait provoque
par réaction un déploiement proportionné de la force
vitale et en appelle l'application immédiate sur la cellule
qui lui donne naissance. C'est ainsi que, dirigé par l'impression avec une précision parfaite, le principe vital
applique son effort justement à la cellule motrice d'où
doit partir le mouvement convenable.

L'âme sensitive n'agit donc pas à l'aventure, dans les
ténèbres, comme les meilleurs auteurs n'ont pas craint de
le dire. La sensation, dans son infinie variété, est son
flambeau. Elle est pour elle la manifestation, la traduction parties par parties de l'admirable machine aux jeux
infiniment variés que le Créateur a construite et adaptée
à son service. Grâce à cette lumière, le monde et tous ses

aspects deviennent visibles dans l'organisme, et l'organisme révèle successivement de lui-même ce par quoi
l'âme peut exercer à propos une action sur tel ou tel
point du monde. Le mécanisme reste invisible en tant que
mécanisme, son rôle utile, pleinement éclairé, est seul
aperçu. Ainsi, l'artiste, absorbé par le morceau de musique qu'il exécute, oublie son instrument au moment
même où il n'entend pas autre chose.

§ II. — Du rôle de l'organisme dans l'exercice de l'imagination.

Bossuet appelle l'imagination une sensation continuée.
L'étude de la sensation n'est donc complète que par
l'étude de l'imagination.

Personne n'ignore qu'en l'absence des objets il se passe
en nous des phénomènes qui sont comme des images
des sensations. C'est, en effet, le nom d'*images* que leur
donnent plusieurs philosophes ; la faculté simple ou complexe qui les produit est appelée imagination. Chaque
sens a ses images : on s'imagine goûter, toucher et
savourer, comme on s'imagine voir et entendre. Mais
il y a des degrés dans tout phénomène d'imagination,
et il importe d'en tenir compte.

Nous ne pouvons entrer dans toutes les questions que
soulève l'étude de l'imagination. Une seule rentre dans
notre cadre, le rôle qu'il faut ici attribuer à l'organisme.
Mais cette question unique en comprend trois autres,
que l'on peut énoncer ainsi : 1° l'exercice de l'imagination
est-il lié à une modification actuelle de l'organisme?
2° quelle cause matérielle réveille l'imagination? 3° par
quel procédé l'attention dirige-t-elle cette faculté?

1° Il n'y a pas de sensation sans impression, d'après
ce que nous avons dit. Or, l'imagination, suivant le mot

de Bossuet, n'étant qu'une sensation continuée, il s'ensuit qu'elle suppose intrinsèquement, aussi bien que la
sensation, une modification organique, très probablement
des vibrations spéciales de certains groupes de cellules
dans le cerveau. Cette induction est appuyée sur bien
des faits.

Un objet fortement éclairé m'a frappé la vue. Je ferme
les yeux; aussitôt je vois devant moi une image de cet
objet, formée de couleurs complémentaires. J'ai beau me
tourner à droite, à gauche, l'image ne disparaît pas, elle
reste attachée à mon organe. Il n'y a pas lieu de douter
qu'elle résulte d'une véritable impression qui diffère de
celle de l'objet, uniquement par l'intensité et la nature
des vibrations. Les physiciens et les physiologistes sont
parfaitement d'accord à ce sujet. Ce fait prouve que l'action de l'objet communique à l'organe le pouvoir de continuer son impression même en son absence (1).

Après une belle journée passée à la campagne dans les
champs ou sur une rivière, rentré chez moi, je vois sur le
parquet, sur les murs de ma chambre, des touffes de
gazon, des rameaux verts, de l'eau qui coule, vergetée
par l'ombre de la rive. L'image est à quelques centimètres de moi, distincte des objets qui m'entourent et
qu'elle nuance. Je ne l'ai pas provoquée; ma volonté
ne suffit pas pour l'effacer. Évidemment, c'est un écho
affaibli et général des impressions de la journée, comme
ces murmures prolongés qui suivent la percussion d'un
instrument sonore et semblent élever la voix tout d'un
coup à l'approche de certains corps vibrants. Il est, en
effet, remarquable que ces phénomènes se produisent

(1) Suivant la théorie qui place le siège matériel de la sensation dans l'organe extérieur, et celui de l'imagination dans
l'encéphale, il faudrait considérer le phénomène dont il est ici
parlé, comme un premier degré de la sensation réelle à l'image.

lorsqu'on a, comme on dit, le sang agité. L'activité de la circulation sanguine est la condition de l'activité de tous les phénomènes organiques. C'est pour cela qu'au sortir d'une séance musicale, où la chaleur de la salle, le bruit des instruments et d'autres causes encore lui ont communiqué une sorte de fièvre, chaque assistant emporte avec lui non pas un concert, mais un véritable charivari. Au milieu du silence de la nuit, les diverses phrases qui l'ont frappé, viennent, dans un désordre diabolique, retentir à son oreille. A qui n'est-il pas arrivé d'appeler alors le sommeil en vain et de maudire la musique et son inventeur? Il n'y a cependant d'autre coupable que l'organe, qui fonctionne en dehors de l'influence actuelle de l'onde sonore ou de la volonté.

Ce retour involontaire d'impressions organiques peut avoir lieu à de longs intervalles. On en a un exemple dans ce que tout le monde éprouve, lorsque, la nuit, au milieu des ténèbres, on attend patiemment le sommeil. On aperçoit alors, dans le champ de la vision, toute sorte de figures, quelques-unes régulières, le plus grand nombre bizarres. Il en est qui ne font que passer, d'autres obsèdent. La pensée, dirigée normalement par l'attention, les efface, mais elles reviennent dès que l'effort de l'intelligence retombe. Je crois cependant que le moyen le plus efficace pour les empêcher de naître, c'est de procurer un exercice facile aux fonctions de la vie végétative, à la digestion en particulier. L'apparition de ces fantômes coïncide généralement avec un état de gêne des viscères. Nouvelle preuve que le phénomène dont nous parlons a sa cause dans l'ordre matériel.

2° Il est universellement admis que les cellules centrales conservent la propriété de reproduire une première impression. L'action des objets sensibles les monte une fois pour toutes, déterminant pour ainsi dire, l'amplitude et la rapidité de leurs oscillations. Il est également admis que les impressions éprouvées en même temps s'unissent les unes aux autres, et qu'ébranler un chaînon c'est ébranler toute la chaîne, de même que toutes les gouttes d'une surface liquide entrent successivement en oscillation lorsque l'une d'elles est brusquement dérangée de son état d'équilibre. Tout un système de philosophie est fondé sur ce fait, certain, quoique assez mal compris. Mais on n'a peut-être pas vu qu'il y a là une difficulté sérieuse. Rien n'est plus régulier, mieux ordonné que les sensations; rien n'est plus capricieux, plus incohérent que l'imagination. On appelle cette faculté la folle du logis, et jamais nom ne fut plus justement appliqué. Laissée à elle-même, elle représente le chaos et non le monde. Les sensations sont la peinture fidèle de ce qui est; les phénomènes spontanés de l'imagination ont à peu près la fidélité de ces traits que le peintre fait au hasard sur le coin de sa palette pour essayer son pinceau. Il n'y a guère d'opposition plus tranchée. Et cependant, la loi des images associées, des impressions qui s'appellent les unes les autres, n'en reste pas moins incontestable. Lorsque les cellules centrales ne sont pas dirigées par la volonté, elles obéissent à des influences organiques spéciales. Tel carreau de vitre se met à vibrer, lorsque le clairon, qui passe sous ma fenêtre, donne le *sol :* toutes les autres notes le laissent indifférent. Il en est de même des cellules centrales. Chacune d'elles est prête à vibrer harmoniquement avec une certaine impression des sens, même assez faible et presque inaperçue; il suffit que cette impression soit de même espèce que celle qui a monté la cellule. Celle-ci, réveillée de la sorte, entraîne successivement après elle les autres cellules qui lui ont été associées, pourvu que rien ne vienne paralyser son influence. Or, c'est là précisément le cas le plus rare. La sensibilité est à chaque instant assaillie par un tourbillon de petites sensations venues du dehors, du dedans, produites par les objets, par l'état des organes, le mouvement des humeurs. Pour ne parler que d'un sens, de l'ouïe, il est certain que l'oreille est remplie, saturée d'ondes sonores de toute sorte. On peut s'en faire une idée en appliquant les mains en guise de cornet sur le pavillon de chaque oreille. Le grésillement des giboulées, le clapottement de la pluie, le frémissement des flots qui se brisent, de myriades de bulles écumeuses qui éclatent, le chant du grillon ou de la cigale, des cris d'hommes, d'animaux, des bruits d'instruments, tout cela mêlé, croisé, représente la sensation composite que l'on recueille par ce procédé. Toutes ces petites sensations ne réveillent pas l'imagination sans doute. Mais à chaque instant, dans cette armée bruissante, une note s'élève, puis une seconde, une troisième et ainsi de suite. À chaque note correspond un écho dans les centres organiques. Les cellules vibrent et commencent à dérouler leurs séries; mais, pressées entre l'impression qui précède et celle qui suit, elles se heurtent, s'embarrassent, amortissent l'action les unes des autres. Rien n'échappe à cette affreuse mêlée, sinon quelques lambeaux de phrases déchirées, des cris sans ordre, des notes ridicules, assez semblables à celles que produit une souris trottinant sur les cordes d'un piano.

C'est surtout au moment où, les sens conservant encore une partie de leur activité, l'âme abandonne peu à peu la direction de ses actes, où l'attention, volontairement engourdie, livre passage au sommeil, c'est en ce moment, dis-je, que l'imagination paraît le plus en révolte contre la raison et la réalité. C'est l'heure des figures grimaçantes, des chimères, des combinaisons monstrueuses. Le monde extérieur, la vie végétative produisent alors une fourmilière d'impressions, affaiblies

sans doute, mais aussi libres que déréglées. Les rêves ont
plus de suite, ils s'écartent beaucoup moins de la vérité;
car le sommeil, fermant les portes des sens, assoupit en
partie les sensations venues de l'extérieur, et les impressions, plus lentes à se produire, troublent plus rarement
l'évolution des images associées.

Si l'imagination était comprise tout entière dans la description que nous venons de faire, en vérité elle ne mériterait point le nom de faculté de l'âme; ce serait plutôt
quelque rouage mal réussi, quelque pièce avortée de la
machine vivante. Un instrument de musique, une harpe
est abandonnée dans les ténèbres; le vent, une pierre qui
tombe, l'aile d'une chauve-souris en font vibrer les cordes
à l'aventure : serait-il sage de s'en former une idée
d'après ces bruits désordonnés? Telle est l'imagination.
Instrument merveilleusement construit, elle ne produit
que des effets ridicules sans l'artiste pour lequel elle a été
préparée. Cet artiste est l'attention volontaire.

3° Je veux en ce moment reproduire dans mon esprit
un spectacle dont j'ai été témoin. Me voici sur une
colline tapissée de bruyère. Derrière moi des sapins
tamisent le jo et répandent leur âcre parfum. A mes
pieds, une rivière étend sa nappe bleue et argentée; un
lourd bateau chargé d'ardoises en remonte péniblement
le courant, halé par des hommes au teint rude. En face,
des prairies, des bois de chêne, un château perché sur
un rocher. A gauche, au fond de l'horizon, la ville se
montre timidement à travers les vapeurs du soir. Ce que
je décris, je l'ai vu des yeux, et le vois presque aussi
bien en ce moment par l'imagination. Ici tout est réglé,
rien n'est livré au hasard; je me sers de mon instrument
en maître et à mon gré. Les notes se suivent comme je le
veux et comme la nature le demande : le chaos fait place
à l'ordre le plus régulier. Mais cet ordre n'est pas, jusque

dans ses moindres détails, une photographie du passé. Je
vois ce que j'ai vu, mais non tout ce que j'ai vu, ni seulement ce que j'ai vu. Le dessin du tableau correspond
exactement à la réalité, le reste est *imagination*. Je
serais fort embarrassé si je devais me représenter, tel que
je l'ai vu, l'un des sapins sous lesquels j'étais assis. Et
cependant rien ne manque à mon tableau, si ce n'est la
vérité historique des détails secondaires. Il ne m'a pas
coûté beaucoup d'efforts; je n'ai eu qu'à vouloir, à faire
attention, il s'est déroulé devant mon esprit.

C'est ici, je crois, que le jeu régulier de l'imagination
se révèle. Une cellule sensible, avons-nous dit, conserve
le pouvoir de reproduire une première impression. Cette
impression renaît au contact d'impressions nouvelles et
analogues, mais elle renaît surtout sous l'action de l'attention, action réelle, efficace, qui mesure avec précision
son effet, suscite tout juste l'impression qui convient, où
il convient, et le temps qu'il convient. Par quel procédé
organique? Nous sommes ici sur les confins de l'intelligence. Le mouvement a son origine, non pas dans
l'objet, ni dans l'organe, mais dans le principe spirituel.
Ce point ne saurait être révoqué en doute. Le contraste
achevé qui existe entre l'imagination abandonnée aux
influences des objets ou de l'organisme et l'imagination
réglée par la volonté en est une preuve manifeste. Une
seule chose peut sembler obscure, la manière dont l'action spirituelle tombe précisément sur le système de
cellules convenables, ne ramenant jamais, comme les
causes matérielles, le bruit du clairon, par exemple,
lorsque c'est l'image d'une fleur qui est demandée.

L'imagination et la sensation dépendent organiquement
l'une de l'autre : tous les physiologistes en conviennent.
Les cellules de l'imagination vibrent harmoniquement
avec les cellules de la sensation. Un coup d'archet sur

celles-ci, fait résonner celles-là, non pas à l'aventure, mais conformément à des dispositions précédemment acquises. De même l'âme, formant une pensée, un désir, réveille, par cela seul, la cellule ou les cellules capables de vibrer en harmonie avec l'image appelée par elle. Dans toutes les cellules à la fois, sans division et sans multiplication, de la manière qui lui est essentielle, elle exerce son influence actuelle sur toutes, mais une seule la recueille, celle qui a été montée harmoniquement, si je puis ainsi dire par l'action des sens. Ainsi la note que l'on fait retentir au-dessus de toutes les cordes d'un piano en met une seule en vibration, celle qui a été montée harmoniquement avec elle. Les faits que l'on pourrait opposer à cette explication semblent, au contraire, la confirmer.

L'image d'une personne rappelle son nom, et son nom rappelle son image. Mais il n'est pas rare que, lorsque l'image se présente, le nom refuse de paraître. Qu'est-ce à dire? N'est-ce pas la cellule qui résiste à l'action du principe spirituel? La cellule ne peut rien avant d'avoir été prédisposée par l'impression venue de l'extérieur. Or, il est très ordinaire qu'après une série même d'impressions, elle revienne à peu près à son état primitif, qu'elle se détende ou se paralyse. Dans cette condition, elle est nécessairement rebelle à l'action intérieure. Tel est le cas présent. La preuve en est dans les moyens indirects que l'on emploie pour rendre à la cellule sa tonalité. Si rien ne reste du nom perdu, il n'y a qu'une chose à faire, demander à ceux qui savent. Si l'on a conservé quelque lambeau, une syllabe plus ou moins ressemblante, on prononce cette syllabe, on l'associe à d'autres, on tourne on retourne dans sa bouche les noms qui en résultent; tout d'un coup le vrai nom surgit, le voilà, on le reconnaît. Qu'est-il arrivé? Ce qui arrivait journellement au perroquet dont parle Rorarius. Cet oiseau

avait la coutume de réciter le symbole de Nicée. Mais
il lui fallait du secours, il fallait que son maître lui sug-
gérât le commencement de chaque phrase; l'animal
achevait. L'homme et la bête psalmodiaient ainsi une
longue prière. Physiologiquement, les syllabes prononcées
par le maître étaient une impression relativement énergique qui réveillait chaque jour dans la cervelle du perroquet des cellules chaque jour prêtes à s'engourdir. Il
en est de même pour le nom oublié. Parmi les syllabes
essayées, il en est qui sonnent harmoniquement avec ce
nom et surexcitent la cellule qui n'a pas encore achevé
de se détendre.

Dans d'autres circonstances, le jeu physique de la
cellule semble seul contrarié. Un petit paysan veut
nommer un râteau qu'il a sous les yeux; le nom ne
vient pas, il le demande à son compagnon. Celui-ci,
qui ne manque pas de malice, lui répond : « Mets le
pied dessus, tu le trouveras tout de suite. » L'autre,
trop crédule, donne un coup sur les dents de l'instrument
et reçoit aussitôt, par le manche qui se relève, le contre-
coup dans la figure. « Diable de râteau! » s'écrie-t-il sur
le champ. On le voit, la recette, quoique un peu brutale,
ne manque pas d'efficacité. Que suppose-t-elle? Une
chose bien simple, je crois. Une douleur subite et im-
prévue surexcite l'activité centrale, rend aux fibres du
cerveau le jeu facile. Toutes celles que l'exercice des
sens a simultanément associées pour produire un groupe
d'images retrouvent leur élasticité première et peuvent
agir à la fois. L'image visuelle du râteau est déjà dans
les centres optiques du petit paysan; l'image auditive,
qui refusait de paraître par suite de l'inertie d'une partie
de l'organe cérébral, se montre aussitôt que l'inertie est
vaincue. C'est un phénomène automatique. Chacun du
reste peut constater facilement en lui-même que lorsqu'on

a plus de peine « à trouver ses mots » on éprouve une sorte d'engourdissement dans l'encéphale. Une fatigue de la tête, le besoin du repos, l'assoupissement qui précède ou appelle le sommeil, produisent les mêmes effets. Une surexcitation naturelle ou factice remet tout en ordre. Il suffit quelquefois d'un verre de vin généreux pour rendre à toutes les parties du mécanisme de l'imagination la souplesse, l'aisance et l'activité. *Ad vinum disertus*, disait Cicéron. Le vin délie la langue. Sous son influence, ce ne sont pas les mots qui manquent d'ordinaire, mais la place fait défaut pour les aligner (1).

Telles sont les deux causes qui font entrer l'imagination en exercice : les impressions actuelles et l'attention volontaire. Ces deux causes n'agissent pas toujours indépendamment l'une de l'autre. Bien au contraire, leur influence ordinairement se mêle et se compénètre, l'impression sollicitant, éveillant, excitant l'attention, l'attention précisant, fortifiant, provoquant l'impression. On en voit un exemple curieux dans ces réminiscences qui nous poursuivent quelquefois avec une sorte d'acharnement. C'est une phrase musicale qui vous bourdonne à l'oreille, une image qui se dresse obstinément devant votre esprit. Plus vous faites d'efforts pour vous en débarrasser et plus vous en êtes obsédé. C'est, en effet, ce qui doit être. Quand on repousse quelque chose par un acte de la volonté, on pense à cette chose : la volonté positive ne va pas sans la pensée positive. Par conséquent, plus on s'efforce de ne pas penser à un objet, et plus on y pense. Par conséquent aussi, plus on lutte pour se débarrasser de la sensation et de l'impression sous lesquelles est cette pensée, et plus on se les attache. Sans doute, l'esprit se détourne après chaque tentative;

(1) Voir plus loin le chapitre consacré à la mémoire.

mais l'organe, étant surexcité par cette tentative même,
recommence son jeu dès qu'il lui arrive du dehors
quelque impression harmonique, de telle sorte qu'il
faudrait désespérer d'en être jamais délivré, si quelque
préoccupation plus forte ou du moins la fatigue et le
repos ne finissaient par engourdir l'organe rebelle et
effacer l'impression importune.

Mais nous ne voulons pas nous étendre davantage. Il
nous suffit d'avoir indiqué les lignes principales de la
thèse. Si l'on considère l'état présent de la science, c'est
assez, croyons-nous, pour faire, dans l'imagination, la
part de l'organisme et celle du principe vivant. On nous
pardonnera de n'avoir pas assigné aux cellules nerveuses
destinées à l'imagination, la place qui leur appartient
dans l'encéphale. Les physiologistes en sont réduits sur
ce point à de pures hypothèses. Les plus hardis placent
les cellules *sensorielles* dans les couches optiques, et les
cellules *imaginatives* dans la périphérie corticale. Ils
supposent qu'à chaque impression de la cellule senso-
rielle correspond une impression de la cellule imaginative,
moyennant les fibres des centres blancs. Ils supposent
aussi que c'est cette dernière qui a la faculté de renouveler indéfiniment ses premières vibrations. C'est là tout.
Il ne faut pas en demander davantage. C'est même plus
qu'ils ne peuvent prouver.

CHAPITRE V

ORGANISME ET INTELLIGENCE.
DU ROLE PROPRE DE L'ORGANISME DANS LA PRODUCTION
DES PHÉNOMÈNES D'INTELLIGENCE

Les opérations sensibles, la sensation, l'image, la passion, sont des phénomènes mixtes dans lesquels le système nerveux, le cerveau surtout, intervient comme principe partiel. Mais là est la limite où s'arrête l'action propre, efficace, du monde extérieur; au delà commence le domaine de l'intelligence fermé à l'activité de la matière. La matière, avec ses mouvements, n'atteint pas, ne peut pas atteindre l'intelligence; c'est l'intelligence qui atteint la matière; elle l'atteint en s'exerçant sur la sensation et l'image, sur le phénomène qui s'accomplit précisément à l'extrême frontière de la mécanique. Qu'y a-t-il de commun entre le manœuvre qui traîne à l'atelier un bloc de marbre et le sculpteur qui imprime à ce bloc une forme, et par la forme une idée? Sans le marbre, pourtant, l'idée de l'artiste restera inconnue; mais c'est l'artiste seul qui produit l'idée et qui en grave sur le marbre un symbole plus ou moins expressif. Tels sont à peu près les rapports des sens et de l'intelligence. Ce n'est point là une affirmation gratuite, nous allons essayer de le faire comprendre.

La pensée, et par pensée nous entendrons désormais l'acte propre de l'intelligence qui cherche ou embrasse la vérité, la pensée a comme deux milieux, la sensation et l'imagination. Ces deux milieux, nous l'avons vu, ne diffèrent l'un de l'autre que par la présence ou l'absence des objets sensibles. On pense en regardant et en écoutant, on pense en imaginant ce qu'on a regardé et écouté. Les conditions sensitives sont, au fond, les mêmes dans les deux cas. Un même raisonnement aura donc une double application.

Au lieu de nous livrer à des considérations métaphysiques, adressons-nous à l'expérience, qui est plus accessible à tous les esprits. Prenons un exemple. Nous discernerons ainsi, sans trop de peine, quel est le rôle de la sensibilité dans l'exercice de l'intelligence. Supposons un professeur de mathématiques qui veut amener ses élèves à produire un acte intellectuel déterminé, par exemple, à formuler ce jugement : la somme des trois angles de tout triangle est égale à deux angles droits. Par quels procédés obtiendra-t-il le résultat qu'il se propose? En agissant sur la vue et sur l'ouïe de son auditoire. Avec un morceau de craie, il trace sur un tableau noir trois barres blanches qui se coupent, et une quatrième barre qu'il fait passer par un des points d'intersection, et qu'il tâche de mener à égale distance, dans toute sa longueur, de la barre opposée. Après cela, il parle, il appelle ses barres des lignes, les trois premières deviennent les trois côtés d'un triangle, et la quatrième est une ligne parallèle au côté opposé. Cependant que se passe-t-il dans l'esprit des auditeurs? D'abord les auditeurs voient ce qui est devant leurs yeux, une figure noire et blanche qui, par elle-même, ne dit rien, ne signifie rien, exactement comme les traces bizarres laissées sur le sable par certains animaux. Mais le professeur parle, et à mesure qu'il parle, un troisième phénomène, distinct de la sensation visuelle et de la sensation auditive, s'accomplit dans l'esprit de ses auditeurs. Au moment où l'oreille est frappée par ces deux sons articulés *li-gne*, l'œil continue à regarder une barre grossière, massive, vacillante, discontinue; mais l'intelligence perçoit une ligne absolument droite, continue, n'ayant qu'une dimension, la longueur, une chose purement idéale, incapable d'exister. De même, la figure est encore pour le regard un morceau de bois noir encadré de trois barres blanches; pour l'intelligence, le triangle est une surface incolore, sans profondeur, rigoureusement délimitée par trois lignes droites, et comprenant trois angles au lieu de trois coins quelconques. Il faut en dire autant des barres appelées par le professeur parallèles, quoiqu'elles le soient peut-être comme deux serpents qui voyagent de front; les lignes que l'intelligence conçoit parallèles ne se rencontreront jamais, fussent-elles prolongées à l'infini. Ce n'est pas tout. La figure aperçue par les yeux est bien éphémère, un coup d'éponge suffit pour l'anéantir. Il n'en est pas ainsi du triangle idéal, il est conçu comme éternel, nécessaire et indestructible.

Nous ne suivrons pas le professeur dans sa démonstration : le procédé seul nous intéresse. Il appuie toutes ses déductions sur des propriétés générales. *Toute* oblique, dit-il, qui coupe des lignes parallèles, détermine des angles qui sont dans telles et telles conditions, etc. Puis il conclut : Donc la somme des trois angles de *tout* triangle est égale à deux angles droits. Ainsi donc, lorsqu'on a sous les yeux les simulacres grossiers de quatre lignes, de cinq angles, d'un triangle, on pense à toute ligne, à tout angle, à tout triangle. On ne se fait peut-être pas une idée suffisante de ce que renferme ce mot *tout*. M. Gaudin a calculé qu'il faudrait cent vingt millions d'années pour compter tous les atomes que contient une tête d'épingle, en les détachant par groupes d'un milliard à chaque seconde. Eh bien! des milliards de milliards de siècles ne suffiraient pas pour évaluer le nombre des triangles qui diffèrent entre eux par la diversité de leurs angles. Les trois angles d'un triangle étant égaux à 180 degrés, ou deux droits, il est évident que l'un quelconque de ces angles peut prendre toutes les valeurs exprimées par tous les nombres entiers, depuis l'unité jusqu'à 179, et par toutes les fractions ayant un de ces nombres entiers pour numérateur et pour dénominateur tous les chiffres possibles depuis *un* jusqu'à l'infini! Que dire maintenant des variations dans les dimensions, dans l'espace, dans le temps? En vérité, n'est-ce pas l'infini multiplié plusieurs fois par l'infini? L'imagination s'en épouvante. Il en est autrement de la raison. La raison est à son aise dans ces considérations, elle embrasse l'immensité de son objet sans presque s'en apercevoir.

Ainsi, l'objet de l'intelligence est tout autre que l'objet de la vue. Certains auteurs s'imaginent que toute la différence vient de l'imperfection de la construction géométrique. C'est une erreur, j'ose le dire, une erreur grossière. Pour comprendre un théorème, il suffit de quelques traits qui en rappellent approximativement l'objet; une figure tracée à la main est aussi bonne pour cela que si elle était construite avec la plus grande délicatesse au moyen d'instruments de précision. Qui n'a été le témoin de quelque scène semblable à la suivante? Un professeur de géométrie mène une ligne courbe sur le tableau, puis, se tournant vers ses élèves : « Soit le cercle *c* », dit-il, et tous les élèves d'éclater de rire. Ce qu'il appelle un cercle est la section d'un œuf, d'une orange, un polygone quelconque, tout ce qu'on voudra, excepté un cercle. « Vous riez, Messieurs; en effet, cette figure n'est pas très régulière; supposons qu'elle le soit. » La supposition est acceptée, c'est tout ce qu'il faut. A partir de ce moment, la clarté de la démonstration dépend de l'intelligence du professeur et de celle de l'élève. D'ailleurs, une figure géométrique fût-elle, ce qui est impossible, mathématiquement exacte, elle serait *singulière*, comme on dit en logique, fixée à des points précis de l'espace et du temps; ses éléments seraient enfermés dans quelques nombres finis et déterminés, un nombre fini et déterminé en mesurerait le périmètre, un autre la surface, etc. Cette condition mettra toujours, entre un chef-d'œuvre de dessinateur et l'objet de l'intelligence, la distance du fini à l'infini. Nous n'avons pas besoin d'insister davantage.

L'oreille fournit-elle ce que l'œil ne peut donner? Le langage est-il destiné à suppléer la représentation graphique? A-t-il pour fonction de corriger, de perfectionner, de compléter?

Le langage est, beaucoup plus que la vue, incapable de représenter les objets matériels. En lui-même, il n'est qu'un système de sons. Essayez donc de figurer avec des sons, avec des notes musicales savamment combinées, un arbre, une maison, une statue. Le son arrive à notre oreille comme quelque chose de vague et d'indéfini; c'est un phénomène qui semble flotter dans l'air, on ne sait trop où. Le langage, étant un son, peut imiter le son, c'est-à-dire un côté tout à fait secondaire de la nature physique. Comment, avec les sons, convertir des barres en lignes, des coins en angles, etc.? Une telle merveille évidemment n'a pas lieu sur la figure noire et blanche, a-t-elle lieu dans l'imagination? Le son ne se marie pas

plus aux couleurs dans l'imagination que dans les sens.
Il est absolument impossible de comprendre une combinaison aussi monstrueuse. Est-il rien de plus absurde que
l'écho de ce son articulé *ligne* rencontrant dans le
sensorium commune l'image visuelle d'une barre, la faisant disparaître et disparaissant avec elle, pour reparaître
aussitôt avec les caractères de la *ligne idéale?* Un brillant littérateur, qui a l'innocente manie de se croire
philosophe, abandonne la combinaison pour la substitution. D'après lui, le mot est *substitut d'images*. On dirait
une plaisanterie. L'image est impuissante à représenter,
le son est plus impuissant encore; est-ce qu'on corrige
un défaut en le développant? Un homme vigoureux
manque de force pour soulever une pierre à l'aide d'un
levier, le remplacerez-vous par un enfant? En vérité,
M. Taine n'est pas toujours sérieux.

Laissons les systèmes *a priori*, observons ce qui se
passe en nous, interrogeons notre conscience. L'image
des objets extérieurs renaît dans l'imagination avec les
caractères que lui a imprimés la sensation; ces caractères
restent les mêmes dans le silence, et au milieu de l'afflux
des sensations auditives. Le mot ne modifie pas, n'atténue
pas, ne perfectionne pas l'image; elle persévère identique
à elle-même tant que l'attention la retient sous le regard
de l'esprit. Le langage cependant peut, non pas créer,
ni modifier une image, mais la rappeler à la vie. Une
expérience de chaque instant le démontre; sous l'action
de la parole, l'imagination produit la plupart des images
sensibles qui se rattachent aux idées. Il n'y a pas l'ombre
de substitution, mais apparition simultanée. Cette action,
en grande partie physiologique, n'est pas encore ce qu'il
y a de principal dans le langage.

Le langage doit toute son importance à la *signification*. La signification est la propriété qu'a le mot de

nous faire penser à un *objet intellectuel*, en vertu d'un *rapport arbitraire*. Un même mot, entendu des millions de fois, ne fait par lui-même naître aucune idée corrélative. A ce point de vue, il ne diffère en aucune façon du cri de l'animal ou de tout autre bruit. Une phrase en langue inconnue, que l'on répèterait à chaque instant devant vous, mais d'une manière purement mécanique, resterait pour vous tout aussi vide que l'aboiement du chien ou le sifflement du vent. Pour que l'idée surgisse dans votre esprit, il est indispensable que vous connaissiez l'intention de celui qui prononce le mot, quelle idée il *attache* à ce mot, c'est-à-dire à quoi il pense en le prononçant et *veut* que vous pensiez en l'entendant. « Que veut-il dire? » répétons-nous à chaque instant. Cette locution si commune est la preuve naïve et sûre de ce que nous avançons ici. En d'autres termes, c'est la preuve que le rapport des mots à l'idée est arbitraire; car telle est la propre condition de l'acte de *vouloir*. Sans doute, il existe comme une convention tacite, en vertu de laquelle tous ceux qui se servent d'un même mot veulent en l'employant faire penser à un même objet. L'intention est commune. Chacun y accède en l'interprétant une fois pour toutes. Une convention acceptant un système de sons déterminés constitue une langue spéciale. Mais, si nous savons exactement quelles idées nous attachons nous-mêmes aux mots d'une langue, cette certitude absolue nous est personnelle. Nous ne savons jamais qu'approximativement ce que les autres *veulent* dire. J'ose même croire que fort rarement l'idée de celui qui parle coïncide de tout point avec l'idée de celui qui écoute. Si l'objet de nos pensées est le même, nous différons dans la manière de le concevoir. Voilà pourquoi on se plaint sans cesse de n'être pas compris. Même en entendant une langue connue, il faut interpréter l'inten-

tion particulière de celui qui la parle; tant il est vrai
que la signification des mots est constituée par un rapport *arbitraire*. L'interprétation d'ailleurs est sujette à
des variations singulières. « On ne peut entendre deux
fois, dit M. A. Laugel, tel morceau de Beethoven ou de
Mozart avec des sensations identiques; car il s'opère toujours un mariage mystique entre la pensée du maître et
notre pensée errante, fugace, aujourd'hui plus forte et
plus agile, demain plus languissante (1). » Les sensations
sont identiques, puisque les morceaux sont les mêmes.
Ce qui change, c'est l'interprétation, c'est-à-dire la
manière dont la pensée comprend la pensée. On ne lit
pas deux fois de suite les mêmes choses dans un même
livre. Les ondes sonores qui apportent un discours aux
oreilles d'une assemblée suscitent des pensées souvent
différentes dans les différents auditeurs. Le mot est placé
entre deux pensées qu'il unit; mais, ni dans celui qui
parle, ni dans celui qui entend, la pensée n'est solidement
attachée au mot. Elle est facilement délogée par une idée
voisine, et cette première intrusion prépare trop souvent
une invasion d'idées de plus en plus divergentes. L'harmonie entre les deux pensées que le mot doit unir est un
but, un idéal où l'on tend toujours, mais où l'on arrive
rarement.

Est-il nécessaire d'établir que la signification du mot a
pour terme un objet intellectuel? L'objet de la pensée,
nous l'avons assez prouvé, ne peut être ni un son, ni une
image; serait-il une saveur, une odeur, une sensation
tactile? Une considération rendra cette vérité plus évidente
encore. Si, dans une langue, vous supprimez les noms
propres, tous les autres mots, sans exception, sont destinés à réveiller des idées générales, c'est-à-dire des idées

(1) *Revue des Deux-Mondes*, t. LXXIX, p. 881.

que rien de sensible ne peut contenir. Les noms propres mêmes, quoiqu'ils rappellent ordinairement des objets qui tombent sous les sens, réveillent nécessairement en nous des idées d'ordre supérieur à la sensibilité. L'acte complet de la pensée est proprement le *jugement*, et le jugement enveloppe l'individu sur lequel il tombe, d'au moins deux idées générales, celle de l'*être* et celle qu'exprime l'attribut. C'est dans l'objet sensible individuel que l'intelligence rencontre la sensibilité, que la pensée rencontre la sensation, sans jamais l'absorber, ni se confondre avec elle.

Ainsi donc, comprendre n'est ni voir, ni entendre. Mais ne serait-ce pas imaginer? Beaucoup de physiologistes l'enseignent. — Pour eux, l'exercice de l'intelligence consiste à renouveler, sans le concours des objets sensibles, les sensations déjà produites, en les soumettant à je ne sais quel travail de comparaison, d'analyse, de combinaison. — L'exercice de la pensée s'accomplit dans l'isolement, comme au milieu des objets sensibles. Le professeur de mathématiques, nous l'avons dit, voulant faire comprendre une vérité, agit sur la vue et sur l'ouïe de ses disciples; il dessine et il parle. Ni la figure qu'il trace, ni les mots qu'il prononce ne contiennent la vérité qu'il démontre, nous ne saurions en douter maintenant. L'élève qui, au milieu du silence et de l'obscurité, s'efforce de mieux comprendre encore la leçon de son maître, voit dans son esprit une figure matérielle semblable ou analogue à celle qu'il a vue des yeux; il entend en lui-même des paroles également semblables à celles qu'il a entendues par les oreilles. La volonté a cependant plus de prise sur l'imagination que sur la sensation. Il n'appartient pas à l'élève de modifier, par un acte de sa volonté, la figure tracée sur le tableau ni le discours du professeur. Mais, par l'imagination, il

arrange à son gré la construction graphique ; il substitue
le dialogue au monologue ; il se parle à lui-même, il
parle à d'autres, il interroge, il répond : il reproduit
intérieurement et avec facilité des phénomènes indociles
quand ils sont extérieurs. Il en est toujours ainsi de la
pensée solitaire ; la démonstration géométrique renouvelée mentalement en est comme le type.

Sous l'impulsion et la direction de la volonté, l'imagination fait revivre des sons et des images ; on voit, on
parle et on entend sans se servir ni des yeux, ni de la
bouche, ni des oreilles. Dans l'homme qui sait parler, la
parole *imaginée* joue le rôle le plus important. Elle
résonne d'abord, fait apparaître une image visuelle qui lui
est associée et, avec son concours, dirige la pensée vers
l'objet intellectuel auquel elle se rapporte, de même que
la construction et le discours du géomètre. D'autres fois,
l'image reste endormie, le mot seul indique à l'esprit
son objet. Quand cette parole intérieure se déroule
lentement, et quand l'attention est moins vive, les
images prédominent sur les mots. Dans la rêverie, par
exemple, l'oreille de l'imagination sort à peine de son
repos. Mais, en toutes circonstances, le phénomène
auditif et le phénomène visuel de l'imagination sont
avec l'idée dans le même rapport que la sensation auditive et la sensation visuelle, et par conséquent rien ne
permet de les confondre avec l'acte intellectuel.

En un sens très vrai, comprendre c'est interpréter.
L'intelligence du mot est le type de la plupart des actes
de la raison. Un tableau, une statue, une œuvre d'art,
reste une toile, un morceau de marbre, un fragment
de matière, tant que l'observateur n'en a point saisi la
signification, interprété l'idée, qui n'est autre chose que
la pensée de l'auteur. Combien n'est-il pas d'hommes
pour lesquels les produits de l'industrie sont une *lettre*

morte? Ils n'en connaissent ni les éléments, ni la constitution, ni le but; ils ne savent pas les interpréter. Le
savant interroge la nature, lui demande les idées dont
elle est l'expression ; il met toute son étude à découvrir
des espèces, qui sont des idées, des lois, qui sont des
idées, des rapports, qui sont des idées. Toutes les fois
qu'une créature nouvelle se présente à lui, il veut savoir
ce qu'elle est, d'où elle est, pourquoi elle est; il se pose
une question d'essence, une question d'origine, une
question de fin. Rarement il trouve une réponse complète ou même certaine. Une chose du moins est indubitable, c'est qu'il interprète la nature et que son savoir
est justement mesuré par le degré d'exactitude de son
interprétation. L'homme simple obéit à la même tendance; lui aussi se demande ou demande à autrui :
Qu'est cela? d'où vient cela? pourquoi cela? Son intelligence grossière a les mêmes besoins que les intelligences
les plus cultivées; elle les manifeste toujours lorsqu'elle
s'exerce; ses réponses les plus naïves ont pour objet
l'essence, l'origine ou la fin. Les Hébreux ont appelé
l'homme une *âme parlante;* on le définirait avec plus
de vérité : une *intelligence qui interprète.* L'homme
intelligent cherche la pensée dans des signes. Il cherche
la pensée de l'homme dans sa parole et dans ses œuvres;
il cherche la pensée de Dieu dans la nature; car la nature
est une parole de Dieu comme la parole humaine est une
œuvre de l'homme.

Cependant nous n'avons pas la témérité d'affirmer que
l'homme ne comprend jamais et ne peut pas comprendre
sans interpréter. De fait, toutes nos pensées réflexes,
celles que nous observons en nous, sont toujours associées à quelque phénomène de l'imagination. Sans doute,
l'imagination accomplit souvent ses opérations sans sus-
citer aucun acte de l'intelligence; souvent, pour parler

comme Xavier de Maistre, l'esprit, occupé ailleurs, laisse
la bête folâtrer en liberté. Mais quand l'intelligence
s'exerce, l'imagination s'exerce simultanément, elle dessine des formes visibles, elle répète des sons, ressuscite
des sensations, intermédiaires mystérieux, peut-être nécessaires, à travers lesquels l'intelligence contemple la
vérité qu'ils ne contiennent pas. C'est comme une faible
ouverture qui livre passage au regard et lui permet de
considérer de vastes campagnes. Peut-on confondre l'ouverture avec le regard? Peut-on la confondre avec le paysage? On conçoit cependant qu'elle soit indispensable,
par exemple, pour le prisonnier enfermé dans un cachot.
Ce n'est ici qu'une comparaison grossière, j'ai hâte de le
dire; mais elle fait comprendre comment l'imagination,
différant essentiellement de l'intelligence, peut être naturellement nécessaire à l'intelligence; comment l'intelligence, qui n'a ni l'image, ni le mot pour objet, n'atteint
son objet que par le mot ou par l'image. C'est par là que
l'intelligence dépend du cerveau, c'est par là que la psychologie de la raison confine avec la physiologie.

A proprement parler, l'intelligence n'a qu'un acte, le
jugement : les autres opérations intellectuelles le préparent. Or, il est facile d'observer que le jugement ne se
produit pas, si les divers éléments qui le composent ne
sont indiqués par quelque phénomène sensible. Pour
découvrir les rapports de deux objets intellectuels, l'esprit doit considérer ces objets, les étudier et par conséquent les fixer, les tenir sous son regard en faisant
attention. Si l'attention n'y met obstacle, l'imagination
fait passer devant l'esprit un tourbillon confus d'images
qui le déroutent et l'empêchent de rien saisir; les actes
de la sensibilité se succèdent dans un désordre indescrip-
tible et avec une rapidité folle : les actes de l'intelligence à
chaque instant commencés restent toujours inachevés.

On dirait un voyageur qui, rencontrant un fleuve sur sa route, essayerait de le traverser en marchant à la surface; le flot succède au flot, et le voyageur, un pied sur le rivage, ne parvient jamais à poser l'autre sur le liquide qui cède et s'enfuit. Ce que nous disons ici, un instinct secret le révèle à tous. Pour faciliter le travail de la réflexion, c'est sur l'imagination qu'on tâche d'agir; on en tempère d'abord la mobilité. Comme l'afflux des sensations est la principale cause du tourbillonnement des images, on cherche le silence, on se transporte en des lieux où les phénomènes sensibles ont plus de fixité, on organise des systèmes de sensations que l'on fait prédominer à propos. De là le recueillement imposé à un jeune auditoire, de là cette figure triangulaire tracée sur le tableau qui persévère immobile pendant toute la durée de la démonstration, de là cette série de paroles qui se succèdent avec rapidité, mais concourent toutes à un même but. Ces moyens extérieurs isolent l'esprit, le dérobent aux distractions venues du dehors et de l'intérieur et lui indiquent le détail des opérations qui préparent son acte définitif, un jugement nouveau, l'acquisition d'une connaissance nouvelle. Réduite à ses propres forces, l'attention n'a pas un autre rôle à remplir; elle fait prédominer certaines images, certaines paroles intérieures.

Les images que l'attention fixe, non sans peine, les paroles qu'elle suscite dans un ordre régulier, mais un peu violent, ne sont pas destinées seulement à écarter les sensations importunes et confuses, elles facilitent les opérations mêmes de l'intelligence. Entre le triangle et une figure triangulaire, il y a quelques rapports de ressemblance; entre le mot triangle et la surface plane terminée par trois lignes droites, il y a un rapport de convention. La nature dans le premier cas, l'habitude dans le second, éveillent la pensée correspondante. Mais la ressemblance peut être assez vague, la signification assez indécise, pour aider médiocrement, pour nuire même à l'opération intellectuelle. Sous peine de laisser la pensée imparfaite, l'attention doit alors corriger l'image, rectifier la signification du mot, ce qu'elle accomplit à l'aide d'autres images ou d'autres mots (1).

Nous avons exposé plus haut comment l'imagination dépend intimement de l'organisme. Nous venons de montrer comment l'intelligence dépend extrinsèquement de l'imagination. C'est une analyse expérimentale et nullement une théorie, du moins nous osons l'espérer. Elle explique, si nous ne nous faisons illusion, pourquoi les actes de l'intelligence varient, dans de certaines limites, corrélatives aux variations organiques : l'état de l'imagination déterminé par l'état du corps agit indirectement sur l'intelligence. L'âge, le sexe, le climat, le tempérament, la constitution des organes, les dispositions natives, les habitudes matérielles, la santé, la maladie, la température, l'activité ou le repos de tels ou tels organes, l'afflux ou le retrait des humeurs dans telle ou telle partie du

---

(1) Le travail de la pensée est pénible, souvent plus pénible que le travail matériel. Mais ce n'est pas l'intelligence qui se fatigue. La fatigue, même dans ce cas, est une douleur, appartenant comme toutes les douleurs à la sensibilité. L'opération intellectuelle ne la cause pas ; elle résulte d'un *effort* de l'attention qui agit violemment sur le tissu cérébral pour faire naître ou retenir certaines images. Le travail ici est exactement de même ordre que le travail musculaire. Il n'est donc pas étonnant qu'à la suite de l'un ou de l'autre, l'analyse découvre dans le sang les mêmes produits de combustion organique. Mais conclure de là que la pensée est une opération du cerveau, comme le mouvement des membres est une opération des muscles, c'est raisonner très mal. Une observation journalière le prouve. Ce ne sont pas les hommes les plus intelligents que l'étude fatigue davantage, ce sont au contraire les moins intelligents : travailler à comprendre fatigue ; comprendre ne fatigue pas, mais repose.

corps, le mode d'alimentation, la nature des aliments actuellement présents dans l'estomac, la manière dont ce viscère accomplit ses fonctions, le calme ou l'*éréthisme* des nerfs, en un mot la plupart des vicissitudes auxquelles le corps humain est soumis modifient l'exercice de l'imagination et par suite empêchent ou favorisent l'exercice de l'intelligence. Mais, on ne saurait trop le répéter, le concours prêté par l'imagination a tout juste la valeur et l'influence d'une construction graphique dans la démonstration d'un théorème. L'organisme sera, si l'on veut, la main qui dessine avec plus ou moins de bonheur, l'éponge qui efface plus ou moins à propos. Il est des accidents qui semblent supprimer la pensée, qui l'empêchent de se formuler dans la conscience et de se traduire par des actes extérieurs : le tableau est vide, la parole du maître ne se fait plus entendre, mais l'élève est toujours là; au milieu du silence et de l'obscurité, sa pensée est toujours vivante, sans forme déterminée, prête à se spécifier dès que les conditions extrinsèques le lui permettront. M. Taine s'amuse beaucoup d'un pauvre malade en qui son médecin supprimait ou ramenait la pensée, en appuyant le doigt sur une partie du cerveau mise à nu, comme sur le bouton d'un cornet à piston. Ce profond observateur n'a pas remarqué que l'éponge et la craie du mathématicien, que la paupière qui s'abaisse et qui s'élève, que le sommeil et le réveil produisent des phénomènes analogues. Le doigt du médecin avait seulement l'avantage d'agir d'un seul coup sur toutes les parties du domaine de l'imagination, d'en effacer toutes les images, d'en étouffer tous les sons. C'est à la fois le silence et l'obscurité absolus. Comment alors voir et entendre, et par suite, comment *interpréter*, c'est-à-dire comment penser?

Nous ne devons pas terminer ce chapitre sans y ajouter

un mot au sujet de la volonté raisonnable et libre, autre faculté supérieure de l'âme dont il sera spécialement question, dans le second livre.

La volonté suit la connaissance. La connaissance s'élevant au-dessus des sens, comme nous l'avons fait voir, la volonté se trouve, du même coup, dégagée des liens de la matière. Mais cela ne suffit pas à l'explication du jeu de la volonté. L'intelligence, nous l'avons vu, tient à l'organisme par la sensation et par l'image, et, cependant, accomplit son acte dans un monde à part. C'est dans ce monde intellectuel que l'acte volontaire est produit; mais, de là, il se réfléchit sur l'organe central des mouvements, y rencontre ou y fait naître le désir, et, par le désir, exécute l'intention qu'il renferme. Ainsi, de même que l'intelligence *semble* avoir son point de départ dans la sensibilité, la volonté semble y avoir son point d'arrivée; mais, de même aussi que l'intelligence voit, à l'aide de la sensation, ce qui n'est pas dans la sensation, de même la volonté se porte, à travers le désir, bien au-delà du désir. Le désir tout entier se termine à *l'agréable*, qu'il ne peut dépasser; pour la volonté, l'*agréable* est souvent une souillure, toujours un objet étranger; elle recherche par nature, l'*honnête*, le bien, le beau moral, un objet que rien de matériel ne saurait contenir. Telle est la loi de notre activité raisonnable. A cette loi, nous avons la force de sacrifier chacun de nos désirs, nous avons même la force de les sacrifier tous et ce sacrifice, devenu nécessaire, est la plus grande gloire de celui qui l'accomplit : car rien n'est plus beau que de préférer le devoir à la vie.

Résumons brièvement toute cette étude. Les mouvements moléculaires du système nerveux ne sont et ne peuvent être ni la sensation, ni l'imagination, ni le désir; ils ont cependant une part notable à la pro-

duction de ces phénomènes, non parce qu'ils les engendrent de leur fond, mais parce qu'ils modifient l'action
de la sensibilité générale. Pour que le mouvement moléculaire cérébral fasse naître un phénomène de sensibilité,
il suffit que l'organisme soit animé par un principe vivant
et sensible. Mais, à la suite d'un phénomène de sensibilité, l'acte intellectuel ne se produit pas spontanément.
La présence d'un principe intelligent, son identification
substantielle avec le principe sensible n'en contient pas
la raison totale; il faut, en outre, que ce principe
intelligent interprète, par un acte propre, intrinsèque,
le phénomène de la sensibilité. Il n'y a pas transition
nécessaire de l'acte de la sensibilité à celui de l'intelligence; un autre doit s'interposer, lequel dépend de
circonstances diverses, mais surtout de l'éducation, de
l'attention et presque toujours de la liberté; de telle sorte
que, s'il est permis de conclure de l'impression et de la
nature de l'organe à la sensation, il ne l'est jamais de
conclure de la sensation au jugement. On voit par là
combien M. Huxley à eu peu de raison d'écrire : « La
conscience peut être considérée comme l'expression de
changements moléculaires dans la matière nerveuse (1). »
Cette assertion n'est pas moins fausse, appliquée à la
volonté : l'intelligence, et non le mouvement, la mesure.
En un mot, l'homme est un animal et un esprit, un esprit
obligé d'exercer ses fonctions purement spirituelles avec
le concours des fonctions à moitié matérielles de l'animal.

(1) *Revue scientifique,* juillet 1874.

CHAPITRE VI

LES ORGANES DES SENS

L'étude des sens et de leurs fonctions est de la plus haute importance. Elle intéresse de très près la philosophie, la morale et la religion. Qu'il suffise de rappeler qu'une solution incorrecte des questions qu'elle présente conduit logiquement au scepticisme. Nous n'avons pu que l'effleurer dans les chapitres précédents, où nous nous proposions surtout de dégager les divers phénomènes psychologiques des phénomènes purement matériels avec lesquels la physiologie est tentée de les confondre. Il est temps de la compléter, en empruntant à cette dernière science ses plus récentes observations. Nous allons d'abord faire connaître ce que nos savants contemporains ont constaté de plus merveilleux dans les principaux organes des sens.

§ I. — *L'organe du tact.*

La main n'est pas seulement un organe qui nous sert à saisir les objets, elle nous sert aussi à prendre connaissance de la forme des corps. Grâce à la mobilité de ses diverses parties, elle se moule sur les surfaces qu'elle explore, en parcourt les détails, s'adaptant successivement aux contours, aux saillies, aux creux, aux mille variétés que peut revêtir une étendue résistante. Elle ne reproduit pas seulement les formes régulières. La géométrie est impuissante à calculer, la plume à décrire, le pinceau à peindre ces jeux, ces enlacements de lignes, de courbes, d'angles, de pyramides, de cônes et de sphères dont la main suit sans peine les mouvements. La souplesse et la rigidité, le moelleux et la rudesse, le poli et la rugosité, tous les accidents d'une surface matérielle nous sont révélés par ce témoin aussi fidèle qu'admirable, et dont les relations ne nous touchent plus, parce qu'elles sont de chaque instant. Mais tout n'est pas connu dans l'organe du tact. Pour *toucher*, il ne suffit pas qu'une surface vivante se moule sur la surface d'un objet touché, il faut encore recueillir l'impression produite à chaque point de contact et précisément dans la mesure suivant laquelle elle est produite. Une disposition organique est nécessaire à cette fin. Nous pensons que plusieurs de nos lecteurs ne seront pas fâchés de la connaître.

Veuillez considérer un instant la pulpe d'un de vos doigts, à la première phalange; vous remarquerez une foule de sinuosités délicates qui s'enroulent les unes autour des autres, comme des sillons concentriques. Le divin laboureur qui les a tracées en a couvert la paume de la main et la partie inférieure des doigts; la direction en est variée, mais toujours régulière. La ligne saillante de ces petits sillons est constituée par une série de petits mamelons placés à côté les uns des autres un peu à la manière des pitons d'une chaîne de montagnes; ces mamelons, creux à l'intérieur, portent le nom de papilles : un mince voile, de substance cornée, les recouvre entièrement en se moulant sur leur surface, c'est l'épiderme.

Tout cela était connu depuis longtemps, ce qui suit ne l'est que depuis peu.

Les fibres nerveuses ont l'habitude de cheminer de conserve en sortant de l'épine dorsale, formant ainsi des cordons de nerfs plus ou moins épais. Ce n'est que dans le voisinage du point de l'organisme qu'elle doit animer que chacune d'elles se sépare de ses compagnes. Celles du tact, destinées à la main, se distribuent en faisceaux de plus en plus réduits à mesure qu'elles entrent dans leurs divers départements. Ce n'est guère qu'à la hauteur de la peau que toutes retrouvent leur pleine indépendance; elles se rendent isolément chacune dans une papille. C'est dire assez leur nombre. A la pulpe des doigts, on en compte cent par ligne carrée. La fibre nerveuse ne se contente pas d'introduire dans sa papille son bout terminal, elle y prend une forme en rapport avec la fonction qu'elle doit y remplir. Imaginez une sorte d'œuf, ou, si vous voulez, une pomme de pin microscopique : un double cordon l'enveloppe à peu près comme un câble entoure un treuil, et perd ses deux extrémités dans sa masse. Ce cordon est la fibre tactile, la pomme est un noyau de substance nerveuse. L'un et l'autre constituent un petit instrument d'une extrême délicatesse, destiné, suivant toutes les probabilités, à multiplier les impressions, de même que les spires du galvanomètre multiplient l'intensité des courants électriques qui les parcourent. En effet, la plus légère pression exercée sur la pointe de la pomme, qui est élastique, doit tendre à la raccourcir et par conséquent à l'élargir. C'est ainsi qu'en appuyant la main sur un ballon élastique, on en augmente le volume dans le sens de la largeur. Cet accroissement de volume pressera les spires de la fibre nerveuse, soit à cause de la fixité du point d'attache, soit à cause du voisinage des parois de la papille. On voit tout de suite que cette disposition doit multiplier notablement l'intensité des impressions tactiles et leur donner une très grande précision. Les *corpuscules du tact*, c'est ainsi qu'on appelle ces petits organes, sont comme des ressorts en spirale disposés parallèlement les uns aux autres, droits et pressés sur une table. Tout corps placé sur ce matelas élastique y imprimera la forme de l'une de ses faces et dessinera, sur chaque ressort qu'il touchera, une dépression exactement proportionnelle à la pression exercée sur le point en contact. A la finesse près, telle est la main. Une bille placée sous le doigt produit sur un corpuscule central une pression maximum, centre d'autres pressions circulaires de moins en moins considérables jusqu'à une limite où ces pressions deviennent égales à zéro. Les ressorts nerveux constituent par leurs sommets une petite calotte concave qui s'emboîte exactement sur le segment convexe de la bille. La réaction de chaque petit ressort se fait sentir telle qu'elle est, c'est-à-dire proportionnelle à la pression reçue, et par conséquent l'ensemble qui mesure l'ensemble des pressions, mesurées elles-mêmes par la forme touchée, fera sentir cette forme exactement comme elle est. Le raisonnement serait le même s'il s'agissait d'un angle dièdre, du sommet d'une pyramide, en un mot, d'une surface quelconque. Ajoutons seulement que l'organe du toucher se transporte successivement sur les divers points du corps qu'il explore, parce qu'il ne peut pas les embrasser tous à la fois : la mémoire ou l'imagination doivent alors intervenir pour constituer, des différentes parties touchées, un tout unique. C'est dans ce mouvement que le toucher acquiert toute sa délicatesse. On sent ainsi plus vivement le contact d'une barbe de plume qui effleure la peau, que celui d'une surface résistante sur laquelle on pose le doigt. Il est probable que les corpuscules tactiles ont le

pouvoir de vibrer sous le frottement le plus léger et que
ces vibrations surtout sont recueillies par la sensibilité.
Du reste, la sensation du toucher s'épuise très vite, et,
comme tout le monde peut en faire l'expérience, il est
nécessaire de l'éveiller à chaque instant en renouvelant
ou changeant l'impression, si l'on a besoin de l'interroger
pendant quelques secondes. Mais au moment même où
elle retrouve sa fraîcheur, ses réponses sont d'une très
grande précision. La disposition savante des corpuscules
du tact en est la raison, on le voit maintenant. Si les
fibres nerveuses arrivaient sans ordre sous l'épiderme, on
n'obtiendrait que des perceptions confuses; comme le
mouleur qui prendrait des empreintes avec une poignée
d'étoupes.

§ II. — *L'organe de l'ouïe.*

Nous ne pouvons rappeler ici que les plus récentes
observations sur les organes des sens. Le reste n'aurait
que l'attrait d'une répétition. A ce titre, l'oreille externe
et l'oreille moyenne ne doivent pas arrêter notre attention. Laissons le *pavillon*, le *conduit auditif*, le *tympan*,
le *tambour*, la *chaîne des osselets*. Par la *fenêtre ovale*,
pénétrons dans le *vestibule*. Le vestibule conduit d'un
côté dans les trois *canaux semi-circulaires*, et de l'autre
dans le *limaçon*. Étudions un instant ce dernier organe,
jusqu'ici le plus curieux de l'oreille interne. Le limaçon
est un tube osseux qui s'enroule sur lui-même à la
manière d'un limaçon, et dont la section va diminuant
jusqu'au sommet où il est fermé. Une sorte de plancher
en suit les spires à demi-hauteur et les divise en deux
canaux secondaires, l'un supérieur, l'autre inférieur
et appelés l'un et l'autre les *rampes du limaçon*. Ce
plancher est composé de deux parties distinctes : du

côté de la paroi intérieure et de l'axe du limaçon, c'est une lame osseuse qui occupe à peu près les deux tiers de la largeur du canal; l'intervalle laissé libre entre la lame osseuse et la paroi externe est rempli par une lame membraneuse de la plus étonnante structure. C'est une série de fibres travaillées avec un art infini et tendues comme des cordes vibrantes entre la paroi externe et la lame osseuse. Chaque fibre porte une sorte de compas formé de deux bâtonnets membraneux dont les têtes s'articulent l'une avec l'autre. Les deux branches, qui s'épanouissent légèrement au lieu de finir en pointe, appuient leurs extrémités libres sur les deux bouts de la fibre et s'élèvent perpendiculairement au-dessus, comme les deux côtés d'un fronton sur l'entablement d'un portique, ou plutôt comme deux doigts appuyés verticalement sur deux points éloignés d'une corde vibrante. Une fibre surmontée de son arc constitue ce qu'on appelle un *organe de Corti*. Corti est le nom de l'anatomiste qui, le premier, a su observer cette petite merveille. De la base au sommet du limaçon, on compte environ trois mille organes de Corti. Les fibres diminuent insensiblement de longueur, et, à mesure qu'elles diminuent, le compas se resserre et se relève. Mais ce qui ne peut manquer de surprendre, la diminution se fait du sommet à la base; la plus voisine de la base n'a qu'un vingtième de millimètre, la plus élevée a un demi-millimètre. Les détails des fibres et des arcs sont constitués de parties d'une régularité géométrique. Le tout fait l'effet d'un piano microscopique d'une délicatesse et d'une précision incomparables. Un liquide spécial remplit la rampe et baigne tous les organes. Le nerf acoustique plonge dans l'axe du limaçon. De là, il envoie une fibre nerveuse à chaque organe de Corti. Le filet nerveux perce la paroi interne du limaçon, suit le

plancher osseux et vient s'engager dans l'organe de
Corti d'une manière qui n'a pas encore été bien déterminée, mais à coup sûr de telle sorte qu'il puisse recueillir exactement l'impression produite sur cet organe,
s'il y a lieu. Assistons maintenant au jeu de l'instrument.

Une corde, une lame, une verge vibrante dont les
conditions restent invariables donne invariablement en
vibrant la même note; c'est un principe élémentaire en
acoustique. En outre, deux corps vibrants étant accordés
pour la même note, pour le *do* par exemple, si l'on fait
vibrer l'un, l'autre entrera spontanément en vibration, et
tous les deux feront entendre le *do* à l'unisson. Mais l'un
et l'autre resteront muets si toute autre note, le *mi*, le
ré, le *fa*, etc., le *do* même des autres gammes retentit
auprès. Ce phénomène n'a rien de mystérieux; c'est un
effet de l'onde sonore qui agit sur tous les corps placés
sur son chemin et met en branle ceux qui sont disposés
de manière à suivre exactement ses oscillations : les
autres résistent, les renvoient ou les éteignent. Pendant
un concert, les cordes d'un violon oublié dans sa boîte,
d'un piano fermé, les vitres même de l'appartement, si
elles ne sont pas bien scellées, prennent de temps en
temps part à l'exécution où on ne les a pas invitées. Une
note, une seule les réveille, mais elles ne manquent
jamais, toutes les fois qu'elle retentit, de la redire tout
bas avec une sorte de timidité discrète. Cette faiblesse de
la voix n'est pas essentielle, hâtons-nous de le dire; c'est
un mal auquel les facteurs d'instruments savent porter
remède. On comprend très bien, après tout cela, qu'avec
de l'habileté, de la patience et des instruments par centaines, on parviendrait à préparer un contre-concert
spontané, mais exactement semblable à celui qui résulte
du jeu des musiciens. Le piano répond en partie à cette
idée, qui n'est pas nouvelle. Le plus habile des musiciens

l'a réalisée depuis longtemps. Chacun de nous porte deux fois, sous la conque de son oreille, un instrument merveilleux qui recueille avec le soin le plus scrupuleux et répète avec la fidélité la plus parfaite toutes les notes de tous les concerts exécutés autour de lui, qu'elles soient justes ou fausses, douces ou criardes, celles qui ravissent d'admiration comme celles qui font hurler les chiens : il n'ajoute rien, n'ôte rien; ce qu'il redit, c'est ce qui est dit, ni plus ni moins. Cet instrument n'est autre chose que les fibres de Corti.

Chacune de ces fibres est une corde vibrante montée pour reproduire une note précise, lorsqu'elle lui est transmise par l'onde sonore à travers la membrane du tympan, les osselets du tambour, la fenêtre ovale et le liquide du limaçon (1). Tous les sons perceptibles à notre oreille sont compris dans l'étendue de sept gammes; au-dessus et au-dessous, les vibrations se perdent dans le silence. Sept gammes constituent une série ascendante et descendante de quarante-neuf notes; quarante-neuf or-

(1) « Hersen a fait des observations intéressantes sur les organes auditifs de petits crustacés. Ces animaux ont de petits sacs qui contiennent des oolithes (cristaux microscopiques qui nagent dans le liquide de l'oreille interne) et qui sont tapissés à l'intérieur de cils acoustiques. On trouve en outre à la surface de leur corps, aux antennes et à la queue, des cils acoustiques que l'on peut observer directement avec le microscope. En dirigeant le son d'un cornet à piston sur un petit bassin rempli d'eau et dans lequel se trouvent ces animaux, Hersen put observer, au moyen du microscope, les vibrations de certains de ces cils et s'assurer que les différents cils étaient accordés pour des tons d'élévation différente. Ce fait prouve, presque jusqu'à la certitude, que les appareils vibrants de l'oreille humaine se comportent de la même façon, à cette différence près que les organes sont beaucoup plus compliqués, et que par conséquent la sensation auditive est beaucoup plus délicate et plus parfaite que chez les crustacés. » (Bernstein, *les Sens*, p. 195.)

ganes de Corti suffiraient donc pour reproduire tous les sons. C'est une erreur. Entre deux tons, il y a des intervalles décroissants, qui peuvent être exprimés par une note, devenir le point de départ d'une gamme. C'est à marquer ces différences que deux mille neuf cent cinquante de nos fibres auriculaires sont destinées. Il y a là de quoi satisfaire les exigences du musicien le plus difficile. Une oreille régulièrement organisée reproduit des seize millièmes de ton, tandis que l'artiste le plus habile n'apprécie guère des différences inférieures à un cinquantième de ton.

Remarquons en passant que *sentir* un son et *apprécier* un son signifient des opérations bien distinctes. Sentir est un acte spontané, brute et d'une rigueur mathématique. Apprécier, c'est juger, c'est discerner, ce qui dépend de l'application, de l'exercice et surtout la perspicacité de l'intelligence. Les hommes qui n'ont pas de culture musicale apprécieront rarement des différences d'un quart de ton, et cependant ils sentent non des différences, mais des notes qui diffèrent entre elles de moins d'un centième de ton : ils *sentent* beaucoup mieux que le meilleur musicien n'*apprécie*. Voilà pourquoi rien n'est perdu dans un concert : les notes fausses, les notes justes, les notes incertaines, approximatives si l'on peut dire ainsi, toutes, absolument toutes, se reproduisent dans l'oreille exactement telles qu'elles sont. C'est en partie à cette cause qu'il faut attribuer le degré de plaisir et de peine qu'elle éprouve. On peut même concevoir une oreille appartenant à une autre création, une oreille capable de vibrer à l'unisson des oreilles ordinaires. Dans une salle de musique, cette oreille entendrait deux fois autant de concerts qu'il y a de musiciens et d'assistants, puisque chaque oreille répète fidèlement tout le concert. Mais dans l'ordre actuel, le concert subjectif s'exécute dans un sanctuaire réservé ; quelle qu'en soit la force, la puissance, il n'est donné qu'à un seul être sensible de l'entendre.

L'oreille ne reproduit pas seulement les diverses notes du concert, mais encore le timbre même de chacun de ces instruments. Nous distinguons la *voix* de la flûte de celle du violon, celle du clairon de celle du hautbois, le violoncelle du cor, ainsi de suite. Les découvertes du physiologiste Helmholtz nous en donnent la raison. Ordinairement une note ne résonne pas toute seule. Si vous pincez une corde, vous percevez un son principal, mais au-dessus sifflent ou bourdonnent d'autres sons que l'on peut isoler et qui sont en accord avec la note fondamentale.

C'est pour cela qu'on les appelle les *notes harmoniques* de ce ton. Or, le nombre et la nature des harmoniques varient avec les diverses espèces des instruments, et cette variété est précisément ce qui constitue le timbre, le caractère propre à la voix de chaque instrument. Helmholtz en a dressé le catalogue, il n'est pas de notre sujet de le faire connaître. On comprend très bien comment le merveilleux piano de notre oreille, constitué tel que nous l'avons décrit, peut imiter avec une exactitude parfaite tous les timbres naturellement possibles ; il lui suffit de mettre en vibration avec la fibre qui donne la note principale, celles qui donnent les harmoniques correspondantes. Sur trois mille cordes vibrantes dont les longueurs croissent insensiblement, il s'en rencontre toujours d'exactement accordées pour reproduire les harmoniques les plus nombreuses et les plus variées.

Une corde sonore qui vibre par influence a un son propre. Lorsque l'onde qui lui a communiqué son mouvement est éteinte, la corde continue à vibrer en vertu de sa propre élasticité, mais en diminuant peu à peu l'am-

plitude de ses oscillations et étouffant insensiblement
son murmure. De la même manière, une cloche ne
retentit pas seulement sous le coup du battant : elle
résonne encore longtemps après et semble un bourdonnement qui s'éloigne. Il en est autrement des cordes
délicates qui vibrent dans nos oreilles. Elles n'ont pas
de son propre (1). L'onde qui les ébranle en arrivant,
les immobilise en s'éloignant. Helmholtz soupçonne que
la fonction importante de mesurer l'ébranlement reçu
sur l'ébranlement donné appartient aux arcs qui sur-
montent les fibres. Quoi qu'il en soit, il est impossible
de ne pas admettre qu'il y a dans l'oreille des étouffoirs
naturels et que c'est, grâce à leur jeu, que les sons
extérieurs nous arrivent sans confusion, avec leur pureté
native.

§ III. — *L'organe de la vue.*

L'œil n'est pas moins admirable que l'oreille. C'est un
instrument d'optique, une chambre obscure, dont les
principaux détails sont généralement connus. Mais on
aurait tort de comparer la rétine au verre dépoli qui
reçoit les images. Cette manière de voir doit être réformée
à la suite d'observations assez récentes, dont nous allons
faire connaître les résultats. L'œil est une sphère organique remplie par des substances transparentes et réfrin-
gentes qu'on appelle l'*humeur aqueuse*, le *cristallin* et
l'*humeur vitrée*. Les parois de la sphère sont constituées
par trois membranes concentriques : la *rétine* qui est
immédiatement en contact avec l'humeur vitrée, la
choroïde derrière la rétine, et la *sclérotique* qui enveloppe le tout. La sclérotique est visible dans sa partie

---

(1) Helmholtz constate à cette règle une exception ; mais elle
est insignifiante.

antérieure; elle montre son tissu blanc lorsque nous ouvrons les paupières, laissant libre un espace circulaire où la *cornée* vient s'enchâsser comme un petit verre de montre. Derrière la cornée est l'humeur aqueuse; derrière l'humeur aqueuse, l'*iris*, puis le cristallin; derrière le cristallin, l'humeur vitrée; et derrière l'humeur vitrée, comme nous l'avons dit, la rétine. C'est la rétine qui demande une description nouvelle.

La rétine est un épanouissement du nerf optique qui perce la sclérotique et la choroïde et répand ses filets sur toute la surface intérieure de celle-ci. Les fibres nerveuses ne sont pas jetées çà et là à l'aventure, comme une sorte de feutre; elles sont toutes distribuées dans l'ordre le plus admirable, de manière à constituer un instrument d'une délicatesse et d'un travail achevés. Prenez une seule fibre du nerf optique; suivez-la au moment où elle entre dans la chambre de l'œil; vous la verrez s'infléchir aussitôt, cheminer un instant dans une direction parallèle à la surface de la choroïde, puis s'infléchir de nouveau brusquement et présenter sa pointe à la surface de la choroïde suivant le rayon de la sphère (1). Cette pointe n'est pas un simple tube nerveux : elle comprend d'abord, vers l'endroit où la fibre s'infléchit, une cellule nerveuse, puis trois séries de granulations différentes sous le rapport de la dimension, et enfin un petit bâtonnet ou un petit cône dont le sommet regarde la choroïde. A côté de cet organe singulier, mettez-en un second, un troisième, et ainsi de suite jusqu'à ce que vous ayez recouvert toute la choroïde vous aurez constitué, non plus un tapis, mais une mosaïque d'aiguilles d'une structure compliquée : cette

_____

(1) A parler avec exactitude, il n'est pas encore bien démontré qu'à chaque cylindre nerveux de la rétine corresponde une fibre nerveuse. Nous le supposons toutefois pour la clarté de la description.

mosaïque est la rétine. Deux ou trois observations sont encore nécessaires pour compléter cette description.

Le nerf optique perce l'œil un peu à côté du point de la choroïde qui fait face au centre de l'œil et au centre du cristallin, c'est-à-dire un peu à côté du point où les objets extérieurs viennent se peindre avec le plus de précision. Il est facile de comprendre que les fibres ne peuvent pas se replier sur le nerf optique, ce qui reviendrait à dire qu'elles se replient sur elles-mêmes. Par conséquent, le bouton formé par le nerf optique derrière l'humeur vitrée n'a ni cônes, ni bâtonnets. Or, ce bouton est insensible à la lumière, on l'appelle *punctum cœcum*. Il faut en conclure que les cônes et les bâtonnets sont les organes proprement dits de la vision. Le petit cercle qui fait face au centre de l'œil et au centre du cristallin n'a que des cônes; il est un peu déprimé et présente une couleur jaunâtre; on l'appelle la *tache jaune, punctum luteum*. C'est là que la vue obtient toute sa précision. Faut-il en conclure que les cônes servent surtout à recueillir l'intensité de la lumière? On est d'autant plus disposé à le croire que le nombre des cônes, répartis au milieu des bâtonnets, va en diminuant à mesure qu'on se rapproche des bords de la rétine, c'est-à-dire qu'on passe dans des régions où la vue est de plus en plus confuse. Les cônes et surtout les bâtonnets ont un diamètre très fin, microscopique, et, comme ces organes sont serrés les uns contre les autres, le nombre doit en être incalculable.

La mosaïque rétinienne est transparente. Ce n'est donc pas, comme on l'a cru jusqu'ici, à sa surface antérieure, là où elle est en contact avec l'humeur vitrée, que se forme l'image des objets. Des calculs très précis et très bien faits démontrent que les rayons lumineux traversent toute l'épaisseur de la rétine et vont se réfléchir sur la choroïde, précisément aux points où les sommets des bâtonnets et des cônes sont en contact avec la surface antérieure de cette membrane. La choroïde serait donc un miroir réflecteur concave ; son pigment noir lui ôtant toute couleur propre, ce miroir aurait précisément ce qu'il faut pour reproduire fidèlement les teintes des objets. C'est sur la choroïde que les bâtonnets et les cônes recueilleraient isolément l'impression lumineuse de chaque point de l'image. Ainsi l'œil ne serait plus une sorte de lunette astronomique ; il serait plutôt un télescope. Nous verrions les objets comme dans un miroir. Nous dirons plus tard par quel mécanisme les objets sont aperçus dans leur véritable situation.

Oubliant que la perfection d'un organe ne doit point être appréciée à un point de vue absolu, mais se mesurer sur le rôle, sur la fonction qu'il est appelé à remplir, on a cru découvrir dans l'œil plusieurs défauts. De fait, sur les bords de la rétine, la vision n'est pas entièrement régulière. Mais il n'en résulte aucun inconvénient : les défectuosités se rencontrent en des points auxquels les savants seuls font attention, sur le cadre de la vision et jamais dans le cercle du *regard*, de la claire vue. Quoi qu'il en soit de ces défauts, qui ont leur raison d'être, il faut convenir que notre œil est un peintre dont ni pinceau, ni photographie ne peuvent imiter, même de loin, la fidélité. Les instruments construits par nos opticiens avec une habileté si merveilleuse n'en approchent pas. Leur appareil massif de roues, de vis, de pivots, de tubes, de charnières, indispensable pour suivre la direction des rayons lumineux, ne leur communique pas la propriété de s'accommoder à toute lumière : ils atteignent avec une promptitude désespérante les limites qui séparent l'invisible de l'éblouissant. Il n'en est pas ainsi de l'œil. Depuis le premier rayon du jour, depuis la plus faible phosphorescence, jusqu'à l'éclat du soleil de juillet, il s'adapte sans peine et presque sur le champ à toutes les intensités lumineuses. Les teintes sombres, les teintes claires, les teintes vives, il les recueille toutes avec une égale facilité au moment même où le rayon lumineux les lui apporte. Grâce à un mouvement insensible de deux ou trois muscles, l'objet se peint aussitôt sur la choroïde, mais avec quelle finesse de traits! quelle netteté de dessin! quelle vérité de coloris! Ce qui n'est pas moins remarquable, c'est la dépendance qui rattache l'image oculaire à la mobilité du rayon lumineux ou plutôt de l'objet. Les tableaux se succèdent les uns aux autres, se modifient eux-mêmes avec une promptitude qui ne produit jamais la confusion. La vue devient ainsi le sens qui nous met en rapport avec la vie, avec le mouvement extérieur. Le vol des oiseaux, le torrent qui se précipite, la pluie qui tombe, la neige qui tourbillonne, les rides qui courent à la surface de l'eau, la fuite de la locomotive, la marche, la course, la danse exécutée par nos semblables, en un mot tout corps qui se meut, qui change d'état à la face de la lumière, transforme en même temps l'image qui le peint dans notre œil, de manière à lui faire reproduire avec une fidélité rigoureuse son apparence actuelle. Mais pourquoi insister? Les merveilles que nous pourrions encore longuement énumérer sont connues de nos lecteurs. Tout manifeste la connexion la plus intime entre l'image oculaire et son objet : le rayon lumineux ne dépend pas plus intimement du soleil. Ce n'est du reste qu'un cas particulier de la loi de propagation de la lumière. Notre œil est une glace qui ne réfléchit rien, si rien n'est réfléchi, de même qu'un lac ne présente l'image d'aucun arbre s'il n'est entouré que de rochers ou de broussailles.

La connexion de l'impression sensible avec l'objet qui la cause est pour les autres sens, l'ouïe et le toucher, la

même que pour la vue. Les organes que nous avons étudiés se présentent avec ce caractère spécial, d'être merveilleusement disposés, non seulement pour saisir l'ensemble de leurs objets, mais aussi pour en analyser les
éléments. Les cônes et les bâtonnets décomposent l'image
en ses parties constitutives et se mettent exclusivement
en rapport chacun avec celle qui le touche; les fibres de
Corti s'exercent tour à tour, chacune d'elles reste immobile jusqu'à ce que l'onde sonore qui lui est uniquement
réservée vienne la frapper; les organes tactiles prennent
isolément l'empreinte du point précis qui les touche,
chacun laissant à son voisin le soin d'exécuter de son
côté son propre rôle. Jamais le principe de la division
du travail n'a été poussé aussi loin. On dirait, en un
mot, que l'auteur de ces admirables instruments s'est
uniquement proposé de donner à chaque organe des
sens les moyens les plus parfaits pour reproduire, dans
l'organisme vivant, l'image réelle de leurs objets avec la
plus grande exactitude possible.

8

CHAPITRE VII

DE LA MESURE DES SENSATIONS

Les organes de nos sens sont des instruments admirablement construits, nous venons de le voir. La manière dont ils se comportent sous l'action de leurs objets propres n'est pas moins digne d'attention. La science commence à lever un coin du voile qui couvre ce mystère de la nature, nous devons recueillir avec soin ses observations. On a essayé d'appliquer aux sensations une mesure rigoureuse, on va voir avec quel succès (1).

La sensation ne naît pas spontanément; elle a une cause, une cause extérieure, c'est l'objet même qui agit immédiatement ou médiatement sur l'organe. L'action de l'objet n'est pas exclusivement destinée à l'organe : l'onde sonore se propage dans toutes les directions et peut frapper un mur, la surface de l'eau, des cordes, des lames vibrantes, aussi bien que mon oreille. La nature intrinsèque de l'action reste la même indépendamment des termes divers qui la reçoivent : le rayon lumineux qui pénètre dans l'œil ne diffère pas pour cela de celui qui se réfracte dans un morceau de cristal. C'est là, on

(1) Cf. *Revue scientifique*, articles de MM. Th. Ribot, Delbœuf, James Dewar, Wundt, t. XIV et XV.

peut le dire, la condition physique du phénomène, et,
dans cet instant, l'action de l'objet sensible, pur phénomène physique, peut être soumise à une appréciation
rigoureuse suivant les procédés ordinaires de la physique. Mais en est-il de même lorsque l'effet de cette
cause matérielle et morte vient au contact de l'organe
vivant, pénètre dans la vie? La sensation est un phénomène vivant, et il serait absurde de penser que la vie lui
est communiquée par l'objet, c'est-à-dire par une cause
qui ne la possède pas. Sous ce rapport, il n'y a pas
de question : la vie ne se mesure ni avec le mètre, ni
avec la balance. Mais la sensation vient en grande partie
du dehors. Ne doit-elle pas un certain nombre de ses qualités à cette origine? Par exemple, n'y a-t-il pas quelque
proportion mathématique entre son intensité et celle de
l'action matérielle qui la fait naître? Telle est précisément
la question que se sont posée plusieurs physiologistes.
Nous allons faire connaître les expériences à l'aide desquelles ils ont cru pouvoir la résoudre. Il nous sera
permis ensuite de discuter les conclusions de ces savants
et de réduire leur découverte à des proportions qui nous
semblent plus exactes.

§ I. — *Démonstration expérimentale de la loi de Weber.*

Reconnaissons d'abord ce qu'il faut entendre par
intensité d'une sensation. Le bourgeois de Paris qui, par
un beau jour de décembre, vient recueillir un rayon de
soleil à la *petite Provence*, et l'Arabe qui traverse le
Sahara au mois de juillet éprouvent l'un et l'autre une
sensation de chaleur, mais évidemment d'intensité différente. De même, la torche résineuse du montagnard des
Vosges ne lui communique pas une sensation de lumière
aussi intense que celle que l'habitant des villes reçoit

d'une lampe à double courant, ou de plusieurs becs de
gaz. Enfin un coup de canon retentit plus fortement dans
l'oreille, c'est-à-dire avec plus d'intensité, que l'explosion
d'une allumette chimique. Les sensations de l'ouïe peuvent seules faire naître quelque confusion; car on prend
quelquefois la hauteur d'un ton pour son intensité.
L'erreur se dissipera bien vite, si l'on veut remarquer
qu'un puissant baryton chante bien plus fort, mais bien
moins haut qu'un léger soprano. L'intensité d'une sensation n'est donc autre chose que le degré de force avec
lequel cette sensation, restant spécifiquement la même,
est éprouvée.

Lorsqu'on approche une source de chaleur d'un vase
rempli d'eau, la température du liquide s'élève, et cet
effet est rigoureusement proportionnel à la quantité de
chaleur reçue. Ce sont des mouvements analogues au
rayonnement de la chaleur qui produisent en nous des
sensations; l'effet devenu sensation sera-t-il soumis à la
même loi? Mettez votre main dans cette eau qui s'échauffe,
suivez de l'œil les progrès de la température sur l'échelle
d'un thermomètre plongé dans le même liquide, essayez
en même temps de faire concorder les sensations de chaleur que vous éprouvez avec les degrés marqués par la
colonne thermométrique, vous n'y arriverez jamais. Nous
sommes en présence d'une loi toute différente : il s'agit de
la déterminer.

Ce sont encore deux physiologistes allemands, Weber
et Fechner, qui en ont tracé la voie. Voici par quelles
expériences.

Un homme ferme les yeux, étend et pose la main sur
une table, la paume en bas. Vous placez sur le dos de sa
main un corps pesant quelconque. Pour faciliter les calculs, il vaut mieux que vous employiez des poids de
balance. Le poids placé sur la main exerce une action

physique sur cet organe, le presse et détermine une sensation que le patient constate. Cet effet constaté, vous ajoutez d'autres poids plus petits. D'abord votre auxiliaire ne remarquera pas de différence. Ce n'est que lorsque vous aurez atteint un excès notable, qu'il déclarera l'apparition d'une sensation nouvelle, c'est-à-dire plus forte ou plus intense que celle qu'il éprouvait jusque-là. Vous recommencerez l'expérience avec un poids initial différent. Vous constaterez alors que les poids additionnels devront pareillement être différents. Répétez cette épreuve dix, vingt, cent fois, toujours la différence du poids initial entraînera la différence des poids additionnels. Quel que soit le poids initial, *un rapport constant lie les poids additionnels à ce poids initial*, et, s'il faut en croire les savants allemands, ce rapport est exprimé par $\frac{1}{3}$. Ceci veut dire que si, par exemple, votre auxiliaire a d'abord éprouvé une sensation de pression causée par un poids de 9 grammes, il faudra, pour qu'il puisse constater une sensation plus forte, qu'il supporte 12 grammes, puis 16 grammes, etc.

Si, au lieu de supporter un poids sur la main, on faisait effort pour le soutenir, la sensation serait toute différente. Ce que l'on éprouve dans les muscles en soulevant un fardeau a été appelé la sensation de *l'effort musculaire*. Le muscle qui soupèse est un organe fort sensible; ce ne sont pas des différences de $\frac{1}{3}$, mais de $\frac{6}{100}$ qu'il constate. Le rapport n'est plus le même que dans le cas précédent; mais, comme le cas précédent, ce rapport est constant pour toute la série des sensations de l'espèce où il a été d'abord calculé. Ainsi, pour nous faire mieux comprendre par un exemple, la plus petite différence que l'on puisse constater est de 6 décigrammes au-dessus de 10 grammes, de 6 grammes au-dessus de 100 et de 60 au-dessus de 1000.

Les différences des sensations de température ont été appréciées de la sorte. On plonge deux doigts de la même main chacun dans un vase rempli d'eau dont l'égalité de température est constatée par un thermomètre. Puis, on fait varier la température de l'un des deux vases jusqu'à ce que les doigts accusent une sensation d'intensité différente : en ce moment un coup d'œil sur le thermomètre constate que la différence des deux températures s'exprime par $\frac{1}{3}$. L'opération plusieurs fois recommencée donne un résultat identique; le rapport $\frac{1}{3}$ reste toujours constant. Ainsi, supposons que l'expérience commence à 9°, nous constaterons de nouvelles sensations de chaleur à 12°, à 16°, à 21° $+ \frac{1}{3}$, à 28° $+ \frac{1}{9}$, etc.

L'appréciation des sensations de la vue est un peu plus compliquée. Prenez deux bougies allumées. Pour les distinguer l'une de l'autre, mettez-les l'une dans un flambeau d'argent, l'autre dans un flambeau de cuivre. Placez-les l'une et l'autre dans une chambre qui ne reçoive d'autre lumière que la leur, à égale distance d'un mur blanc, le flambeau de cuivre à gauche et le flambeau d'argent à droite. Disposez entre le mur et les bougies, à égale distance des bougies, une règle verticale. Le mur sera éclairé par les deux bougies à la fois, excepté en deux endroits où viendront se peindre deux ombres, formées par la règle qui intercepte d'un côté une partie des rayons de la bougie au flambeau d'argent, et de l'autre une partie des rayons de la bougie au flambeau de cuivre. L'ombre de droite sera uniquement éclairée par le flambeau d'argent, et l'ombre de gauche uniquement par le flambeau de cuivre. Maintenant joignez par une ligne l'ombre de gauche avec la règle et prolongez la ligne jusqu'au bout de l'appartement. Reculez ensuite le flambeau d'argent suivant cette ligne. Peu à peu l'ombre de gauche diminuera et finira par s'effacer. Arrêtez-vous là.

En ce moment la disparition de l'ombre de gauche prouve que, pour votre œil, le flambeau de cuivre éclaire seul le mur. En effet, cette bougie a toujours éclairé seule l'ombre de gauche. Or, présentement tout le mur a pris la teinte de l'ombre de gauche. Le mur ne reçoit donc pas d'autre lumière que celle du flambeau de cuivre. Ceci constaté, rapprochez doucement le flambeau d'argent jusqu'à ce que l'ombre de gauche commence à poindre. Cette apparition prouve que l'intensité lumineuse du mur s'est accrue assez pour que votre œil puisse en saisir la différence; car l'espace compris dans l'ombre de gauche représente toujours la lumière initiale, la lumière du flambeau de cuivre. Il ne sera pas difficile de mesurer la quantité de lumière que chacune des deux bougies fournit au mur, car nous savons que cette quantité est en raison inverse du carré des distances des sources lumineuses. La mesure de leur différence sera plus facile encore. Si on varie l'expérience en changeant la distance initiale des flambeaux, on trouvera toujours pour cette différence un rapport constant. Les calculs ont établi que ce rapport est exprimé par $\frac{1}{100}$.

L'ouïe exige des procédés non moins compliqués que la vision. Deux billes de même matière et de même poids sont suspendues par des fils de même longueur, à une même hauteur, l'une devant l'autre, derrière un tableau vertical et à une très petite distance de ses deux grandes surfaces. Un cercle gradué mesure l'angle d'écartement que l'on fera subir aux deux pendules. Tel est l'instrument. Voici comment on l'utilise. Il faut se rappeler d'abord que l'intensité de son produit par la chute (nous ne disons pas perçu par l'oreille) de deux corps rigoureusement égaux est proportionnelle à la hauteur de leur chute. Après cela on n'a plus qu'à faire tomber les deux billes d'abord d'une même hauteur; puis, conservant cette même hauteur pour l'une des deux, on écarte l'autre de quantités peu à peu croissantes, jusqu'à ce que l'oreille saisisse une différence d'intensité dans les deux chocs. On a soin que les deux billes tombent à deux instants très rapprochés pour faciliter la comparaison. Quand la différence est perçue, on note sur ce cercle gradué l'angle décrit par les deux billes, on en déduit la hauteur des deux chutes, et enfin l'intensité du son produit. L'expérience, renouvelée autant de fois que l'on voudra, donne toujour un rapport constant, et l'on trouvera que la différence sera dans tous les cas exprimée par $\frac{1}{3}$.

L'odorat et le goût n'ont pas été soumis à des expériences de même sorte, sans doute parce que la mesure physique des qualités odorantes et savoureuses des objets n'est pas encore trouvée.

Pour les autres sens, voici quelle conclusion générale on croit pouvoir inférer des observations qui précèdent. Le phénomène physique de la sensation doit croître en intensité suivant un rapport déterminé et constant, pour produire des différences successivement appréciables dans le phénomène *psychique*, dans la sensation proprement dite. On a cru pouvoir affirmer que les accroissements du phénomène psychique, ou de la sensation proprement dite, sont une quantité, et que cette quantité est la même. Par conséquent, le phénomène extérieur et le phénomène intérieur suivent deux séries dépendantes mais différentes, l'une géométrique et l'autre arithmétique. Ainsi, par exemple, pour la sensation de température, tandis que la sensation de chaleur proprement dite est exprimée par 1, 2, 3..., etc., la température extérieure qui la cause est représentée par 9, 12, 15 degrés. Ceci revient à dire que l'action des objets sensibles croissant en proportion géométrique, les sensations correspondantes croissent seulement en proportion arithmétique, ou, d'une autre façon : *les sensations croissent comme les logarithmes des excitations qui les font naître.* Sous cette forme, cette conclusion porte le nom de loi de Weber.

§ II. — *Critique de la loi de Weber.*

La loi de Weber a dû subir l'épreuve de la critique, comme bien d'autres. Peut-être, comme bien d'autres aussi, elle n'en est pas sortie tout à fait intacte. Il en est qui l'ont accusée de partir d'un faux supposé, à savoir que les sensations en elles-mêmes soient susceptibles d'une évaluation mathématique. Nous verrons plus loin ce qu'il faut penser de cette accusation portée par des adversaires déclarés. D'autres, parmi les amis, trouvent que les expériences qui fondent la loi n'ont pas eu toute la précision désirable. M. Delbœuf, professeur à l'université de Liège, compte parmi ces derniers. Faisons connaître ses griefs; et d'abord, pour plus de clarté, jetons un coup d'œil sur un phénomène qu'il est bien difficile de séparer de la sensation. Nous voulons parler de la fatigue.

« Un homme, dit M. Delbeuf, gravit une montagne. Dans son ascension, il effectue un certain travail qui s'évalue par le poids de son corps et la hauteur à laquelle il s'est élevé. Pour chaque mètre franchi, il y a une même quantité de force dépensée. » Au phénomène d'épuisement « correspond un phénomène subjectif, incommunicable, intraduisible par la parole, c'est la fatigue. La fatigue, elle aussi, croît avec la hauteur à laquelle on parvient, mais elle croît beaucoup plus vite que la dépense de force. Le millième mètre ne demande pas plus de travail que le premier, et cependant il produit plus de fatigue. » Le docte professeur a essayé de dresser expérimentalement des tables qui mesurent les accroissements de fatigue. Mais il ne paraît pas satisfait de son travail.

Un autre savant, Konecker, est entré un peu plus avant dans l'étude du phénomène en tant qu'il a son siège dans les muscles. La circulation du sang et l'influence du repos doivent surtout être pris en considération, quand on veut se rendre compte des conditions de la fatigue. Il semble maintenant acquis à la science que la force mise en œuvre dans l'exercice d'un muscle est fournie par la combustion du carbone et d'autres éléments qui concourent à la composition du tissu musculaire. Si le carbone est brûlé, c'est l'oxygène qui le brûle. Or, l'oxygène est apporté par le courant du sang artériel. Il en résulte clairement que les modifications de la circulation artérielle devront modifier la combustion musculaire, et par conséquent la force produite et la force dépensée. Un sang riche en oxygène facilitera beaucoup le travail, un sang appauvri au contraire y mettra obstacle. La fatigue suivra une marche inverse. Ce fait est appuyé sur des expériences. Quand on comprime l'aorte abdominale d'un lapin seulement pendant une demi-heure, le train postérieur de l'animal reste paralysé pendant tout un jour. Mais d'autre part le muscle d'un chien épuisé par les secousses réitérées d'un appareil d'induction reprend son énergie, dès qu'on y a opéré la transfusion de sang oxygéné.

Le repos modère, abolit même la fatigue. On le constate de la manière suivante. Des muscles de grenouille étant chargés d'un poids, on les soumet à des secousses d'induction qui les forcent de se contracter. Or, les secousses se succédant à des intervalles égaux, l'énergie du muscle décroît d'une manière uniforme, la hauteur à laquelle le poids est élevé diminuant à chaque fois

d'une même quantité. Lorsque les intervalles des secousses sont plus grands, la différence des hauteurs est
d'autant moins considérable. Ainsi le repos rend l'énergie,
qui remonte à mesure que les intervalles d'excitation et
d'action deviennent plus grands. Cependant, au delà de
trois minutes, le muscle perdait par le repos plutôt qu'il
ne gagnait. Cette dernière observation n'est pas moins
curieuse que les précédentes.

Kronecker, on le voit, appelle *fatigue* une diminution
d'énergie et non ce sentiment fort connu qui rend l'exercice de plus en plus désagréable et le repos si doux. Le
phénomène purement physiologique n'en est pas moins
remarquable. Dans tout acte sensible, il y a exercice de
certains muscles, il y a aussi exercice de nerfs spéciaux.
L'exercice des muscles et celui des nerfs sont une production de travail, par conséquent une transformation de
forces par la combustion accomplie à l'aide des courants
sanguins. Or, il n'est pas d'impression sur les organes des
sens qui ne modifie la circulation dans l'organe, suivant
qu'elle devient plus intense, ou seulement qu'elle continue. Donc, diminution d'énergie et, de plus, sentiment
croissant de fatigue, lequel se mêle à la sensation et
empêche la conscience de la saisir d'une manière claire.
L'exercice seul, indépendamment des perturbations de
la circulation, épuise peu à peu l'organe, affaiblit la sensation en même temps qu'il exalte le sentiment de la
fatigue. Par conséquent lorsque le physiologiste croit
observer une même sensation dans deux instants consécutifs, il est nécessairement dans l'erreur : le phénomène
psychologique, au second instant, suppose plus d'énergie
dans l'action de l'objet; en outre, il cesse d'être pur,
étant mélangé d'un sentiment de fatigue qui commence
à le voiler.

La difficulté que crée la fatigue n'a pas échappé à

M. Delbœuf. Il en trouve une autre non moins grande
dans l'état d'excitation que l'organe porte en lui-même,
à l'instant où les expériences commencent. Car l'excitation propre de l'organe modifie toujours l'action qui lui
arrive de l'objet extérieur. Le fait saute aux yeux, lorsqu'il s'agit de température : de l'eau médiocrement
chauffée fait éprouver une sensation de chaleur ou de
froid, suivant que la température de la main est inférieure ou supérieure à celle de l'eau. Un jour modéré est
éblouissant pour l'œil qui sort d'un milieu obscur, et
réciproquement un jour un peu faible devient presque de
l'obscurité pour l'œil qui sort d'un milieu éclatant. Ce
n'est pas tout. La sensation qui persiste s'affaiblit, disparaît même pour quelques sens indépendamment de la
fatigue. Une odeur continue cesse bien vite de se faire
sentir. Quand on entre, par un temps très froid, dans un
appartement chauffé, on est d'abord saisi par la chaleur
qui paraît excessive, mais cette sensation s'évanouit peu
à peu, et quelquefois même finit par se changer en sensation de froid.

Toutes ces considérations ou du moins des considérations analogues ont convaincu M. Delbœuf que la loi de
Weber a besoin d'être ramenée à des termes plus rigoureux. Le savant professeur de Liège a cru ne pouvoir
mieux faire que de corroborer par deux autres lois celle
du physiologiste allemand. Il appelle l'une *loi de dégra-
dation de la sensation* et l'autre *loi de tension*. La
première donne le temps au bout duquel la sensation doit
disparaître. D'après lui, ce moment arrive lorsque l'excitation propre de l'organe et celle que l'organe reçoit du
dehors se font équilibre. La loi semble s'appliquer assez
bien à la sensation de la température. Mais en général,
« l'expérience, dit M. Delbœuf, n'en a pas vérifié la formule ». La seconde loi a pour objet de déterminer à quel

moment une sensation s'écarte du juste milieu qui convient à l'exercice régulier de l'organe, c'est-à-dire à quel moment, par exemple, la douce chaleur va devenir brûlure, ou la claire lumière éblouissement. « Cette dernière loi, dit encore M. Delbœuf, s'appuie aussi sur l'observation et en partie sur les expériences, seulement ces expériences ne sont pas suffisamment concluantes (1). » Si la loi de Weber n'est pas solide par elle-même, les auxiliaires invoqués par M. Delbœuf lui seront d'un faible secours.

Il est un autre facteur que, malgré sa grande sagacité, M. Delbœuf n'a pas introduit dans sa discussion. L'influence en est cependant majeure sur les sensations. C'est de l'attention que nous voulons parler. Quelle que soit la vivacité de l'excitation, quelle que soit la sensibilité de l'organe, la sensation reste obtuse, nulle même si l'attention ne la recueille pas. Être distrait, c'est presque ne pas sentir. Les exemples abondent à l'appui. Dans le feu de la composition, l'écrivain ne s'aperçoit pas qu'il a le bout des doigts glacés par le froid, il n'entend pas même les réclamations pressantes de son estomac. Les bruits les plus forts ne peuvent réveiller notre attention et ébranlent en vain notre tympan, lorsqu'ils nous sont parfaitement connus et indifférents; l'aile d'un cousin au contraire suffira pour empêcher ou même pour interrompre notre sommeil, parce que ce petit bruit strident annonce un danger. Ce n'est pas tout. Il y a attention et attention. Il y a l'attention de l'intelligence et celle de la sensibilité. Celle-ci, sous son regard vaporeux, flottant et indécis, donne à la sensation une sorte d'intensité lourde et massive; celle-là épure, affine la sensation, mais l'affaiblit en la rendant plus délicate. Mais comment soumettre au

(1) *Revue scientifique*, 1875, n° 5, p. 101.

calcul un pareil élément? Quand est-ce qu'elle est plus faible, plus soutenue, plus complète? Calculer toutes les courbes que dix mille personnes décrivent sur une place publique un jour de rassemblement populaire, serait une entreprise moins téméraire. M. Delbœuf, qui est avant tout mathématicien, c'est-à-dire passionné pour les mesures précises, ne pouvait tenir compte de l'attention. Mais ses formules n'ont pas plus de valeur par suite de cette négligence, on en conviendra sans peine. Les rapports des sensations aux excitations restent donc enveloppés de plus de mystère que ne l'ont cru Weber et Fechner.

§ III. — *Suite du précédent.*

Un spirituel anonyme, dans une lettre publiée par la *Revue scientifique*, rejette purement et simplement la loi de Weber, par la raison que, suivant lui, la sensation échappe par sa nature à toute mesure exacte. M. Wundt, physiologiste psychologue d'outre-Rhin, lui répond avec grâce qu'il ne sait ce qu'il dit; « car nous sommes capables de déterminer avec exactitude si deux sensations qualitativement égales, par exemple deux forces lumineuses, sont ou ne sont pas égales l'une à l'autre; nous avons aussi, dans certains cas déterminés, conscience si une sensation a augmenté ou diminué autant qu'une autre (1). » Nous pouvons juger maintenant si M. Wundt sait mieux ce qu'il dit lui-même; nous allons le voir plus clairement encore.

M. Th. Ribot, professeur de philosophie dans l'université de l'État et collaborateur de la *Revue scientifique*, a cru devoir exposer les dernières conséquences de la loi

_____

(1) *Revue scientifique*, 1875, n° 48, p. 1018.

de Weber, tirées ou plutôt imaginées par les esprits aventureux de la Germanie. Cette loi est exprimée par une formule où la série ascendante des nombres représente les sensations. Or, une série n'a pas de limite : elle monte d'une part jusqu'à l'infini, et de l'autre, en changeant de signe, elle descend pareillement jusqu'à l'infini. Une courbe élégante prouve cela même aux yeux. Ainsi, au-dessus du premier terme, il y a place pour des sensations toujours croissantes, et en dessous... Y a-t-il un dessous? est-ce que le premier terme ne représente pas le premier degré de la sensation? Alors comment y aurait-il quelque sensation au-dessous du premier degré? — Cela est fort juste. Mais M. Ribot vous répondra au nom des physiologistes dont il est l'interprète : Voyez ma courbe. En effet, la courbe se continue indéfiniment en arrière de la première sensation. Pour sauver la situation passablement embarrassante, M. Ribot appelle ces sensations rétrogrades, *des sensations non senties*. Une pareille explication enlève toute difficulté. C'est comme du blanc noir qui continuerait au delà du blanc, ou du bruit silencieux qui perpétuerait le son au delà de son point d'origine.

M. Ribot trouve de ces *sensations non senties* au-dessus du premier degré. Il aurait grandement raison s'il parlait seulement des termes de la série un peu élevés; car il est évident qu'après avoir éprouvé dans tout le corps une sensation de chaleur de 400 ou 500 degrés, les sensations qui suivent peuvent très légitimement s'appeler non senties. De même, après avoir reçu sur la tête une impression de 300 kilogrammes, on ne sent plus les impressions d'une intensité supérieure. 300, 400, 500 sont des termes qui se confondent presque avec l'unité lorsqu'on les considère dans une série infinie. Au delà, quelle place immense pour les *sensations non senties!*

Mais ce n'est point de ces degrés élevés de l'échelle qui
échappent généralement à l'expérience que M. Th. Ribot
veut s'occuper. C'est aux premiers degrés, parmi les
sensations senties, qu'il découvre des *sensations non
senties*.

Nous avons vu qu'on ne distingue deux sensations
l'une de l'autre que lorsque leur différence est arrivée
à une certaine intensité. « Une sensation, quoiqu'elle
existe, ne peut passer à l'état de sensation *sentie* que
lorsqu'elle a atteint une certaine force (1). » Ce sont
les propres paroles de notre philosophe. Il avait dit plus
haut : « Je ne peux obtenir la différence perceptible
qu'en accumulant un grand nombre de différences imper-
ceptibles. » Si nous comprenons bien, *senti* et *perçu* sont
la même chose pour M. Ribot. Nous croyons pouvoir
interpréter ainsi sa pensée : comme nous l'avons vu, la
température de 12° est la première que la main constate
après celle de 9°; or, d'après M. Ribot, la sensation qui
correspond à 9° et celle qui correspond à 12° sont séparées par une série de sensations *non senties*, qui correspondent aux degrés et aux fractions de degrés intermédiaires. Sans doute, le *non sentir* porte sur la quantité
différentielle, et non sur la sensation elle-même; car on
n'a pas pu vouloir dire qu'au delà de 9° la sensation cesse
entièrement pour reparaître tout à coup à 12° avec une
intensité nouvelle. Même entendue de la sorte, l'opinion
de M. Ribot se fera difficilement accepter. En effet, il
s'ensuivrait que la sensation éprouvée à 9° reste constante à elle-même dans tout l'intervalle jusqu'à 12°, et
qu'arrivée à cette limite elle apparaît tout d'une pièce
avec un accroissement nouveau. Or, cela n'est pas. Il
suffit pour s'en convaincre de remarquer qu'il est impos-

(1) *Revue scientifique*, t. XIV, p. 561.

sible de saisir la différence de la sensation que l'on éprouve à 11°,99, de celle qu'on éprouve à 12°.

Les sensations sont vraiment éprouvées telles qu'elles sont. Dans une série de lignes qui croissent insensiblement, l'œil voit chacune d'elles suivant les dimensions qui lui sont propres. Il n'y a pas de soubresaut dans la succession des images. Toute l'erreur dérive ici d'une confusion à laquelle les sensualistes sont condamnés. Ce n'est point la sensibilité qui *distingue*, c'est l'intelligence. Pour avoir interverti les rôles, on s'est jeté dans des difficultés inextricables. Le *sens sent* ce qui est différent suivant toute l'étendue de la *sensation;* il ne *distingue* pas les différences qu'il reproduit avec une fidélité parfaite. Mais la différence qui est réellement dans la sensation peut être trop minime pour que l'intelligence la saisisse et la constate. Cette dernière faculté ne juge pas sans comparer, et, pour comparer, elle a besoin de termes de comparaison relativement saillants. Il suit de là que l'intervalle qui sépare deux sensations jugées différentes, doit varier avec la délicatesse de la sensibilité et avec la finesse du jugement. Un homme dont les nerfs tressaillent aux moindres émotions et dont l'esprit saisit facilement les petits détails, rapprochera les degrés de l'échelle des sensations, tandis qu'un esprit plus lourd les écartera. Eh quoi! ne sait-on pas que l'exercice donne au musicien la facilité de discerner jusqu'à $\frac{1}{80}$ de ton, quoique une oreille ordinaire ait peine à saisir $\frac{1}{4}$ de ton? Pourquoi n'en serait-il pas de même pour l'intensité?

On voit maintenant s'il est possible de décider avec exactitude quand deux sensations sont rigoureusement égales et quand elles ne le sont pas. Puisque l'esprit, au dire des inventeurs de la loi eux-mêmes, ne saisit aucune différence entre les sensations très différentes qui se

succèdent depuis 9° jusqu'à 11°,99, il est évident que
nos observateurs ont dû plus d'une fois, pour ne pas dire
toujours, prononcer qu'il y avait égalité, lorsque la réalité
était tout autre. M. Wundt n'a donc pas eu toute raison
d'affirmer que les sensations sont des quantités rigoureusement mesurables.

Ce que nous disons ici peut paraître minutieux, mais
n'est pas de peu d'importance. Parmi nos savants modernes, un grand nombre s'efforcent de ranger sous les
mêmes lois les phénomènes de l'esprit et ceux de la
matière. C'est pour cela qu'ils appliquent aux uns et
aux autres les procédés rigoureux des mathématiques.
Ils en font des quantités analogues pour les ramener à
l'identité de nature. C'est l'une des mille tentations qui
font tressaillir d'aise nos matérialistes contemporains.
Pour cette fois du moins, leur allégresse n'a pas de fondement solide. Montrons-le mieux encore.

§ IV. — *Rapports de l'intensité de la sensation avec les courants électriques de l'organe.*

C'est un physiologiste anglais, James Dewar, que
nous allons interroger maintenant. Voici le problème
que ce savant s'est posé : « Les expériences de d'Arcy,
dit-il, prouvent que l'impression de la lumière sur la
rétine persiste souvent pendant deux minutes et demie,
c'est-à-dire pendant le temps qui suffit à une onde lumineuse pour parcourir près de dix millions de lieues!
Dans quelles conditions se trouve la lumière, — considérée comme une substance matérielle, un mouvement,
même une force, — tandis qu'elle est ainsi arrêtée et
retenue dans un organisme vivant (1)? »

(1) *Revue scientifique*, 1875, n° 22, p. 516.

De fait, nous allons le voir, le physiologiste anglais recherche quel est, en intensité, l'effet matériel produit par la lumière sur l'œil considéré en tant qu'organe purement matériel? Nous ne pouvons exposer en détail les expériences délicates que J. Dewar a entreprises pour résoudre le problème. Il suffira d'en faire connaître le résultat général.

On sait que des courants électriques parcourent perpétuellement les cordons nerveux comme des fils de télégraphe. A une époque assez voisine de la nôtre, ces courants étaient considérés comme l'action propre des filets nerveux, c'est-à-dire la cause immédiate des sensations et des autres phénomènes sensibles de l'être vivant. Cette opinion s'est évanouie devant une étude plus approfondie des phénomènes nerveux. L'activité des nerfs, même dans ce qu'elle a de plus matériel, n'a rien de commun en elle-même avec l'électricité. On a trouvé que, lorsqu'elle s'exerce, elle se propage en croissant comme une avalanche, mais ne parcourt pas trente mètres par seconde. Le courant électrique au contraire s'affaiblit à mesure que son trajet augmente et il franchit des milliers de kilomètres en une seconde.

Mais s'il faut soigneusement distinguer l'action propre d'un nerf du courant électrique développé dans ce même nerf, il n'en est pas moins certain que ces deux phénomènes, s'accomplissant en un même sujet matériel, doivent réagir l'un sur l'autre. De fait, l'expérience constate que toutes les fois qu'un nerf agit, c'est-à-dire transmet une impression ou provoque une contraction musculaire, le courant électrique qui le traverse se trouve modifié.

Le courant électrique nerveux n'est pas seulement soumis à l'influence de l'activité du nerf; il subit aussi celle de l'objet sensible. C'est ici que la découverte de J. Dewar trouve sa place. Ce sont les expériences du

physiologiste anglais qui démontrent l'action de la
lumière sur le courant électrique du nerf optique.
J. Dewar s'est servi dans ses expériences d'yeux d'animaux. Il les observait après les avoir extraits de leurs
orbites, ou bien après les avoir isolés de l'encéphale
par la section du nerf optique. Dans ces organes morts,
l'influx nerveux était anéanti, et, par conséquent, la
modification du courant électrique sous l'action de la
lumière pouvait être exactement mesurée. Or, J. Dewar
a trouvé que l'intensité de la lumière croissant en proportion géométrique, l'intensité du courant électrique
ne croît que suivant une proportion arithmétique. Nous
retrouvons donc ici la loi de Weber, mais avec une
modification importante; ce n'est plus la sensation, c'est
un phénomène électrique qui en est le second terme.

On ne saurait douter que l'influence de la lumière sur
le courant électrique du nerf optique ne provienne d'une
modification produite par les vibrations lumineuses sur
les tissus nerveux de l'œil. De ces modifications, le courant est le signe et ses variations en sont la mesure. La
progression géométrique des actions lumineuses auxquelles ne correspond qu'une progression arithmétique
dans les tissus de l'organe, prouverait que ces tissus ont
la propriété d'éteindre une partie de l'action de l'objet à
mesure qu'ils la reçoivent. Cette propriété merveilleuse
doit dépendre de quelque mécanisme dont la structure
n'est encore connue que de son divin Auteur.

Nous concluons de l'œil mort, mais encore frais, à
l'œil vivant. C'est ce que fait J. Dewar. Il nous semble
que c'est avec raison. Car les tissus restent les mêmes
dans les deux cas; l'action purement organique doit
être également la même. Seulement dans un cas, dans
celui de la vie, le sujet qui reçoit l'action de l'objet
est capable de la sentir.

On voit maintenant ce qu'il faut penser de la loi de Weber. L'analogie nous permet d'étendre à tous les sens les conclusions de J. Dewar. La formule du physiologiste allemand peut être considérée comme mathématiquement rigoureuse si l'on tient compte d'une part de l'action des objets sensibles, et de l'autre de la modification purement matérielle des organes des sens. Mais elle n'a plus la même précision, quand on l'applique au phénomène psychologique, à la sensation proprement dite. A ce point de vue, tout dépend de la part que la *vie* prend au phénomène matériel. Quand elle est absente, la sensation est nulle; l'impression reçue par l'organe est comme un beau vitrail dans l'obscurité. Mais il ne suffit pas que la vie soit présente pour donner à la peinture tout l'éclat et toute la vivacité de ses couleurs. L'exercice, l'attention, les dispositions générales, dispositions de tempérament, de caractère, d'éducation, de santé, mille causes diverses rendent le sujet vivant plus ou moins capable de sentir.

Néanmoins, le défaut d'accord entre l'impression matérielle et la sensation ne dépasse pas, dans les conditions ordinaires, certaines limites assez rapprochées. La loi de Weber reste *moralement* vraie pour les sensations : c'est un à peu près. En termes plus explicites, lorsque l'intensité des objets sensibles s'élève avec la rapidité croissante de la progression géométrique, l'intensité de la sensation suit en oscillant la marche lente et toujours égale de la progression arithmétique. Weber a cru pouvoir s'autoriser d'une autre loi, imaginée par Laplace pour exprimer le rapport entre l'accroissement de la fortune d'un homme et la satisfaction que celui-ci en éprouve. Le célèbre géomètre appelait cette satisfaction *fortune morale*, et la fortune proprement dite, *fortune physique*; puis, empruntant aux mathématiques leur langage, il disait : la fortune morale croît comme le logarithme de la fortune physique. Ce n'était pas tout à fait une joyeuseté de mathématicien. De fait, 100 sous font plus de plaisir à un pauvre que 100 francs à un millionnaire. Mais l'application de la loi de Laplace doit être d'une élasticité peu commune. La loi de Weber, sans être mathématique, est certainement beaucoup plus rigoureuse.

Telle que nous avons cru devoir l'interpréter, elle nous révèle un dessein admirable de l'auteur de la nature. Tout le monde sait que l'impression organique ne peut dépasser certaines limites sans grave danger pour l'organe. La douleur a pour rôle d'annoncer le voisinage de ces limites. Supposé que le progrès fût le même pour l'action physique de l'objet, pour l'impression organique et pour la sensation, c'est dans les degrés inférieurs que la douleur ferait son apparition suivie bientôt d'une lésion de l'organe. L'eau serait brûlante à 15°; l'oreille qui saisit très bien le léger bruit des ailes de la mouche pourrait s'élever jusqu'au bourdonnement de l'abeille, mais le son du tambour, surtout celui du canon, peut-être même le beuglement du bœuf, et, ce qui est plus grave, la voix de l'homme ne parviendrait pas jusqu'à elle sans y causer d'affreux ravages. Mais, grâce au singulier pouvoir qu'ont les organes de modérer l'action des objets, nos sens étendent fort loin leur domaine; les phénomènes dépouillent en leur faveur leur intensité brutale, ils s'accommodent à notre faiblesse; les sensations ne sont pas proportionnelles à leurs causes, ce sont les causes qui tempèrent leurs effets, les étouffent dans les organes de manière à ne leur laisser d'autre énergie que celle que comporte notre sensibilité. Les physiologistes auront prouvé une fois de plus qu'on ne découvre aucune loi dans la création, qui ne soit un témoignage éclatant de la sagesse du Créateur.

CHAPITRE VIII

DU SIÈGE DES SENSATIONS

§ I. — *La sensation s'accomplit dans l'organe.*

La question que nous voulons traiter maintenant est loin d'être indifférente. Les physiologistes modernes la résolvent à la manière des cartésiens, ils reculent la sensation jusque dans les profondeurs du cerveau. Leur doctrine, comme on pourra s'en convaincre bientôt, réduit la sensation à n'être qu'une forme du principe sentant ; c'est une voie largement ouverte au scepticisme. Nous pensons que rien ne nous oblige d'y entrer. Bien posé et bien compris, le problème offre, comme de lui-même, une solution aussi sûre que facile.

Nous devons donc préciser avant tout le point de la question. Que faut-il entendre par ces mots : siège des sensations ? Écartons d'abord ces phénomènes confus qui se passent en nous sans révéler le lieu même de leur origine ; telles sont mille affections, pénibles ou agréables, dont nous pouvons dire seulement qu'elles nous plaisent ou nous font souffrir. Les opérations de nos cinq sens, lesquelles ont une cause et un objet extérieurs, de telle sorte que l'on peut toujours indiquer le point même sur lequel tombe l'action de l'objet sensible, doivent seules

nous occuper ici. Or, lorsqu'on demande quel est le siège
de ces phénomènes, on demande en quelle partie de
l'organisme la sensation provoquée par l'action de l'objet
sensible est éprouvée par le principe sentant; on demande quelle est la partie de l'organisme qui, vivant de
la vie de l'âme, reçoit l'empreinte de l'objet, son image,
et, par là, donne immédiatement à l'âme substantiellement présente et unie à cette partie de l'organisme, de
sentir sa propre vie modifiée conformément à cette image.
Il importe peu que l'on croie ou que l'on ne croie pas
éprouver la sensation en ce lieu même. L'erreur est très
fréquente à cet égard; les amputés, par exemple, tout le
monde le sait, s'imaginent ressentir des douleurs dans les
membres qu'ils n'ont plus. Deux conditions résument tout :
1° présence immédiate de l'âme; 2° impression de l'objet
dans la partie immédiatement animée. Nous ne pensons
pas que, réduite à ces termes, la question puisse recevoir
deux réponses.

Nous avons consacré tout un chapitre à décrire les
organes des sens principaux. Ce qui résulte avant tout
de cette étude, c'est que ces organes sont admirablement
construits pour recueillir avec une fidélité parfaite les
images des objets sensibles. Nous n'avons pas besoin
d'insister sur ce point qui doit être maintenant aussi
évident que le jour. Les organes des sens offrent donc
cette qualité essentielle au siège de la sensation, de pouvoir imprimer dans l'âme une certaine forme des êtres
matériels dont elle prend connaissance. Quant à la présence immédiate du principe sentant dans l'organe, nous
avons dit plus haut comment ce principe, simple et indivisible en lui-même, est nécessairement tout entier en des
parties multiples de l'organisme; l'anatomie du cerveau
ne permet pas de soutenir une autre opinion. Nous ne
pensons pas qu'il soit possible de nier que l'âme est unie

immédiatement au moins à tout le système nerveux. Elle est, par conséquent, dans les extrémités nerveuses qui constituent la partie la plus délicate des sens. C'est là, nous devons le conclure maintenant, c'est là que le monde extérieur se fait connaître à elle, en imprimant ses traits sur l'organe qu'elle anime de sa vie. Chaque sensation a donc son siège spécial dans l'organe même qui reçoit l'action de l'objet.

Mais cette théorie n'a pas les suffrages de nos savants contemporains. Nous l'avons dit, pour eux, la sensation est un phénomène qui se passe dans le cerveau. Il est temps de soumettre cette opinion à la critique de la philosophie et même de la science.

§ II. — *Le cerveau ne peut être le siège des sensations.*

Le célèbre Helmholtz énonce en ces termes légèrement nuageux l'opinion des physiologistes sur le siège des sensations : « La diversité des effets produits par l'excitation des différents troncs nerveux dépend uniquement de la diversité des organes correspondants et auxquels le nerf reporte son état d'excitation. » Une comparaison familière à ces savants fait assez bien comprendre la signification de leur théorie : « On a souvent comparé, dit encore Helmholtz, les filets nerveux avec les fils d'un réseau télégraphique et, en effet, cette comparaison est extrêmement bien choisie pour faire ressortir une particularité importante et remarquable de ces filets. Dans les diverses parties du réseau télégraphique, les mêmes fils de cuivre et de fer conduisent la même espèce de mouvement, le courant électrique, et pourtant on voit se produire les effets les plus variés aux différentes stations, selon les appareils où les fils se rendent. Tantôt c'est une cloche qui sonne, tantôt un télégraphe à cadran, à im-

pression ou à décomposition chimique, qui se met à
fonctionner (1)! » Malheureusement, l'appareil que l'on
suppose destiné à produire les sensations n'est pas aussi
facile à étudier que le récepteur d'un télégraphe. Il est
enfoncé dans les profondeurs du crâne, où nul œil humain
ne pénètre; la conjecture seule s'y hasarde. Bernstein va
nous dire par quelle voie : « Les recherches sur la physiologie des nerfs, ce sont ses paroles, ont eu pour
conséquence de nous faire considérer les nerfs comme
des organes de transmission pour un seul et même phénomène, l'*excitation nerveuse*, qui s'y propage d'après
une loi identique. Les nerfs tactiles, le nerf optique, le
nerf acoustique, le nerf de gustation et le nerf olfactif
s'accordent dans leur essence. Le nerf optique transmet
aussi peu des ondes lumineuses au cerveau, que le nerf
acoustique y transporte des ondes sonores... L'irritation
transmise aux nerfs est absolument identique et ne porte
plus en elle trace de son ou de lumière (2). » Ainsi donc
ce n'est pas un son qui s'anime par le nerf acoustique,
une image par le nerf optique, une saveur par le nerf
gustatique, mais un mouvement vibratoire identique dans
les trois nerfs et dans tous les nerfs. Cependant voir n'est
pas entendre, entendre n'est pas goûter. D'où vient donc
la différence? Les physiologistes répondent : des propriétés différentes des centres où chacun des nerfs sensibles aboutit. « Le centre nerveux du nerf optique, dit
encore Bernstein, possède d'autres propriétés que le
centre du nerf acoustique. Le premier ne développe en
soi que des perceptions lumineuses, le second ne produit
que des sensations acoustiques. » Une hypothèse originale
complète assez bien la pensée que Bernstein essaye de

(1) *Conférences de Heidelberg*, dans la *Revue scientifique*, t. VI,
p. 322.
(2) *Les Sens*, p. 82.

faire comprendre. « Si par hasard le nerf acoustique était relié à l'œil et le nerf optique à l'oreille, tout rayon lumineux produirait un son, et tout son éveillerait dans notre entendement (?) une sensation lumineuse, en sorte que nous verrions une symphonie et que nous entendrions un tableau. » Nous sommes loin d'accepter cette supposition, nous la rappelons uniquement pour faire mieux comprendre la théorie. On voit que le raisonnement des physiologistes se ramène fort bien aux termes suivants : « Les nerfs de la sensibilité transmettent les impressions produites par les objets sensibles ; or toutes ces impressions sont *identiques* dans tous les nerfs ; donc, c'est dans les centres qu'il faut chercher le principe de la diversité des sensations. » C'est ainsi que la conjecture atteint les fonctions des centres cérébraux, et croit pouvoir les déterminer avec quelque rigueur. Nous ne craignons pas d'affirmer que cette tentative est présomptueuse.

Remarquons d'abord avec quelle bonne grâce les physiologistes sacrifient la certitude des sens. Ils brisent les rapports qui unissent notre pouvoir de connaître avec les objets sensibles. Les phénomènes dont l'ensemble constitue ce que les sens nous révèlent du monde visible ne sont plus qu'une forme de notre cerveau. Sans doute, il n'est pas impossible que la réalité réponde à ce qui se passe dans notre tête ; mais rien ne nous l'assure, nous n'en savons rien et ne pouvons rien en savoir. L'univers entier n'est plus rien pour nous ; la société civile et la société religieuse se sont évanouies, emportant avec elles une partie notable de la morale et de nos devoirs. Les physiologistes s'inquiètent peu de ces conséquences fâcheuses : elles sont, au-dessous de la science, placées trop bas pour qu'ils les aperçoivent.

Eh bien ! qu'ils restent dans leur sphère. Mais là, nous sera-t-il permis de souhaiter qu'ils regardent à leur argumentation de plus près? car, il n'est pas exact que les faits les obligent de refouler les sensations dans le cerveau. Supposons, en effet, ce qui pour nous n'est pas douteux, supposons que la sensation s'achève dans les organes des sens, dans ces organes si bien construits pour s'adapter aux diverses formes des impressions objectives, que devient la difficulté créée par la physiologie des nerfs? Les nerfs sensibles transmettent des vibrations, rien de plus, nous l'admettons, si on l'exige; mais qu'importe, si le nerf n'est pas l'intermédiaire de la sensation, si la sensation reçoit immédiatement sa forme de l'objet? Il est vrai que le rôle du nerf reste à expliquer; on essaiera de le faire; mais, après tout, il vaudrait encore mieux y renoncer, que de s'en tirer par une théorie qui conduit à des conséquences absurdes.

Du reste, l'hypothèse des sensations centrales ne se concilie pas même avec certains faits scientifiques. Pour la brièveté de la discussion, ne parlons que d'un sens, de celui de la vision.

Un même point de la rétine est susceptible d'être ébranlé par toutes les nuances des couleurs objectives. Or, sait-on bien que le nombre de ces nuances est de plusieurs milliers? M. Chevreul établit, dans l'échelle des couleurs, 14,420 tons. On doit donc admettre dans l'hypothèse que nous combattons, que plusieurs milliers de fibres aboutissent en chaque point de la rétine d'une part, et d'autre part communiquent leur excitation à un pareil nombre de centres cérébraux. La complication sort ici des limites du probable. Les physiologistes l'ont compris. Ils essayent de se tirer d'embarras d'une autre façon.

Thomas Young a démontré que l'échelle si variée des couleurs peut se ramener à trois couleurs primitives, qui sont le rouge, le vert et le violet (1). La nature, ce

_____

(1) Aujourd'hui on préfère, avec le rouge, le bleu et le pourpre.

peintre admirable, n'en a pas d'autres sur sa palette. C'est en les mélangeant dans des proportions prévues qu'elle forme toutes les autres nuances. Cette théorie, qui est vraie objectivement, semble suffire aux physiologistes pour résoudre le problème de la perception des couleurs par le cerveau. En effet, disent-ils, supposez chaque point sensible de la rétine constitué par trois fibres nerveuses, dont la première ne soit impressionnée que par le rouge, la seconde par le vert et la troisième par le violet ; notre hypothèse, qui n'aura rien d'excessif, vu la finesse des fibres, rendra parfaitement compte de toutes les variétés du phénomène de la vision. Cela est évident, chacune des trois fibres prenant dans une impression lumineuse précisément la partie qui, combinée avec la part des deux autres, constitue telle nuance donnée. Helmholtz a même eu soin de mesurer la proportion des trois couleurs primitives qui sont renfermées dans toutes les autres.

Dussions-nous paraître téméraire, nous devons dire que cette explication nous semble encore insuffisante. On admet généralement de nos jours que les couleurs objectives ne sont que des vibrations de l'éther, c'est-à-dire ne sont pas des couleurs. Le rouge ne diffère pas plus du violet que l'eau ne diffère de l'eau lorsqu'elle subit un mouvement rythmique tantôt plus tantôt moins rapide. Le rouge, c'est l'éther exécutant 456 billions de vibrations par seconde ; le violet, c'est l'éther exécutant 667 billions de vibrations dans le même temps, voilà tout. D'autre part, nous l'avons vu, d'après les physiologistes, l'action des fibres nerveuses n'est point calquée sur l'action physique qui les excite. Un courant électrique, une pression mécanique, une influence chimique, calorifique, lumineuse, déterminent dans le nerf, l'action propre du nerf, l'excitation nerveuse et pas autre chose. Ce qui saisit les détails variés de l'impression, ce n'est pas le

nerf, ce sont les éléments derniers de l'organe, les organes
de Corti, les cônes et les bâtonnets. La fibre nerveuse
qui est ébranlée par la note la plus basse n'est pas autrement excitée que celle qui reçoit la note la plus élevée.

Ceci posé, voyons ce qui doit arriver. Un rayon coloré,
un rayon bleu, par exemple, se peint en un point de la
rétine, ou plutôt de la choroïde. Le bleu, suivant Helmholtz, se compose de beaucoup de violet, d'un peu moins
de vert et de presque pas de rouge. L'expérience est
d'accord avec Helmholtz : il faut donc le croire. Le point
bleu de la choroïde est décomposé en ses trois éléments
par les trois cônes ou bâtonnets qui le touchent, et dont
l'un prend le violet, l'autre le vert et le troisième le rouge.
Nous disons violet, vert, rouge ; mais, qu'on ne l'oublie
pas, ce sont de locutions abrégées, pour dire les vibrations
éthérées qui correspondent au violet, etc. L'ellipse est
nécessaire tant que l'on n'est pas arrivé aux centres cérébraux ; là seulement les noms des couleurs prennent leur
signification littéralement rigoureuse. Par conséquent, en
disant que les bâtonnets prennent séparément le rouge,
le vert et le violet, on veut dire uniquement que ces organes élémentaires vibrent à l'unisson, l'un avec le rayon
qui correspond à la sensation du rouge, l'autre avec celui
qui correspond à la sensation du vert, et le troisième avec
la sensation du violet. Les vibrations décomposées dans
les bâtonnets, que deviennent-elles? Vont-elles se propager avec leurs caractères spécifiques jusqu'aux centres?
Point du tout. Elles excitent les trois fibres nerveuses correspondantes : celles-ci entrent en exercice suivant le mode
qui leur est propre, et qui est exactement le même pour
les trois (1). Nous ne trouvons nulle part que les auteurs
assignent une différence entre les trois fibres qui agissent.

(1) C'est-à-dire qui ne leur est pas propre.

Il devrait donc en résulter dans les centres, suivant la théorie, la perception égale des trois couleurs élémentaires, et, si l'on suppose que les couleurs coïncident, nous n'aurons pas du bleu, mais du blanc.

Admettons toutefois, pour compléter la théorie, une chose qui n'est pas impossible, à savoir, que l'excitation nerveuse reproduise, par son intensité, l'intensité de la vibration éthérée qui l'a fait naître. Admettons aussi que cette intensité proportionnelle détermine dans les trois centres la perception exacte du degré de couleur correspondant. Arriverons-nous ainsi à créer du bleu? Pas encore. Des couleurs isolées ne peuvent se fondre en une autre. Les trois centres sont séparés, leur action ne peut donc concourir. Par conséquent nous verrons un peu de rouge, un peu plus de vert, et beaucoup de violet, mais point du tout de bleu.

Si l'on suppose un centre des centres, un point plus intime où les trois sensations élémentaires viendraient coïncider, la difficulté reste tout entière. Car les sensations ne sont pas des vibrations, elles ne suivent pas les lois de la communication des mouvements, elles sont ce qu'elles sont dans leur nature, réfractaires à toute combinaison. Du reste, il est bien évident que si les trois premiers centres réveillent une sensation spécifique de couleur, même dans le cas où un quatrième centre, recueillant les trois premières sensations, donnerait la sensation spéciale du bleu, nous devrions à la fois percevoir du violet, du vert, du rouge et du bleu. Résultat que l'expérience est bien loin de confirmer. Ainsi donc la théorie de la perception des couleurs par les centres ne supporte pas l'examen : il faut la mettre en réserve jusqu'à plus ample informé (1).

(1) Helmholtz écrit (*Rev. scient.*, t. VI, p. 322) : « Pour l'œil, la

Les lois de la nature étant universelles, nous pouvons conclure que ce qui est vrai pour la vision l'est également pour les autres sens. Ce n'est point dans le centre, c'est dans l'organe même qu'il faut, croyons-nous, reconnaître le siège de la sensation proprement dite. Cette proposition sonnera bien mal aux oreilles des physiologistes. Nous attendrons pour la désavouer qu'ils aient réduit à néant notre critique de leur théorie de la vision.

Mais, dira-t-on, il est des phénomènes que la sensation centrale peut seule convenablement expliquer (1).

C'est ce que l'on oppose, mais nous allons voir avec combien peu de raison.

Parmi ces phénomènes, le plus remarquable est celui que présentent les personnes privées accidentellement de quelque membre. On sait, en effet, que les amputés éprouvent des sensations dans le membre qu'ils n'ont

preuve que la perception ne réside pas immédiatement dans les deux rétines, mais qu'elle se forme dans le cerveau et moyennant les impressions que les rétines envoient à cet organe, nous est fournie par ce fait que la représentation du relief ne s'obtient, *nous le démontrerons plus tard*, qu'à l'aide de la combinaison et de la fusion des impressions reçues par les deux yeux. » Le savant allemand ne devait pas tenir sa promesse. *Plus tard*, dans la conférence suivante, il *démontre* fort bien que le concours des deux yeux est nécessaire à la représentation du relief, mais il *démontre encore mieux* que les deux impressions ne *se fusionnent pas*, que dis-je? il l'affirme lui-même expressément. Voici ses paroles : « Bien plus, non seulement les impressions des deux yeux *ne se fusionnent pas*, mais encore nous distinguons l'une de l'autre les sensations de l'un ou de l'autre œil. » (P. 422.) Des expériences fort concluantes viennent à l'appui de cette affirmation : nous y reviendrons *plus tard*. Du reste, la moindre notion de l'anatomie du cerveau suffit pour démontrer que la fusion des sensations des deux yeux dans l'encéphale est impossible. Il n'y a pas de centre commun aux deux nerfs optiques, dont les fibres, après s'être croisées, vont se perdre en des parties distinctes des deux hémisphères cérébraux, celles de l'œil droit à gauche, et celles de l'œil gauche à droite.

(1) Voir à l'appendice.

plus. Nous avons connu un ancien soldat qui avait laissé l'un de ses bras à Solférino. Ce brave homme nous assurait qu'il lui arrivait de sentir encore sa main, d'éprouver comme la sensation du mouvement des doigts. C'est sur des faits semblables que l'on s'appuie pour rejeter la localisation de la sensation dans l'organe affecté.

Nous convenons volontiers que la sensation ne peut naître dans un organe qui n'est plus. Mais là n'est pas la question. Pour la comprendre, il faut soigneusement distinguer le lieu où naît la sensation et le lieu où elle est rapportée. A la naissance de la sensation, deux conditions suffisent : des éléments nerveux actuellement sensibles et une impression matérielle qui atteint ces éléments; le lieu de l'impression est le lieu même de la sensation.

Quant au lieu où la sensation est rapportée, c'est une opération spéciale qui le détermine : l'imagination et les autres sensations y concourent pour une bonne part. Nous avons une connaissance habituelle de notre corps, c'est une image qui n'est point spontanée, que nous avons formée nous-mêmes, qui n'est point complète, tant s'en faut, et qui n'est pas d'une grande fidélité. Quand nous situons nos sensations, nous le faisons à l'aide de cette image et, en partie, par rapport à cette image. Si vous fermez les yeux et qu'on vous applique une pointe obtuse sur la main, on peut vous défier de dire en quel point déterminé de votre main le contact a lieu. En ouvrant les yeux, vous le saurez aussitôt par la vue, non par le toucher. Avec l'habitude, vous pourrez arriver à désigner, les yeux fermés, la partie de votre main qui est touchée, mais alors vous aurez l'image de votre main devant les yeux de votre esprit. L'influence de l'association peut même dominer celle d'une sensation présente. Dans l'état normal, les sensations se produisent à l'extré-

10

mité périphérique des nerfs; c'est là, en divers points
de l'organe, que les autres sens les constatent. Une
habitude de chaque instant associe les émotions de certains nerfs avec les images de certaines parties de notre
corps. Que ces parties viennent à disparaître, l'image
n'en persiste pas moins et l'habitude y rapporte encore
les sensations dont le siège est ailleurs, dans les tronçons
des nerfs qui animaient ces parties disparues. Il est
probable qu'une nouvelle habitude finit par corriger,
chez l'amputé, celle qui n'a plus sa raison d'être. D'autre
part, un enfant qui naît privé d'un membre ne doit
jamais passer par la période de ces bizarres illusions.
Du moins, ce qu'il y a de bien sûr, c'est que ce phénomène ne prouve pas du tout que la sensation s'accom-
plisse dans les centres.

§ III. — *Du rôle spécial des filets nerveux dans la sensation.*

Empruntons encore un passage à l'auteur que nous
avons déjà cité : « On a observé pendant les opérations
chirurgicales, dit Bernstein, que, lorsque le nerf optique
est tiraillé, comprimé ou tranché, l'opéré perçoit, au
moment de la lésion, un fort éclair lumineux. » Cet éclair
ne vient pas du globe oculaire, car le phénomène se
présente exactement le même lorsque l'œil est détruit.
D'autre part, les conditions de structure du nerf ne
semblent pas permettre d'attribuer l'origine de l'éclair
lumineux au nerf optique; il semblerait donc nécessaire
de recourir au centre cérébral. Ce fait est l'un de ceux
sur lesquels s'appuie la théorie de la sensation centrale.
Nous devons l'admettre, car peut-on ne pas admettre un
fait. Mais il n'a pas la signification qu'on lui attribue.

Il nous révèle quelque chose du rôle des filets nerveux dans la sensation, comme nous allons le dire.

L'âme entend dans l'oreille, elle voit dans l'œil. La sensation, nous l'avons dit, c'est sa vie sensible modifiée par une impression, par un changement matériel de l'organisme qu'elle anime. Mais, pour que la sensation devienne audition ou vision, il ne suffit pas que l'organisme soit impressionné; il faut, de plus, que l'organisme ait une disposition spéciale qui le rende capable de modifier d'une manière toute spéciale la vie sensible de l'âme : l'âme entend par l'oreille, elle voit par l'œil. Ce qu'est cette disposition native en elle-même, nous n'en savons rien ; nous savons seulement qu'elle doit être. Ce n'est pas tout : un état plus spécial encore est nécessaire pour produire actuellement une sensation déterminée. Une règle générale en physiologie nous apprend qu'un organe n'entre jamais en exercice sans se pourvoir d'abord d'une force matérielle aussi mystérieuse qu'elle est certaine, laquelle se disperse lorsque l'organe rentre dans le repos. Dans les nerfs, cette force inconnue prend le nom d'influx nerveux; elle a sa source dans les centres nerveux, d'où elle s'épanche jusqu'aux extrémités. Intercepter ce courant, c'est toujours frapper d'impuissance le tronçon nerveux ainsi séparé de son centre. Mais, quand l'organe sensible, convenablement constitué, se trouve, si l'on peut parler de la sorte, chargé d'influx nerveux, alors le moindre choc extérieur allume la sensation.

Il nous semble qu'il n'est pas difficile de comprendre maintenant pourquoi, la sensation ne reproduisant les formes objectives des êtres matériels que dans les organes des sens, cependant l'excitation du nerf qui relie l'organe au cerveau doit faire naître une sensation vague, sans objet, mais du même ordre que celle de l'organe. L'organe, le nerf et le centre, dans leur partie nerveuse, sont de même constitution et, de plus, un même influx nerveux les baigne. Il est donc naturel que l'âme y ressente des modifications de même ordre. L'organe a ce seul avantage, que ses parties sensibles sont disposées de manière à s'émouvoir non d'une façon générale, mais conformément aux impressions des objets extérieurs. Une comparaison achèvera notre démonstration.

Lorsqu'on approche le doigt d'une machine électrique chargée, une étincelle jaillit entre le doigt et le conducteur de la machine. C'est un trait couleur de feu et d'une forme qu'il ne serait pas facile de décrire. Si, au lieu d'approcher la main, on met en contact avec le conducteur une plaque de verre convenablement préparée, où des feuilles d'étain découpées de diverses façons représentent des fleurs, des figures géométriques, des paysages, des édifices; les étincelles, que l'on a soin de nourrir en chargeant la machine, dessinent en lignes de lumière les diverses formes des feuilles d'étain, elles deviennent plantes, campagnes, maisons de feu. D'où sortent ces apparitions fantasmagoriques? Du plateau de la machine, pourrait-on dire, puisque dès qu'il s'arrête, tout disparaît. C'est par un raisonnement semblable que les physiologistes mettent la sensation dans les centres. On ne sera pas moins fondé à tout faire dépendre de la plaque de verre aux feuilles d'étain, car, si on la retire, tout disparaît également. La vérité est que le plateau de la machine est la source de l'agent du phénomène, et que la plaque de verre donne à cet agent d'être visible et d'avoir une forme déterminée et précise. Voilà, croyons-nous, une image de la sensation. La source, en un sens, est dans les centres, les nerfs sont les conducteurs, l'organe est la feuille de verre qui donne la dernière forme. Cette forme, nous l'avons vu, n'est pas constituée *a priori;* elle n'est pas tracée d'une manière immobile, comme les fragments

d'étain fixés sur le verre. L'organe est admirablement
disposé pour revêtir successivement des formes infinies
dans lesquelles la sensation vient, pour ainsi dire, se
mouler; mais ces formes ne naissent pas au hasard, spontanément, ce sont les objets qui les produisent en se
moulant eux-mêmes dans les organes, de telle sorte que
la forme accidentelle de l'organe représente réellement
l'objet et que l'objet est saisi dans sa forme propre à
travers l'organe.

CHAPITRE IX

DE LA PERCEPTION

§ I. — *Considérations générales.* — *Certitude objective des sens.*

Si l'on veut bien se rappeler ce que nous avons dit, dans un précédent chapitre, au sujet de la structure des organes des sens, on demeurera convaincu que les sens sont destinés à nous révéler la connaissance des objets extérieurs. Sans cette destination, les organes sont une énigme inexplicable. Une machine à vapeur essentiellement soustraite à la vapeur, un moulin à eau bâti sur un rocher aride, un phare au fond d'un puits, sont des figures qui traduisent fidèlement la condition d'un organe sensible sans objet. La main est en vérité un appareil de moulage, conçoit-on un sculpteur moulant le néant? L'œil est une toile où les peintures les plus variées se succèdent tour à tour, conçoit-on un peintre peignant sans couleurs, avec un pinceau trempé dans les ténèbres? L'oreille est l'instrument de musique le plus parfait qu'il soit possible d'imaginer, conçoit-on des cordes vibrantes animées par le silence? C'est pourtant à cette triple absurdité qu'il faut se soumettre, si l'on rompt le lien qui unit chaque sens à son objet, si l'on n'admet pas un rapport absolu entre ces deux termes. A quoi bon les trois mille fibres de Corti, et leur aptitude admirable à reproduire les mélodies, toutes les voix de l'art et de la nature, si l'art et la nature n'ont ni mélodies ni harmonies, mais seulement des bruits désordonnés? Si la main nous révèle uniquement l'existence d'êtres distincts de nous et résistants, la précision que les corpuscules du tact confèrent au toucher sont un luxe bien superflu. Si le témoignage de l'œil n'a de valeur qu'autant qu'il nous fait connaître qu'il y a hors de nous des corps avec certaines apparences lumineuses, que signifie cet agencement compliqué de milieux réfringents, de surfaces réfléchissantes, cette savante organisation d'éléments microscopiques manifestement disposés en vue de recueillir les plus petits détails de la lumière objective? Évidemment l'auteur de tout cela s'est mépris, et pour le coup Garo avait raison. Les sens, privés naturellement de l'objet propre que leur constitution réclame, sont des ouvrages manqués, une protestation contre la sagesse de l'ouvrier, en dépit de l'habileté infinie qu'ils révèlent d'autre part.

Mais, soit : mouler le vide, retentir en silence, peindre avec les ténèbres, rien de tout cela n'est absurde. Tout ce que nous croyons voir, entendre, toucher, sont autant de créations de notre imagination, de fantômes éclos dans notre cerveau. Songe-t-on bien à quoi l'on s'expose en passant si légèrement condamnation sur tout cela? La physiologie n'est pas idéaliste, on peut le croire. Elle admet l'existence du monde matériel, quoiqu'elle ne sache pas trop bien comment se prouver à elle-même ce fait de quelque importance, après avoir ébranlé la certitude des sens. Si la sensation est constituée par des mouvements du cerveau, s'il n'y a pas d'autre rapport entre la sensation et le monde extérieur qu'une causalité vague, indéterminée, à peu près la même pour toute sorte

d'objets, il va résulter de là les conséquences les plus
curieuses. Ainsi, par exemple, je me promène dans une
galerie, regardant ou plutôt croyant regarder à droite et
à gauche. Ces tableaux, que sont-ils en eux-mêmes? Je
ne puis rien en savoir, les sens étant ce qu'ils sont en
vertu de certaine physiologie. Ce qu'il y a de positif,
c'est qu'en essayant de regarder, je crois voir de fort
belles choses, peut-être de ces choses qu'on appelle des
chefs-d'œuvre. Mais ces chefs-d'œuvre sont des ouvrages
de mon cerveau; c'est moi qui suis le vrai peintre, et
quel peintre? Je réunis en moi le savoir-faire, le génie
des auteurs dont on a cru exposer les œuvres : je suis à
la fois Murillo, Raphaël, Rubens, Véronèse, Zurbaran.
Je me transfigure en chacun des grands peintres dont
les travaux semblent passer sous mes yeux. Un paysan
me suit : il croit voir ce que je crois voir : lui aussi
devient Zurbaran, Véronèse, Raphaël. Son chien, — ne
craignons pas d'aller jusque-là puisque l'erreur que nous
combattons y conduit, — son chien l'accompagne. Moins
attentif que son maître, le quadrupède ne laisse pas que
de voir quelque chose ; lorsqu'il tourne sa tête d'ici et de
là suivant l'usage de sa race, son rayon visuel tombe
nécessairement, quoique par hasard, sur quelque tableau.
Aussitôt sa cervelle se met à l'œuvre et produit peut-être
une merveille de peinture, non moins facilement que celle
du paysan, non moins facilement que la mienne. Lui
aussi monte parmi les grands maîtres. Sublimes efforts
du génie, c'est à de tels outrages que nous réduisent les
excès d'une science indiscrète!

Ce que nous disons de la peinture, il faut le dire de la
sculpture, il faut le dire de la musique, il faut le dire de
l'éloquence, il faut le dire de la littérature, il faut le dire
de l'industrie. Que de Michel-Anges, que de Mozarts!
puisque l'on sculpte *Moïse* dans son cerveau, lorsqu'on

s'imagine le regarder, et que l'on y crée *Don Juan*,
lorsque l'on croit l'entendre. Berryer parlant à la tribune
était entouré d'autant de Berryers qu'il avait d'auditeurs :
il est vrai que ces Berryers de circonstance s'évanouis-
saient dès que le véritable Berryer fermait la bouche, ou
du moins rentraient dans une sorte d'état indifférent jusqu'à ce qu'un autre orateur, un émule de Jérôme Paturot,
par exemple, vînt les changer, et Berryer avec eux, en
autant de Jérômes Paturots. De même, c'est moi qui
crée *Athalie* lorsque je lis Racine, qui crée l'*Enéide*
lorsque je lis Virgile, qui crée l'*Iliade*, lorsque je lis
Homère. Il y a vraiment là de quoi m'enorgueillir. Mais
pourquoi suis-je condamné à revenir si vite aux sentiments d'humilité, si j'ai le malheur d'essayer de mettre
mon cerveau en branle sans emprunter le secours immédiat de ces grands poètes? Tant de puissance et tant
d'impuissance sont-ce des choses bien compatibles? Les
prodiges de l'industrie, les découvertes, les hautes spéculations de la science me placent, aussi bien que la plupart
de mes semblables, dans cette double condition de mérite
supérieur et d'incapacité encore plus incontestable. Il y a
des antimonies que le pouvoir créateur ne saurait vaincre
et faire passer dans l'existence. Nous pensons que celle
que nous faisons ici toucher du doigt est de ce nombre.

Mais il est une observation qu'il importe de ne pas
omettre. La sensation, nous venons de le voir, est un
phénomène mixte, résultant du conflit ou du concours de
deux forces. Supprimez l'une ou l'autre, elle cesse d'être.
Par conséquent, la conscience apercevant la sensation,
l'apercevra telle qu'elle est, manière d'être de la vie
déterminée par une cause extérieure à la vie; elle l'apercevra subjective et objective, subjective dans sa substance, pour ainsi dire, et objective dans sa forme. C'est
ainsi que, d'un même coup d'œil, on voit la concavité

et la convexité d'une circonférence, ou bien encore les
traits d'une statue sous le voile fin qui en suit tous les
contours. Bien plus, il n'est pas rare que la vie s'oublie
elle-même pour croire ne plus sentir que l'objet, lorsque,
par une illusion naturelle, elle se reporte elle-même dans
l'objet. On enseigne aujourd'hui que la couleur, le son,
l'odeur sont des manières d'être du sujet; cependant,
lorsque un paysage nous frappe les yeux, un concert les
oreilles, lorsque nous respirons une rose, bon gré mal
gré, nous colorons le paysage, nous remplissons le concert de bruits, nous imprégnons la rose de parfums, sans
même remarquer l'acte par lequel nous opérons cette
transfusion du dedans au dehors. C'est ainsi que, plongé
dans un milieu transparent et coloré, on voit les objets
extérieurs teints de la couleur du milieu.

Un mot, en passant, pour tenter une explication de ce
singulier phénomène. La sensation, en tant que sensation, est, malgré son double aspect, un tout *réellement*
indivisible, de même, par exemple, que l'on ne peut *réellement* séparer la surface de la sphère de son volume. Il
suit de là que l'attention sensible, qui n'a pas le pouvoir
d'abstraire, transporte la sensation tout entière ou du côté
objectif ou du côté subjectif, suivant qu'elle est dominée
par l'action de l'objet ou celle du sujet. On observe facilement cette transposition au moyen d'expériences fort
simples. Posez le doigt sur une lame métallique que vous
chauffez graduellement, vous sentirez d'abord une surface
résistante, quelque chose qui semble exclusivement extérieur; quelques instants après, la chaleur se fera sentir,
la surface commencera à devenir indécise; enfin, lorsque
vous aurez été forcé de retirer la main, si vous l'appro-
chez par mégarde, vous n'éprouvez plus qu'une sensation, en apparence purement subjective, une brûlure. On
dirait que la part du sujet grandit ou diminue avec la

douleur et le plaisir. C'est peut-être pour cela que la vue, qui est le sens le plus désintéressé, le plus indifférent sous le rapport de la douleur et du plaisir, est en même temps par excellence le sens de l'objet.

Quoi qu'il en soit de cette explication, ce qui n'est pas douteux, c'est que la théorie des sensations purement subjectives est contraire à la vérité des faits. Sans établir la part exacte du sujet et de l'objet, la sensation embrasse toujours l'un et l'autre. Le sens, qui se sent lui-même, se sent tel qu'il est au moment où il s'exerce. Or, il est modifié, déterminé par une force étrangère; il se sent donc passif dans sa modification, dans sa détermination. Et comment se sentir actuellement passif, si ce n'est en sentant une action venue de l'extérieur? Par le sens, l'être vivant est donc très certainement mis en communication avec le monde matériel.

§ II. — *Quelques faits d'observation.*

L'exercice des sens extérieurs comprend deux éléments, l'action de l'objet sur l'organe vivant et la réaction du sens vers l'objet : le premier constitue la sensation, le second la perception proprement dite. Jusqu'ici notre étude s'est portée principalement sur la sensation. Nous ne pouvons pas ne pas dire un mot de la perception, question très obscure, à laquelle nous donnerons des réponses probables, sans doute, mais non péremptoires.

Nous allons d'abord essayer d'éclairer notre marche au moyen de plusieurs faits d'observation.

C'est par une juste distribution des ombres et de la lumière, que le peintre représente sur un fond plat la cavité d'une niche cylindrique à bords unis. Le spectateur

peut à son gré convertir cette niche en tronçon de colonne
terminé par une calotte sphérique. Il lui suffira de *supposer* que le jour arrive d'un côté d'abord, puis de l'autre.
Car la niche et le tronçon de colonne se peignent de la
même façon : la direction de la lumière est seule différente. Ainsi sans changer de place, sans modifier même
l'action des yeux, par un simple jeu de l'imagination, on
peut tour à tour creuser ou faire saillir un objet peint,
renverser l'effet de la sensation oculaire.

Cette observation, que nous avons faite, n'est pas
journalière. En voici une autre qui est plus commune.
Nous avons deux yeux ; chacun de ces deux organes
reçoit une image des objets que nous voyons ; nous recevons donc, lorsque nous exerçons la vue, deux images
distinctes et même jusqu'à un certain point différentes,
et cependant nous voyons les objets simples et non pas
doubles, du moins dans la région du champ visuel où se
fixe notre regard. Qu'est-ce à dire? Est-ce que les deux
images iraient se fondre ensemble dans quelque coin du
cerveau? La chose est impossible. Les deux nerfs optiques
aboutissent en des points opposés de l'encéphale, et, par
conséquent, ne peuvent déverser leurs impressions distinctes dans un centre commun (1). Du reste, nous allons
le voir, l'expérience démontre que les deux images restent toujours distinctes. Il est de toute nécessité de

---

(1) Suivant une explication qu'on peut lire dans J. Müller,
les deux nerfs optiques divisent et mêlent leurs fibres au point
où ils se croisent, de telle sorte que chaque œil reçoit des fibres
des deux nerfs. Mais, en vérité, cela sert de peu pour la fusion
des deux images. Il en résulterait tout au plus que dans chaque
nerf cheminerait une impression composée des impressions des
deux rétines. Or, croyons-nous, une impression cheminant
dans un nerf et une impression semblable dans un autre nerf
forment deux impressions, et ces deux impressions, quoique
semblables, ne se rencontrent jamais pour s'identifier, les deux
chemins qu'elles suivent ayant des termes tout opposés.

recourir aux propriétés d'une substance supérieure à la
matière, laquelle unit les phénomènes les plus distincts
dans sa simplicité. Nous essaierons plus tard de dire de
quelle manière.

Voici comment on prouve expérimentalement que les
images oculaires ne fusionnent pas, même lorsqu'elles
coïncident. Deux dessins stéréoscopiques de formes cris-
tallines sont exécutés, l'un sur un fond blanc avec des
lignes noires, l'autre sur un fond noir avec des lignes
blanches. Placés dans l'instrument, que devront-ils montrer si les images se fusionnent? Un corps solide de couleur grise; car le gris résulte de la fusion du noir et du
blanc. Or l'objet que l'on voit est tout autre : c'est un
cristal de graphite brillant, c'est-à-dire un corps à double
reflet, ce qui prouve que les deux images conservent
chacune sa propre couleur. On obtient un résultat semblable avec deux simples feuilles de papier, l'une noire
et l'autre blanche. On croit voir alors une glace à reflets
d'or.

Le miroitement n'est pas produit par la coïncidence de
surfaces de couleurs quelconques. Si nous pouvons nous
en rapporter à nos propres observations, il faut une couleur éclatante avec le noir. Les autres couleurs se superposent de la façon la plus curieuse. L'une domine et
l'autre se répand à la surface de la première comme un
léger nuage qui la recouvre par parties inégales et changeantes. Mais avec un certain effort de la volonté, on
arrive à faire apparaître celle que l'on veut. Aussitôt que
l'effort cesse, la plus claire prend le dessus. C'est du
moins ce que j'observe en moi.

Ce que nous disons ici des couleurs, se vérifie de la
même manière pour des dessins différents : on voit celui
que l'on veut. Ce phénomène est bien digne de remarque.
Les deux yeux sont impressionnés à la fois. Les dessins

devraient également se faire sentir à la fois, si l'impression d'un organisme vivant et animé était toute l'opération sensible. Un acte de la volonté suffit pour paralyser ou raviver une sensation sous l'impression même qui la produit. J. Müller l'a constaté de la sorte (1) : « Il arrive souvent, dit-il, que l'œil appliqué au microscope est le seul qui voit ou qui distingue; l'autre ne distingue rien, ou, du moins, son image n'est pas au même point que le champ microscopique de l'autre. Parfois aussi, cependant, il reprend son activité, et l'image qu'il perçoit, venant flotter pour ainsi dire sur l'image microscopique, trouble l'observation. »

Certains somnambules, ayant pendant l'accès les yeux ouverts, ne voient que les objets dont la pensée les préoccupe. Tel était ce Castelli qui la nuit traduisait de l'italien, à la lueur d'un flambeau placé près de lui, et qui ne voyait pas les personnes venues pour l'observer. On éteignit le flambeau, Castelli le chercha en tâtonnant sur la table et alla le rallumer à la cuisine. Une femme placée à l'hospice de la Salpêtrière, regardant tout endormie le panorama de Paris, décrivait fort bien les monuments sur lesquels on appelait son attention, mais ne semblait pas même soupçonner l'existence des autres (2).

Des phénomènes moins étranges ne sont pas moins concluants. Il est rare que nous nous trompions sur la couleur des objets, quoique cette couleur soit singulièrement modifiée par l'éclairage. « Éclairé par la lune, dit Helmholtz, le papier blanc est plus foncé que le velours noir en plein jour »; pourtant la lune ne nous empêche pas de reconnaître sur-le-champ que le papier est blanc, ni le soleil que le velours est noir. Le blanc et le gris diversement éclairés, placés par exemple celui-là

(1) *Physiologie du système nerveux*, t. II, part. III, ch. III.
(2) A. Maury, *le Sommeil*, ch. IX.

à l'ombre et celui-ci au soleil, envoient sur la rétine une teinte rigoureusement identique. Mais ici encore, nous n'hésitons pas à reconnaître la diversité des deux couleurs dans les objets.

Nous distinguons le blanc sous la sensation du bleu et du jaune rougeâtre. Voici comment Helmholtz établit ce fait : « Nous savons, jusqu'à un certain point, que la lumière des bougies est jaune rougeâtre par rapport à celle du jour; mais pour voir combien la différence entre ces deux lumières est considérable, il faut les voir avec la même intensité simultanément et l'une à côté de l'autre, ainsi que cela a lieu dans l'expérience des ombres colorées. Laissons pénétrer dans la chambre obscure, à travers un petit trou, la lumière d'un ciel couvert, c'est-à-dire la lumière affaiblie du jour, ou bien la lumière de la lune, et tenons horizontalement un papier blanc, de manière que la lumière tombe obliquement sur ce papier; laissons arriver d'autre part la lumière d'une bougie sur le papier. Alors une baguette tenue perpendiculairement au papier donne deux ombres : l'une, où la lumière du jour ne parvient pas et que la bougie seule éclaire, est jaune rougeâtre et paraît telle; l'autre, projetée par la bougie et où la lumière du jour parvient seule, est blanche, mais paraît bleue par le contraste. Le bleu et le jaune rougeâtre des deux ombres sont les couleurs auxquelles nous donnons le nom de blanc, que l'éclairage dominant soit celui du jour ou celui des bougies. Quand ces deux couleurs se trouvent l'une à côté de l'autre, elles paraissent très différentes et même assez saturées. Et pourtant nous n'hésitons jamais à reconnaître le papier blanc comme tel à l'éclairage des bougies et à le distinguer d'avec un papier jaune d'or (1). »

_____

(1) *Conférences de Heidelberg.* — Il est surprenant que M. Hel-

§ III. — *La perception dans la sensation.*

Ces faits, et d'autres que nous pourrions citer encore, démontrent avec évidence que la perception n'est pas seulement une *impression organique devenue consciente*, comme les physiologistes l'enseignent. L'âme ne joue pas dans ce phénomène un rôle purement passif : elle réagit, et, par cette réaction, elle suspend, accueille, rectifie, complète l'action des objets extérieurs sur les organes auxquels elle est unie, se dirigeant toujours d'après l'impression qu'elle éprouve.

Mais il importe de ne pas s'y méprendre. L'action de l'âme a ici comme un double aspect. Elle se porte *efficacement* sur la sensation reçue, de manière à produire un effet *physique* sur le phénomène physique dans l'organe vivant; elle se porte *cognitivement,* qu'on nous permette cette expression, sur la cause extérieure du phénomène physique; elle l'atteint directement, sans lui faire subir de ce chef aucune modification : la connaissance ne modifie rien si ce n'est celui qui connaît. Un exemple fera mieux comprendre notre pensée. La lunette de l'astronome reçoit l'image de l'astre qu'il observe. Les deux

mholtz range ce phénomène et d'autres semblables parmi ceux qui, d'après lui, déposent contre l'habileté du fabricateur de l'œil. Cet organe, dans le cas présent, reproduit avec une fidélité rigoureuse la couleur objective. C'est tout ce que l'on peut demander à un instrument d'optique, comme M. Helmholtz le suppose ailleurs à propos du défaut d'achromatisme et de l'aberration de sphéricité. Si l'esprit, par une opération qui lui est propre, discerne sous une couleur accidentelle la couleur habituelle de l'objet, et par là l'objet même, on en conviendra, ce n'est pas la faute de l'œil. Ce n'est pas même une imperfection dans l'esprit, tout au contraire; car il nous importe plus de reconnaître les objets que d'en apprécier les accidents de coloration.

mains du savant modifient cette image, car en relevant, en abaissant, en portant à droite, à gauche l'instrument, elles la placent dans une situation convenable; et, en raccourcissant ou allongeant le tube de la lunette, elles lui donnent le plus de clarté et les plus grandes dimensions possibles. Mais les deux mains, qui ont tant d'action sur l'image lumineuse, restent dans l'obscurité. C'est l'œil qui voit le corps céleste; il le voit à travers l'instrument, et l'on avouera sans peine qu'il n'a aucun effet sur l'astre ni sur l'instrument.

« Nous ne percevons jamais que nos états subjectifs, lorsque nous croyons percevoir les phénomènes du monde sensible. » Telle est la phrase stéréotypée que l'on rencontre à chaque instant dans les écrits des sensualistes modernes et de nos physiologistes, qui sont sensualistes sans en avoir *conscience*. Les philosophes anglais, à cet égard, se distinguent par-dessus tous les autres. Ils examinent les muscles qui sont en jeu pendant l'exercice des sens, en supputent le nombre, en mesurent les mouvements, comptent les sensations sourdes que ces mouvements provoquent : de l'ensemble de ces sensations, ils composent la perception extérieure. Les ciseaux et les aiguilles du tailleur entreraient avec non moins de raison dans la forme d'un habit; le bâton du chef d'orchestre, dans l'harmonie du concert qu'il fait exécuter; la lunette de l'astronome, dans la définition du soleil et de la lune. Tous ces penseurs, si remarquables par leur zèle pour l'observation, n'oublient qu'une chose : observer la nature de ce qui est en eux le principe de toute observation. La vérité, la voici : dans l'exercice des sens extérieurs, l'âme ne s'arrête pas aux phénomènes de conscience que cet exercice suscite réellement; elle se porte, nous l'avons déjà dit, à travers ces phénomènes, directement sur l'objet extérieur, comme l'œil de l'astronome se porte sur un astre à travers les verres de sa lunette. L'enchaînement que l'on constate entre les phénomènes matériels, s'arrête tout d'un coup dès que l'on pénètre dans ce qu'on appelle la sphère de la conscience. A partir de ce point, les phénomènes obéissent à d'autres lois. Preuve indubitable que le principe agissant est d'autre nature. Ceci est tellement vrai que l'on peut mettre au défi les plus habiles physiologistes et les philosophes sensualistes les plus déliés, de suivre jusqu'au bout, guidés par leurs principes, un phénomène de l'ordre supérieur bien constaté, sans le dénaturer, sans le rendre impossible.

La perception sensible a bien le caractère que nous venons de dire. Pour l'expliquer, peut-être faudrait-il recourir à l'analyse de la conscience. Par la conscience, le sujet sentant sent ses sensations telles qu'elles sont. Les modifications venues du dehors n'ont pas une origine vivante dans la conscience; elles y pénètrent avec leur caractère propre d'extériorité. Ce caractère est essentiellement senti par la conscience, au moins d'une manière négative. Tel Isaac, entendant Jacob qu'il ne voyait pas, disait : « Ce n'est pas la voix d'Ésaü. » Ainsi avertie, l'âme se tourne vers le principe de cette modification, c'est-à-dire vers l'objet qui la cause, et, rapportant chaque point sentant de l'organe impressionné à un point externe correspondant qui est la cause de la sensation élémentaire, elle perçoit à la fois les détails et l'ensemble de l'objet.

§ IV. — *La perception par le sens du tact et par celui de la vue.*

Un être spirituel, uni vitalement, sans division, sans multiplication, à des éléments matériels juxtaposés qu'il anime, doit nécessairement avoir la sensation de l'étendue, lorsque ces éléments sont impressionnés à la fois et de manière à intéresser son opération de vivification. Les accidents de l'étendue reproduits sur ses éléments matériels vivifiés auront pareillement leur image dans l'être spirituel. Il est, en effet, maintenant bien établi par la physiologie que les fibrilles nerveuses ont une action indépendante. L'impression d'un objet étendu sur un organe des sens est constituée par l'impression de chaque point présentement actif de l'objet sur l'épanouissement terminal d'une fibrille nerveuse de sensation. L'âme unie à chaque fibrille sent l'impression propre à cette fibrille, justement au point qu'elle occupe et non ailleurs; elle sent de même l'impression de toutes les autres simultanément impressionnées, et, par conséquent, grâce à l'impression, elle les suit toutes dans leurs rapports réels de juxtaposition. Elle sent donc quelque chose d'étendu, quoiqu'elle n'ait en elle-même rien d'étendu.

Mais la *perception* n'a pas lieu sans une action propre du sujet sentant, dont nous avons déjà parlé et que nous allons examiner de plus près. Nous nous bornerons cependant à deux sens, au toucher et à la vue.

Vous appliquez la main, par exemple, autour d'un cylindre, que devez-vous éprouver? Pour répondre à cette question, il ne suffit pas d'examiner les positions relatives des papilles nerveuses, par lesquelles s'opère, en ce moment, la sensation de tact. Car, les positions relatives de ces papilles figurent une surface cylindrique concave. C'est donc la sensation d'une surface concave que vous devriez éprouver, c'est-à-dire précisément le contraire de ce que vous éprouvez en réalité. Pourquoi cette apparente antinomie? C'est ici qu'intervient l'opération propre du principe vivant : il place hors de lui, et, par conséquent, hors de l'organe (car l'organe est pénétré de sa vie), la cause de l'impression. L'impression de chaque papille nerveuse, qui est un élément de la surface cylindrique concave, est reportée sur un élément correspondant et symétrique de l'objet et devient ainsi objectivement un élément d'une surface cylindrique convexe. Ces deux éléments, concave et convexe, subjectif et objectif, si l'on suppose qu'il n'y a pas de contact immédiat, comme cela se vérifie, du reste, sont reliés entre eux par une ligne normale à leur surface. C'est suivant une ligne semblable que tout élément subjectif étendu est reporté dans l'objet, et c'est par l'ensemble de ces transports sentis qu'est constituée la perception du cylindre objectif. Tel nous semble le type de la perception par le toucher.

La vue offre des difficultés spéciales.

La vue est le sens par lequel nous percevons la forme des objets placés à distance. Dans ce cas, les objets n'agissent pas immédiatement par les divers points de leur surface sur divers points sensibles de l'organe de la vue. Un agent intervient, qui frappant d'abord l'objet, puis l'organe, prend à l'objet son image et vient l'imprimer dans l'organe. Mais, s'il y a une proportion rigoureuse entre l'image et l'objet, il n'y a pas égalité : un paysage de plusieurs lieues d'étendue est représenté sur une surface de quelques millimètres; puis, par un retour singulier, ce qui est représenté sous des dimensions si restreintes, est ordinairement perçu à peu près dans ses conditions réelles d'étendue. Ce n'est pas tout, l'image est renversée, l'objet est droit; l'image est interne, l'objet perçu est externe et situé à toute sorte de distances. L'impression reçue par l'œil est légère, caressante; c'est un rien, pour ainsi dire. L'objet semble presque se présenter comme dénué de toute action et n'ayant que l'existence. On dirait que tout a été ménagé pour dissimuler un contact, du reste, nécessaire, afin que le principe sentant oublie ce qui se passe en lui. Comment expliquer ce phénomène aux faces multiples?

Nous avons déjà fait allusion à une expérience aussi intéressante que facile à renouveler. Une bougie allumée et une chambre qui ne soit pas éclairée par une autre lumière, voilà tout ce qu'il faut pour la préparer. On ferme un œil, on place la bougie à dix ou quinze centimètres de l'autre œil, de manière à former un angle d'environ 45° avec l'axe visuel, et l'on regarde devant soi, à trente ou quarante centimètres, vers un fond gris ou sombre. Après quelques tâtonnements nécessaires pour l'accommodation de l'organe, on voit devant soi, sur un mur de cristal, un bel espalier, dont les rameaux, lisses et dépourvus de feuilles, s'embranchent sans confusion et de mille manières différentes; derrière, dans un espace libre, brille d'un éclat jaunâtre un croissant semblable à celui de la nouvelle lune. Si l'on agite la bougie autour de l'œil, l'espalier étend, à droite et à gauche, ses rameaux noirs, teintés de gris du côté de la lumière, sur une étendue de près de deux mètres et dans un plan parfaitement droit, perpendiculaire à l'axe visuel, et le croissant tournant sur place avec la flamme de la bougie, lui présente toujours sa convexité.

Dans cette apparition, tout est exactement dessiné, tout est précis, immobile même lorsque l'œil et la bougie restent immobiles. Ce ne sont point de ces images vaporeuses et indécises qui se forment quelquefois dans l'organe au milieu des ténèbres. Les objets que je vois maintenant sur ma table de travail ne se présentent pas à ma vue d'une autre manière. Qu'est-ce donc que ce curieux spectacle?

Le mur de cristal, c'est la choroïde éclairée par la bougie; l'espalier aux rameaux innombrables, ce sont les ombres des veinules qui courent çà et là à travers le tissu de la rétine pour le nourrir. La lumière de la bougie traverse la rétine, qui est transparente, mais les petits vaisseaux sanguins l'interceptent dans toute leur étendue et projettent l'ombre ainsi produite sur la choroïde à la profondeur de quelques fractions de millimètre. Les rameaux noirs et légèrement argentés sur un de leurs bords ne sont pas autre chose. Le croissant est formé par le contour extérieur de la papille du nerf optique; c'est le *punctum cœcum*, dont le bord externe, éclairé par la bougie, se réfléchit sur la choroïde. Il n'y a qu'une sorte de croissant qui soit visible, parce que le centre du disque est insensible et n'est pas situé de manière à pouvoir se réfléchir sur la choroïde (1).

Évidemment la surface choroïdienne ne change pas de place; elle ne quitte pas le fond de l'œil pour aller étaler, sur un plan droit de deux mètres de large et de cinquante centimètres de hauteur, à quarante centimètres de distance, ses accidents lumineux, ses dessins, ses couleurs;

(1) Dans les conditions ordinaires, l'ombre des veinules n'est pas aperçue. On dit : c'est un effet de l'habitude. Nous croyons que l'explication est ailleurs. Lorsqu'on étudie la marche des rayons lumineux depuis l'objet jusqu'à l'image oculaire, on constate que chaque point éclairé de l'objet envoie un faisceau de rayons sous la forme de deux cônes dont les bases opposées entre elles reposent sur le cristallin, et dont les sommets sont situés, l'un sur le point objectif qui envoie la lumière, l'autre sur le point correspondant de l'organe où se forme l'image de ce point. L'image se formant au-delà des veinules, sur la choroïde, il est évident que les rayons qui effleureront latéralement la veinule et ceux qui la déborderont iront se croiser et former le sommet du cône au-dessous d'elle, et par conséquent noieront l'ombre. Mais, dans l'expérience de Purkinje, les cônes lumineux, après avoir peint la flamme de la bougie en une partie latérale de la choroïde, se réfléchissent vers d'autres points en divergeant et non en convergeant; par conséquent, loin de disparaître, l'ombre des veinules doit être amplifiée. C'est la lumière réfléchie dans le globe de l'œil par ses parois qui produit seule le phénomène qui nous occupe.

elle reste concave, limitée dans un contour de quelques millimètres, avec ses images microscopiques renversées. Qu'est-ce donc que j'aperçois en dehors de mon organe? N'est-ce pas une image *virtuelle*, agrandie et rectifiée du fond de mon œil? Il serait difficile d'en douter. Mais, en même temps, on doit en convenir, nous sortons ici des lois de la matière. Un phénomène *virtuel* dans un milieu matériel est une chose inconcevable, ou plutôt donne l'idée d'une hypothèse chimérique. Cependant, là où il n'y a rien de réel, nous percevons très réellement quelque chose. L'âme a donc le pouvoir étrange de rapporter la sensation oculaire en un lieu où de fait elle n'est pas.

Cette projection merveilleuse n'a pas lieu seulement dans l'observation de Purkhinje, elle est un des caractères propres et constants de la vision. Pour voir, l'âme projette toujours au dehors de l'œil les images peintes par les objets sur le miroir oculaire. J'ignore si l'on a fait des expériences pour le constater directement. Mais il est facile de mettre hors de doute le pouvoir que nous avons de déplacer virtuellement les objets que nous regardons. Les deux épreuves que l'on met au fond du stéréoscope sont réellement à huit ou dix centimètres des yeux de l'observateur. Elles coïncident et donnent la sensation du relief, lorsque les deux centres d'observation retombent au point d'intersection des deux rayons visuels dans la vue distincte. Or, ce point est environ à une distance de vingt centimètres. Les deux images ont donc *virtuellement* reculé. Nous lisons, dans Brierre de Boismont (1), cette citation de Darwin : « Je couvris de jaune un papier de quatre pouces carrés, et, avec une plume remplie de couleur bleu, j'écrivis au milieu le mot BANKS en

_____

(1) *Des hallucinations*, p. 438.

lettres capitales, et m'asseyant, le dos tourné au soleil, je fixai pendant une minute le centre de la lettre N. Après avoir fermé les yeux que je couvris avec ma main, j'aperçus distinctement le mot de couleur jaune sur un fond bleu, et alors, ouvrant les yeux et les dirigeant sur une muraille, à vingt pas de distance, je lus le mot Banks, considérablement grossi, écrit sur la muraille en lettres d'or. » Le même écrivain cite encore cet autre fait : « Un de mes amis avait un jour regardé fort attentivement, la tête inclinée, une petite gravure de la Vierge et de l'enfant Jésus. En se relevant, il fut surpris d'apercevoir, à l'extrémité de l'appartement, une figure de femme de grandeur naturelle, avec un enfant dans ses bras. Le premier sentiment de surprise passé, il remonta à la source de l'illusion et remarqua que la figure correspondait exactement à celle qu'il avait vue dans la gravure. »

Ces deux faits se rapportent au phénomène des images consécutives. Ils prouvent que l'image rétinienne jaillit au dehors et croit en dimensions à mesure que s'éloigne le plan où elle est projetée. L'image produite directement par les objets ne se conduit pas d'autre sorte. Il suffit que l'on imagine l'objet placé plus loin qu'il n'est réellement pour en augmenter considérablement les proportions. Une tache microscopique sur la vitre d'une croisée devient, lorsque par distraction l'œil la rapporte au paysage qu'il considère à travers la vitre, un monstre, un monument bizarre, une vaste campagne. Je crus voir un jour un énorme orang-outang qui escaladait un arbre situé à quarante mètres de moi. L'orang-outang était un petit chat, l'arbre n'était pas à quarante, mais à quatre mètres, et faisait partie d'un quinconce. Un certain jeu de lumière m'avait empêché de situer l'arbre à sa véritable place; je l'avais, dans mon appréciation, considérablement reculé; de là l'illusion, c'est-à-dire le grossissement du quadrupède et sa transformation en orang-outang (1). Nous devons donc admettre, pour expliquer le phénomène de la vision, le rôle prépondérant de l'image virtuelle. Voyons maintenant pourquoi cette image est inverse de l'image choroïdienne.

Nous l'avons montré, les organes des sens sont des instruments d'analyse, construits pour résoudre les impressions dans leurs éléments. C'est le rôle que remplissent les bâtonnets et les cônes à l'égard des impressions visuelles. Ces aiguilles organiques constituent la calotte interne du globe de l'œil et convergent toutes, — ce point mérite attention, — vers un centre de figure. Supposez maintenant une image peinte sur la choroïde; chaque tête d'aiguille reçoit isolément l'impression du point coloré qu'elle touche; dans l'aiguille, l'impression devient sensation, s'avance d'arrière en avant et semble se prolonger sur une ligne droite indéfinie qui passe par le centre. Toutes les aiguilles agissant de même, il en résulte que les lignes sensibles se croisent toutes au centre de figure et reportent au dehors toutes les parties de l'image peinte sur la choroïde, mais dans un ordre inverse; le haut devient le bas, le bas le haut; le droit devient le gauche et le gauche le droit.

Pour plus de clarté, nous sommes obligé d'emprunter aux physiciens leur théorie sur la nature de la lumière et des couleurs, sans la considérer toutefois autrement que comme une ingénieuse hypothèse. Ainsi donc, nous voulons le croire pour le moment, les vibrations éthérées, suivant les lois de l'optique, transportent sur la choroïde

_____

(1) L'éloignement *réel* des objets les rapetisse, l'éloignement *virtuel* les agrandit. Dans le premier cas, l'image choroïdienne diminue; dans le second, l'image choroïdienne restant la même, c'est l'image virtuelle qui s'amplifie.

une simple forme de l'objet, constituée uniquement par les vibrations excitées dans le tissu choroïdien. Cette forme, infiniment plus délicate que celle que recueille le toucher n'est pas lumineuse ; la lumière n'existe pas là. Les vibrations éthérées réfléchies par la choroïde, pénètrent isolément dans les bâtonnets et les cônes, les parcourent d'arrière en avant avec les modifications que comporte la nature de ces organes. Un caractère nouveau apparaît tout à coup : les vibrations sont senties et la sensation ici n'est autre chose que la lumière et la couleur. La sensibilité de l'organe engendre ce phénomène sans analogue dans la nature, mais c'est la vibration éthérée qui donne à la lumière sa manière d'être spéciale, sa nuance et son éclat. On comprend ainsi pourquoi la forme de l'objet, quoique imprimée sur la choroïde, n'est point perçue. Elle n'a d'autre rôle que de mettre en jeu les bâtonnets et les cônes correspondants, d'y provoquer l'apparition de la lumière et de la mettre en parfaite harmonie avec les vibrations éthérées, et, par celles-ci, avec la forme extérieure de l'objet. L'œil perçoit en avant, parce que le mouvement des sensations se dirige d'arrière en avant. La véritable image, l'image sentie, l'image perçue, n'est pas sur la choroïde, elle est dans la rétine. Là elle échappe à tout regard étranger ; il n'y a pas d'ophtalmoscope qui puisse la saisir. Un seul œil la voit : celui dont elle est une modification consciente. La théorie des physiciens nous mène fort bien jusqu'à ce point. Les faits rapportés plus haut nous ont montré pourquoi l'image, qui s'achève dans la rétine, semble perçue en avant de la rétine, au dehors même de l'œil.

Cette image, que l'âme transporte au dehors, n'a plus les dimensions de l'image choroïdienne. On le comprend facilement. Si l'on considère la direction de toutes les lignes qui, parties de chaque point impressionné de la choroïde, suivent les axes des cônes et des bâtonnets et se croisent au centre de figure, on voit que de leur ensemble résultent deux pyramides de forme irrégulière, mais parfaitement semblables entre elles et opposées par le sommet. L'une a sa base constituée par l'image choroïdienne, l'autre par l'image projetée au dehors. Mais la pyramide intérieure n'a que quelques millimètres de hauteur; l'autre est indéfinie, elle s'allonge à mesure que l'âme repousse plus loin sa base, qui est l'objet de la vision. Il est évident que, les côtés de la pyramide conservant les mêmes rapports angulaires, l'image croîtra d'autant plus qu'elle s'éloignera davantage. C'est ainsi qu'une image choroïdienne de quelques lignes peut faire voir au dehors un objet de plusieurs mètres, de plusieurs lieues, l'horizon tout entier (1).

(1) Les physiologistes, voulant expliquer comment les deux yeux, malgré leur double impression, ne font voir qu'un objet simple, ont essayé de faire coïncider les deux images oculaires dans le cerveau. La coïncidence n'est pas possible dans cet organe, nous l'avons vu; elle se produit ailleurs. Chaque œil projette au dehors son image virtuelle, perpendiculairement à son axe visuel. Au point d'intersection des deux axes, les deux images se superposent et paraissent n'en plus constituer qu'une seule. Plus loin ou plus près, la superposition n'a plus lieu; et les deux images sont dédoublées. Mais comment, au point d'intersection, la sensation devient-elle unique? — La faculté de chaque œil s'exerce dans toute la longueur de son axe visuel, avec le pouvoir d'apprécier sensitivement les modifications qui en résultent. Supposez les deux axes sans convergence, les deux yeux opéreront isolément et auront toujours deux images. Mais quand il y a convergence, les deux images se rencontrent une fois, précisément au point où on a l'habitude de regarder presque toujours. En ce moment il est impossible à l'âme de voir double, car ce qu'elle voit par un œil est exactement placé au lieu où se trouve ce qu'elle voit par l'autre. C'est ainsi qu'un même œil ne pourrait dédoubler à distance deux minces lames de verre, égales, superposées et percées perpendiculairement par l'axe visuel.

La propriété qu'a le principe sentant de projeter au dehors l'image oculaire ne nous semble pas contestable. On nous reprochera peut-être d'avoir essayé de la démontrer par des faits dont quelques-uns sont très justement qualifiés d'*illusions* d'optique. Cette critique tombera dès qu'on voudra bien remarquer que l'*illusion* n'est que l'exercice irrégulier d'une faculté naturelle. Pour faire un faux pas, il faut d'abord pouvoir marcher ; pour placer un objet de travers ou hors du lieu qui lui convient, il faut d'abord pouvoir le placer quelque part. Les physiologistes modernes reconnaissent volontiers la propriété dont nous parlons. Seulement plusieurs d'entre eux, surtout de l'autre côté du Rhin, en font une propriété acquise. D'après leur opinion, l'enfant viendrait au monde incapable de rien distinguer hors de lui. Son œil ne recevrait d'abord que des impressions confuses, des images en désordre fixées sur la rétine. Peu à peu, l'usage de la main révèlerait à l'enfant la véritable forme et la situation réelle des objets. La vue, obligée de se mettre bientôt d'accord avec le toucher, finirait par façonner et distribuer régulièrement ses images. Ces savants ne se sont pas rappelé que l'éducation perfectionne, mais ne crée rien. Ils n'ont pas songé non plus que les objets peints sur la rétine sont microscopiques, sans comparaison possible de proportion avec les sensations fournies par la main, et qu'une tête d'enfant doit être bien incapable de rapprocher des choses aussi disparates. Du reste, le jeune canard n'est pas mieux partagé que le petit de l'homme. Cependant au sortir de la coquille, il court sans hésitation à la mare voisine. Assurément il voit l'eau qui l'attire : il la voit là où elle est, puisqu'il y court. Est-ce l'éducation qui lui a si tôt appris à placer si bien l'image du liquide ?

Mais, quelle que soit l'origine de cette propriété mer-

veilleuse, il n'en est pas moins vrai que nous touchons
ici à un point où le matérialisme fait nécessairement
naufrage. Qu'il conduise les vibrations matérielles de
l'éther à travers les milieux transparents de l'œil, qu'il
les réfléchisse dans les bâtonnets par le miroir choroïdien, il n'y a rien là qui dépasse le pouvoir de la matière.
Qu'il fasse même naître la lumière dans la rétine par
des actions physiques, nous y consentons encore. La
sensation devient pour lui un obstacle bien rude à franchir; au-delà est un abîme, abîme entre l'œil et l'objet.
Comment le combler au moyen de la matière? Y a-t-il
un éther qui serve de véhicule à des sensations, c'est-à-
dire à des phénomènes immanents? Dans le trésor des
lois physiques, s'en trouve-t-il en vertu desquelles une
image soit à la fois grande et petite, droite et renversée,
intérieure et extérieure, sombre et lumineuse? Les plus
habiles répondront sans doute comme ils l'ont déjà fait :
« Les choses sont ainsi, c'est vrai, et la raison pour
laquelle elles sont ainsi, c'est qu'elles ne sont pas autrement. » On reconnaît ici la brillante solution des problèmes de la nature inventée par l'école d'A. Comte.
C'est une manière d'éliminer tout ce qui n'est pas cause
matérielle. Ces savants hommes ne voient pas que leur
système les enferme dans la contradiction. La contradiction ne les effraie pas; elle ne leur apporte pas non plus
la vérité.

Une question se présente maintenant dont la solution
intéresse notre thèse principale. L'image virtuelle projetée au dehors de l'œil va ordinairement s'étendre sur
les objets, les recouvrir, se confondre avec la surface
exposée au regard. Sont-ce les objets, est-ce l'image
que nous voyons?

Pour résoudre le problème, il faut d'abord rappeler
que la vue a un objet propre, distinct de l'objet spécial

aux autres sens et aux autres facultés, et que cet objet
est uniquement une surface aux formes diverses et diversement colorée. L'œil ne pénètre pas au-delà : la connaissance des autres propriétés des êtres sensibles relève
de facultés différentes. Ce point admis d'accord avec
toute l'école, examinons ce qui se passe dans un acte
de vision. L'image visuelle est l'instrument indispensable
de la vision. Elle est constituée par un système de
vibrations moulées sur l'objet que nous regardons, ren-
dues visibles dans l'organe et ramenées par le principe
sentant aux conditions de cet objet. L'opération se divise
de la sorte comme en trois instants. Dans le dernier,
l'image emprunte à l'objet quelques-unes de ses manières
d'être. Immobile dans le champ de la vision, elle ne
suit pas le regard qui tourne à droite ou à gauche, s'élève
ou s'abaisse. Il est un point déterminé de l'axe visuel où
elle obtient le plus haut degré de clarté et de précision ;
au delà et en deçà, les contours et les détails deviennent
vagues et vaporeux. Les conditions extérieures de la lumière sont les siennes : le crépuscule la ternit, les ténèbres l'effacent ; elle s'illumine avec le jour ; la nature des
rayons lumineux règle la nature de ses couleurs. Ses
proportions sont soumises aux lois des distances, diminuant quand l'œil s'éloigne de l'objet, grandissant quand
il s'en rapproche ; son éclat augmente dans le premier
cas, il s'amoindrit dans le second. Mais, je le répète,
ces divers caractères, l'image ne les possède pas comme
un bien propre. C'est un emprunt, et un emprunt qui
porte l'estampille du propriétaire légitime. L'objet est
un type qui imprime lui-même sa ressemblance sur l'organe et se fait ainsi reconnaître. L'âme dispose l'organe
de la manière la plus favorable pour recevoir l'action de
l'objet. Dans cette opération, se sentant elle-même, sentant la modification qu'elle produit dans le sujet sensible,

elle distingue, par cela même, les effets qui ont une cause étrangère. Alors, oubliant l'image que l'objet lui a fournie, et par laquelle elle est devenue capable de voir, son attention se porte exclusivement sur l'objet, elle en discerne les traits divers à travers les traits de l'image, elle *perçoit une surface extérieure aux formes et aux couleurs déterminées.* La vue, qui est comme un toucher à distance, ne se comporte pas autrement que le toucher. Dans l'un et l'autre cas, la sensation n'est qu'un moyen par lequel l'âme est rendue capable de percevoir.

Mais, hâtons-nous de le dire, s'il est permis de contester sur la manière dont nous percevons par les yeux, il ne l'est pas d'hésiter sur la réalité objective de cette perception. L'objet s'impose à notre conviction par l'évidence de son action sur notre organe sensible. Il est, pour ainsi dire, relié par tous ses points à la perception. Toutes ses variations se réfléchissent dans le phénomène subjectif qui ne peut exister que par lui et qui disparaît fatalement avec lui.

§ V. — *Conclusion.*

L'admirable mécanisme que l'on désigne sous le nom d'organes des sens, prouve à lui seul la réalité objective de nos sensations dans leur ensemble et dans leurs détails. L'hypothèse de Kant, source de scepticisme, doit être retournée. Elle devient ainsi la vérité et produit la certitude. L'esprit ne revêt point le monde sensible de formes qui sont propres au sujet et empêchent l'objet de se faire connaître; c'est le monde sensible qui imprime ses formes variées à nos sens; il est le cachet, la cire est en nous; c'est par le modelé de la cire que nous connaissons le cachet et que nous le connaissons tel qu'il est. Cette conclusion n'est pas une profonde combinaison

métaphysique, enfantée par une puissante intelligence,
c'est une simple observation d'un coin de la nature.
Pour rendre cette réalité plus apparente, il a fallu re-
placer la sensation à son véritable siège, la ramener du
cerveau dans l'organe, afin de la mettre en rapport
immédiat avec l'action physique de l'objet. L'isolement
où elle se trouve condamnée par les physiologistes contemporains la réduit à la triste et perpétuelle condition
de l'hallucination. Nous avons montré que rien n'était
moins juste. Les exceptions sur lesquelles on s'appuie
rentrent dans la règle dès qu'on les interprète suivant
leur véritable signification.

Mais l'exagération n'est pas moins nuisible à la vérité
que la négation : c'est une autre manière de nier. La cire
sur laquelle le monde extérieur grave son empreinte est
quelque chose, et cette chose n'appartient pas au monde
extérieur, elle appartient au sujet sensible. La sensation
comprend réellement la cire et l'empreinte. La cire est
subjective, disons-nous; mais l'empreinte est à la fois
subjective et objective, subjective en tant qu'elle est
dans la cire, objective en tant qu'elle vient du monde, le
regarde et en porte les traits. C'est pour n'avoir pas vu
cette distinction ou l'avoir mal établie, que tant de penseurs se sont trompés sur les sensations. La cire est ici
une matière organisée d'une façon merveilleuse et animée
par un principe immatériel, par l'âme. C'est sur la matière organisée que porte l'empreinte exacte du monde
extérieur. L'âme qui est unie substantiellement à cet
organisme, ou du moins à ses éléments nerveux, se
trouve simultanément modifiée, comme nous l'avons
expliqué ailleurs; de là le phénomène mixte et pourtant
un que l'on appelle sensation. L'analyse ne fait pas sans
peine la part exacte de la matière et celle du principe
immatériel. C'est dans celle-ci que les physiciens font

rentrer le son, la lumière, la saveur et l'odeur : les
phénomènes physiques qui correspondent à ces phénomènes d'un autre ordre ne sont, pour eux, que des sortes
diverses de vibrations matérielles. Nous croyons que
cette opinion n'est qu'une hypothèse. Mais, en la supposant vraie, il n'en reste pas moins certain qu'un phénomène correspond à l'autre avec une précision rigoureuse.
L'objet externe a sa manière d'être, son action ; il est
étendu, il occupe un lieu dans l'espace, il accomplit
divers mouvements. Les sensations nous le font très bien
connaître sous ces diverses formes, qui sont les siennes,
et qui ont leurs équivalents exactement semblables dans
les impressions reçues par l'organe. Où l'erreur inter-
viendrait, ce serait dans l'attribution à l'objet des états
propres du principe sentant. Ce serait une erreur semblable à celle qui consisterait à rapporter au cachet la
couleur rouge ou verte de la cire. Qu'importe au fond?
La cire représente-t-elle moins bien la forme du cachet?
Connaîtrons-nous moins bien ce qui est le propre de
l'objet extérieur pour le voir à travers une sorte de milieu
transparent qui le colore et qui, bien loin de le cacher,
en accuse les contours?

On oublie trop facilement que la nature du principe
sentant n'a point d'analogue dans le monde physique. Il
est immatériel, c'est-à-dire soumis à d'autres lois que
celles de la matière. Il peut être le sujet de plusieurs
phénomènes simultanés, sans que la présence de l'un
gêne la présence de l'autre. La matière est soumise à
d'autres conditions ; elle ne revêt un nouveau phénomène
qu'en se dépouillant du précédent, parce que ses phénomènes ne sont que la transformation d'une même force :
si le principe sentant était matériel, la couleur, par
exemple, bien loin de l'aider à connaître la cause de cette
couleur, y serait un obstacle insurmontable. Mais, étant

12

immatériel, il n'est jamais emprisonné de la sorte par ses
manières d'être. Son action, qui est un phénomène intime,
pénètre les phénomènes qui lui viennent du dehors et par
eux se porte sur leur cause. Si, par défaut d'analyse, il
transporte à cette cause quelque chose de ce qui lui est
exclusivement propre, il n'en voit pas moins bien ce qui
appartient véritablement à l'objet. Ce que les physiciens
et, en général, les naturalistes nous racontent du monde
physique, en est une preuve surabondante. Sans doute,
pour révéler tant de merveilles, il faut que la raison
interprète le langage des sens, mais l'interprétation se
perdrait dans la rêverie, si le langage n'était pas vrai.

CHAPITRE X

LE PLAISIR ET LA DOULEUR

Une manière d'être indéfinissable, mais parfaitement connue de tous les êtres sensibles, accompagne la sensation, en prend même le nom : nous voulons parler du plaisir et de la douleur. Les physiologistes n'ont prêté que peu d'attention à cette question obscure. Des philosophes, plus hardis, ont essayé de suppléer à leur silence et d'expliquer le plaisir et la douleur au nom de la philosophie. Il est de notre devoir d'apprécier cette tentative.

Si nous avons étudié avec tant de soin le rôle de l'organisme dans la production des phénomènes psychologiques, ce n'est pas dans un intérêt de spéculation ou de curiosité stérile. Le motif qui nous inspirait et qui doit nous inspirer encore, est contenu dans cette pensée : en philosophie, il y a peu d'erreurs innocentes.

Les vérités sont indissolublement unies; le dommage que reçoit l'une d'elles se communique à toutes les autres. L'art pour l'art, la science pour la science est la maxime des esprits trop étroits pour saisir l'harmonie et l'unité de la vérité. Quand la morale proteste, on peut être sûr que l'art et la science ont aussi de graves raisons de se plaindre. La conscience morale, ce témoin dont nous pouvons quelquefois étouffer, mais non fausser la voix, a été placée par l'auteur de toutes choses, comme un garde-fou au bord des précipices de la spéculation. Que de sottises épargnées à l'espèce humaine, si les amis de la philosophie ne se permettaient jamais de sauter par-dessus! Un auteur bien connu disait qu'il mettait l'homme moral à la porte de son cabinet, lorsqu'il élaborait ses merveilleux ouvrages de philosophie. Aussi est-il difficile d'en citer qui soient plus émaillés que les siens d'idées qui ne font honneur ni à la vérité, ni à l'écrivain.

Le plaisir et la douleur surtout ont des affinités avec la morale. Sur cette matière, on ne construit pas impunément des théories erronées. Il suffit pour s'en convaincre, de se rappeler les noms d'Aristippe et d'Épicure. Un collaborateur de la *Revue scientifique*, M. Léon Dumont, pourrait prendre place à côté de ces deux philosophes, s'il tirait les conséquences contenues dans sa théorie du plaisir et de la douleur. A ce titre, son système nous intéresse, nous devons l'exposer et le réfuter. Cela nous fournira l'occasion d'exposer nos propres idées sur ce sujet intéressant. Nous dirons, en passant, un mot à M. Francisque Bouillier, qui semble s'être joué sur le bord du précipice (1).

§ I. — *Doctrines philosophiques de L. Dumont.*

Pour bien connaître une œuvre, il n'est pas inutile de connaître un peu l'ouvrier. M. Léon Dumont est le philosophe accommodant par excellence. Il admet, il accueille

---

(1) *Théorie scientifique de la sensibilité*, par Léon Dumont. Paris, Germer-Baillière, 1875. — *Du plaisir et de la douleur*, par Francisque Bouillier. Paris, G.-Baillière, 1865. — M. Léon Dumont est mort depuis que ces lignes sont écrites.

dans son cerveau les idées les plus disparates, de quelque point de l'horizon qu'elles accourent. Positiviste avec Auguste Comte, idéaliste avec Stuart Mill, matérialiste avec Taine, il est de plus transformiste avec Darwin, et autre chose avec Hartmann. A-t-il reçu de la nature cette souplesse d'intelligence? On ne saurait le nier; mais la nature a dû être secondée par un système philosophique bien connu pour faire bon ménage avec la contradiction. Nous voulons parler du panthéisme. M. L. Dumont est avant tout panthéiste. Il va nous le déclarer lui-même. « Quand on dit, écrit-il (1), que Dieu crée le monde, cela signifie que l'existence se manifeste par l'ensemble des phénomènes qui constituent le monde. » Ce dont la preuve suit : « La transformation des forces, la communication du mouvement ne peuvent se comprendre qu'au sein d'une substance unique, c'est-à-dire de l'existence absolue. » M. L. Dumont conçoit mieux, sans doute, qu'une substance qui est tout, se transforme en ce qu'elle est déjà, ou qu'elle se communique à elle-même son propre mouvement, contrairement au vieux principe : *actum non agitur;* il comprend qu'une bille parfaitement sphérique s'arrondisse davantage, ou que, roulant à sa propre poursuite, elle arrive à se choquer elle-même. Mais nous n'avons pas l'intention de réfuter le panthéisme. Ce vaste pandémonium, où le oui et le nom, le vrai et le faux, le bien et le mal, le néant et l'être, toutes les antinomies se donnent rendez-vous, s'écroule de lui-même. Il nous importe seulement de constater la souplesse que cette théorie donne à l'intelligence de M. L. Dumont. Si M. Darwin, dans l'un de ses accès de fantaisie naturaliste, imagine le *combat pour la vie;* M. L. Dumont embrasse le *combat pour la vie;* et en étend le champ

(1) P. 12.

bien au-delà des prévisions du savant anglais, jusque dans les phénomènes intellectuels, qui se font entre eux une guerre acharnée. M. Taine invente-t-il la double et plaisante face des phénomènes, le dedans et le dehors, qui comble l'abîme entre l'esprit et la matière, le mouvement et la pensée? M. L. Dumont affirme sans hésiter qu'il est lui aussi pour le dedans et le dehors, mais perfectionnés à sa manière. Un songeur d'outre-Rhin se persuade, en rêvant, que la conscience est une faculté répartie parmi tous les êtres; M. L. Dumont, à la suite de Hartmann, accorde un rayon de pensée à la feuille, au grain de sable, à la simple ondulation atmosphérique ou éthérée. Que n'admet point ce complaisant philosophe? Il a dû loger dans quelque coin de sa tête, nous sommes porté à le croire, les systèmes de l'Inde et de la Chine, la cabbale, les visions de Jamblique et celles de Swedenborg.

Quant aux dispositions naturelles de cet esprit à la malléabilité, un ou deux exemples pourront en donner une idée. Nous lisons à la page 63 : « La physiologie et la métaphysique contemporaines sont arrivées à démontrer l'identité, ou tout au moins la corrélation de la sensation et de tous les faits intellectuels avec les mouvements de la substance nerveuse. Le même phénomène se présente au point de vue objectif, comme un mouvement; au point de vue subjectif, comme un fait de conscience. » Que de souplesse dans ce *tout au moins!* C'est comme si l'on disait : « Pierre et Paul sont le même individu, le même personnage sous deux noms différents, ou, *tout au moins*, ce sont deux amis. » La physiologie et la métaphysique, ou, *tout au moins*, M. Taine, car il est le seul, avec cette circonstance aggravante qu'il est peu physiologiste et point du tout métaphysicien, est arrivé à démontrer, ou, *tout au moins*, à rêver, ses affirmations n'étant appuyées de l'ombre d'aucune preuve,

M. Taine, donc, en qui se résument physiologie et métaphysique contemporaines, est arrivé à démontrer, ou,
tout au moins, à rêver les phénomènes à double face.
Le *tout au moins* est un cri de la conscience expirante.
M. Dumont saura bien l'étouffer. Le voici qui retrouve
toute son indépendance. Il nous dit, à la page 110 : « Il
est *démontré* aujourd'hui que les sensations ne sont, en
dernière analyse, que des mouvements du cerveau..., la
sensation étant le fait vu du dedans, et le mouvement le
même fait vu du dehors. » On trouvera que cette manière
de rendre indubitable ce qui n'est rien moins que certain,
est aussi commode qu'originale : on tourne quelques
pages d'un livre et l'opération est achevée. La découverte
préconisée par M. L. Dumont dépasse de beaucoup en
importance celle de la gravitation, mais Newton s'était
donné plus de peine.

A la distance d'une cinquantaine de pages, la pensée
peut jouer au penseur le tour de se modifier sans qu'il
s'en aperçoive; le pourra-t-elle à la distance d'une
dizaine de lignes? Nous aurions en peine à le croire, si
M. L. Dumont ne nous en fournissait pas un exemple
manifeste. Il écrit en tête de la page 167 : « L'esprit, —
il parle de ce que l'on est convenu d'appeler *traits d'esprit*, — l'esprit consiste dans la présentation d'un rapport
nouveau; le plaisir est d'autant plus vif que le rapport
est entre des choses plus éloignées. » Nous sautons six
lignes et nous lisons, non sans surprise : « L'esprit est
outré, ampoulé, emphatique, quand il établit des rapports forcés entre des objets trop éloignés pour être
rapprochés. » Ce qui se résume à merveille en cette autre
proposition : le plaisir est d'autant plus vif que l'esprit
est plus outré, plus ampoulé, c'est-à-dire que le plaisir
est plus nul.

Évidemment cet esprit, nous parlons de l'intelligence

de M. L. Dumont, manque de fermeté; il oscille, saisit
mollement son objet, se laisse dominer par les apparences
des choses, y adhère avec un abandon regrettable. La
logique des systèmes faux le tyrannise et lui impose les
conclusions les plus ridicules, sans qu'il s'en émeuve le
moins du monde. Ainsi, par exemple, il écrit : « Tous les
rapports de causalité entre les phénomènes sont nécessaires, tandis que le rapport de création entre l'existence
et le phénomène est libre. Tout phénomène a en effet sa
raison dans d'autres phénomènes et n'est que la transformation nécessaire de ceux qui l'ont causé; l'existence,
au contraire, est telle qu'elle est, par elle-même, est
indépendante de tout, et n'a pas de cause. Or la liberté,
dans le sens métaphysique du mot, consiste à ne pas
être causée, à être par soi... Si l'homme avait le libre
arbitre, il aurait le pouvoir de changer la quantité de
mouvement existant dans la nature... Mais l'homme n'a
pas ce pouvoir, parce que l'homme n'est qu'un ensemble
de phénomènes. » Nous ne voulons pas relever toutes
les jolies choses que renferme ce petit morceau, nous ne
faisons attention qu'à la principale : Dieu est libre et
l'homme ne l'est pas. Dieu est libre, non dans ses opérations, mais dans son existence, ce qui est assurément
fort nouveau. Quant à l'homme, il n'a pas le libre arbitre,
et cependant il se sent libre. — M. L. Dumont en convient. — Rejette-t-il le témoignage de la conscience? —
Au contraire, ce témoignage est très véridique pour lui,
comme pour les autres. — Mais alors? — Alors il suffit
d'interpréter le rapport de la conscience. L'homme se
sent libre, c'est très vrai, mais non dans ses actes; il se
sent libre dans son existence qui n'est pas autre que
celle de Dieu, étant, lui, homme, un phénomène dont
Dieu est la substance. *Risum teneatis.*

Nous pouvons maintenant passer à l'examen de l'œuvre.

§ II. — *Sa théorie sur la nature intime du plaisir
et de la douleur.*

Rien n'est plus facile à reconnaître que le plaisir et la
douleur, ces deux hôtes aux qualités si diverses qui nous
fréquentent tour à tour avec une assiduité infatigable.
Nous portons les signes de leur présence sur nos traits,
dans nos yeux, sur nos lèvres; nos ris et nos chants, nos
larmes et nos cris les annoncent. Nous les sentons au
dedans de nous avec une évidence irrésistible. Le plaisir
et la douleur précèdent l'éclosion de l'intelligence; lorsque la vieillesse et la maladie ont éteint les dernières
lueurs de la raison, la douleur déchire et le plaisir caresse
encore. L'enfant, l'insensé, l'animal même, tous les êtres
doués de la faculté de sentir sont infaillibles quand ils
constatent un plaisir actuel, une douleur présente. Mais
dans leur fond, dans leur essence, que sont le plaisir et la
douleur? Ces phénomènes si clairs, si lumineux pour
révéler le fait de leur existence, deviennent obscurs,
impénétrables aux philosophes, aussi bien qu'aux simples
mortels, lorsqu'on essaie d'en discerner la nature intime.
Tout ce que l'on peut se promettre, c'est d'en assigner
plus ou moins exactement les conditions extrinsèques, de
dire sous quelles influences ils se produisent, quelles
causes en empêchent l'apparition. M. L. Dumont ne
semble pas avoir eu conscience de cette difficulté.
L'exposé de son système en sera la preuve.

« Il y a plaisir, toutes les fois que l'ensemble des forces
qui constituent le moi se trouve augmenté, sans que cette
augmentation soit assez considérable pour produire un
mouvement de dissociation de ces mêmes forces; il y a
peine au contraire, lorsque cette quantité de force se
trouve diminuée... Ce n'est pas dans la dépense de la

force que nous plaçons la condition du plaisir, mais, au contraire, dans le fait de la recevoir (1) ». Telle est la substance, la moelle de la théorie inventée par le philosophe panthéiste. Une traduction semblera au moins utile.

Le *moi*, c'est-à-dire ce que nous sommes, nous-mêmes, le *moi* est une agrégation, un système de forces agencées entre elles. Des forces, qui ne sont que des phénomènes, peuvent s'accroître par l'adjonction d'autres forces, venues du dehors. Ce sont de nouvelles agrégations de phénomènes qui se forment à chaque instant. Ainsi, par exemple, les cellules cérébrales, véritable agrégation de forces, reçoivent des vibrations que le monde extérieur leur communique par l'intermédiaire des nerfs. Ces vibrations sont des forces qui viennent se composer avec les forces constitutives des cellules. Mais, s'il y a augmentation, il peut y avoir aussi diminution, suivant les lois bien connues de la mécanique. Le cerveau n'emmagasine pas toutes les forces qu'il reçoit, il en distribue, c'est-à-dire il en perd une bonne quantité ; et c'est fort heureux, car, s'il gardait tout, il prendrait assez vite des proportions incommodes et même monstrueuses. Il faut le comparer à ces ballons que les enfants gonflent et dégonflent tour à tour. Il croît et décroît dans divers temps. Croître, pour lui, c'est jouir; mais, hélas! décroître, c'est souffrir. Une autre comparaison fera mieux saisir encore tout ce que la théorie de M. L. Dumont a d'ingénieux.

Le volant d'une machine à vapeur est un grand système de ces forces que, dans le langage populaire, on appelle du fer, disposées de manière à pouvoir tourner autour d'un axe. Tout le monde sait que cet agrégat reçoit en lui-même d'autres forces connues sous le nom de mouvement. De chaque coup de piston partent des effluves de

(1) P. 67.

forces qui se répartissent dans le volant suivant des lois mathématiques. Mais, à mesure que ces forces arrivent, le volant les distribue à d'autres systèmes de forces, appelés machines, auxquels il est misérablement attaché. L'afflux du mouvement, c'est le plaisir ; son reflux, c'est la douleur. Est-ce une image? Est-ce la réalité? Que faut-il pour que le volant soit ainsi condamné à ne pouvoir tourner sans être à la fois heureux et malheureux? Une seule chose, la conscience de son état. Or, M. Dumont ne lui refuse pas cet avantage. Bien au contraire, il l'accorde à tous les êtres, à tous les phénomènes sans exception, tous ayant un dehors et un dedans. Oh ! comme le volant doit aimer le piston! mais aussi comme il doit détester les machines !

Nous venons de toucher ici la raison pour laquelle M. L. Dumont n'introduit pas la conscience dans sa définition du plaisir et de la douleur, quoique l'intervention de cette faculté soit essentielle à la production de ces phénomènes. Il était inutile d'indiquer pour un cas particulier ce qui est impliqué par tout phénomène sans exception aucune. « La conscience... n'est pas une faculté spéciale ou un phénomène particulier; elle est le fond de tous les phénomènes; c'est le mouvement lui-même sous sa face subjective, et la matière n'est que l'apparence extérieure sous laquelle une conscience se présente objectivement à d'autres consciences (1). » Une seule chose est privée de conscience, c'est ce qui distingue les phénomènes entre eux, c' « est le vide ou la négation de la force (2) ». Cependant les phénomènes se distinguent, du moins extérieurement, en deux classes nettement tranchées : les uns parlent, les autres ne par-

(1) P. 106.
(2) P. 112.

lent pas. Ceux-ci « ne peuvent parler », parce qu' «ils n'ont pas d'instruments d'expression et de langage comme les êtres organisés (1) ». Il suit de là que, dans l'homme et dans les animaux, il n'y a pas qu'une conscience, il y en a autant que de phénomènes. Sans nous en douter, nous avons au dedans de nous un nombre incalculable de petites consciences qui, chacune de leur côté, crient *moi, moi*, et ne parviennent jamais à se faire entendre, même à leurs plus proches voisins. Nous en avons dans les membres, dans les entrailles, dans l'épine dorsale surtout, car c'est là, au sein du canal vertébral, que s'opèrent les merveilles des mouvements réflexes. La grande conscience, celle qui parle, peut être forcée, par la mort, de s'éloigner des autres; un coup de sabre peut l'en séparer en un clin d'œil. Celles-ci n'en continuent pas moins leurs opérations personnelles, elles sentent et agissent encore, comme on le voit dans les mouches et les canards décapités.

En exposant les idées de M. L. Dumont sur la conscience universelle, nous ne sommes pas sorti de notre sujet; car le plaisir et la douleur sont la conscience même. « Le plaisir et la peine sont les faces subjectives de la composition et de la séparation des forces, comme les sensations, les notions, sont les faces subjectives des modes ou états de la force (2). » Ainsi, nous avons eu raison de le dire plus haut, notre philosophe ne s'est pas tenu aux abords du mystère, il a prétendu le pénétrer. Ce ne sont pas de simples conditions extrinsèques, c'est l'essence même du plaisir qu'il se flatte de nous révéler. N'y a-t-il pas là quelque présomption?

(1) P. 111.
(2) P. 83.

§ III. — *Discussion de cette théorie.*

Le plaisir, d'après vous, Monsieur, c'est l'accroissement, et la douleur, la diminution de la force. Les forces, les phénomènes, ayant une existence à part, comment se combinent-ils? Comment se décomposent-ils? Y a-t-il d'un côté compénétration et absorption par l'un de tous les autres, et de l'autre côté fractionnement d'un seul en plusieurs? L'existence ne se prête pas facilement à ces opérations plus fantastiques que métaphysiques. Je sais bien que vous allez me répondre en souriant que ma critique tombe sur M. Taine et non sur vous (1). Quand on accorde aux phénomènes une existence séparée, comme l'a fait M. Taine, d'après vous, on se met dans une impasse (2), et il est impossible d'arriver, soit à l'unité du moi, soit à la combinaison ou à la dissociation des phénomènes. Vous n'êtes pas tombé dans cette faute, bien loin de là, puisque, pour vous, tous les phénomènes, sans aucune exception, n'ont qu'une seule et même existence, celle de Dieu. C'est par ce fond commun que leur arrivent du dehors le progrès et la défaillance. Ainsi en est-il pour les vases communiquants : le liquide contenu dans l'un d'eux subit toutes les variations que l'autre éprouve, grâce au canal qui les unit. Si l'existence commune avait le pou-

(1) Il est bien évident que les phénomènes sans substance sont des abstractions. Or les abstractions ne se combinent pas. Un morceau de cire peut être rond et rouge, le rouge ne peut pas être rond. Pour M. Taine, le monde n'est qu'un assemblage de purs phénomènes. M. L. Dumont étend ces phénomènes sur la substance divine; mais il semble donner à ces phénomènes une existence à part comme on peut l'induire des passages cités par nous. Il n'échappe pas aux inconvénients du système que soutient M. Taine.
(2) P. 94.

voir d'ouvrir l'impasse, Monsieur, cela servirait de peu,
car vous-même la refermez. Oui, vous la refermez par
votre distribution inconsidérée de consciences. Rien n'est
réfractaire à la fusion comme la conscience. Un *moi* disparu de l'existence, un moi anéanti, est chose qui se
comprend; mais deux *moi* réduits en un ou un *moi* divisé
en deux, voilà ce que personne ne parviendra jamais à
comprendre. Les lois mêmes des mathématiques y ré-
pugnent : jamais $1 + 1$ n'égalera 1; jamais non plus
$1 : 2$ n'égalera 2. Par conséquent, tous les phénomènes
qui se mettent en rapport avec notre *moi* principal, étant
par vous dotés de conscience, étant autant de *moi*,
aucun d'eux ne pourra jamais pénétrer notre moi, se
fondre avec lui pour l'amplifier. L'accroissement des
forces est impossible; donc il n'y a pas de plaisir. De
même rien ne se détache de notre *moi*, de manière à
constituer un moi différent. La diminution des forces est
pareillement impossible. Donc il faut aussi rayer la douleur du nombre de nos affections. Il me semble, Monsieur, que l'impasse subsiste toujours.

Mais quittons ces hauteurs fantastiques, où la théorie
s'évanouit dans l'absurde. Rentrons dans la sphère plus
modeste et plus sûre du sens commun. On pourrait dire
que le plaisir consiste à *sentir* une augmentation, et la
douleur à *sentir* une diminution de force. Dans ces
termes, la proposition de M. L. Dumont peut n'être pas
vraie, mais elle est susceptible d'être discutée. De fait,
l'augmentation n'est pas le plaisir. La cause principale,
pour ne pas dire l'unique, du développement et de la
conservation du sujet vivant, c'est à coup sûr la nutrition.
Or, la nutrition ne devient accroissement qu'à son dernier période, au moment où les forces, ingérées sous
forme d'aliments, sont assimilées aux diverses parties
de l'organisme. Mais tout est silence et mystère dans

l'œuvre qui accroît, fortifie ou répare nos tissus. On en
remarque les effets extérieurs, quand l'ouvrage intérieur
est achevé, mais non quand il s'achève. L'action nutritive
se cache, parce que notre intervention serait nuisible
ou tout au moins inutile. D'autre part, personne n'ignore
que la désassimilation est une opération non moins continue que l'assimilation ; les éléments histologiques, pour
emprunter le langage de la physiologie, sont dans un état
perpétuel de rénovation, perdant et retrouvant tour à
tour quelque chose d'eux-mêmes. Ce changement incessant est même l'une des conditions principales de la vie
matérielle ; s'arrête-t-il, la vie s'arrête du même coup.
Mais, dans cette décomposition intime, pas l'ombre de
douleur, rien qui trahisse ce phénomène dont la constatation est malheureusement si facile. Il a fallu que la
science, par des études opiniâtres, nous révélât cet écoulement mystérieux qui emporte peu à peu les molécules
de notre corps en les dérobant à la vie, et sans lequel
pourtant nous ne pourrions vivre. Croître et diminuer
ne sont donc pas le plaisir et la douleur. L'intervention
de la conscience suffira-t-elle pour faire apparaître ce
double phénomène? Sentir que l'on gagne, est-ce le
plaisir? Sentir que l'on perd, est-ce la douleur?

La nutrition, à son début, n'est point sans produire un
chatouillement agréable. Les émotions dont la langue
et le palais sont le siège obtiennent une estime assez
universelle. Mais elles naissent pendant le court trajet des
aliments, des lèvres à l'ouverture de l'œsophage. Et là, pas
l'ombre d'accroissement de force. C'est bien plutôt le
contraire, une déperdition qui a lieu. La mastication,
l'insalivation, la déglutition, sont des mouvements accomplis par l'organisme, et par conséquent une consommation
d'énergie, une perte. Voici donc un plaisir réel, un plaisir
aperçu, senti, qui accompagne une dépense de forces.

Le plaisir ne consiste donc pas à *sentir* une augmentation, ni la douleur à *sentir* une diminution de forces.

Eh quoi! le plaisir passionne. Or, qu'arrive-t-il lorsqu'on ne résiste pas à ses attractions, lorsqu'on recherche outre mesure les sensations qui le font naître? Est-ce que l'homme de plaisirs devient vigoureux et énergique? Le plaisir amollit les individus, énerve les nations. L'effet des délices de Capone est resté proverbial. A son premier degré, l'usage des plaisirs rend efféminé; au dernier, il abrutit. L'accroissement de la force, quand on le recherche, aurait-il pour résultat d'affaiblir et de détruire? La théorie de M. L. Dumont ne peut donc se soutenir, même ramenée à des limites raisonnables.

Elle est, ce qui est plus grave, en opposition avec la morale. Si le plaisir est essentiellement un accroissement de force, il est toujours un perfectionnement, il est toujours un bien. La douleur, au contraire, est toujours un amoindrissement, toujours un mal. Mais faire le bien, éviter le mal, est la grande loi des volontés intelligentes. L'homme serait donc obligé de rechercher en tout et toujours le plaisir, de fuir en tout et toujours la douleur. L'homme le plus honnête serait l'homme le plus adonné aux plaisirs; et, pour juger du degré de perversité d'un homme, il suffirait de tenir compte de ses souffrances, ou au moins du soin avec lequel il évite les sensations agréables. S'astreindre au travail, s'infliger des privations, se soumettre à la peine pour une noble cause seraient des crimes; et il faudrait chercher les grands criminels, non parmi ceux qui peuplent les bagnes ou qui montent sur les échafauds, mais parmi ceux qui versent leur sang, donnent leur vie, pour un ami, pour leur patrie, pour leur Dieu. Il n'est pas sûr qu'Aristippe et Épicure aient rien enseigné qui, par ses conséquences, révolte à ce point la conscience du genre humain.

Il faut donc renoncer à placer le plaisir dans l'augmentation et la douleur dans la diminution de la force. Avec la souplesse d'esprit qui le distingue, M. L. Dumont y renonce lui-même quand il en vient aux applications. C'est l'*excitation* qui devient alors sa formule. Positive, elle est le plaisir; négative, la douleur. Le coup de fouet appliqué à un malheureux cheval doit être fort agréable, car il a visiblement le don d'*exciter* positivement, et les chansons de la berceuse doivent être une cause de souffrance pour l'enfant, car il est non moins visible qu'elles produisent en lui une *excitation* négative. Mais étudions cette forme nouvelle de la théorie dans un exemple choisi par l'auteur lui-même. Sa théorie du rire nous servira fort bien pour cela.

Voici comment il explique ce phénomène intéressant : « Des circonstances diverses peuvent déterminer l'entendement à essayer de faire entrer deux idées contradictoires dans l'unité d'une même conception; il en résulte une sorte de rencontre intellectuelle dont le rire est la traduction... Les deux forces contradictoires mises en jeu..., ne pouvant aboutir à l'unité d'une conception, sont obligées de s'écouler au dehors par une dépense d'énergie musculaire. Or, l'homme est conformé de telle façon, que les forces cérébrales inutilisées dans le phénomène du rire deviennent une excitation du diaphragme (1). » Traduisons. Une cellule cérébrale A est accidentellement conformée de telle sorte qu'elle représente à votre esprit une personne que vous n'avez jamais vue, avec un visage moulé sur le plus beau type grec; une autre cellule B s'ébranle tout à coup sous l'influence de rayons lumineux réfléchis par le vrai et réel visage de la personne figurée par la cellule A, et cette cellule B en

_____

(1) PP. 205, 207.

s'ébranlant vous montre, à votre grande surprise, le
visage réel avec un magnifique nez de quatre pouces de
long. Aussitôt A et B, en vertu de lois physiologiques,
font effort pour se rapprocher; mais comment faire
coïncider ce nez grec et ce nez exagéré? Impossible. La
force employée pour cela est donc inutile. L'effort qui l'a
dégagée, ne la résorbant pas, elle se précipite instantanément sur le diaphragme. A son contact, le diaphragme
entre en jeu, bondit par saccades, chasse en ondes
pressées et rapides l'air qui crie à travers les cordes
vocales, et voilà le rire. C'est un plaisir assez vif, mais
est-il bien expliqué?

D'après la théorie corrigée de M. L. Dumont, le plaisir
c'est l'excitation, et, dans le cas du rire, le plaisir du
rire serait l'excitation du diaphragme, que « les forces
cérébrales inutilisées » mettent en mouvement. A notre
avis, les secousses du diaphragme n'ont rien de bien
agréable; c'est un phénomène presque toujours anodin
et quelquefois douloureux. Qui pense à son diaphragme
quand il rit? La vraie cause du rire, c'est la vue d'un
contraste inattendu, soit de nous, soit de la personne qui
nous prête à rire. Le plaisir est tout entier dans le phénomène intellectuel; le *cachinnus*, comme le dit très bien
M. L. Dumont lui-même, n'en est que la traduction.
L'excitation ne tombe donc pas à sa place. Il faut qu'elle
soit dans l'aperception du contraste; ce n'est pas assez,
il faut qu'elle soit cette aperception même, car c'est
l'*aperception* qui *excite* le plaisir. Le rayon qui apporte
l'image grotesque, produit, il est vrai, une excitation,
mais c'est une excitation à voir tout simplement, excitation qui n'engendre pas le plaisir; car elle peut se produire sur un homme sérieux, ou sur un homme à conception lente, comme les Allemands, ou même sur un
rieur peu disposé à rire, sans réussir à le dérider. La

vraie cause du rire est une opération toute subjective, à laquelle les causes extérieures ne fournissent que des conditions.

Tout ce dont M. L. Dumont pourrait se féliciter ici, ce serait, non pas d'avoir expliqué le rire, mais d'avoir trouvé le moyen de convertir la lumière en mouvement mécanique, supposé que le diaphragme soit secoué comme il dit. Un rayon lumineux reçu par l'œil, suit, sous forme de vibration nerveuse, les méandres du cerveau ; en certain endroit de la masse cérébrale, il s'aperçoit lui-même par « son dedans », se sent repoussé, et s'écoule par les nerfs pneumogastriques ou autres dans le diaphragme ; là, il agit par « son dehors » et devient le mouvement mécanique que chacun connaît. Or, sait-on quelle est l'intensité de la force qui secoue le diaphragme ? Elle est capable de faire équilibre à une colonne de mercure qui aurait pour base la section de la trachée-artère et environ vingt-cinq centimètres de hauteur, c'est-à-dire quelque chose comme un kilogramme. Si nous supposons vingt vibrations du diaphragme, cela fera une assez jolie somme de forces. Quelle énergie dans un rayon de soleil qui, peut-être, n'a pas mis une seconde à darder son impression ! Souhaitons que la transformation ne s'opère jamais dans le milieu qui nous entoure : il y va de l'intégrité de nos organes et même de notre vie. C'est à de telles conséquences que l'on est acculé, lorsqu'on veut confondre les phénomènes spirituels avec ceux du monde matériel, la conscience et les mouvements mécaniques.

Quant aux excitations négatives, il semble qu'elles jouent un rôle dans certains états de malaise où l'inaction nous fatigue. « L'ennui, dit M. Léon Dumont, est une insuffisance d'excitation par les voies de la perception et de la connaissance. Tout homme dont l'intelligence est cultivée est habitué à recevoir du monde extérieur, par

l'intermédiaire des sens, des excitations incessamment
renouvelées, qui deviennent en lui des points de départ de
séries de phénomènes intellectuels. Les sons que perçoit
son oreille, les paroles qu'il entend, les impressions infiniment variées de la vue, les caractères qu'il lit; en un
mot les mille perceptions qu'il reçoit à chaque instant se
surajoutent dans son cerveau aux excitations internes
provenant de la nutrition. Mais si, par suite du manque
d'intérêt des objets qui nous entourent à un certain
moment, ces objets n'éveillent plus en nous la quantité
d'excitation à laquelle nous sommes habitués, il en résulte
une diminution de l'énergie ordinaire de la pensée (1). »
De là l'ennui.

M. L. Dumont fait intervenir à l'improviste le *manque
d'intérêt*. Il a raison, parce que c'est par défaut d'intérêt
que les objets extérieurs nous ennuient, ne nous *intéressent* pas. Seulement, il aurait fallu nous dire pourquoi
les objets extérieurs manquent *d'intérêt*. La raison en est
plus subjective qu'objective. Suivant nos dispositions
intérieures, un même objet nous plaît ou nous déplaît;
l'activité et le repos nous attirent tour à tour. Mais la
théorie des excitations perd un peu de sa valeur avec cet
élément, surtout si l'on considère qu'il est telle condition
journalière dans laquelle l'absence de toute excitation
est tout ce qu'il y a de plus agréable pour nous. Nous
avons alors tout intérêt à ce qu'on nous laisse tranquilles;
l'excitation positive serait en ce moment positivement
douloureuse.

Dans les douleurs purement physiques, l'excitation
négative prend une autre forme. « Quand, par exemple,
on nous coupe un membre ou que des brûlures, des
écorchures produisent dans nos tissus des désagrégations

_____

(1) P. 143.

accidentelles, l'action que les cellules voisines de la lésion exerçaient immédiatement sur les cellules séparées, ne trouvant plus à s'employer suivant ses procédés ordinaires, est obligée de s'écouler d'une autre manière ; on en retrouve les traces dans ces accidents inflammatoires, ces accès fébriles qui suivent toute blessure, dans les cris, qui sont aussi un moyen de dépenser la force devenue disponible, et enfin dans les mouvements ou les efforts qui ont pour but d'écarter la cause du mal (1). »

La douleur est évidemment l'écoulement de la force produit par la rupture de l'équilibre. Il est fâcheux que les faits ne répondent pas toujours à cette jolie théorie. Un soldat, sur un champ de bataille, a le bras fracassé par une balle. L'équilibre est rompu, certaine quantité de force doit aussitôt s'écouler. Et pourtant le blessé n'éprouve pas d'abord de douleur. Il a reconnu l'accident en sentant son fusil lui échapper des mains. Le chloroforme n'empêche ni la blessure, ni la conscience de la blessure, mais il suspend la douleur : « J'ai appris, dit Luys (2), d'un malade, très intelligent, opéré d'une fistule anale et habitué à se rendre exactement compte de ses impressions, que pendant un sommeil anesthésique, il eut la notion exacte du point incisé, qu'il sentit l'action de l'instrument tranchant sur ses tissus, et qu'il fut simultanément surpris de ne pas ressentir une douleur proportionnelle à l'étendue de l'incision. » Un fou prend la résolution de se couper les deux mains. De la droite, il abat la main gauche avec une hache. Éprouve-t-il de la douleur ? Il est seulement surpris de ne pas pouvoir saisir l'instrument pour opérer sur la droite, et va chez un voisin le prier de l'aider à se débarrasser de la main qui lui reste.

(1) P. 140.
(2) *Recherches sur le système nerveux*, p. 314.

M. L. Dumont pense-t-il qu'il n'y avait pas ici écoulement
de force? Pourtant, pas de douleur. Du reste, il est bien
avéré que souvent les maladies du cerveau pervertissent
les sensations, rendant agréables celles qui sont désagréables dans l'état normal, et réciproquement. Les
excitations externes ne changent pas de nature : les
modifications matérielles du sujet sont les mêmes; la
manière dont l'émotion se produit dans la sensibilité est
seule différente.

Il est bien difficile de trouver *a priori* une formule
générale qui s'applique à toute une classe de faits. Trop
large pour les uns, trop étroite pour les autres, à la
rigueur elle ne peut convenir qu'au petit nombre. On ne
fait pas un habit à toutes les tailles. Quand il s'agit des
phénomènes psychologiques, le plus sûr est de les observer directement, de dire simplement ce que l'on voit,
sans se permettre jamais d'autre généralisation que celle
qui s'appuie sur les faits d'une part et sur les principes
incontestables de l'autre. Nous pensons que M. L. Dumont
n'aurait rien perdu à suivre cette méthode.

§ IV. — *Théorie de M. Francisque Bouiller*
et discussion de cette théorie.

Une règle bien élémentaire pour l'observateur consiste
à ne jamais perdre de vue la nature de l'objet qu'il étudie.
Que d'erreurs ne commettrait pas le naturaliste qui, étu-
diant un oiseau placé sous ses yeux, le considérerait
comme un poisson! L'homme est à la fois animal et
raisonnable. Quiconque ne l'envisage pas sous ce double
aspect, quand il en fait l'objet de ses investigations
scientifiques, s'expose à bien des méprises. C'est un
malheur auquel M. Francisque Bouillier n'a peut-être
pas su assez bien se soustraire. Il écrit : « Il y a plaisir

toutes les fois que l'activité de l'âme s'exerce librement, dans le sens des voies de la nature, ou bien lorsqu'elle triomphe des obstacles qui lui étaient opposés. Il y a douleur, au contraire, toutes les fois que ce même effort est empêché, comprimé, arrêté par quelque obstacle du dedans ou du dehors (1). » Les voies de la nature sont comme la nature. En tant qu'animal, l'homme a devant lui les voies de la nature animale; en tant que raisonnable, il a devant lui les voies de la nature raisonnable. Or, ces deux voies ne sont pas toujours parallèles : quelquefois elles sont divergentes et quelquefois opposées. Lorsqu'il y a divergence ou opposition, la douleur et le plaisir se trouvent unis, soit que l'activité prenne une voie, soit qu'elle suive l'autre. Dans la voie de la nature raisonnable, l'activité produit le plaisir noble et pur, et ce plaisir assaisonne la douleur qui en ce même temps fait sentir sa pointe à l'animal. Si au contraire l'activité s'engage dans l'autre voie, elle produit encore un plaisir, mais un plaisir avilissant, et la douleur qui se manifeste alors dans les autres régions de l'âme est une protestation ou un châtiment. Quand les deux voies sont parallèles, les émotions sont de même sens, si je puis parler de la sorte, et font éprouver doublement leur effet. On conviendra que cette distinction est importante. Faute de l'établir, l'étude du plaisir et de la douleur s'égare dans le chaos.

La méthode exige que l'on s'occupe successivement des plaisirs et des douleurs de l'animal, et ensuite des plaisirs et des douleurs de la nature raisonnable. Laissant au premier ordre de phénomènes les noms opposés de plaisir et de douleur, nous conserverons ceux de joie et de chagrin aux émotions de l'ordre supérieur. Occupons-nous d'abord de l'animal.

(1) P. 32.

Est-il bien vrai que l'exercice libre de l'activité produise dans les voies de la nature le plaisir, et que la contrariété produise la douleur? Pour la clarté, divisons la question. L'*exercice de l'activité*, l'*exercice libre*, l'*exercice dans les voies de la nature*, sont-ce là les trois facteurs du plaisir, de telle sorte que l'un d'eux venant à manquer, la douleur paraîtra aussitôt? Voilà ce que nous avons d'abord à examiner.

Sentir, c'est agir, en un sens très vrai. Par conséquent, il n'y a pas de plaisir sans exercice de l'activité. Mais, par la même raison, il n'y a pas de douleur sans ce même exercice, car la douleur est aussi bien une sensation que le plaisir. L'exercice de l'activité, du moins en tant qu'elle appartient à la faculté de sentir, n'est donc pas un élément spécial au plaisir. Stuart Mill, critiquant une théorie de Hamilton à peu près identique à celle de M. F. Bouillier, apporte cet exemple : « Je goûte à des moments différents deux objets différents : une orange et de la rhubarbe. Dans les deux cas, toutes les conditions favorables sont réunies; l'objet est en contact avec mes organes du goût : et dans les deux cas, tous les empêchements à l'action naturelle et modérée de l'objet sur mes organes sont écartés. Cependant, dans l'un des cas, le résultat est un plaisir et dans l'autre une sensation nauséabonde (1). » Mais pourquoi insister? Il est de la dernière évidence que la sensibilité s'*exerce* aussi bien dans la douleur que dans le plaisir. Elle s'exalte même dans la douleur, de telle sorte que la vivacité appartient plutôt à la douleur qu'au plaisir. Du reste, il serait ridicule de croire que la douleur augmente à mesure que l'on sent moins : elle devrait devenir intolérable au moment où l'on ne sentirait plus rien.

_____

(1) *La Philosophie de Hamilton*, p. 531.

La question posée de cette sorte le serait mal. Hamilton et M. Bouillier parlent sans doute de l'activité qui constitue les facultés distinctes du pouvoir de sentir. L'exercice de ces facultés n'est-elle pas la vraie cause du plaisir?

Le plaisir consiste quelquefois à agir et quelquefois à ne pas agir. Le travail est agréable pour un temps, et le repos l'est pour un autre temps. Changez les temps, vous changez les émotions, le travail devient douloureux et le repos pénible. Ce n'est donc, à aucun point de vue, l'exercice de l'activité considéré en lui-même qui peut servir à résoudre la question.

Sera-ce la condition même de cet exercice, la facilité? Examinons.

Est-il rien de plus facile que d'exercer la vue? Il suffit d'ouvrir les yeux. Mais, est-il rien de plus fade, de plus indifférent que la sensation (nous disons *sensation* et non *perception*) qui nous arrive par cette voie? Un morceau de sucre se fait tout autrement sentir par l'organe de la vue et par l'organe du goût. Présentez une dragée à un petit enfant, il la saisira avec avidité. Pour s'en repaître la vue? Il la fait disparaître aussitôt du champ de sa vision; il veut en jouir d'une autre manière. Preuve infaillible que pour lui le plaisir du goût est bien supérieur au plaisir de la vue. Et pourtant quel est celui des deux qui suppose un exercice plus facile de l'activité? Voyez les efforts de cette petite mâchoire qui croque la dragée, comptez les mouvements de la langue qui sont nécessaires pour préparer convenablement le mélange savoureux; que sont, comparées à ces efforts, quelques contractions insensibles des muscles des yeux et des paupières? Une autre preuve, plus convaincante encore, nous est fournie par ce fait étonnant et d'une expérience journalière, que le plaisir diminue à mesure qu'on en renouvelle l'expérience, c'est-à-dire à mesure que l'activité contracte plus de facilité à produire l'acte que le plaisir accompagne. Le temps émousse chez l'ivrogne l'agréable sensation que lui procure le vin; il ne fait qu'accroître en lui le besoin de boire, en lui facilitant cet exercice. Une émotion que l'on éprouve une première fois, a une saveur, un parfum, un je ne sais quoi de séduisant qu'aucune industrie, aucune habileté ne peut faire retrouver plus tard. C'est comme cette poussière légère dont la nature entoure certains fruits, un premier contact l'efface pour toujours. Il n'en est pas ainsi de la facilité acquise. Elle s'accroît sans cesse par l'exercice, jusqu'à ce que l'instrument se détraque ou se casse. La facilité n'est donc pas une cause essentielle du plaisir.

La troisième condition n'est pas plus indispensable. L'habitude n'est certainement pas la nature. Or, l'habitude est une source de plaisirs non moins abondante. La musique instrumentale, le chant, la danse, si on considère ces arts dans ce qu'ils ont de plus matériel, dans l'aptitude à certains mouvements rythmés; les adaptations variées que l'apprentissage des divers métiers fait contracter aux membres, en un mot toutes les habitudes acquises par la répétition des mêmes exercices peuvent réveiller des émotions agréables quand elles passent en acte. Le sens du goût surtout est d'une docilité singulière. Il n'est peut-être pas d'aliment que l'usage ne finisse par rendre agréable. Chaque peuple se distingue par quelque mets, quelque boisson dont il se montre friand, et qui paraît insipide, désagréable, rebutant, insupportable aux palais étrangers. La variété se montre telle sous ce rapport que l'on pourrait soutenir, sans trop d'invraisemblance, que les plaisirs de la bouche sont affaire d'éducation. Du moins en est-il un grand nombre que la nature n'avait pas préparés et que l'homme doit

à son industrie. Ce n'est pas seulement en s'écartant de
la nature, c'est encore en la dépassant que l'on peut rencontrer le plaisir. L'abus est un fait malheureusement
trop manifeste, et malheureusement aussi l'abus ne
change pas le caractère de la sensation. C'est bien plutôt
le contraire qu'il faudrait dire. Que sont la plupart des
misères morales de l'humanité? Un outrage à la nature,
des plaisirs recherchés et goûtés en dehors de la règle,
je ne dis pas de l'esprit, mais du corps. Nous n'avons pas
à étaler ici ces plaies hideuses. Le fait nous suffit. Il nous
autorise à dire qu'il y a des plaisirs que la nature ne
devait pas connaître.

La formule que nous examinons ne résiste guère à
l'examen. On vient de le voir. Elle a un autre défaut,
celui de faire croire que la douleur est réciproque au
plaisir, ou, suivant la manière de parler des mathéma-
ticiens, que la douleur est le plaisir avec un signe de
sens contraire. Cette réciprocité ne semble pas pouvoir
se soutenir. Quelle est, par exemple, la douleur qui correspond au plaisir causé par la saveur du sucre? Le nom
même de douleur ne peut s'employer ici. Impression
désagréable est tout ce qu'on peut dire. Or, il n'est pas
facile de trouver une substance sapide qui produise l'impression désagréable opposée à la saveur sucrée. Ni le
sel marin, ni l'aloès, ni la rhubarbe ne sont l'opposé du
sucre. Et cela est si vrai qu'il n'est pas impossible de
goûter en même temps les saveurs les plus diverses.
Un mélange habile peut même rendre fort agréables
celles qui sont les plus désagréables lorsqu'on les éprouve
séparément. Ce sont les secrets des confiseurs et des
cuisiniers. L'observation qui suit est encore plus concluante.

Les plaisirs les plus vifs sont ceux du goût et de
l'odorat, car nous ne voulons pas parler du plaisir hon-

teux; le tact vient ensuite, puis l'ouïe et enfin la vue.
Les douleurs suivent-elles le même ordre? Les douleurs
de la vue et de l'ouïe sont bien peu de chose; celles de
l'odorat et du goût méritent à peine ce nom. C'est au
tact, médiocrement partagé sous le rapport du plaisir,
que revient la douleur proprement dite à tous ses degrés,
depuis le sourd malaise jusqu'aux souffrances les plus
déchirantes, les plus intolérables. Cette forme de douleur pénètre là même où le plaisir n'a jamais d'accès. Il
est telle partie de notre corps dont nous ne sentons
l'existence que lorsqu'une maladie y établit son siège,
c'est-à-dire le siège d'une douleur. Nommer les coliques
hépatiques et les coliques néphrétiques, c'est donner de
ce fait une preuve irrécusable. Que reste-t-il maintenant
de la définition donnée par M. F. Bouillier?

§ V. — *Le plaisir et la douleur d'après l'observation.*

Pour éclaircir la question présente, laissons les maîtres, interrogeons-nous nous-mêmes, observons ce qui
se passe en nous.

Revenons au sucre. Placez-en un morceau sur votre
langue; votre salive vient d'en fondre quelques molécules. En ce moment, les papilles nerveuses de votre
langue, excitées par le contact du liquide sucré, entrent
en action, vous éprouvez une première sensation d'un
agrément particulier, à peu près passive. Ne vous pressez
pas d'avaler. La sensation agréable est-elle tout ce que
vous éprouvez? Vous sentez à sa suite un attrait, une
impulsion qui vous porte avec quelque énergie à recueillir
cette première sensation, à l'exalter le plus possible, à
savourer. Vous pouvez céder à cette sollicitation, vous
pouvez y résister. Veuillez céder, dans l'intérêt de notre

étude. Vous accomplissez maintenant un certain nombre
de mouvements propres à tirer de la sensation tout ce
qu'elle peut rendre, et enfin, par la faculté que vous
avez de sentir, vous vous appropriez totalement ce petit
plaisir, vous en jouissez. Une détermination volontaire
et la jouissance achèvent l'évolution du plaisir. Observons, en passant, que l'image ou le souvenir de la sensation agréable produit également une *excitation*, et
par conséquent, certaines circonstances étant données,
avec le concours de la volonté, tous les mouvements
nécessaires pour faire naître la sensation réelle.

Le sucre, on le sait, est, dans certaines proportions,
nécessaire à notre organisme, non sans doute en tant que
flattant agréablement notre palais, mais à cause de ses
propriétés physiques et chimiques. Lorsque la quantité
prévue par les desseins de la nature est atteinte, il est
rare que l'estomac se prête à une nouvelle ingestion.
Dans ces conditions, les phénomènes élémentaires que
nous venons d'examiner prennent la forme suivante. Le
premier, la sensation passive, qui résulte du contact du
sucre liquéfié sur les papilles gustatives, reste identique.
Le sucre est encore doux, il n'est ni acide, ni amer. Mais
précisément, parce qu'il est doux, il n'excite plus d'attrait; au contraire, c'est le dégoût qu'il éveille. Supposez
que cette sensation ait changé de caractère, elle se trouvera dans la condition de toute autre, et, loin de faire
naître de la répugnance, elle se fera très probablement
rechercher, ce qui ne serait pas sans inconvénient. La
sensibilité a, pour ainsi dire, besoin de reconnaître ce
qu'elle doit repousser, il faut donc que les caractères de
l'objet persévèrent. Le dégoût qui suit maintenant la première sensation, n'est pas une douleur qui lui soit contraire. C'est une sensation formée par le souvenir sensible des émotions que causent certaines contractions de

l'estomac, avec un désir violent d'expulser l'objet qui la réveille. Il peut arriver que le contact de l'objet sapide provoque le dégoût et ses suites sans l'intervention trop lente de la volonté ni même de la conscience. C'est alors un phénomène connu en physiologie sous le nom de mouvement réflexe. Tout se termine par une sensation de plaisir, mais ce plaisir n'est autre que la sensation d'organes qui passent d'un état violent à un état normal. Cette analyse, qui, nous l'espérons, sera jugée fidèle, sinon complète, prouve avec la dernière évidence que le plaisir a sa raison d'être dans une fin. La fin est-elle obtenue, la sensation reste la même intrinsèquement, mais elle ne plaît plus, elle déplaît, et provoque d'elle-même l'action qui doit éloigner sa cause.

Ce caractère ne ressortira pas moins de cette autre considération. Si l'on classait les plaisirs dans l'ordre de leur plus grande intensité, il nous semble qu'on devrait les distribuer de cette sorte, toujours sans tenir compte de celui qui ne se nomme pas : plaisirs du goût, plaisirs de l'odorat, plaisirs du tact, plaisirs de l'ouïe, plaisirs de la vue. Les douleurs ne suivraient pas un ordre inverse, mais tout différent. Les douleurs du tact occuperaient le premier rang, puis viendraient les douleurs du goût, celles de l'odorat, celles de l'ouïe et enfin celles de la vue. Pour les plaisirs, on peut remarquer qu'ils vont en s'éteignant à mesure que le sens devient plus intellectuel. La vue, qui est par excellence le sens de la connaissance, n'a presque pas de plaisir. On peut remarquer aussi que les sens les plus féconds en plaisirs vifs sont surtout développés chez les animaux. Le tact, qui n'a rien de bien agréable en lui-même, en dehors de la sensation de la chaleur, est à peu près nul chez l'animal, même comme instrument de plaisir. Mais il reprend toute son importance, quand, pour ainsi parler, il devient le véhicule de la douleur. Voilà des faits certains. Essayons-en l'interprétation.

L'animal est un être qui doit concourir, par l'*exercice de son activité*, à sa conservation et à la propagation de son espèce. En dépit de toutes les protestations des positivistes, il faut reconnaître ici une *finalité* évidente. Pour atteindre cette double fin, ses actions doivent être coordonnées; cela est non moins évident. Sera-ce l'intelligence qui deviendra le principe de cet ordre indispensable? Non pas, certes, celle de l'animal, car il n'en a pas. En lui-même, il n'a pour le régler que des sensations agréables et des sensations désagréables. Un système de plaisirs, différents suivant les espèces, l'attire et le dirige *dans les voies de la nature*, et un système de douleurs plus ou moins corrélatif l'y ramène lorsque d'autres causes l'en écarteraient. Entre chaque espèce animale, son organisation, ses sensations et les objets de la création qui conviennent à sa propre nature, il y a une harmonie qui ravit d'admiration l'observateur. Elle suppose une science infinie des rapports possibles entre les êtres. Ainsi le plaisir et la douleur sont de véritables *excitants;* ils excitent non pas en général l'exercice de l'activité, mais certains mouvements spéciaux parfaitement coordonnés pour rechercher les objets utiles, ou pour éviter tels autres objets nuisibles. L'activité dépensée n'est pas la mesure du plaisir, ni celle de la douleur; cette mesure est plutôt le degré même du besoin.

Nous ne prétendons pas pour cela que le plaisir et la douleur soient des phénomènes qui dépendent immédiatement de la volonté libre du Créateur. Les faits de la nature se rattachent à des causes secondes qui sont dans la nature. Il n'est d'ailleurs pas difficile de faire voir que le plaisir et la douleur dépendent d'abord de causes physiques. Si l'on supprime le nerf spécial à un organe de

sensation, la sensation disparaît dans cet organe. Un
état immobile d'indifférence remplace à la fois les émotions du plaisir et celles de la douleur. D'autre part, le
pouvoir laissé à l'homme de se créer à lui-même des plaisirs que la nature n'avait pas préparés, révèle, dans les
organes et dans les objets, une aptitude latente, qui,
sous l'influence d'une cause seconde, prend une dernière
forme et devient ainsi principe immédiat de plaisir.

Que les besoins de la nature soient la raison du plaisir
et de la douleur, cela est incontestable quand il s'agit du
pur animal. L'homme qui, outre la sensibilité, possède
encore l'intelligence, n'est pas entièrement soumis à cette
loi. Il s'y soustrait souvent, précisément parce qu'il jouit
de cette haute faculté. Le plaisir l'attire et la douleur le
repousse comme l'animal. Mais ordinairement il est libre
d'exécuter ou de ne pas exécuter les mouvements que
l'attrait ou la répugnance préparent et demandent. Il a
le pouvoir de contrarier ou d'exagérer ses tendances
naturelles. C'est ainsi qu'il se procure de nouveaux plaisirs et qu'il s'expose à de nouvelles douleurs. La fin qui
règle les plaisirs et les douleurs de l'animal a été fixée
par une intelligence qui lui est extérieure; l'homme établit quelques points particuliers de sa propre règle, mais
en cela il obéit encore à une fin. La fin est donc la raison
du plaisir et de la douleur.

Une autre considération devient maintenant nécessaire.
Le plaisir et la douleur, étant un appel à l'activité de
l'être sensible, supposent essentiellement le concours de
la conscience. Comment l'animal serait-il excité, si l'excitation était pour lui comme si elle n'était pas, si elle ne
signalait pas au moins sa présence? Le rôle de la conscience ne semble pas se réduire à une simple constatation, il va jusqu'à modifier le phénomène. On sait que la
conscience suit l'attention. L'attention est-elle fortement

appliquée à un objet différent de l'impression d'ailleurs agréable ou douloureuse, la sensation s'émousse considérablement et peut même disparaître tout à fait. Dans le feu de la composition, l'écrivain ne sent pas le froid qui lui glace les doigts, il n'entend pas même le cri de la faim. Les méprises de l'homme distrait n'ont pas d'autre cause : l'attention à ses pensées ferme son esprit aux excitations communes. D'autre part, lorsque la sensation devient elle-même l'objet de l'attention, le plaisir et la douleur sont éprouvés, mais dans deux conditions bien différentes et, croyons-nous, peu remarquées jusqu'ici. L'attention est-elle au service de l'intelligence? est-elle un effort de l'esprit qui veut connaître, observer, se rendre compte? Alors le plaisir semble se concentrer, s'affiner, pour ainsi dire, et s'affaiblir ; la douleur, de son côté, s'aiguise et perd son intensité. On est tenté de se dire : mais, n'est-ce que cela? Si, au contraire, la raison sommeillant ou s'occupant modérément à autre chose, l'attention se porte d'une manière vague sur la sensation, c'est alors que le plaisir et la douleur acquièrent, pour une même impression, toute leur énergie. Le fait se vérifie même pendant le sommeil, où des sensations insignifiantes plaisent ou déplaisent hors de toute proportion. Est-ce un jeu de l'imagination qui ajoute ses fictions à la réalité et leur fait croire à des émotions nulles en elles-mêmes? On comprend ce qu'est un objet imaginaire ; une impression même peut être supposée réelle, quoiqu'elle ne le soit pas. Il est moins facile de comprendre que le plaisir et la douleur aient une existence supposée. L'intérieur peut supposer l'extérieur, mais peut-il se supposer lui-même? Du reste, si nous considérons que la froide raison, lorsqu'elle observe avec attention les divers mouvements passionnés qui s'élèvent dans la partie inférieure de l'âme, les modère aussitôt par cela même qu'elle les regarde, on sera porté à penser que la raison agit secrètement sur les nerfs et par les nerfs sur les émotions. Par contre, l'imagination, livrée à elle-même, doit exalter les affections nerveuses et ainsi accroître réellement le plaisir et la douleur. N'est-ce pas pour cela que les personnes en qui l'imagination domine au détriment de la raison, souffrent et jouissent avec plus de vivacité, qu'on les dit plus spécialement sensibles?

L'attention a donc une part considérable dans les émotions. Mais, remarquons-le bien, ce n'est pas dans le premier instant. Le plaisir et la douleur *préviennent* l'attention. Leur pointe a pour premier objet de réveiller l'attention. Il faut qu'elle acquière un certain degré de force pour vaincre l'inertie ou la résistance de cette autre puissance. Tantôt une patte de mouche y suffira, tantôt une blessure même sera au-dessous de cette tâche. Ainsi l'émotion n'attend pas l'attention pour naître, mais seulement pour se développer et prendre sa dernière forme.

Après cette étude rapide, nous aurions le droit, nous aussi, de résumer nos conclusions dans une formule générale. Nous n'en éprouvons pas même la tentation. L'expérience d'autrui nous montre trop bien le danger auquel nous serions exposé. Le plaisir et la douleur en eux-mêmes sont ce qu'ils sont : un mystère pour les plus clairvoyants. Leur rôle consiste à exciter l'activité de l'être sensible dans une voie déjà tracée. La conscience les accompagne essentiellement et l'attention les modifie. Tout cela est vrai, il n'y a pas de motif d'en douter. Mais est-ce tout? Il serait fort téméraire de l'affirmer.

§ VI. — *La joie et la tristesse.*

Le plaisir accompagne souvent l'exercice de l'activité animale, mais n'est pas cet exercice, nous l'avons vu.

L'exercice de nos facultés supérieures n'est pas non plus la joie, quoiqu'un certain plaisir en résulte. Il y a plaisir à vouloir, plaisir à penser, plaisir à chercher le vrai, plaisir à le trouver, plaisir à le comprendre. Mais à côté et au-dessus de ces plaisirs encore sensuels, malgré le rang élevé qu'ils occupent, il y a des joies qui sont le privilège de l'homme raisonnable. M. Francisque Bouillier ne paraît pas l'avoir reconnu. Il écrit (1) : « Nous nous plaisons si naturellement dans l'activité, que notre esprit se refuse absolument à l'idée d'un bonheur clos et immobile, quelque grand et délicieux qu'on nous le dépeigne. Notre nature ne s'accommode pas d'un idéal où nous n'aurions plus rien à désirer au delà, plus rien de meilleur à atteindre par notre activité et par nos efforts... Au delà de ce que nous sommes, il nous faut toujours un horizon, une perspective où se précipite notre pensée impatiente qui toujours anticipe sur l'avenir... Rien de fixe, rien de définitif, même dans la possession du plus grand bonheur que nous ayons rêvé, ne saurait nous plaire bien longtemps. Quoi de plus doux que la découverte, que la possession de la vérité ! Cependant nous serions, je m'imagine, malheureux, le jour où notre intelligence n'aurait plus rien à chercher, plus rien à découvrir. « Si la Providence, a dit Lessing, énergique « interprète de ce sentiment, me montrait, enfermée dans « une main, la vérité absolue ne laissant plus aucune « place au doute et à la recherche, et, dans l'autre, « la vérité incomplète et imparfaite qui provoque les « recherches et les efforts, je dirais : Garde celle-là, « donne-moi celle-ci. »

Lessing ne savait pas ce qu'il disait. Quant à M. F. Bouillier, il fait trêve à ses habitudes de réflexion. Est-ce la

(1) PP. 53, 55.

petite satisfaction d'un coup d'épingle donné en passant
à l'une des vérités fondamentales de la religion chrétienne, qui lui trouble la vue et l'empêche de voir la
réalité? Nous serions tenté de le croire; car l'école même
à laquelle appartient ce philosophe, possède la formule
qui résout la question présente. Que dis-je? il est facile
d'en apercevoir les éléments dans plus d'une page de
M. F. Bouillier.

Une distinction claire et nettement tranchée entre les
plaisirs de l'homme animal et ceux de l'homme raisonnable consiste en ce que les premiers résultent toujours
d'une modification matérielle de l'organisme et que les
seconds résultent toujours d'une idée. Sans doute, un
plaisir animal pouvant devenir objet d'une idée arrive
par cette voie jusqu'à l'esprit, capable de l'émouvoir, de
lui plaire; mais il ne dépouille pas dans ce trajet les conditions intimes de son origine; l'impression matérielle est
dans l'impression présente ou dans le souvenir, elle est
toujours dans l'objet du désir. L'idée proprement dite,
l'idée d'où procède la joie ne suppose pas l'impression, ou
du moins s'en dégage. Quelle est l'impression matérielle
de la vertu, de la beauté, de la vérité, de la vie, de
l'existence, de l'éternité, de l'infini? La pensée est essentiellement objective, elle se porte essentiellement sur un
objet distinct ou considéré comme distinct d'elle-même.
Dans son mouvement, elle oublie, pour ainsi dire, son
point de départ, son origine, elle s'oublie elle-même, pour
ne voir que son terme, dans lequel elle se perd. Que
devient notre personnalité lorsque nous contemplons une
loi de la nature, une vérité scientifique, un phénomène
céleste? En présence d'une œuvre d'art, on ne dit pas :
je suis bien aise, on dit : Cela est beau; en présence
d'une conclusion de la science, on ne dit pas : Je suis
content, on dit : Cela est sûr, ou seulement : Cela est.

Notre personnalité s'efface, elle ne compte pas. C'est là un
caractère inaliénable de la pensée. Après avoir montré
que les phénomènes de l'intelligence ont pour marque
essentielle d'être *objectifs*, M. F. Bouillier ajoute : « La
conscience distingue toujours très bien telle ou telle modification du moi, d'avec le moi lui-même ; elle détache du
sujet connaissant l'idée qu'elle reproduit ou qu'elle contemple, elle ne la confond nullement avec l'essence du
moi. » Tant il est vrai que le mouvement de l'intelligence
va du dedans au dehors. Il n'y avait plus qu'un pas
à faire. Pourquoi le philosophe rationaliste ne l'a-t-il pas
fait? Le terme extérieur de la pensée est la vraie cause de
son mouvement, c'est cet objet que l'être intelligent et
doué de volonté est, par sa nature, forcé de rechercher ;
c'est au dehors qu'est le principe de son évolution supérieure, de sa vie à lui, de son bonheur. Se rechercher
soi-même, rechercher sa propre recherche, comment une
telle conception a-t-elle pu tomber dans l'esprit d'un
philosophe? L'œil se regarde-t-il lui-même? Un coureur
court-il, non pour atteindre un but, mais pour atteindre
sa course? M. Cousin remarque fort bien, dans l'un de
ses ouvrages, que l'attention aux sentiments de l'ordre
supérieur les fait évanouir. Rien de plus juste. Le principe
de ce sentiment étant l'objet même de l'idée, en vous
détournant de l'objet pour vous arrêter au sentiment,
vous supprimez l'idée et partant le sentiment qu'elle fait
naître. On ne conserve pas un ruisseau en tarissant la
source. La fable, toute fable qu'elle est, ne s'y est pas
trompée. Le beau Narcisse est la personnification de
la théorie singulière soutenue par M. F. Bouillier. Son
amour se replie sur lui-même, c'est en lui-même qu'il
veut trouver son bonheur. Que trouve-t-il? le vide, le
rien, et il se dessèche.

On oppose l'ennui; on dit que le besoin de chasser

cet hôte désagréable pousse souvent les hommes à s'occuper pour s'occuper, à chercher l'exercice pour l'exercice. On ne remarque pas que ce résultat est obtenu
à l'aide d'un artifice qui est précisément une confirmation de notre thèse. L'exercice est essentiellement
un moyen ; il ne peut donc être pris pour fin. Comment
arrive-t-on à se désennuyer par l'exercice? En choisis-
sant des occupations dont l'objet, quoique futile en un
sens, intéresse vivement l'esprit, parce que cet objet
suscite facilement des idées agréables. On joue, c'est-à-
dire on emploie des méthodes convenues pour être cause
ou témoin de tours comiques, de traits d'esprit, de situations plaisantes, de combinaisons heureuses et imprévues. L'exercice seul, l'exercice à vide, l'exercice sans
cette vie qui lui vient du dehors par l'idée ne chasse
pas l'ennui, au contraire, il l'appelle.

Ce n'est donc pas le besoin d'exercice, nous pouvons
le dire maintenant, qui empêche notre esprit de se reposer avec bonheur dans un objet définitif et le précipite
dans des horizons « qui se renouvellent sans cesse ». Il
n'est pas vrai que notre nature « ne s'accommode pas
d'un idéal où nous n'aurions plus rien à désirer au
delà. » Ce qui est vrai, c'est que cet idéal ne nous
étant jamais accordé ici-bas, fuyant devant nous à mesure que nous nous approchons, allume sans cesse des
désirs qu'il ne satisfait jamais. Saint Augustin l'a dit
dans une parole restée célèbre. Notre âme s'en va à
travers les chemins de la vie, cherchant comme des
reflets du seul objet capable de satisfaire et d'épuiser
toute son activité. Rencontre-t-elle l'un de ses pâles
rayons, elle s'arrête ravie, regarde, jouit un instant,
mais bientôt elle reconnaît qu'elle n'a devant elle qu'une
image, moins qu'une image, un trait; elle se détourne,
en s'écriant avec l'évêque d'Hippone : « Non, vous

n'êtes pas mon Dieu »; et elle reprend ses recherches. Mais, quand elle sera en présence, quand elle
jouira de toute beauté, de toute vérité, de toute bonté,
comment pourrait-elle désirer, rechercher autre chose,
autre chose n'existant pas? Comment pourrait-elle, pos-
sédant tout, vouloir autre chose? Comment même, son
activité s'exerçant dans la plénitude la plus parfaite,
pourrait-elle éprouver le besoin de s'exercer autrement?
Faut-il être philosophe pour oser imprimer que la
nature humaine ne serait pas satisfaite si elle possédait
tout?

Mais revenons. Après ce que nous venons de dire,
sera-t-il bien difficile de nous rendre compte des conditions de la joie? Prenons le fait si connu d'Archimède
s'élançant nu hors d'un bain et courant dans les rues
de Syracuse en criant : « Je l'ai trouvé. » Le grand
géomètre éprouvait en ce moment un accès de ¨ ie peu
commune; quelle en était la cause? Depuis longtemps,
une pensée, un problème l'obsède : il veut arriver à
connaître la quantité de cuivre qu'un orfèvre a mêlée
à l'or de la couronne royale. Il entre dans une baignoire
et remarque par hasard que son corps plongé dans l'eau
est allégé. Aussitôt un voile est tiré de devant ses yeux :
il aperçoit la grande loi qui relie la densité aux volumes
des corps, le moyen de mesurer exactement ce rapport,
les conséquences de cette loi dans l'art et la nature,
l'univers entier lui révélant plusieurs de ses mystères.
C'est une grande vérité qui vient d'entrer dans son intelligence. Ce spectacle le saisit, le transporte, lui fait
oublier jusqu'à la décence. Il va publier sa découverte
de tous côtés, devant des passants, des marchands, des
femmes du peuple qui s'y intéressent assurément fort
peu. Pour lui, ce qu'il voit en ce moment est quelque
chose de si grand que tout le monde doit nécessaire-

ment en avoir l'esprit occupé. Il est possédé par son
idée, il ne s'appartient plus.

Quelque chose d'analogue s'observe toutes les fois
que la joie se fait sentir. C'est comme un bel horizon
qui s'ouvre à l'improviste aux yeux de l'âme. Voici une
petite fleur : si vous la considérez d'une certaine façon,
vous ne manquerez pas d'éprouver un tressaillement intérieur, fort doux quoique léger. Examinez ce qui le
provoque. Est-ce la matière de la fleur? Elle ne diffère
pas beaucoup de cette boue que vous foulez aux pieds.
Est-ce la forme, la fraîcheur, la vie éphémère? Sont-ce
les dimensions, les couleurs? Tous ces éléments, séparés,
vous toucheraient fort peu. Réunis en un même sujet,
ont-ils donc acquis un pouvoir tout nouveau? Comment
croire à tant de vertu dans un simple rapprochement?
Non, cette petite fleur n'a rien en elle-même qui soit
capable d'émouvoir. Dans combien de regards, regards
d'hommes et regards d'animaux, ne réfléchit-elle pas son
image, et cependant combien en est-il qui voient en elle
autre chose qu'une étendue diversement colorée et diversement limitée? Pour la trouver belle, il faut la comprendre, et pour la comprendre, il faut avoir ce don
d'intelligence qui est l'interprétation spontanée du langage des choses. Vous verrez alors à travers l'humble
fleur la vie, la grâce, l'éclat, la délicatesse. Ces belles
choses n'ont ici qu'un signe d'elles-mêmes, un bien léger
reflet. Elles rayonnent cependant autour de ces pétales
que vous considérez. L'illusion est si forte que vous
seriez tenté de prêter à la fleur des sentiments, une
pensée, tenté peut-être de lui adresser la parole, de lui
donner un peu de votre affection. N'est-ce pas l'idée
qui vient encore ici vous émouvoir?

Pourquoi êtes-vous transporté lorsque vous entendez
la réponse que notre Corneille prête au vieil Horace?

L'amour paternel est une des énergies les plus fortes du cœur humain. Que ne fait pas un père pour le bien de son enfant? Il est capable de sacrifier son repos, sa fortune, sa santé, son existence même. C'est sous les traits du père que le vieil Horace se montre à votre esprit. Mais voici que le fils de ce père se trouve placé dans l'alternative de perdre la vie ou de violer le devoir. Le devoir se dresse devant l'amour paternel qui est si grand et si puissant. Le fier Romain n'hésite pas, c'est le devoir qu'il fait triompher sur l'amour paternel. En ce moment, l'idée de la grandeur, de la majesté du devoir nous apparaît accrue de toute la grandeur et de la majesté de l'amour paternel. Son éclat extraordinaire nous ravit et nous étonne, en même temps que l'âme du vieil Horace commande notre admiration par sa droiture et son indomptable courage.

Inutile, croyons-nous, d'apporter d'autres preuves. Celles-là doivent suffire.

Je sais bien ce qu'on peut opposer. Les joies de l'homme n'ont pas toujours ce caractère noble et pur. Bien loin de là. Il y a les joies de l'ambition, les joies de l'orgueil, les joies de la vanité, les joies du lucre, etc. Cela est très vrai. Mais qu'est-ce que cela prouve? Une seule chose : que l'homme est capable d'erreur. Il substitue, dans son esprit, les idées fausses aux idées vraies, attribuant à celles-là quelques-unes des qualités de celles-ci, car le faux, pour être accepté, doit avoir les apparences du vrai. Est-il étonnant, après cela, que l'erreur ait aussi ses joies? Joies fausses, joies vides et âpres, auxquelles un esprit attentif ne se trompe pas. Elles ne satisfont pas; elles troublent l'âme un instant, laissent après elles le dégoût, l'ennui, et, très souvent, la honte et le remords. Tel ce malheureux égaré que Hroswita met en scène et qui donne à de vils ustensiles de cuisine les marques les plus tendres de son affection.

Si, allant plus avant, nous nous demandions ce qu'est la joie en elle-même, la réponse nous serait fournie par cet autre mot de saint Augustin : *Amor meus, pondus meum.* Le principe du mouvement de mon âme, c'est l'amour qui fait le fond de sa vie, comme la gravitation est le fond de tous les phénomènes de la nature matérielle. La joie est cet amour d'abord satisfait passagèrement et par parties. M. Franck a dit cette belle parole : « C'est l'amour physique que l'antiquité païenne a représenté les yeux couverts d'un bandeau, mais le véritable amour, l'amour dans sa plénitude et dans toute sa force, a les yeux ouverts qu'il lève vers les cieux (1). » C'est dans la lumière, par la connaissance, par l'idée qu'il marche vers son terme. Ce terme, le centre qui l'attire si doucement et si irrésistiblement à la fois, c'est le vrai, le beau et le bien. Nous l'avons déjà dit, les marques, les traces de ce triple objet, si faibles soient-elles, font tressaillir l'âme toutes les fois qu'elle les rencontre. C'est pour elle comme un avant-goût du bonheur, c'est la joie telle qu'il est permis de l'éprouver ici-bas.

La tristesse, opposée à la joie, se comprend par l'amour et ne se comprend pas autrement. La tristesse est un amour contrarié. Chercher et ne pas trouver, perdre après avoir possédé, pressentir, au moment même où l'on possède, que l'on perdra le bien possédé, savoir que la recherche est inutile ou impossible, sont tout autant de formes de la tristesse, tout autant de phénomènes dont l'amour est le fond.

Le vrai, le beau et le bon sont en Dieu; notre âme en a le pressentiment, mais elle n'en a pas la claire vision,

(1) *Dictionnaire philosophique,* art. Amour.

sans quoi bien des errements nous seraient épargnés. Notre devoir c'est de découvrir la réalité sous l'image, ou du moins de nous préparer à la joie parfaite et absolue par les joies relatives et partielles de la vie présente. C'est le précepte même de Platon, qui veut que l'ami de la sagesse s'élève, par l'amour de la beauté créée, à l'amour et à la possession de la beauté incréée. On sait que ce philosophe unit dans la même idée le beau et le bon. Il met, dans la bouche de Diotime, les paroles suivantes et c'est par là que nous terminerons : « Celui qui, dans les mystères de l'amour, se sera élevé jusqu'au point où nous sommes (c'est-à-dire jusqu'à la science générale du beau), après avoir parcouru, selon l'ordre, tous les degrés du beau, parvenu enfin au terme de l'initiation, apercevra tout à coup une beauté merveilleuse, celle, ô Socrate, qui était le but de tous ses travaux antérieurs : beauté éternelle, incréée, impérissable ; exempte d'accroissement et de diminution ; beauté qui n'est point belle en telle partie et laide en telle autre, belle seulement en tel temps et laide en tel autre ; belle pour ceux-ci et laide pour ceux-là ; beauté qui n'a rien de sensible comme un visage, des mains, ni rien de corporel ; qui n'est pas non plus un discours ou une science ; qui ne réside pas dans un être différent d'elle-même, dans un animal, par exemple, ou dans la terre ou dans le ciel, ou dans toute autre chose ; mais qui existe éternellement et absolument par elle-même et en elle-même ; de laquelle participent toutes les autres beautés, sans que leur naissance ou leur destruction lui apporte la moindre diminution, ou la modifie en quoi que ce soit (1). »

(1) *Le Banquet.*

CHAPITRE XI

LA MÉMOIRE

S'il fallait en croire cette nouvelle école de philosophie qui étudie l'homme exclusivement dans son corps et qui s'attribue pour cela le droit de parler au nom de la science, la mémoire ne serait pas autre chose qu'un ensemble de phénomèmes produits à l'aventure par l'organisme et se manifestant sous certaines conditions à la conscience, comme ces bulles de gaz (la comparaison est de l'un de ces philosophes) qui s'élèvent du fond des étangs et viennent se montrer à la surface où elles crèvent. Ce sont les lois mécaniques qui la gouvernent; le pouvoir personnel de l'être pensant n'y est pour rien : il est le spectateur forcé et abusé de ces manifestations; abusé, car il croit y être pour quelque chose, et il n'y est pour rien; bien plus, il croit exister et il n'est pas, Descartes avec son fameux principe : « Je pense, donc je suis », n'était qu'un rêveur. Les maladies de la mémoire, qui la rongent morceau par morceau, démontrent surabondamment que tout est ici affaire d'organisme.

Voilà ce que disent les plus forts penseurs de la libre pensée. Ces incohérences sont aujourd'hui acceptées comme des conquêtes de la science. Nous allons montrer que les actes de mémoire sont une œuvre commune, pour des parts diverses, de l'organisme et de l'esprit, mais que l'action propre de l'esprit est prédominante et principale. Nous entendons par esprit un pouvoir substantiel qui en nous pense, veut et dirige.

§ I. — *Rôle de la mémoire.*

Qu'on nous permette d'abord une considération qui facilitera l'étude de notre sujet.

Un professeur de géométrie dit à ses élèves : « Messieurs, je vais vous démontrer cette proposition : le carré construit sur l'hypoténuse du triangle rectangle est égal à la somme des carrés construits sur les deux autres côtés. Prêtez-moi votre attention. Supposez donc trois carrés construits sur les trois côtés d'un triangle rectangle... » Mais déjà, malgré la meilleure volonté du monde, les trois quarts des auditeurs ne comprennent plus. La situation de ces carrés oscille dans leur esprit ; l'idée même de somme, celle d'égalité appliquée à ces figures restent vagues. Le professeur s'en aperçoit et, aussitôt se levant : « Je vais, dit-il, me faire comprendre. » Il trace un triangle plus ou moins rectangle au moyen de barres plus ou moins droites sur un tableau noir ; construit trois figures, à peu près carrées, extérieurement au triangle et sur ses trois côtés. « Vous voyez ce triangle A B C, continue-t-il ; il est rectangle en A... » Désormais les écoliers le suivent sans peine, et il pousse heureusement jusqu'au bout sa démonstration.

Cet exemple fait toucher comme du doigt une grande faiblesse de l'esprit humain. Condamné à ne rien comprendre sinon par parties et successivement, il emploie forcément l'analyse ; il divise ce qu'il veut approfondir, mais, presque aussitôt, il s'embarrasse dans les détails,

en oublie les caractères, prend les uns pour les autres : il
n'a pas fait trois pas dans les sentiers de sa dialectique,
qu'il se sent totalement égaré. Cette infirmité heureusement n'est pas sans remède. Les signes extérieurs, qui
ont à la fois quelque chose de fixe, de saisissant et de
durable, appuient l'attention, l'empêchent d'hésiter, la
ramènent, quand il y a danger de méprise, à des points
de repères permanents et facilement reconnaissables :
l'ordre est devenu possible dans l'évolution de la pensée,
dont la science sera le fruit naturel et légitime.

On voit clairement ici quelle est la part des sens et
quelle est celle de l'intelligence. A l'œil de l'écolier subs-
tituez un œil de lapin ou de tout autre animal, cet œil
verra tout ce que voit l'œil le plus intelligent; mais le
lapin ne comprendra ni peu ni prou de ce que comprend
le jeune géomètre. Celui-ci, d'autre part, n'arriverait
pas facilement à comprendre, si son œil ne venait à son
aide. Le sens est un secours indispensable, mais rien de
plus. Voilà ce qu'il faut ne jamais perdre de vue, si l'on
veut connaître quelque chose aux diverses opérations de
l'intelligence humaine.

Les sens n'ont pas pour rôle unique de placer les
choses du dehors devant l'esprit. Ils composent au
dedans de nous, grâce à l'action des objets sensibles,
une sorte de petit monde, qui devient notre possession,
notre bien, que nous emportons avec nous, pour nous
en servir à notre gré, suivant nos besoins, comme nous
nous servons des choses du dehors dans l'exercice de
notre intelligence. On n'a pas assez remarqué le mécanisme admirable de nos sens. Ce sont des appareils construits avec une délicatesse et une complexité inouïes pour
recueillir et adapter à notre mesure comme de subtils
fac-similé des êtres matériels. L'oreille, par exemple,
contient des milliers de cordes vibrantes, presque micros-

copiques, destinées à vibrer à l'unisson des ondes sonores du dehors. Pour entendre, l'oreille sonne et, à l'intensité près, sonne précisément comme ce qu'elle entend. De même l'œil s'illumine pour voir; il peint en lui-même en traits d'une finesse extrême l'objet qu'il voit. Mais là ne s'arrête pas l'œuvre de l'assimilation. Au delà de l'appareil organique où se forme l'image du sens, il y a le cerveau, organe d'écho, si l'on peut ainsi dire, relié à l'organe sensible et primitif par un système de nerfs. L'image sensible se forme dans l'organe, mais elle ne s'y arrête pas. S'il ne nous est pas facile de la suivre dans les cordons nerveux où elle chemine, ni de déterminer le point du cerveau où elle s'arrête, se transforme et se fixe, le fait de cette translation et de cet arrêt n'en est pas moins indubitable. Il y a dans les profondeurs du cerveau des endroits mystérieux, où nos sensations affluent, s'accumulent sans s'embarrasser, se rangent avec ordre, et alors même cessent d'être perçues; elles s'effacent devant l'œil de la conscience, sans cesser d'exister, et n'attendent qu'un désir de l'esprit, un appel de l'attention pour reparaître au jour de la pensée. Ce dépôt merveilleux porte le nom d'imagination, magasin vivant d'images vivantes.

Ainsi nous portons au dedans de nous une image du monde, image à laquelle nos sens ajoutent sans cesse quelques détails, quelques traits nouveaux. Les représentations, sans lesquelles les opérations sensibles de notre intelligence sont si pénibles et presque impossibles, nous accompagnent partout : la nature est un maître de géométrie dont les descriptions graphiques sont préparées à l'avance; au moment voulu, nous n'avons qu'à ouvrir notre vaste atlas à la page convenable, ce qui est la fonction de la mémoire.

§ II. — *Persistance des images.*

La mémoire est une faculté complexe où il faut distinguer, comme nous l'avons dit, des éléments rationnels et des éléments sensibles. Ceux-ci ne sont pas autres que des emprunts faits à l'imagination dans le but de se souvenir. Insistons d'abord sur ce point.

Une modification spéciale de l'organe d'un sens produit fatalement la sensation. Il y a telle disposition de la rétine qui produit, par exemple, la sensation d'un cercle bleu, et il suffit d'amener cette disposition pour produire la sensation d'un cercle bleu. Mais, au sens, correspond, dans le cerveau, certaine partie qui vibre comme à l'unisson : c'est l'organe de l'imagination. L'ébranlement de certains points de cet organe intérieur déterminera la vision imaginaire d'un cercle bleu aussi fatalement que tel ébranlement de la rétine en a déterminé la vision sensible. Il va sans dire que l'organe du sens aussi bien que celui de l'imagination sont supposés vivants et que la vie est précisément ce qui les rend capables de sentir et d'imaginer : l'objet extérieur agissant sur le sens ne fait guère que spécifier l'action vitale.

Il est d'expérience que le cerveau impressionné une première fois contracte par cela seul une aptitude à reproduire, sous certaines conditions, cette même impression. Le sens grave l'empreinte; l'empreinte semble s'effacer, mais ne s'efface pas : elle reparaît à peu près telle qu'elle a été formée, par exemple à l'appel de la mémoire. Il est même très probable que, sauf le cas de destruction de l'organe cérébral, ces empreintes ne s'effacent jamais, toujours prêtes à ressusciter. Quelques faits semblent le prouver.

Des souvenirs très anciens et dont l'existence n'était

pas soupço... ....suscitent d'une manière merveilleuse
pendant certaines maladies qui exaltent le cerveau. Une
vieille femme récitait, dans un accès de fièvre, des pages
d'hébreu rabbinique qu'elle avait jadis entendu lire,
lorsqu'elle était domestique chez un ministre protestant,
amateur de cette sorte de littérature. Brierre de Boismont
parle d'une servante à moitié idiote qui répétait en dor-
mant un long morceau de musique après l'avoir entendu
jouer une fois sur le violon. M. l'abbé Pasty raconte le
fait suivant :

« J'ai pu observer ce phénomène dans un jeune homme
de seize ou dix-sept ans, atteint d'une névrose dont les
accès étaient très violents. Pendant ces crises, lorsque
nous étions près de lui, il nous arrivait de parler de personnes et de choses qu'il connaissait, de faits auxquels
il avait été mêlé. Un détail, une particularité, quelquefois
très insignifiante, qu'il entendait rappeler, suffisait pour
qu'un ensemble très compliqué, une longue suite d'actions et de paroles se déroulât dans son imagination,
sans que rien fût oublié. Il faisait ses études ; par hasard
d'abord, puis par curiosité, on prononça quelques mots
qui avaient trait à ses occupations ordinaires, le titre
d'un livre dont il se servait, le nom de son professeur,
quelques lignes d'un devoir dont il avait entendu la cor-
rection en classe. Aussitôt tout ce qui s'était fait et dit
pendant des classes de deux heures se représentait dans
sa tête. Il répétait les petites compositions qu'il avait
entendu lire, les remarques et les critiques qui s'étaient
mêlées à la lecture de ces exercices, les interrogations
et les reproches adressés par le professeur à ses élèves,
les réponses de ceux-ci, leurs excuses, quelquefois
malheureuses, et le rire qui les accueillait. L'avait-on
mis sur une partie de jeu qu'il avait faite, sur une conversation qu'il avait tenue avec ses condisciples, tout

était reproduit, les entretiens par des paroles, les actions par des gestes. On eût dit un miroir où venaient fidèlement se réfléchir toutes les couleurs, tous les mouvements, toutes les nuances de choses sur lesquelles avaient passé déjà les jours et les semaines (1). »

M. Ribot rapporte quelque chose de plus concluant encore. « Il y a, dit-il, plusieurs récits de noyés, sauvés d'une mort imminente, qui s'accordent sur ce point qu'au moment où commençait l'asphyxie il leur a semblé voir, en un moment, leur vie entière dans ses plus petits incidents. L'un d'eux prétend qu'il lui a semblé voir toute sa vie antérieure se déroulant en succession rétrograde, non comme une simple esquisse, mais avec des détails très précis, formant comme un panorama de son existence entière, dont chaque acte était accompagné d'un sentiment de bien ou de mal.

« Dans une circonstance analogue, un homme d'un esprit remarquablement net traversait un chemin de fer au moment où un train arrivait à toute vitesse. Il n'eut que le temps de s'étendre entre les deux lignes de rails. Pendant que le train passait au-dessus de lui, le sentiment de son danger lui remit en mémoire tous les incidents de sa vie, comme si le livre du jugement avait été ouvert devant ses yeux (2). »

J'ai même lu, et malheureusement je ne puis vérifier cette lecture, que parfois les déments, en qui toutes les facultés passent pour abolies, recouvrent pendant quelques instants, sur le point de mourir, l'usage de leur intelligence, ce qui suppose la réviviscence des représentations de leur imagination.

Pour toutes ces raisons et plusieurs autres, on peut

(1) *L'Idée de Dieu*, t. 1er, p. 133. Paris, Lecoffre.
(2) *Les Maladies de la mémoire*, 2e éd., p. 141. Paris, G. Baillière.

admettre que, sauf le cas de destruction de la substance cérébrale, les impressions gravées dans le cerveau ne sont jamais effacées, et qu'il suffit de certaines conditions favorables pour les faire reparaître. On ne peut évidemment que former des conjectures sur la nature de ces empreintes mystérieuses, et c'est une satisfaction que les théoriciens n'ont pas manqué de se donner, sans rien trouver cependant qui écarte toutes les difficultés. Si nous avions quelque autorité en cette matière, nous proposerions une idée qui nous semble fort simple. Nous distinguerions l'orientation des molécules des centres cérébraux et leur vibration, de même que construire et régler un piano est autre chose qu'en jouer. L'orientation détermine une fois pour toutes l'espèce de vibration que les centres peuvent produire, comme leur longueur et leur tension orientent les cordes du piano; mais il faut quelque chose de plus pour en tirer les notes, il faut la vibration même et ce qui la cause. L'orgue de barbarie serait peut-être une image plus fidèle de l'organe cérébral de l'imagination. Les airs y sont marqués d'avance avec une grande précision, mais tout reste silencieux jusqu'à ce qu'une main, main d'ignorant ou de savant, peu importe, mette la machine en mouvement. L'imagination cérébrale est un orgue d'une complexité extrême. Les éléments susceptibles de recevoir une orientation spéciale et de jouer isolément sont en nombre incalculable. Les sens, toutes les fois qu'ils entrent en exercice sur de nouveaux objets, déterminent une orientation nouvelle, ou fortifient une orientation déjà formée, quand l'objet a été précédemment perçu. L'orientation, une fois reçue, persévère dans le silence et les ténèbres, tant que rien ne fait vibrer les molécules constituées en un système de vibration. Une cause convenable suffisante, la volonté, l'attention, une surexcitation agit-elle sur ce petit instrument, aussitôt il

vibre et l'image apparaît. Car, nous l'avons dit et il est
bon de le répéter, dès que l'organe du sens ou celui de
l'imagination vibre d'une certaine manière, la sensation
et la représentation imaginaire surgissent aussi fatalement
que l'image des objets frappés par la lumière.

§ III. — *Multiplication des centres de l'imagination.*

La multiplicité des centres de l'imagination semble
avoir été rendue incontestable par la pathologie. A chaque
sens correspond un centre ; ce n'est pas assez dire, chaque
catégorie d'images, sinon chaque image, a son centre
particulier. Par l'effet de la maladie, des régions spéciales
cessent de fonctionner, comme ces registres qui se faus-
sent et refusent de jouer. D'autres fois, ce sont des séries
entières ou des airs marqués qui font défaut : de larges
portions de la vie passée s'obstinent à rester dans l'oubli.
D'autres fois encore, les notes de même genre manquent
sur tous les registres, par exemple les noms propres ou
même seulement certaines lettres de l'alphabet. Est-ce
tout? Pas encore. Par les sens, le dehors agit sur
nous et nous devenons aptes à agir sur le dehors;
l'imagination, substitut des sens, remplit un rôle analogue . Or cette double relation suppose division dans les
centres, car la paralysie nous rend incapables de remplir
tantôt l'une et tantôt l'autre, ce qui n'aurait pas lieu si le
centre était commun pour le *pâtir* et pour l'agir. Ainsi un
malade peut comprendre ce qu'on lui dit, y penser, et
cependant être incapable de le répéter, bien que les
organes de la parole soient parfaitement libres. Mais on
comprendra mieux tout ceci par des exemples.

« Vous vous rappelez, dit Trousseau (1), l'expérience

(1) Cité par Bastian : *Le Cerveau organe de la pensée,* traduit de
l'anglais, t. II, p. 226.

que j'ai souvent répétée au lit de Marcou. Je plaçais son
bonnet de nuit sur son lit et lui demandais ce que c'était.
Mais après l'avoir regardé attentivement, il ne pouvait
dire comment on l'appelait et s'écriait : « Et cependant je
sais bien ce que c'est, mais je ne puis m'en souvenir. »
Lorsque je lui disais que c'était un bonnet de nuit, il
répondait : « Oh oui, c'est un bonnet de nuit. » La même
scène se répétait pour les divers autres objets qu'on lui
montrait. Toutefois, il y avait des choses qu'il nommait
bien, comme sa pipe. C'était, vous le savez, un terrassier,
qui travaillait par conséquent surtout à la pelle et à la
pioche ; et ce sont, par conséquent, des objets dont un
terrassier ne doit jamais oublier le nom. Mais Marcou ne
put jamais nous dire avec quels outils il travaillait ; et
lorsqu'il avait cherché en vain à s'en souvenir, je lui
disais que c'était la pelle et la pioche : « Oh oui, »
répondait-il, mais deux minutes après, il était aussi incapable qu'auparavant de les nommer. »

Ce malade fournit un exemple de paralysie du centre
imaginatif de plusieurs mots usuels et du centre de pro-
nonciation, si l'on peut ainsi dire, de ces mêmes mots : il
ne peut se les rappeler et, quand il les reconnaît, il ne
peut les prononcer. Le fait suivant est plus curieux
encore. Le docteur Bastian l'emprunte au docteur Graves.

« Un fermier avait eu une attaque de paralysie dont il
n'était pas guéri au moment de l'observation. A l'attaque
succéda une hésitation pénible de la parole. *La mémoire
était bonne pour toutes les parties du discours, sauf
pour les substantifs et les noms propres :* il ne pouvait
absolument pas retenir ces derniers. Ce défaut était
accompagné de la singulière particularité que voici : — *il
se rappelait parfaitement la lettre initiale de chaque
substantif, ou nom propre, qui se présentait dans le
cours de la conversation, bien qu'il ne pût se rappeler*

le mot lui-même. L'expérience lui avait appris l'utilité
d'avoir une liste manuscrite des choses qu'il avait l'habitude de demander, ou dont il parlait d'ordinaire, y compris les noms de ses enfants, de ses domestiques et de ses
connaissances. Il avait arrangé tous ces noms, par ordre
alphabétique, dans un petit dictionnaire de poche dont il
se servait de la manière suivante : s'il désirait demander
quelque chose sur une vache (en anglais *cow*), avant de
commencer sa phrase, il tournait jusqu'à la lettre C,
cherchait le mot *cow*, et tenait le doigt et ses yeux fixés
dessus, jusqu'à la fin de la phrase. Il pouvait prononcer
le mot *cow* à la place convenable, tant qu'il avait les yeux
fixés sur les lettres écrites; mais, du moment qu'il
fermait son livre, le mot sortait de sa mémoire, et ne
pouvait plus être rappelé, bien qu'il se souvînt de son
initiale et pût le retrouver à nouveau lorsque c'était
nécessaire. Il ne pouvait même pas se rappeler son propre
nom, à moins de le chercher, non plus que le nom d'aucune personne de sa connaissance; mais il n'était jamais
embarrassé pour l'initiale du mot à employer. »

Cet exemple nous montre que le souvenir des caractères généraux des objets peut se conserver, lorsque le
nom en est oublié; et que de ce nom on peut ne retenir
qu'une lettre. Citons encore un cas rapporté par Bouillaud.

« Lefèvre, âgé de cinquante-quatre ans, après une
grande anxiété mentale, devint incapable de lire, ou de
trouver des mots pour exprimer ses pensées. Sa sensibilité et ses facultés motrices étaient intactes, et sa santé
générale assez bonne. Lorsqu'il désirait répondre aux
questions qu'on lui adressait, il faisait usage d'expressions soit tout à fait inintelligibles, soit ayant une signification tout à fait différente de ce qu'elles devaient
exprimer. Lorsqu'on le questionnait sur sa santé, il
répondait deux ou trois mots de droit; puis, pour dire

qu'il ne souffrait pas du tout de la tête, il disait : « Les
douleurs ordonnent un avantage » ; tandis qu'en écrivant,
il répondait à la même question : « Je ne souffre pas de la
tête. » Lorsqu'on prononçait un mot comme *tambour*,
par exemple, et qu'on lui disait de le répéter, il disait
fromage; bien qu'il l'écrivît, au contraire, tout à fait
correctement, lorsqu'on le lui demandait. On le pria de
copier les mots *feuille médicale;* il les écrivit parfaitement, mais il ne put jamais lire exactement les mots qu'il
devait écrire; il prononçait *féquicale, fénicale* et *fédo-
cale.* Puis, comme on lui faisait lire le mot *féquicale,*
écrit par lui-même, il le prononça *jardait.* Il écrivait souvent sur le papier des phrases inintelligibles, soit par la
nature des mots employés, soit par leur manque de relation entre eux. Lorsqu'on lui montrait divers objets, il les
nommait en général correctement; mais il se trompait
parfois, et, dans la même séance, il appela une plume,
un *drap;* un crachoir, une *plume;* une main, une *tasse;*
une corde, une *main;* une bague, un *crachoir* (1). »

Ce malade comprenait ce qu'on lui disait, puisqu'il y
répondait correctement par l'écriture. Il avait donc conservé les images des mots parlés et des mots écrits. Mais
quand il s'agissait de parler, les mouvements de la langue
n'étaient plus réglés ni par les images cérébrales des
mots, ni par les mots écrits. Le désordre semble siéger
dans les nerfs qui mettent la langue en communication
avec les centres de l'imagination. Voici maintenant un
cas où la mémoire est intéressée tout entière d'une
manière périodique. M. Taine (2) l'emprunte à Macnish.

« Une jeune dame américaine, au bout d'un sommeil
prolongé, perdit le souvenir de tout ce qu'elle avait appris.

(1) Bastian, t. II, p. 259.
(2) *De l'Intelligence*, t. I, p. 165.

La mémoire était devenue une table rase. Il fallut tout lui rapprendre. Elle fut obligée d'acquérir de nouveau l'habitude d'épeler, de lire, d'écrire, de calculer, de connaître les objets et les personnes qui l'entouraient. Quelques mois après, elle fut reprise d'un profond sommeil, et, quand elle s'éveilla, elle se retrouva telle qu'elle avait été à son premier sommeil, ayant toutes ses connaissances et tous les souvenirs de sa jeunesse, par contre ayant complètement oublié ce qui s'était passé entre ses deux accès. Pendant quatre années et au delà, elle a passé périodiquement d'un état à l'autre, toujours à la suite d'un long et profond sommeil... Elle a aussi peu conscience de son double personnage que deux personnes distinctes en ont de leurs natures respectives. Par exemple, dans l'ancien état, elle possède toutes ses connaissances primitives. Dans le nouvel état, elle a seulement celles qu'elle a pu acquérir depuis sa maladie. Dans l'ancien état, elle a une belle écriture. Dans le nouveau, elle n'a qu'une pauvre écriture maladroite, ayant eu trop peu de temps pour s'exercer. Si des personnes lui sont présentées dans un des deux états, cela ne suffit pas ; elle doit, pour les connaître d'une manière suffisante, les voir dans les deux états. »

Inutile de multiplier des exemples qui nous conduiraient tous à cette même conséquence : l'organe de la mémoire est un instrument dont les éléments, pour ne pas dire les rouages, sont en nombre incalculable. Ces éléments agissent seuls, mais ils agissent aussi par groupes et avec ensemble. Matériels, ils sont soumis aux conditions de la matière organisée. La maladie les atteint ou isolément ou par groupes, les désorganise ou en gêne simplement le jeu. Parmi les conditions physiologiques de leur exercice, la plus universelle et la plus indispensable est la circulation normale du sang qui les baigne.

Il n'y a pas de fonction organique qui ne se ralentisse quand la circulation devient paresseuse, qui ne s'active avec elle, qui ne s'exagère dans la fièvre. Une anémie locale gênera fatalement, rendra même impossible, si elle est complète, l'exercice de tel ou tel centre cérébral ; par suite, le souvenir sera difficile, résistera même à tous les efforts. Il est aisé de constater que lorsqu'on est engourdi, assoupi, c'est-à-dire lorsque le mouvement du sang est ralenti, on perd proportionnellement la facilité du souvenir. Quand on s'excite au contraire, qu'on éveille vivement son attention, ce qui n'a pas lieu sans une impulsion nouvelle donnée au cours du sang, la mémoire est vive et trouve sur-le-champ ce qu'elle veut.

Nous trouvons dans le livre de M. Ribot un fait où l'on voit la mémoire revenir avec la circulation normale. Un officier se fait une blessure insignifiante au pied à la fin du mois de novembre. Le 30 de ce mois, il va à Versailles pour voir son frère ; il y dîne, revient le même jour à Paris, et, en rentrant chez lui, il trouve une lettre de son père sur la cheminée. Le 1ᵉʳ décembre, étant au manège, il fait une chute sur le côté droit, assez lourde pour déterminer une légère syncope. Revenu à lui, il remonte à cheval, continue sa leçon d'équitation pendant trois quarts d'heure avec une grande régularité. Cependant de temps en temps il disait à l'écuyer : « — Je sors d'un rêve ; que m'est-t-il donc arrivé ? » On le reconduisit à son domicile. Laissons maintenant la parole à son médecin :

« Habitant la même maison que le malade, je fus mandé aussitôt. Il était debout, me reconnut, me salua comme à l'ordinaire et me dit : « Je sors comme d'un rêve. Que m'est-il donc arrivé ? » Parole libre. Réponses justes à toutes les questions. Il ne se plaint que de confusion dans la tête.

« Malgré mes demandes, celles de son écuyer et de son domestique, il ne se rappelle ni sa blessure de l'avant-veille, ni son voyage à Versailles de la veille, ni sa sortie du matin, ni les ordres qu'il a donnés avant de sortir, ni sa chute, ni ce qui a suivi. Il reconnaît parfaitement tout le monde, appelle chacun par son nom, sait qu'il est officier, qu'il est de semaine, etc.

« Je n'ai pas laissé passer une heure sans observer ce malade. Chaque fois que je revenais à lui, il croyait toujours me voir pour la première fois. Il ne se rappelle aucune des prescriptions médicales qu'il vient de suivre. En un mot, rien n'existe pour lui que l'action du moment.

« Six heures après l'accident, le pouls commença à se relever et le malade commença à retenir la réponse à lui faite tant de fois : vous êtes tombé de cheval.

« Huit heures après l'accident, le pouls gagne encore : le malade se souvient de m'avoir vu une fois.

« Deux heures et demie plus tard, le pouls est normal. Le malade n'oublie plus rien de ce qu'on lui dit. Il se rappelle parfaitement sa blessure au pied. Il commence aussi à se rappeler qu'il a été la veille à Versailles, mais d'une manière si incertaine qu'il avoue que, si on lui affirmait bien positivement le contraire, il serait disposé à le croire. Cependant, le retour de la mémoire s'opérant de plus en plus, il acquiert dans la soirée la conviction intime d'avoir été à Versailles. Mais c'est là que s'arrête pour ce jour le progrès du souvenir. — Le 2 décembre, après une nuit de sommeil tranquille, il se rappelle dès son réveil successivement ce qu'il a fait à Versailles, comment il en est revenu et qu'il a trouvé la lettre de son père sur la cheminée. Mais tout ce qu'il a fait, vu ou entendu le 1er décembre avant sa chute, il l'ignore encore aujourd'hui... »

De ces faits, une première induction se présente ici

tout naturellement. S'il n'est pas possible de déterminer
exactement chacune des parties de l'organe de l'imagination qui sert de base à la mémoire, comme on le fait
pour les organes des sens, pour l'œil et pour l'oreille, il
n'en reste pas moins incontestable que ces éléments
sont innombrables et doivent occuper une partie considérable de l'encéphale, peut-être toute la substance
grise; c'est ce qui résulte de toutes les observations
pathologiques. Il n'est pas d'acte de la mémoire médiocrement compliqué qui ne mette en œuvre des cellules
nerveuses disséminées à des distances relativement
considérables.

M. Ribot a pris la peine de montrer cette complexité
pour ce qu'il appelle la « mémoire d'une pomme », et
qui n'est de fait que la représentation d'une pomme par
l'imagination. « La mémoire d'une pomme, dit-il, est
nécessairement la forme affaiblie de la perception d'une
pomme. Que suppose cette perception? Une modification
de la rétine, terminaison nerveuse d'une structure si
compliquée, une transmission par le nerf optique, les
corps genouillés jusqu'aux tubercules quadrijumeaux,
de là aux ganglions cérébraux (couche optique?), puis
à travers la substance blanche aux couches corticales
(dans la région du pli courbe, d'après Ferrier). Cela
suppose la mise en activité de bien des éléments divers, épars sur un long trajet. Mais ce n'est pas tout.
Il ne s'agit pas d'une simple sensation de couleur.
Nous voyons, ou nous imaginons la pomme comme un
objet solide, ayant une forme sphérique. Ces jugements
résultent de l'exquise sensibilité musculaire de notre
appareil visuel et de ses mouvements. Or les mouvements de l'œil sont réglés par plusieurs nerfs; le pa-
thétique, le moteur oculaire commun, le moteur externe.
Chacun de ces nerfs aboutit à un point particulier du

bulbe, rattaché lui-même par un long trajet à l'écorce du cerveau, où se forme ce que Maudsley appelle les intuitions motrices. Nous indiquons en gros; pour les détails, on peut consulter les traités d'anatomie et de physiologie. On se fera une idée du nombre prodigieux de filets nerveux et de cellules disséminées en îlots et en archipels dans les diverses parties de l'axe cérébro-spinal, qui servent de base à cet état physique — la mémoire d'une pomme — que la double illusion de la conscience et du langage ont fait considérer comme simple (1). »

Cette illusion de la conscience est une illusion du jugement de M. Ribot, à moins que ce ne soit une habileté de langage. Un homme entend en Bretagne la syllabe *pa*, un autre en Auvergne la syllabe *trie*; quel est celui des deux qui a entendu le mot *patrie*? ni l'un ni l'autre. Rapprochez les distances, sans confondre les sujets, arriverez-vous à l'unité du phénomène? Pour être à côté l'un de l'autre, notre Breton et notre Auvergnat, si chacun d'eux n'entend qu'une syllabe, n'entendront ni l'un ni l'autre le mot. Dans les limites étroites du corps humain même, tant qu'il y a séparation locale, la difficulté est la même. Si ce n'est point le même sujet qui recueille les éléments d'un phénomène épars dans dix, cent, mille parties distinctes et distantes de l'organisme, il y aura dix, cent, mille phénomènes, jamais un seul et même phénomène. Or le phénomène d'imagination, que

_____

(1) P. 19. Ce passage de M. Ribot est loin d'être exact en tout point. Entre autre choses, nous ne pouvons laisser dire que la mémoire n'est que la sensation affaiblie. Si cette doctrine était vraie, il s'ensuivrait qu'un amputé ne pourrait se souvenir des impressions éprouvées par lui, au membre dont il est privé, lorsqu'il était encore entier. Le phénomène organique de la mémoire se passe dans le cerveau; les autres mouvements organiques sont des accidents consécutifs, rien de plus.

M. Ribot appelle phénomène de mémoire, est vraiment
un, car c'est moi qui vois en même temps dans mon
imagination les divers éléments de l'image d'une pomme.
Brisez l'unité de ce moi, l'image se brise aussitôt comme
dans un miroir mis en pièces, et l'on n'a plus même le
moyen de constater cette multiplicité, car l'unité seule
constate la multiplicité.

§. IV. — *Unité dans la multiplicité.*

Maintenant, comment un sujet, qui est un, peut-il
recueillir des éléments de phénomène épars en diverses
parties de l'organisme, s'il n'est lui-même en ces diverses
parties? En vérité, la chose ne paraît pas possible. On
pourrait à la rigueur supposer un centre où tout aboutit ;
mais ni l'anatomie, ni la physiologie ne permettent d'admettre une telle hypothèse. Le cerveau est un amas de
centres ; le centre unique n'existe pas. Nous sommes ici
en présence de l'un de ces faits qui déroutent pleinement
le matérialisme : les lois de la matière sont prises en
flagrant délit d'insuffisance ; un ordre tout différent se
révèle. Il faut en revenir à l'antique notion de l'esprit,
à savoir celle d'une substance qui est tout entière en
plusieurs lieux à la fois. Ainsi, rien n'empêche que nous
recueillions en plusieurs points de notre cerveau les éléments divers et disparates d'un même phénomène, parce
que notre esprit est à la fois tout entier sans éprouver
de division, en ces divers points. Que les philosophes
physiologistes multiplient tant qu'ils voudront les éléments de la mémoire et les disséminent aux quatre coins
de l'organisme ; s'ils croient embarrasser les spiritualistes
en ce faisant, ils sont bien naïfs ; et, s'ils ne voient pas
les difficultés qu'ils se créent à eux-mêmes, ils sont bien
aveugles.

Tout leur effort consiste à expliquer comment les images se conservent en dépit du renouvellement incessant des cellules de l'organisme, et ils croient se tirer d'affaire en disant que les molécules nouvelles se replacent exactement au lieu des molécules anciennes. Ils ne s'aperçoivent pas que certains faits allégués par eux, non sans quelque air de triomphe, déposent contre cette explication. Le cas de Macnish en particulier, où l'on voit une dame qui a deux séries alternantes de souvenirs sans rapport entre elles, montre que les images ne se perpétuent pas suivant la loi du *processus* vital, puisque ce processus continue toujours le même et n'empêche pas l'ensemble des souvenirs de s'interrompre et de changer tout à coup comme un décor de théâtre. Sans l'âme, vous n'expliquerez jamais comment des souvenirs, absolument séparés par de grands intervalles de temps, coïncident en un seul et même sujet : des tronçons disjoints ne peuvent être réunis, sinon par un lien commun ; mais où est ce lien entre des groupes de phénomènes qui n'ont rien de substantiel et qui se manifestent sans nul rapport entre eux, à des époques fort éloignées?

Les actes de la mémoire, comme presque tous les actes de l'homme, jaillissent à la fois de l'organisme et du principe substantiel vivant. Sans le concours de l'organisme, la vie reste dans une sorte d'engourdissement ; et, sans l'influence de l'âme, l'organisme s'épuise en de stériles mouvements de l'ordre mécanique. Mais l'union de la vie substantielle et de l'organe est si intime qu'il est difficile que les modifications de l'un ne déterminent pas dans l'autre un concours simultané d'où résulte une action commune, unique pour la conscience. Cependant l'effet est tout autre suivant que le mouvement part de l'organe ou qu'il part du principe vivant.

On ne peut révoquer en doute la part considérable des conditions purement organiques sans lesquelles les centres cérébaux n'entrent pas en jeu, ni de celles qui mettent presque mécaniquement ces centres en action, comme une simple machine artificielle. Les accidents morbides dont nous avons parlé en sont une preuve suffisante. Ajoutons que, suivant une expérience journalière, l'organe de la mémoire s'exerce indépendamment de la volonté et de l'attention. Qui n'est pas de temps en temps poursuivi, obsédé par des souvenirs fâcheux, désagréables, en dépit de la peine qu'on se donne pour les repousser? D'autres fois, il suffit de livrer carrière à la mémoire organique; aussitôt de grandes séries de souvenirs se déroulent d'elles-mêmes et pendant qu'on pense à autre chose. Qui n'a vu des enfants répéter de grandes tirades auxquelles ils ne comprennent pas un mot, mais qu'ils ont apprises par cœur? La mémoire du perroquet occupe une place qui n'est pas sans importance dans la tête de l'homme. La part de l'organisme dans le retour des souvenirs n'est pas douteuse; celle du principe vivant, de la volonté attentive est encore plus claire : le cerveau est un instrument que nous ne connaissons pas, et dont nous nous servons à chaque instant comme il nous plaît.

L'usage de la parole, dans les conditions normales, n'est-il pas à notre libre disposition? Nous parlons, nous nous taisons; nous disons ceci plutôt que cela; nous mettons nos paroles en harmonie avec celles de nos semblables, dans nos relations quotidiennes; nous interrogeons, nous répondons, et, de part et d'autre, demandes et réponses s'accordent. En tout cela, il y a choix, prédominance de la volonté. C'est se moquer de soutenir qu'en disant sans cesse précisément ce que nous voulons dire, nous obéissons à une impulsion extérieure qui prédétermine notre choix. Outre que c'est donner un démenti au témoignage de la conscience, c'est supposer cette énormité que le hasard produit perpétuellement l'ordre; que des milliers de machines parlantes, montées à l'aventure, sont infailliblement d'accord quand elles se rencontrent. Laissons ces insanités. Nous parlons, parce que nous voulons parler, et nous parlons, comme nous voulons parler. L'organisme doit être de la plus grande docilité, obéir instantanément à la volonté, sous peine de manquer à sa destination et de rendre le travail de la parole une opération déplorablement fatigante. Nous avons besoin que les mots arrivent instantanément au bout de notre langue, tels que nous les souhaitons, assez indépendants les uns des autres pour se prêter sans cesse à des combinaisons nouvelles. Or tout cela implique perpétuellement l'exercice de la mémoire. On ne parle pas sans se rappeler les mots et leur signification, c'est-à-dire sans faire usage de la mémoire, sans mettre en mouvement les parties du cerveau où les images des sons attendent en silence qu'on les réveille. Rien ne prouve mieux que l'organe de la mémoire dépend de notre volonté, quoique nous ignorions par quel moyen nous nous en faisons obéir.

Il est vrai que la docilité de l'organe cérébral n'est pas sans bornes et qu'il résiste quelquefois à la meilleure volonté. Par exemple, on ne trouve pas toujours le mot dont on veut se servir; on a de la peine à se rappeler certains faits dont on aurait besoin. On est en présence comme d'une force qui résiste à la volonté, et les philosophes physiologistes se hâtent d'en conclure que la mémoire est, sinon une force indépendante, du moins la résultante de phénomènes qui sont régis par des lois fatales. C'est donc la nature qui, sans savoir ce qu'elle dit, parle par notre bouche quand nous croyons parler. Il

y a beaucoup de précipitation dans cette manière de raisonner; nous réservons le ridicule.

Disons d'abord qu'il n'est pas permis d'asseoir sur des
exceptions une conclusion générale. Les exceptions nous
avertissent seulement de la présence de quelque facteur
imprévu dont il faudra tenir compte dans certains cas
particuliers, et dont on ne peut étendre l'influence à tous
les cas sans manquer gravement à la logique et à la
vérité.

Ensuite, on ne remarque pas assez une chose fort
curieuse et qui a tout l'air d'un paradoxe. Quand la
mémoire refuse un souvenir qu'on lui demande, on sait
déjà de quelque manière ce qu'on lui demande. En effet,
quand on veut se rappeler un souvenir qui échappe, on
fait diverses tentatives, on tire des images des trésors de
l'imagination, en disant à chaque fois : ce n'est pas cela,
jusqu'au moment où se présente précisément ce que l'on
veut. Mais comment juger que la représentation est
fausse; comment reconnaître qu'elle est vraie, si l'on n'en
a pas déjà quelque idée vraie dans l'esprit? Y aurait-il
une mémoire derrière la mémoire? N'est-ce pas encore ici
un cas de l'idée cherchant son expression, préexistant
par conséquent à son expression et ne se reconnaissant
pleinement elle-même que dans son expression? En tout
cas, la philosophie qui se renferme dans les accidents de
l'organisme, et qui prétend créer des difficultés insolubles
parce qu'elle ne voit rien au delà, est une philosophie de
myope. Qu'on nous permette d'insister, afin de faire ressortir le rôle prépondérant de l'esprit dans l'exercice de
la mémoire.

Comment parle-t-on? Fait-on attention aux lettres,
aux syllabes, aux mots, à la partie matérielle du langage?
Malheur à celui qui agirait de la sorte, il entrerait promptement dans la catégorie de ceux qui ne savent ce qu'ils

disent. Quand on parle une langue que l'on possède
bien, on fait uniquement attention au sens, aux idées
qu'on veut exprimer, et les mots viennent se placer
comme d'eux-mêmes sur la langue. Ce qui les attire,
c'est le sens, c'est-à-dire le rapport mystérieux que
l'habitude établit entre le mot matériel et l'idée. L'usage
répété du mot animé par le sens unit tellement le mot
et l'idée, que l'idée ressuscite immédiatement le mot et
que le mot à son tour réveille immédiatement l'idée.

Le lien ainsi créé se relâche quelquefois et c'est alors
que la mémoire est accusée d'indocilité. L'accusation
n'est pas toujours fondée. La résistance de la mémoire
n'est souvent au fond que l'hésitation de la volonté.
Très fréquemment notre attention est faible ou divisée,
effet de la paresse ou de la préoccupation. Chacun de
nous peut en faire l'expérience en soi-même. On hésite
en parlant, lorsqu'on porte un intérêt médiocre au sujet
de la conversation, ou lorsqu'on a l'esprit partagé, qu'on
parle avec une demi-distraction. L'attention, en effet,
agit sur l'organe, l'adapte, l'aiguise, le met dans les
conditions du meilleur exercice. Qu'on pense à la différence de *voir* et de *regarder*, et l'on comprendra ce que
nous disons ici. Il n'est donc pas étonnant que, si l'attention vient à manquer, l'organe s'engourdisse et ne
réponde pas à un appel qui est à peine sérieux et qui est
du moins mal dirigé.

Cependant, comme il a été dit, la maladie ou d'autres
causes physiques peuvent atteindre l'organe même,
rendre les centres cérébraux paresseux, lents, inhabiles
au service, absolument comme une montre qui se dété-
riore par accident ou qui se rouille parce qu'on ne la
fait pas marcher. Mais ici encore l'esprit, quoiqu'il
semble ne plus savoir se faire obéir, garde sa prédominance, ainsi qu'on va le voir.

Les mots d'une langue sont inégalement susceptibles de s'oblitérer dans la mémoire. Dans les conditions normales, ils répondent d'autant plus fidèlement à l'appel qu'ils sont plus généraux. Le nom propre, tout individuel, est d'une fragilité qui fait le tourment de bien des personnes. Quelle est la signification de ce phénomène?

On dit volontiers que les noms sont répétés d'autant plus fréquemment qu'ils répondent à une idée plus générale, et que cette répétition grave chaque fois davantage l'image du mot dans l'organe cérébral. On sait d'ailleurs que toute habitude organique rend les actes faciles. Mais cette explication semble n'être pas ici à sa place. Il n'est pas rare en effet qu'on se rappelle sans peine les qualités extérieures et distinctives d'une personne qu'on n'a vue qu'une fois, et qu'on ait en même temps toutes les peines du monde à se rappeler le nom d'une autre personne avec qui on a vécu familièrement : une impression éprouvée une seule fois se trouve ainsi plus durable qu'une impression journalièrement répétée. Il ne suffirait pas de dire que cette impression unique, dont il est ici question, se trouve exprimée par des termes communs déjà soumis à la loi de la répétition, tandis que le nom propre est toujours isolé. Le nom propre, en effet, s'exprime souvent dans notre langue par des termes communs, tels que Leblanc, Leroux, Lenoir. Sous cette forme il partage encore la fragilité du nom propre, et cependant les mêmes termes exprimant les qualités de la personne acquièrent par cela seul plus de solidité.

Les dates de l'histoire sont encore plus caduques dans la mémoire que les noms propres, quoique les images des nombres qui les représentent soient très certainement à la portée de tout esprit médiocrement cultivé. Le lien est en réalité très fragile qui rattache un événement à une époque marquée par un chiffre : n'y-a-t-il pas

une infinité de dates où ce même événement aurait pu
avoir lieu? Le lien ne s'établit d'ordinaire que par l'énon-
ciation d'un millésime, c'est-à-dire par la coïncidence
de deux sons. Mais que l'on donne un sens à ce rapport,
que ce sens soit raisonnable, qu'il soit bizarre, peu importe, pourvu que ce soit réellement un sens, aussitôt
la date se fixe, devient presque immuable. S'il nous est
permis de parler de nous-même, pour quelques dates
historiques restées dans notre mémoire, nous constatons
que l'une des plus fraîches est celle de la fondation de
Carthage (888), ce qui peut sembler une bizarrerie. En
effet, un jour, il y a bien des années, un plaisant la fit
entrer dans un conte où il est question de Didon et de
trois paires de lunettes, donnant ainsi un sens aux trois 8.

Le fait est que les mots considérés en eux-mêmes se
valent les uns les autres. Ils se distinguent comme se
distinguent les sons, pas autrement : ils ne sont ni généraux, ni particuliers; ils sont de l'air qui vibre. La propriété d'embrasser un nombre plus ou moins grand
d'objets n'appartient pas à un mot, mais à sa signification, c'est-à-dire à l'idée qu'il est destiné à réveiller. Tout
au plus pourrait-on dire, si l'on voulait ramener l'extension au mot, que c'est la propriété qu'il a d'être appli-
cable aux individus de même espèce; mais cela n'est
intelligible qu'avec et dans l'esprit qui comprend le mot,
qui sait ce que c'est de pouvoir être appliqué et qui peut
appliquer. Dans le nom propre et la date, le rapport intelligible se réduit à un minimum, et c'est pour cela qu'il
est si fragile. La part de l'esprit n'est pas moins évidente
dans le souvenir provoqué.

Lorsque nous faisons effort pour nous souvenir, c'est
toujours par rapport à quelque détail accessoire d'un
objet : l'objet est présent lui-même devant l'esprit; il
s'agit de le compléter. Comment procédons-nous? Nous

étudions sous toutes ses faces cet objet, nous constatons la lacune, et tâchons d'abord de la combler au moyen de raisonnements et d'inductions que nous appuyons sur les points déjà connus. Cette méthode réussit souvent, et l'on voit qu'elle est toute rationnelle. Mais vient-elle à échouer, nous n'avons plus qu'à tâtonner. Nous essayons des mots, des syllabes, qui nous semblent se rapprocher du mot cherché, méthode ingrate, désespérée, ordinairement infructueuse, qui dispose néanmoins le cerveau à rendre l'image rebelle au moment où l'on n'y pense plus. Ce dernier effet semble tout mécanique ; mais n'a-t-il pas fallu les efforts réitérés de l'esprit pour le préparer ?

Ainsi, dans les conditions normales de la parole, c'est l'idée, l'attention, la volonté, qui mettent en mouvement et dirigent l'organe de la parole et l'organe de la mémoire ; dans les conditions anormales, l'idée est encore présente et la volonté en cherche avec plus ou moins de peine l'expression. Dans ce dernier cas, le succès est d'autant plus assuré que l'idée est plus idéale, si l'on peut ainsi dire, qu'elle est plus éloignée des conditions de la matière, qu'elle est plus générale, ou, en d'autres termes, que l'objet dont on veut se souvenir se confond mieux avec les choses de l'esprit. La résistance de la mémoire organique met surtout en évidence les efforts qui sont faits pour la vaincre, et la présence d'une force qui agit en sens opposé. Est-il rien qui démontre mieux le rôle de l'activité personnelle ? Est-ce qu'on aurait même l'idée de demander à la mémoire ce qu'elle ne donne pas, si ce qu'elle donne mécaniquement était tout, s'il n'y avait rien au-delà de ce tout, pas de puissance capable de demander ? La mémoire organique est forcée ou tout moins fortement sollicitée ; il y a donc quelque chose qui la force, qui la sollicite. Ce quelque chose sait, veut

et agit. Nous l'appelons *esprit* et croyons en avoir le droit
le plus rigoureux. Plaignons qui ne voit pas cela.

Il ne sera pas sans fruit d'étudier encore de plus près
la part de l'idée dans l'acte de la mémoire.

§ V. — *L'idée dans la mémoire.*

Laissons de côté la question fort épineuse, fort con-
troversée et controversable de l'origine des idées. Prenons
l'homme doué de la puissance de connaître et l'exerçant
librement dans sa plénitude. Que remarquons-nous en
lui à ce point de vue? Une activité incessante qui se
porte sur toute sorte d'objets, les examine et prononce
sur chacun d'eux un jugement, une affirmation dont la
forme générale s'exprime par ces deux mots : « cela
est. » De ces deux mots, le dernier désigne le verbe, la
parole par excellence : il revient à chaque instant, exprimé de cette façon ou de toute autre, ou même sans
être exprimé, dans la voix de tout homme qui parle, dans
l'esprit de tout homme qui pense. Nous avons dit en commençant que l'imagination reproduit dans l'esprit, ou
plutôt sur ses confins, une image du monde sensible
pour l'usage de l'homme; le verbe *être* va plus loin, il
introduit peu à peu ce monde sensible dans le monde
bien supérieur de l'idée, qui est celui de la science et
de la réalité absolue. Le verbe fait-il à chaque instant
pour ainsi dire explosion? est-il une création nouvelle
qui infuse la vie à chaque nouvelle pensée? N'est-ce
pas plutôt comme la pulsation de la vie intellectuelle, la
manifestation toujours renaissante d'une action qui se
perpétue toujours? Pour dire avec vérité : « cela est »,
il est indispensable de savoir d'abord ce que c'est que
d'être; de même que, pour dire avec vérité « que la
neige est blanche », il faut savoir ce que c'est que d'être

blanc, et que pour dire « qu'une boule est ronde », il faut savoir ce que c'est que d'être rond. Nous portons donc au fond de notre esprit la notion de l'être, perpétuellement vivante, sinon perpétuellement définie, et c'est vers cette notion que l'esprit se tourne comme vers sa lumière propre pour savoir si tout le reste participe ou non à l'être. L'organe matériel, le sens ou le cerveau, est indispensable pour présenter à l'esprit l'objet qu'il veut connaître, c'est-à-dire introduire à sa place propre dans le monde de l'idée; mais y a-t-il une nécessité semblable pour le verbe? Cette nécessité serait au moins singulièrement flexible. L'affirmation se produit ordinairement à l'aide de mots parlés ou pensés; à défaut de mots, des images, des gestes y suffisent, et nous sentons très bien que l'assentiment est un mouvement de l'esprit qui n'a besoin de rien d'étranger pour se produire, exactement comme le mouvement volontaire.

Aussi la notion de l'être survit à tout, les défaillances de la mémoire ne l'atteignent jamais; on en constate l'absence seulement quand on constate l'absence de toute pensée, comme dans la démence ou la syncope, et même alors il est téméraire d'affirmer que l'idée au moins vague de l'être s'est évanouie.

L'affirmation, quand elle ne porte pas sur l'être absolu, a pour objet un rapport; car on affirme toujours association ou disjonction de deux termes. Or il y a deux grandes séries de rapports : les uns sont nécessaires et les autres contingents; et l'esprit est dans des conditions toutes différentes à l'égard des uns et des autres. Les rapports nécessaires étant l'idée même de l'être considéré sous ses divers aspects, l'esprit possède avec l'idée de l'être la puissance d'en découvrir les divers aspects : il lui suffit pour cela d'analyser cette idée. Cette analyse, très facile dans les déductions les

plus immédiates, demande des efforts croissants à mesure
que l'esprit s'en éloigne. Toutefois le travail et l'étude
rendent cette opération de plus en plus aisée, de telle
sorte que les idées trouvées par cette voie laborieuse
deviennent à la fin très familières à la pensée. Mais l'idée
de l'être est un centre d'où rayonnent un nombre infini
de vérités particulières qui se déroulent, pour ainsi dire
sans fin en d'autres vérités de moins en moins générales
et moins lumineuses. Elles sont pour la plupart inexplo-
rées, offrant toujours matière à de nouvelles recherches.
L'esprit humain est ainsi condamné à vivre dans une
sphère de lumière enveloppée de ténèbres. Cette sphère,
du moins, lui appartient : il s'y meut avec liberté, ga-
gnant du terrain par cela même qu'il vit; s'il en perd
quelquefois, il a du moins alors plus de facilité pour le
reconquérir.

Ici l'activité, la vie spirituelle domine les mouvements
de l'organe matériel qui viennent se mêler à son évolution. L'esprit est le maître; il choisit à son gré les
mots, les signes visibles, les gestes, les formes extérieures sur lesquelles il appuie sa pensée. S'il en est qui
soient plus commodes, il n'en est pas d'indispensables.
Dans cet ordre, l'esprit est comme un homme riche,
qui n'est pas délivré de tous besoins, mais qui a mille
moyens de les satisfaire.

Ce qui est purement contingent ne peut se déduire
d'aucune notion générale. L'esprit n'a qu'une voie pour
arriver à la connaissance d'un tel objet; cette voie est
l'expérience, et l'expérience est avant tout une action
exercée par l'objet (*experiri*) sur l'esprit, moyennant
les sens. Cette notion de l'objet contingent se forme par
l'impression sensible et par l'impression imaginaire.
Elle ne persévère pas dans l'esprit à l'état inconscient;
ce qui persévère c'est la disposition, l'aptitude organique

ou, si l'on veut, habituelle à reproduire l'impression, à vibrer d'une manière déterminée et à reproduire l'image. L'esprit *connaît* l'existence des êtres contingents par leur action sur ses sens : il les *reconnaît* par la réapparition de l'effet de cette action sur son imagination.

Mais gardons-nous de croire que tout soit contingent dans les êtres contingents. Si le fait de leur origine, si tout leur être est contingent, il n'en est pas moins nécessairement vrai qu'ils puisent leur origine et leur être dans l'être nécessaire. De là, deux ordres de lois qui les régissent : les unes contingentes comme leur être, les autres nécessaires comme leur premier principe. On peut ranger parmi celles-ci les principes de métaphysique, tels que le principe de contradiction, celui de causalité, celui de substance, les lois des nombres, de la quantité. En vertu de ces principes et de ces lois, le fait de l'existence d'un être contingent étant donné, on peut en déduire une foule de conditions, de rapports sans lesquels cet être n'existerait pas, ou existerait autrement. C'est par là que la connaissance de l'être contingent devient connaissance rationnelle. Mais la pensée ne s'exerce pas de la même façon à l'égard d'un tel objet et de ses rapports multiples. L'objet lui-même, et tout ce qui est proprement contingent, ne se présente point à l'esprit sinon revêtu de la forme sensible ou imaginative sous laquelle la connaissance expérimentale l'a saisi, ou s'il n'est du moins représenté par quelque signe sensible et conventionnel.

Au contraire, les applications à cet objet des principes et des lois nécessaires participent de l'indépendance de l'esprit dans l'ordre rationnel, où il peut choisir l'image sensible dont le concours lui est généralement indispensable.

Nous avons parlé, en commençant, d'un tableau, d'une

sorte d'atlas du monde sensible que nos sens construisent
sans cesse dans notre imagination. A proprement dire,
les sens fournissent la matière, les détails, les couleurs,
les esquisses; c'est la réflexion rationnelle qui met de
l'ordre en tout cela, établissant entre les éléments venus
du dehors leurs rapports vrais, ici contingents, là nécessaires, d'où résulte l'harmonie du monde de la pensée
avec le monde de la réalité. Ce concours de l'imagination
et de la raison n'empêche pas que leurs opérations, les
images et les idées tout entremêlées qu'elles sont, ne
soient profondément distinctes, comme le tableau du
peintre et sa conception. Chose curieuse, l'image ou
le signe n'est pas le terme du regard de l'esprit, mais
bien l'idée qu'il voit à travers le signe et l'image. Tantôt
il va du signe à la pensée, et tantôt de la pensée au
signe pour revenir à la pensée.

Il faut toujours avoir grand soin de distinguer l'image
ou le signe et l'idée. En tant qu'images, les représentations de notre tableau sont groupées suivant une loi qu'on
a appelée fort mal l'association des idées et qui n'est autre
chose qu'une simultanéité d'impressions : le souvenir
d'une impression, d'un fragment d'impression réveille
toutes les autres éprouvées à peu près en même temps.
En tant qu'idées, ces représentations sont groupées
comme les idées, c'est-à-dire suivant leur dépendance
logique, qui les rattache les unes aux autres et les
ordonne toutes par rapport aux premiers principes et à
l'idée de l'être. On voit par là que l'esprit humain, dont
la propriété essentielle est de discourir, comme disaient
les anciens, *discurrere*, peut passer d'un objet de connaissance à un autre objet de connaissance dans notre
tableau intérieur, soit en suivant l'ordre d'association
chronologique, soit en suivant l'ordre d'association logique, soit l'ordre des images, soit l'ordre des idées.

Ordinairement il se comporte en cela avec la plus grande liberté, changeant de marche suivant son bon plaisir et presque son caprice. Mais les choses ne se passent pas de la même manière dans les deux cas.

Quand il suit l'ordre logique, son point de départ est sûr : c'est un principe ou bien une connaissance actuellement consciente. De là, grâce aux deux grands instruments intellectuels dont il est armé par la nature, nous voulons dire l'induction et la déduction, il s'avance fouillant, explorant jusqu'à ce qu'il trouve l'objet cherché. Les signes, les expressions, lui sont-ils nécessaires pour cette recherche, ils surgissent comme spontanément sous ses pas; ou, s'ils se font attendre, lui-même en crée, en se servant de termes nouveaux, de cris, de gestes. Qu'on nous permette de citer une anecdote à ce sujet.

Deux Européens, qui ne savaient pas un mot des langues orientales, entrent dans un restaurant chinois. On leur sert un plat qui leur paraît suspect : ils font un signe au garçon, et poussent le cri du canard *can, can*, en regardant le plat. Le garçon répond *oou, oou*. Ils avaient été compris, et ils comprirent qu'on leur avait servi du chien. On peut admirer ici la rapidité de la pensée chez le garçon chinois. « Ces messieurs, se dit-il implicitement, entrent ici; évidemment c'est pour manger, les voilà servis. Mais chacun est bien aise de savoir ce qu'il mange. Justement, ils paraissent inquiets devant ce plat : ils me regardent, c'est pour m'interroger. *Can, can*, disent-ils; ils me demandent si c'est du canard. Je vais leur répondre dans la même langue que c'est du chien. » Ce monologue ou tout autre semblable a été tenu certainement par le fils du Céleste Empire. Mais ce qui n'est pas moins certain, c'est qu'il lui a suffi de trois ou quatre mots pour se dire tout cela :

sa pensée s'est achevée parfaitement claire et complète presque sans le secours des mots, à peu près nue, si l'on peut ainsi dire. Nous faisons cette remarque pour montrer que l'intelligence ne se traîne pas aussi péniblement qu'on veut le prétendre à travers l'attirail des mots. Elle en crée, comme nous venons de le voir, si elle en a besoin, et quand elle est pressée ou, du moins, quand elle est très vive, elle s'en passe. C'est ainsi qu'elle se comporte en suivant l'ordre logique de ses pensées, et par là elle arrive à réveiller le souvenir qu'elle désire comme elle arrive à une conséquence (1).

Mais quand elle suit l'ordre des images, les choses se présentent d'une tout autre manière. Si la machine organique, si notre orgue de barbarie cérébral a toutes ses pièces en bon état, bien huilées où l'huile est nécessaire, d'une juste tonalité dans ses parties vibrantes et vibrant partout facilement, alors tout est pour le mieux; les sons, les images, les mots se produisent comme par magie au moindre effort de la volonté, de l'attention. Le perroquet a-t-il besoin d'entendre autre chose qu'une syllabe connue de lui pour dérouler tout son chapelet?

(1) On a constaté que, au milieu du naufrage des mots dans la mer de l'oubli, l'interjection périt la dernière. Or l'interjection, quand elle n'est pas un simple cri, quand elle est un vrai mot, un son animé par un sens, représente une pensée implicite, enfermant à la fois sujet, verbe et attribut, et même plusieurs propositions. La pensée implicite n'est pas une hypothèse; elle est un fait bien réel, comme l'exemple de notre Chinois le prouve et comme nous le pouvons constater en nous-mêmes avec un peu de réflexion. Maintenant, il semble que cet état d'*implication* soit l'état primitif de beaucoup d'idées. La réflexion déroule, développe, comme on dit si bien, tantôt l'une, tantôt l'autre. Les mots et les autres signes, non seulement en marquent les points saillants, mais ils jouent encore le rôle de clous, qu'on nous permette cette métaphore, et empêchent la toile de se replier sur elle-même, de se ramasser en une boule informe, comme une membrane élastique.

Mais la machine se détraque facilement; le simple défaut d'usage en rouille les rouages. Si donc il arrive
que telle ou telle image ne se rattache pas à l'ordre
logique, et que l'élément organique qui la contient se
soit comme rouillé, ce n'est point sans peine qu'on la
fera revivre et peut-être y épuisera-t-on vainement tous
ses efforts. Les noms propres et en général tout ce qui
s'apprend par cœur, c'est-à-dire uniquement par une
sorte d'habitude imprimée à l'organe grâce à la répétition, sans aucun rapport à l'idée, soit parce que ce rapport manque, soit parce qu'on n'y fait pas attention, tout
cela se trouve soumis aux conditions de la mémoire purement organique. Il est facile de constater que, lorsque
l'oubli s'étend dans cette région, on essaye de rappeler le
mot ou un ensemble de mots, un morceau de poésie, un
air de musique en prononçant des syllabes, en chanton-
nant des commencements de phrases littéraires ou musicales qui paraissent avoir quelque analogie; arrive-t-on
à tomber juste, d'ordinaire le reste suit spontanément,
comme dans ces jouets où il suffit de mettre le doigt justement sur un bouton spécial pour faire apparaître telle
ou telle figure.

Tous les hommes ne sont pas taillés sur le même
modèle. Soit à cause des différences de leurs capacités
natives, soit à cause des différences de leur éducation,
la limite de la mémoire intellectuelle et celle de la
mémoire organique est loin d'être la même en tous. Chez
les uns, c'est l'intelligence qui domine; chez les autres,
c'est l'organisme; et chez d'autres les deux éléments se
mêlent et se pénètrent plus ou moins complètement.

§ VI. — *L'essence de la mémoire.*

Mais les phénomènes dont nous avons parlé jusqu'ici sont moins des phénomènes de la mémoire que de l'imagination. Il ne suffit pas qu'une image ressuscite dans notre conscience pour qu'il y ait mémoire. Macaulay raconte qu'un écrivain anglais, au déclin de sa vie, avait conservé le pouvoir de retenir avec une grande fidélité ce qu'il entendait, mais oubliait avec une facilité non moins grande l'origine de ce qu'il retenait de la sorte. « Si on lui lisait quelque chose dans la soirée, dit M. Ribot, il se réveillait le lendemain l'esprit plein des pensées et des expressions entendues la veille, et il les écrivait de la meilleure foi du monde, sans se douter qu'elles ne lui appartenaient pas. » Combien de fois un écrivain croit-il exprimer une idée originale, lorsqu'il ne reproduit qu'une réminiscence ! Il paraît aussi que, par un effet contraire, certains conteurs, après avoir brodé sur un fond vrai une histoire fausse, sont les premiers à croire qu'ils racontent seulement ce qu'ils ont vu.

La mémoire n'est vraiment telle que par la *reconnaissance*, c'est-à-dire lorsque nous reconnaissons qu'un phénomène psychologique actuellement présent à notre conscience s'y est *déjà* manifesté, ou, pour employer un terme assez heureusement inventé par la philosophie nouvelle, lorsque nous *situons* dans le passé un phénomène actuel de conscience. La mémoire, dit M. Ribot, est une sorte de vision dans le passé, où l'activité consciente transporte une image actuelle comme l'œil transporte l'image rétinienne dans l'espace.

Opération curieuse, dont le mécanisme ne peut manquer d'intéresser. On sait que M. Taine, lui qui s'est moqué avec tant d'entrain des honnêtes métaphores de M. Jouffroy, faisait appel, pour expliquer cette manœuvre capitale de la mémoire, à une bascule métaphorique de son invention. Étant donnée une image dont il s'agit de reconnaître la date d'origine, M. Taine applique sa bascule à cette image, qu'il fait glisser, par des impulsions réitérées, sur la surface des autres images comme sur un sol uni, jusqu'à ce que, rencontrant une place vide, elle y tombe et s'y fixe par ses deux extrémités. Il n'y a qu'à remarquer cette place, et tout est dit. Malgré la considération que nous avons pour cet écrivain de talent, nous ne pouvons nous empêcher de trouver son invention et légèrement burlesque et grandement inutile.

M. Ribot remarque, non sans raison, que l'on n'est pas obligé, pour se souvenir, de parcourir toute la série des phénomènes qui séparent le moment présent du moment où le phénomène qu'il s'agit de situer s'est produit. Il aurait pu ajouter que la chose serait à peu près impossible. La surface de glissement se dérobe ainsi à l'opération de M. Taine. L'esprit, ou plutôt l'inconnu qui joue son rôle, procède par bonds. Dans la ligne « regressive » que devrait suivre la mémoire, il y a comme des jalons bien éclairés qui se montrent à cet inconnu dès qu'il y jette les yeux. C'est là qu'il se porte tout d'abord, allant de l'un à l'autre, afin de juger quelle est la place qui convient à l'image encore dépourvue de lieu.

En réalité, il y a une foule de faits sur la situation desquels la mémoire n'hésite pas plus que les sens n'hésitent sur la situation locale des objets placés devant eux. Ils offrent des termes de comparaison qui finissent par asseoir solidement le jugement de la mémoire sur l'époque d'abord douteuse de tel ou tel événement. C'est en effet à l'aide de ces poteaux intellectuels qu'elle se dirige avec assurance en parcourant le passé. Mais l'école à laquelle

appartient M. Ribot n'a pas droit d'expliquer la mémoire
au moyen de tels procédés.

Pour elle, le cerveau occupe le sommet de la création;
au-dessus, il n'y a rien. Les phénomènes d'intelligence
sont des vibrations cérébrales, véritables images des vibrations qui constituent les sensations. La mémoire, comme
elle l'entend, n'est pas autre chose qu'un certain ordre de
distribution qui s'établit spontanément entre les images,
et qui suppose parmi elles des déplacements, des voyages
et enfin des situations arrêtées.

Malheureusement, outre qu'il est très hardi de faire
de ces images de petites bestioles douées de conscience
et d'activité, et qu'on ne voit pas très bien pour quel
motif sensé elles se mettent en voyage, les phénoménalistes oublient avec une facilité vraiment étonnante que
les vibrations cérébrales ne se déplacent pas. Ce sont des
éléments nerveux qui produisent spécifiquement, peut-
être individuellement, comme nous l'avons expliqué, ces
phénomènes; et les fonctions de ces éléments leur sont
tellement propres que les uns ne peuvent se substituer
aux autres. Nous avons comparé l'organe de l'imagination à un instrument de musique, où chaque note est
produite par les vibrations d'un tube ou d'une lame déterminée et ne l'est que là. La comparaison est de la plus
rigoureuse exactitude, si l'on ne parle que de la localisation des images. Les observations des pathologistes, dont
nous avons rapporté quelques cas, mettent ce fait au-
dessus de toute contestation. Les images cérébrales sont
donc fixées dans leurs situations relatives et condamnées
à garder les mêmes distances réciproques, et il est plus
étrange de les faire voyager que de faire voyager les
tuyaux d'un orgue pour se rendre compte d'un morceau. Ni les coups de bascule, ni aucune autre invention plus ou moins délicate ayant pour but de déplacer

les vibrations nerveuses, n'expliquent la mémoire.

Il est vrai que la conscience, — et comment suspecter son témoignage? — nous montre en nous-mêmes ces images qui se rapprochent, s'éloignent, prennent réciproquement des situations diverses, par rapport à un centre commun qui se sent également vivre dans toutes à la fois. Nous voici donc amenés forcément, par l'observation physiologique et l'observation psychologique, en face d'une sorte d'antinomie physique. Mais elle n'existe que pour le phénoménaliste et le matérialiste. Où le matérialiste est obligé de s'avouer vaincu et sans force, le spiritualiste conserve tous ses avantages. Voici en effet quelle est sa doctrine, qui coupe court à toutes les difficultés. Une substance active, vivante, intelligente se trouve, tout entière et sans division, à la fois dans tous les centres cérébraux où des vibrations spéciales font naître des images spéciales. Elle est le vrai centre, immatériel et substantiel, un en soi et multiple par les points multiples qu'il occupe; elle réunit en son unité toutes les images dispersées et n'a besoin que d'elle-même pour faire surgir celles que demandaient ses diverses évolutions.

L'opération qui consiste à situer une image dans le passé, n'a rien de matériel, sauf ces vibrations nerveuses sans lesquelles les phénomènes psychologiques n'ont pas lieu. Elle n'a point pour objet d'établir un ordre matériel entre des phénomènes matériels. L'image, dès qu'elle entre dans la conscience et surtout lorsqu'elle est pénétrée par la raison, se détache de la nature matérielle et s'élève au-dessus de ses lois; elle revêt une mobilité qui lui est propre et qui n'a rien de commun avec la mécanique. Peut-être serait-il plus exact de dire que l'image joue dans l'esprit le rôle des mots que nous entendons ou que nous lisons. Le regard de notre intelligence ne s'arrête ni aux vibrations sonores ni aux traits colorés; il les

17

pénètre et voit au delà son objet propre, c'est-à-dire
l'idée. Rien n'est mobile comme nos idées, que nous analysons, divisons, rapprochons, éloignons, ordonnons
comme il nous plaît, toujours suivant des principes infiniment plus vastes que le monde matériel.

Pour savoir à quelle époque tel événement auquel nous
pensons est arrivé, notre esprit réveille les images d'une
foule d'autres événements situés en des régions diverses
du cerveau, peut-être fort éloignés les unes des autres.
Mais, en ce faisant, il ne va pas à l'aventure. Les images
constituent comme des groupes dont la simultanéité ou
du moins la proximité d'apparition originelle forme le
lien. C'est à placer dans quelqu'un de ces groupes, dont
au moins un élément est pleinement connu, le fait dont la
date est douteuse, que consiste l'œuvre de la mémoire.
La moindre réflexion suffira pour en convaincre. Disons,
en passant, que le conteur qui s'abuse le premier procède
d'une manière analogue, sauf qu'au lieu de se souvenir, il
oublie. La broderie qu'il ajoute à un fond vrai est une
image qu'il fait entrer dans un groupe; oubliant bientôt
ce que ce rapprochement a d'arbitraire, il fait déborder
inconsciemment la vérité du centre sur les contours,
uniquement parce qu'il les trouve associés dans son
imagination.

Une idée domine et éclaire toutes ces opérations, c'est
la notion du temps. Sans la lumière de cette notion, il
est impossible de comprendre comment les mouvements
des images peuvent permettre de reconnaître que leur
origine se trouve en tel ou tel point du passé. Leur distribution réciproque est un ordre local, une distribution
dans l'espace, rien de plus; et l'on a lieu d'être surpris
que les phénoménalistes ne voient pas que les prome-
nades de leurs images ne leur donnent pas autre chose.
Mais disons tout de suite, pour éviter des malentendus,

qu'il faut avoir grand soin de distinguer l'idée du temps du sentiment de la durée.

Ce sentiment est un état *sui generis*, produit par la succession sentie des phénomènes de conscience. Le temps ne se précipite ni ne se ralentit jamais ; son cours est uniforme. Ce sont les phénomènes de notre conscience qui se succèdent tantôt avec rapidité, tantôt avec lenteur : le temps paraît long dans le premier cas, il paraît court dans le second ; mais cet effet n'est produit qu'autant que ces phénomènes sont sentis et remarqués : en l'absence de tout sentiment semblable, le temps s'évanouit. Ainsi, la fièvre, une attente contrariante, allongent le temps ; une occupation intéressante le raccourcit ; une syncope le supprime, en ce sens que le premier et le dernier instant de l'accès semblent se toucher. Ce sont là comme des jugements naturels, spontanés et incomplets, dont les émotions de la sensibilité sont le motif réel mais insuffisant. La fatigue nerveuse qui se fait sentir par secousses réitérées, l'alacrité de l'âme qui s'absorbe dans la jouissance d'un objet, au point d'en remarquer vaguement ou d'en oublier les limites ; l'impuissance de rien observer, à cause de la résolution plus ou moins complète du système nerveux : tels sont en gros les principes sensibles de ces jugements naturels et mêlés d'erreur. Mais l'illusion n'est jamais entièrement fausse ; la réalité en est même, pour ainsi dire, l'étoffe. L'idée vraie du temps est au fond de toutes les illusions qui ont le temps pour objet. De cette idée, vague et très confuse, des jugements que nous venons d'indiquer, et de certains états sentis du système nerveux, se compose le sentiment complexe de la durée.

La notion du temps n'a ni cette incertitude, ni cette élasticité. Elle est nette, précise et déterminée. C'est par elle que nous jugeons nos jugements spontanés sur le

temps, que nous en ramenons les conclusions à de justes
limites. C'est par elle que nous assignons aux événements
un ordre fixe dans la durée; par elle, que nous donnons à
nos connaissances scientifiques la rigueur de la loi. C'est
par elle que la mémoire nous assure la vérité rigoureuse
des objets sur lesquels elle s'exerce.

Les phénoménalistes accordent volontiers que la notion
du temps joue un rôle essentiel dans la mémoire. Seulement, avec une prudence qui fait sourire, ils s'en tiennent
à cette concession et refusent de mener plus loin leur
philosophie. Ils pressentent, du moins en ont-ils l'air,
qu'une étude approfondie de cette notion ruinerait leurs
théories, et ils se tiennent à distance comme d'une mine
prête à éclater. En effet, la notion du temps est l'une des
plus réfractaires aux opérations et aux conditions de la
matière. Une école s'est même formée, école de puissante
analyse, qui refuse pour ce motif toute valeur objective à
cette idée et la réduit à n'être qu'une forme subjective :
c'est l'école de Kant. Si cette conclusion est exagérée, il
n'en reste pas moins indubitable que le monde matériel
est absolument incapable d'engendrer l'idée du temps. Le
temps, du moins par ses deux bouts, si l'on peut ainsi
dire, échappe à toute expérience. La période pendant
laquelle il nous est permis d'exercer nos facultés de perception est comprise entre le moment présent et un
moment initial fort peu éloigné. Or nous concevons clairement le temps comme une durée s'étendant au delà de
ce moment initial, suivant une série dont le premier
terme n'existe pas et n'a jamais existé, et destinée à se
prolonger après le moment présent au delà de toute
limite. S'il n'y a dans la conscience que des images, et
des images produites par les vibrations cérébrales, quelle
image correspond à un tel objet? quels éléments nerveux
mettrez-vous en branle pour représenter fidèlement l'indé-

fini? Apprendrez-vous à ce qui est essentiellement emprisonné dans le nombre fini, à s'en débarrasser pour vibrer
contrairement aux lois de la matière, aux exigences
mêmes de la métaphysique? Mais il n'y a pas d'image
sans type. Quel est donc l'objet aux limites indéfinies qui
est venu se placer devant votre regard pour se peindre
dans votre cerveau? Votre œil a-t-il embrassé l'illimité,
c'est-à-dire ce qui ne peut pas être embrassé? La nature,
où tout est défini, soumis rigoureusement au nombre, au
poids et à la mesure, vous a-t-elle jamais offert rien de
semblable? Reconnaîtriez-vous, en dépit de vos théories,
que la nature, telle que vous l'entendez, n'est pas tout;
qu'il y a quelque chose de réel, de très réel hors d'elle et
au-dessus d'elle, et dont les signes incontestables sont
dans la nature même? Comprenez, si vous le pouvez, la
nature sans le temps, et, si vous le pouvez, comprenez le
temps dans la nature..

Voilà où l'étude de la mémoire, poussée jusqu'au bout,
conduit les phénoménalistes. C'est une impasse. A eux de
trouver le moyen d'en sortir.

En résumé, l'étude physiologique de la mémoire n'est
pas aussi désastreuse pour le spiritualisme que certains
physiologistes plus ou moins philosophes se sont flattés
de le faire croire. Il y a longtemps, — comment oublient-
ils cela? — que l'on a constaté la nécessité du concours
intime de l'organisme dans les actes de la mémoire
comme dans tous les actes de l'esprit. On n'avait donc
pas à s'étonner que les maladies de l'organisme aient leur
contre-coup sur les souvenirs, que la mémoire soit plus
ou moins frappée d'impuissance, lorsque son instrument
naturel se dérobe plus ou moins à sa direction. Mais les
maladies mêmes de la mémoire, où l'on mettait tant de
naïves espérances, prouvent contre la réalité de l'esprit
comme la résistance prouve contre la réalité de la force,

comme la digue prouve contre la réalité du torrent, comme l'objet que frappent les rayons lumineux prouve contre la réalité de la lumière. Pour quiconque sait voir et juger, les infirmités de l'organe, obligeant l'esprit à des efforts inaccoutumés, mettent en un jour plus évident sa nature supérieure à la matière, indépendante en elle-même des conditions des corps, s'appliquant à son objet par des lois qui lui sont propres et atteignant des régions inaccessibles à la mécanique, par l'attention, le choix et l'idée.

LIVRE DEUXIÈME

L'ACTIVITÉ HUMAINE

~~~~~~~~~~

CHAPITRE PREMIER

LE DÉTERMINISME

Les doctrines d'Épicure ont repris vie parmi nous. Cette résurrection au dix-neuvième siècle n'a rien qui doive surprendre : c'est la philosophie des époques de décadence, merveilleusement adaptée à la corruption des mœurs et à la médiocrité des esprits. La vieille théorie des atomes telle qu'Épicure l'avait empruntée à Démocrite, le rendit aussi célèbre sinon aussi populaire que sa doctrine morale; cette théorie satisfaisait assez bien les imaginations grossières, sur lesquelles l'intelligence a peu de prise et qui sont si communes; mais les penseurs éminents la condamnèrent toujours avec sévérité; Cicéron appelait Épicure un philosophe plébéien. De nos jours, l'Épicurisme a plus d'apparence, il prétend être d'accord avec la science et avec la vérité, en être l'expression la plus fidèle; les atomes n'exécutent plus des mouvements aussi fantastiques; leur jeu théorique est une application de découvertes, de données véritablement scientifiques. Dans les limites du monde matériel, l'Épicurisme contemporain offre un caractère sérieux et respectable. Malheu-

reusement, lorsque le théoricien veut monter plus haut,
presque toujours la logique et même le bon sens lui faus-
sent compagnie : il perd la claire notion de la raison des
choses, de l'âme et de Dieu, et trop souvent il s'égare
jusque dans le matérialisme et dans l'athéisme, où il se
rencontre avec Lucrèce, le disciple le plus distingué
d'Épicure.

L'Épicurisme scientifique s'est bien gardé de conserver
son nom, légèrement ridicule : il s'appelle le *déterminisme*. Le déterminisme a la prétention d'expliquer l'univers au moyen de cette formule : tout phénomène est
toujours *déterminé* par les conditions des causes qui le
produisent. Cette proposition, qui ne le voit? n'est pas
autre qu'une maxime de la métaphysique ordinaire. Mais
on y ajoute certaines restrictions qui la rendent très
fausse et très dangereuse. Nous allons le voir.

§ 1. — *Aperçu général.*

Qu'on nous permette un exemple familier afin de
rendre la théorie intelligible.

Quand, au jeu de billard, une bille en frappe une autre,
le mouvement de la bille frappée est déterminé par le choc
de la bille qui frappe. Au premier instant, ce choc paraît
être toute la raison de l'effet. Ce choc et cet effet sont
fournis par des rapports rigoureusement mathématiques,
de telle sorte que le premier ne se renouvelle jamais dans
les mêmes conditions, sans que le second apparaisse parfaitement identique. C'est un cas de déterminisme simple.

Maintenant, supposez trois billes absolument élasti-
ques, douez les bandes de la même élasticité, supprimez
le frottement du tapis et la résistance de l'air ; après une
première impulsion donnée à l'une des trois billes, une
partie commencera qui se perpétuera pendant l'éternité,

les billes se choquant, rebondissant, décrivant des angles, des lignes parallèles, en un mot tout ce dont nous sommes témoins lorsque des coups de queue réveillent à propos leur vitesse ralentie par les obstacles. Des mouvements d'une variété illimitée s'engendreront les uns les autres, celui qui suit ayant sa raison dans celui qui précède, étant déterminé par les éléments de son antécédent comme une conséquence logique par la qualité et la quantité de ses prémisses. Ici le déterminisme commence à se dépouiller de sa simplicité.

Appliquons à l'univers entier notre partie de billard théorique. Les billes d'ivoire qui roulent sur le tapis vert contiennent une multitude innombrable d'autres billes bien plus merveilleuses : ce sont les molécules d'abord, puis les atomes qui en constituent la matière. Ces sphérules se fondent presque dans le néant par leur petitesse ; mais elles n'en sont pas moins soumises, comme les billes de notre partie sans fin, à des mouvements incessants, dont, suivant toutes vraisemblances, le mouvement visible des corps n'est qu'une résultante. Or, le monde matériel, la terre, le soleil, les planètes, les étoiles se résolvent en atomes semblables, en atomes liés entre eux par des systèmes de mouvements ; l'univers est une grande partie de billard dont toutes les billes se meuvent à la fois, agissant et réagissant les unes sur les autres. Là, point de causes de ralentissement : les billes, en changeant de place, ne rencontrent jamais que des billes de même nature, lesquelles reçoivent et transmettent le mouvement sans en éteindre la moindre fraction : le mouvement perpétuel, chimère sous forme visible, est une grande réalité sous forme invisible.

Mais les diverses rencontres des atomes ne sont pas seulement une application sans cesse variée des lois de l'incidence et de la réflexion : ici, rien qui soit désordonné, tout semble l'expression de combinaisons d'une science infinie. Les coups de cette partie universelle, si l'on peut ainsi dire, ne sont pas autre chose que les divers phénomènes de la nature : les vents, les marées, les nuées, les pluies, les orages, les saisons, le jour, la température, les réactions chimiques, les cristallisations, les changements des corps, en un mot, tout ce qui se passe dans le monde inorganique et même dans le monde organique indépendamment de l'influence de la vie, tout se résout en mouvements d'atomes d'une vitesse et d'une direction déterminées. En outre, les atomes sont tous réciproquement solidaires; la moindre vibration de l'un d'eux se transmet, en se modifiant, à tous, sans se perdre nulle part, sans s'arrêter jamais, de telle sorte que les moindres déplacements subis par la moindre molécule à l'origine des choses se perpétuent, à travers les siècles, en rayonnant et se réfléchissant de milles manières diverses. Tel est le déterminisme dans sa notion la plus saine, dégagé de tout alliage de fausse métaphysique.

Ce qui en fait la force et lui donne un caractère scientifique, c'est la grande découverte de ce que l'on appelle l'équivalent mécanique de la chaleur. Toutes les fois qu'un mouvement sensible est détruit, il y a production de chaleur, et réciproquement, la chaleur peut être convertie en mouvement sensible. Exemples : d'une part, le fer qui s'échauffe sous le marteau; de l'autre, le piston qui se meut par l'effet de la combustion du charbon dans la machine à vapeur. Or, entre le mouvement sensible détruit et la chaleur produite, entre la chaleur dépensée et le mouvement sensible produit, il y a un rapport rigoureux, constant, mathématique. Ainsi la chute d'un corps pesant un kilogramme d'une hauteur de 425 mètres développe, par l'arrêt de son mouvement, une calorie, c'est-à-dire une quantité de chaleur capable d'élever un kilogramme d'eau de 0° à 1° thermométrique, et réciproquement une calorie convertie en mouvement élève un corps pesant un kilogramme à une hauteur de 425 mètres. Ce nombre 425 est ce qu'on appelle l'équivalent mécanique de la chaleur; on en voit maintenant la raison.

La découverte de l'équivalent mécanique de la chaleur rend très probable la théorie qui considère la chaleur comme une sorte de mouvement. Beaucoup de savants en effet inclinent à penser que la chaleur est un mouvement vibratoire des molécules constitutives du corps chaud. Ce mouvement ne peut être aperçu par nos sens sous sa forme propre; mais il a la propriété, quand il atteint un certain degré d'intensité, de nous faire éprouver la sensation de chaleur, qui est une sensation *sui generis*. Ainsi la conversion du mouvement en chaleur et de la chaleur en mouvement n'est plus une transformation inintelligible de phénomènes de nature différente; c'est seulement un changement d'état d'un même phénomène, une dispersion et une concentration successives, si l'on peut ainsi dire, du même mouvement.

Or, personne n'ignore que les travaux des savants concourent à renouveler la physique. Les divers agents que l'on avait l'habitude de considérer comme les causes des phénomènes disparaissent peu à peu pour laisser la place à un seul, qui est la chaleur. Tout, dans la nature inanimée et dans une grande partie de la nature animée, est phénomène de chaleur, c'est-à-dire mouvement moléculaire vibratoire. La physique n'est plus qu'un chapitre de la mécanique. Grâce à la solidarité des molécules de l'univers, il n'est plus de phénomène qui ne s'explique par une équation, dont il est l'un des termes, l'autre terme comprenant, sans exception aucune, tous les phénomènes antérieurs. C'est en ce sens que M. Dubois-

Reymond a dit : « L'on peut concevoir une connaissance de la nature telle qu'on puisse représenter tous les phénomènes de l'univers par une formu   mathématique, par un immense système d'équations différentielles simultanées, d'où l'on pourrait, pour chaque instant donné, déduire le lieu, la vitesse et la direction de chaque atome de l'univers (1). »

Ainsi entendu, le déterminisme n'a rien qui ne s'accorde avec la raison. C'est encore une hypothèse, sans doute, car il suppose la réduction de tous les phénomènes de la nature à des phénomènes caloriques, ce qui n'est pas encore démontré, et il suppose l'existence d'un éther, condition essentielle pour la transmission des mouvements dans tout l'univers, ce qui est une autre hypothèse ; mais enfin cette conception grandiose et fort bien organisée a une base scientifique qui doit contenter les esprits les plus difficiles. Aussi nous garderions-nous de la soumettre à la critique, si on avait soin de la contenir dans ces limites fort raisonnables. Malheureusement i est de mode, nous disons de mode, de l'étendre au delà, malgré la science et en dépit de la logique. Une fausse interprétation d'un théorème de mécanique et une observation défectueuse d'un grand fait de la nature sont l prétexte de cette *extravagance*, nous employons ce mo suivant sa signification étymologique, quoique la signification usuelle ne fût pas ici trop déplacée, comme on v le voir.

Le théorème de mécanique dont on abuse s'énonce d la sorte : « La somme des énergies d'un système *livré* lui-même est constante. » Par *énergie*, il faut entendr

---

(1) *Revue scientifique*, t. XIV, p. 337. M. A. Hirn admet l'équi valence des phénomènes, mais il nie, sur preuves la *transforma tion* des forces. C. f. *Constitution de l'espace céleste* (1889).

la puissance immédiate en vertu de laquelle un mobile
est mis ou tend à se mettre en mouvement, et, par *système*, un groupe de corps déterminés qui agissent et réagissent les uns sur les autres (1). La partie de billard où
les billes n'éprouvent ni frottement ni résistance et se
meuvent sans fin sous la première impulsion, cette partie
vérifierait la formule, si elle pouvait exister. Ce théorème
est très clair et très certain. Est-ce distraction? est-ce
mauvaise foi? est-ce ignorance? les savants épicuriens,
et ils sont très nombreux, suppriment, dans l'énoncé,
trois petits mots; ils suppriment *livré à lui-même*, et le
théorème devient : « La somme des énergies de tout système est constante »; ce qui est une erreur très grossière,
tout à fait dans le genre de celles qui distinguent les
théories du vieil Épicure. Les savants ne laissent pas
d'en faire une application dont les conséquences sont
redoutables. Ils disent : « L'univers est un système en
mouvement, où, par conséquent, la somme des énergies

(1) Les géomètres ne sont pas toujours d'accord sur l'emploi
de certains termes. Celui d'énergie tend à prévaloir pour désigner ce que nous allons dire. Une pierre qu'on lance en l'air
suivant la verticale, possède, en vertu de l'impulsion reçue, le
pouvoir de s'élever jusqu'à une certaine hauteur, pouvoir qui
diminue à mesure que la pierre s'élève, et qui devient absolument nul lorsqu'elle est arrivée au sommet de sa course, de
même qu'il était *maximum* au premier instant de son ascension.
Réciproquement, à ce point extrême, la pierre a le pouvoir de
descendre avec une certaine vitesse; ce pouvoir diminue à
mesure que la pierre descend, et devient nul au moment où la
pierre touche le sol. Le premier pouvoir s'appelle *énergie actuelle*,
le second *énergie potentielle*. Or ces deux énergies ont cette propriété remarquable, qu'elles sont étroitement liées l'une à
l'autre et que les accroissements de l'une sont toujours égaux
aux décroissances de l'autre : leur somme est donc une quantité
constante, supposé toutefois que nulle force extérieure ne vienne
les accroître ou les diminuer. L'univers est un système immense
soumis à des forces. Il est donc vrai de dire que la somme des
énergies *intérieures* de l'univers est constante.

est constante. Mais toucher en un point de ce système pour en modifier le jeu aussi peu que l'on voudra, c'est rompre la constance des énergies qui l'animent. Donc le miracle est impossible; donc la religion, qui repose sur le miracle, est un conte de vieille femme. En outre, s'il est absurde de modifier un pareil système, que dire d'un acte qui le produirait? Donc pas de création, donc pas de Dieu; ou tout au plus le Dieu paresseux et inutile d'Épicure, sinon le grand *incognoscible* de M. Littré. » Et voilà comment, après avoir donné un coup de pied à la science, on se conduit, au nom de la science, d'une manière bien plus coupable envers ce qu'il y a de plus sacré au monde. Avant de conclure ainsi, les savants devraient prouver, ou bien que leur théorème mutilé est vrai, ce qu'ils ne font pas et ne peuvent faire, ou bien que l'univers est un système *réellement livré à lui-même* de fait ou par essence, ce qu'ils n'ont jamais essayé et n'essayeront jamais. Bien loin que cette condition se vérifie, il est démontré que la science exige absolument l'action d'une force supérieure, extérieure et antérieure à l'univers comme principe de ses mouvements.

Il n'est pas difficile de comprendre que le même sophisme conduit à la négation des forces vivantes créées, parmi lesquelles l'âme humaine occupe une place importante. Elles perdent nécessairement le droit d'être le principe d'un mouvement matériel; car ce mouvement serait une énergie nouvelle ajoutée à la somme des énergies de l'univers, dont il troublerait la constance. Mais cette conclusion fausse dérive aussi d'autres prémisses, dont les physiologistes surtout font usage, et que nous avons appelées une observation défectueuse de la nature. L'œil, la main, les instruments, qui sont les seuls moyens d'observation extérieure, montrent toujours, dans un être vivant, les phénomènes tellement liés à la matière, qu'un

certain groupe d'éléments matériels en est le siège et
un autre groupe la cause totale ; c'est ainsi, par exemple,
que l'oxydation du sang a pour cause l'affinité de l'oxygène pour le carbone. C'est là ce qui se passe en apparence, et les apparences sont tout pour beaucoup de
savants. M. Cl. Bernard enseignait que les phénomènes
vivants sont intégralement *déterminés* par les causes
physico-chimiques du monde inorganique ; mais il avait
soin de mettre à part sa *direction*, l'ordre de ces phénomènes. Pour beaucoup, hélas! cette exception n'existe
pas : entre la pierre qui tombe et l'homme qui pense, il
n'y a qu'une différence accidentelle, une différence de
complication : mouvement d'ensemble d'une part, mouvement moléculaire de l'autre, rien de plus. L'âme est-
elle une force *sui generis*? existe-t-elle? Qu'importe? Si
elle existe, si elle est une force, son action ne tombe
jamais sur la moindre molécule matérielle : elle est dans
le monde comme si elle n'y était pas. C'est le pendant
exact du dieu d'Épicure, un rouage inutile dans la machine de l'univers (1).

Si c'était ici le lieu, nous prouverions, avec la science,
d'abord que la thermodynamique conduit avec la dernière rigueur à l'existence de Dieu, c'est-à-dire à une
conclusion qui contredit directement l'Épicurisme ; puis,
que le mouvement matériel est impossible sans la coopération de quelque cause immatérielle. Mais nous devons
nous renfermer dans l'étude de l'homme et n'envisager
le déterminisme qu'à ce point de vue spécial.

(1) Les grands, les vrais savants ne sont jamais incrédules.
Les fondateurs de la thermodynamique ne font pas exception à
la règle. Nous pouvons l'affirmer de Grove, de Hirn et de
Robert Mayer.

§ II. — *Déterminisme physiologique.*

Les savants épicuriens ne se contentent pas de porter leurs spéculations aventureuses sur le monde inorganique; ils se flattent de plier la nature humaine sous la rigueur de leurs formules. Mais, en lui faisant subir cette contrainte, ils la détruisent, et, au lieu d'un homme, ils n'ont plus sous la main, qu'on nous pardonne ce langage, qu'une marionnette.

En effet, l'homme n'est plus, suivant leur doctrine, qu'une combinaison d'organes et de nerfs, comme la marionnette est composée de pièces articulées et de cordons. Les nerfs constituent de véritables fils par où le mouvement est imprimé à la machine vivante. Ce sont les objets matériels qui remuent ces cordons sous la forme d'ondes sonores, d'ondes lumineuses, d'effluves odorantes, de particules savoureuses, de surfaces résistantes. L'ébranlement entre par un bout des cordons nerveux, chemine jusqu'à un lieu qu'on appelle centre, et de là revient par une autre voie transformé en mouvement musculaire. Les gambades de la poupée de bois sont moins étroitement liées aux secousses de la main qui tire les ficelles que les mouvements les mieux ordonnés de nos membres ne le sont aux impressions sensibles. Il suffit de frapper convenablement les oreilles et les yeux pour produire avec une certitude entière et une exactitude rigoureuse les mouvements d'où résulte, par exemple, le tracé d'une figure de géométrie, le dessin d'un beau tableau, une danse savante, un chant compliqué, un chef-d'œuvre oratoire. Entre la marionnette humaine et la marionnette de bois, sauf la perfection relative des deux machines, il n'y a qu'une différence : c'est que l'une a conscience et que l'autre n'a pas cons-

cience de ses exercices chorégraphiques. C'est aussi par
là que nous différons de l'animal-machine de Descartes,
marionnette fabriquée, au dire du philosophe, par la
nature. Mais est-ce un avantage? C'est une source d'erreurs, puisque nous en tirons la persuasion que nous
sommes le principe de mouvements dont nous ne sommes
que le siège passif. Nous donnons une grossière comédie
et nous avons le malheur de prendre notre rôle au
sérieux.

Trois citations vont montrer que nous n'exagérons
rien. « C'est une opinion universellement admise aujour-
d'hui que l'activité cérébrale, si élevée qu'elle soit, ne
diffère pas, quant à ses éléments constitutifs, du réflexe
spinal : » Ainsi parle M. Ribot dans la *Revue philosophique* (octobre 1879), dont il est le directeur. Le
simple réflexe spinal a son type dans les célèbres convulsions de la grenouille de Galvani. On ne pouvait
mieux assimiler les mouvements musculaires de l'homme
aux gambades d'une marionnette. Voici maintenant le
docteur Luys avec son langage d'oracle : « Les divers
processus de l'activité du cerveau se résument, en dernière analyse, en un mouvement circulaire d'absorption
et de restitution de forces. C'est le monde extérieur
avec toutes ses sollicitations, qui entre en nous par la
voie des sens sous forme d'incitations sensoriales; et
c'est le monde extérieur qui, modifié, répercuté par son
conflit intime avec les tissus vivants qu'il a traversés,
sort de l'organisme et se réfléchit au dehors en des manifestations variées de motricité volontaire (1). » De si
grands mots pour dire que l'impression des sens produit
le mouvement des membres en passant par le cerveau!
Toujours la marionnette. Ainsi, par exemple, l'émotion

(1) *Le Cerveau*, p. 258.

du nerf optique causée par la présence d'un verre de vin
de bonne apparence chemine le long de la fibre nerveuse jusqu'au cerveau, de là se dirige dans le cordon
musculaire du membre droit supérieur, étend le bras,
ouvre puis contracte la main, fléchit le bras et l'élève
jusqu'à la hauteur de la bouche et le reste. Répétons
cette explication pour tous nos mouvements extérieurs,
vous saurez ce que M. Luys a voulu dire. Mais ce docteur solennel parle de « forces absorbées et restituées ».
M. Helmholtz, le célèbre physiologiste allemand, va nous
dire ce qu'il faut tâcher d'entendre par là. « La loi de la
conservation de la force, écrit-il, s'applique tout particulièrement à la physiologie. Avant la découverte de
cette loi, l'opinion presque universellement admise sur
les faits de la vie corporelle, étaient qu'ils sont régis par
une force vitale nommée âme animale. Cette sorte d'âme
devait, à la vérité, employer, pour produire ses effets,
les forces chimiques et physiques de la matière absorbée,
mais elle avait en même temps la faculté de lier et de
délier pour ainsi dire l'action de ces forces; elle en disposait à son gré, les laissant agir librement, ou les arrê-
tant quand cela lui plaisait. Cette assertion contredit
absolument la loi de la conservatoin des forces... D'après
les investigations de la science naturelle, les corps
vivants puisent leur force d'impulsion absolument à la
même source qu'une machine à vapeur, c'est-à-dire dans
la nature extérieure. Ils ont recours aux forces chimiques, aux forces d'affinité du charbon et de l'oxygène
atmosphérique; ils sont, comme toute la nature inorganique externe, soumis à la loi de la conservation des
forces (1). » M. Helmholtz affirme ici beaucoup plu que
la science ne lui permet.

---

(1) *Revue scientifique*, t. VII, p. 93.

Si on l'en croit, et avec lui beaucoup d'autres savants, les mouvements musculaires sont un cas particulier de la thermodynamique, rien de plus. Ce n'est pas à la marionnette, c'est à la machine à vapeur que l'homme doit être comparé. De même, en effet, que le mouvement du piston et celui des organes divers rattachés à cette pièce sont une transformation de la chaleur fournie par la combustion du charbon et convertie en travail, de même, les divers mouvements de nos muscles sont une transformation de la chaleur produite par la combustion du carbone du sang dans les profondeurs de nos tissus organiques. S'il est ici parlé de forces, c'est que, pour beaucoup de savants, la force n'est qu'un aspect du mouvement, c'est le mouvement considéré comme cause d'un autre mouvement. Les « forces absorbées et restituées » de M. Luys sont simplement des mouvements transformés qui se communiquent du dehors au dedans, puis du dedans au dehors. Mais les « forces » ont quelque chose de plus solennel, de même que la machine à vapeur a un air plus scientifique. Il serait cependant encore plus conforme à l'opinion de nos savants épicuriens d'appeler l'homme une *marionnette à vapeur*.

Mais quel est le rôle de l'âme dans le jeu d'une telle machine? — Question naïve! L'âme est passée de mode; ce n'est plus qu'une étiquette. — Du moins la volonté consciente est un fait, et les faits résistent aux vicissitudes de la mode. N'est-elle pas pour une bonne part dans les effets qu'elle croit produire? — Elle croit comme la mouche du coche. Elle voltige au dedans de la marionnette à vapeur, et s'agite avec elle, mue, emportée par elle, lorsqu'elle s'imagine lui donner l'impulsion. La volonté consciente! mais elle n'est pas autre chose qu'une forme de mouvement entrant par les nerfs sensitifs et sortant par les nerfs musculaires, après avoir fait un arrêt plus ou moins long dans le cerveau. En tant que volonté, elle est le mouvement matériel même, ou, si l'on veut, une roue de la machine. En tant que consciente, c'est une sorte d'éclair électrique produit par le courant nerveux dans les fibres cérébrales. Suivant une heureuse comparaison d'Alexandre Bain, cet éclair a sur les mouvements musculaires, tout juste la même influence que la lueur d'une allumette chimique sur le jeu d'une machine à vapeur ordinaire.

Tel est le déterminisme auquel les disciples modernes d'Épicure assujettissent l'homme lui-même. Il n'est pas de phénomène psychologique qu'ils n'aient la prétention de faire rentrer dans l'évolution immense des mouvements purement mécaniques. En soumettant à la critique, suivant nos droits, cette prétention exorbitante, nous voulons nous borner d'abord aux mouvements musculaires, en dégager autant que possible la part qui revient à l'élément spirituel.

D'abord une question de méthode.

Nous sommes pleins de respect pour la science. Personne plus que nous ne vénère la sainte fureur des découvertes qui bouillonne dans la tête de beaucoup de savants. La vérité est quelque chose de si précieux, qu'en découvrir la moindre parcelle c'est acquérir des droits à la gratitude des êtres intelligents. Rien de plus légitime que l'émulation, quelquefois un peu vive, avec laquelle on se dispute si souvent l'honneur d'avoir révélé ou même seulement aperçu le premier tel ou tel coin inconnu de la nature. Nous comprenons l'acte de folie d'Archimède quand la solution du problème de la couronne se présente tout à coup à son esprit, la frénésie momentanée de ce savant qui voulait faire brûler la cervelle à quiconque viendrait le troubler dans l'investigation d'un vieux tombeau; nous comprenons le frémisse-

ment d'orgueil avec lequel un naturaliste ajoute un nom
à la famille des cryptogames, ou classe une mâchoire de
Sakalave. Mais ce qu'il ne nous est pas possible d'admirer, ni même de comprendre, ni surtout de concilier
avec un si beau feu, c'est le zèle non moins ardent avec
lequel une foule d'amis de la science, enflammés d'amour
pour la plus pure des gloires, la gloire scientifique, profondément convaincus, comme nous venons de le voir, de
leur valeur personnelle, de la valeur de leurs actes, pro-
fessent néammoins dans leurs discours et dans leurs
écrits le dogme de leur impuissance radicale, refusant à
l'homme toute activité propre, le réduisant expressément
au rôle de la pierre qui tombe, de la bulle qui crève à la
surface de l'eau, ne lui laissant pas même le pouvoir que
le sens commun attribue à la bête de somme. Eh! Messieurs, pourquoi ressentir quelque fierté d'avoir classé
une mâchoire, d'avoir donné un nom à un végétal,
d'avoir découvert un monument, une loi même de la
nature, si, en tout cela, votre activité personnelle ne
diffère pas de celle d'une machine? Vous êtes même au-
dessous de la mouche du coche, et, si vos théories matérialistes ont quelque solidité, vous êtes beaucoup plus
ridicules, puisque vous avez beaucoup moins fait que ce
pauvre volatile.

L'activité personnelle de l'homme, affirmée par les
actes de tous, niée par les paroles de quelques-uns est un
fait plus éclatant que le soleil. La face de la terre convertie en champs cultivés, couverte de blé, de légumes,
d'arbres à fruits; les villages et les villes dont elle est
semée; les routes, les sentiers qui la sillonnent; la vapeur
et l'électricité qui, soumises à la direction de l'homme,
enveloppent le globe comme d'un réseau à mailles immenses; ces œuvres de toute sorte que l'industrie ne
cesse d'enfanter et que le commerce promène en tous

pays pour servir des fins innombrables, les arts, la littérature, la politique, la guerre, les plaisirs, la science
même, ne sont-ce pas là comme des nuées de témoins
pour attester la puissance étonnante de l'homme? Son
activité me semble un océan de feu qui bouillonne sans
fin, ni trêve. Les vagues de la mer secouées par la tem-
pête, les convulsions de l'atmosphère un jour d'orage,
n'ont rien de comparable : l'activité humaine se manifeste
avec plus d'étendue, plus de variété, plus de constance,
plus de majesté. Elle a sa source dans la vie de l'homme,
vie supérieure à tout mouvement mécanique, à l'évolution de la plante, aux manifestations mêmes des puissances de l'animal.

Certes, il est douteux qu'un fait plus imposant et plus
évident à la fois s'offre à l'observation. C'est ici que se
place naturellement la question de méthode. Quel est
donc le devoir du philosophe, du savant, de quiconque
réfléchit, en présence d'un fait et surtout d'un tel fait?
Nous pensons n'être contredit par personne en ramenant
ce devoir aux points suivants. Il faut, en premier lieu,
constater le fait, ce qui dans l'espèce n'est vraiment pas
difficile. En second lieu, le fait dûment constaté, il faut
le tenir désormais pour indubitable. On peut, après cela,
inventer des théories, imaginer des hypothèses pour
expliquer le fait; mais, à cette opération, qui est purement facultative, il faut en faire succéder une autre qui
ne l'est plus : on doit, en troisième lieu, comparer la
théorie avec le fait à expliquer. En quatrième lieu, si le
fait et la théorie hurlent de se voir ainsi rapprochés, il
faut impitoyablement sacrifier non le fait mais la théorie.
Ce sont là quelques reflexions de bon sens, qui peuvent
sembler inutiles à force d'être de bon sens, et cependant
combien de savants théoriciens les oublient!

Nous avons déjà vu comment les savants constatent

implicitement le fait de leur activité personnelle. La conviction qu'ils en retirent est assurément aussi vraie que médiocrement scientifique. Il est douteux qu'ils admettent le reste du genre humain à participer d'une manière égale aux mêmes avantages. Leur conviction semble devenir vacillante à mesure qu'elle s'étend, qu'elle enveloppe un plus grand nombre d'hommes. Le fait est donc médiocrement établi dans leur esprit, du moins dans sa totalité. Il en résulte qu'ils se donnent libre carrière pour imaginer des théories. Le fait les gêne peu. Mais ils semblent professer que ce qui ne rentre pas dans leurs formules n'est pas, et malheureusement c'est là un axiome que la science moderne, science avant tout expérimentale, condamne non moins que la raison. Soumettre les faits humains au calcul, est-ce raisonnable? N'est-ce pas un des cas les plus saillants où la théorie et le fait hurlent de se voir rapprochés? Les faits humains ont pour caractère spéciale l'*inconstance*, ou, si l'on veut, le *caprice*, parce qu'ils sont l'expression d'une activité qui est à elle-même sa loi dans chaque individu, ce qui revient à dire qu'elle n'a pas de loi. Or, quel est l'objet du calcul, de l'équation, du théorème? la loi, loi physique, créée, ou loi essentielle, éternelle. Le fait humain et les mathématiques sont donc à deux pôles opposés. Tout rapprochement entre les deux termes est une tentative insensée. M. Dubois-Reymond, savant allemand, ose cependant affirmer qu'il est une équation dont un esprit supérieur pourrait dégager l'heure où la croix remplacera le croissant sur les tours de Sainte-Sophie à Constantinople. Il est convaincu que les faits humains sont insérés dans la chaîne successive des mouvements mécaniques exactement comme les révolutions des astres et les courants atmosphériques. En raisonnant ainsi, le géomètre méconnaît l'essence même de faits humains, lesquels sont vi-

vants, c'est-à-dire dérivent d'un *principe* vivant, où ils
ont leur première origine; il tue la vie dans ses calculs,
et ce qu'il trouve dans ses conclusions est tout autre
chose que ce qu'il a cru mettre dans ses principes, il y
trouve la mort.

Qu'importe à ces aveugles? l'homme est détruit, mais
la formule reste.

La mésaventure des savants épicuriens est pour nous une
grande leçon de modestie. Le problème de l'activité extérieure de l'homme est un problème séduisant; nous cédons
à la tentation, mais nous sommes absolument décidés
à sacrifier nos idées, si elles ne cadrent pas avec le fait.

Notre tâche ne laisse pas d'être épineuse. Montrons
d'abord cela.

L'activité propre de l'homme est en contact perpétuel,
ce n'est pas assez dire, elle est mêlée, elle est unie avec
certains éléments de l'activité physique, avec des mouvements matériels dont il appartient à la mécanique de
connaître. L'énergie de notre âme, notre moi, cette puissance vivante qui est nous-mêmes n'agit pas immédiatement sur les êtres matériels, elle n'agit pas immédiatement même sur toutes les parties de notre corps, lequel
est soumis à l'action des forces extérieures. Quand un
homme tombe dans un précipice, les plus violents efforts
de sa volonté ne peuvent faire équilibre à la pesanteur
par la production d'un mouvement de sens opposé. Soulever un poids, marcher, étendre la main ou seulement
ployer un doigt ne sont pas des effets directs de la
volonté. Pour exécuter ces divers mouvements et les
mouvements analogues, suivant toutes les vraisemblances, nous mettons en œuvre des énergies matérielles.
Mettre en œuvre est notre part; *fournir l'énergie nécessaire*, celle du monde physique. Ce dernier point est à
expliquer.

Les mouvements de nos membres sont l'effet immédiat de la contraction et de la détente de nos muscles. Quelle est la cause immédiate de la contraction et de la détente? On n'a là-dessus que des hypothèses. Mais voici un point qui semble bien établi par les travaux de M. Hirn : la chaleur perdue par l'exercice des membres est toujours équivalente au travail produit. *Travail* est ici entendu au sens des mécaniciens. On conclut de là que la chaleur est la cause immédiate des mouvements musculaires sans que l'on puisse dire toutefois par quel procédé elle contracte ou détend les muscles. Dériver les mouvements musculaires des impressions des sens, comme le font bien des physiologistes, c'est presque enfantin. Le rôle des nerfs de sensibilité est tout autre, on le verra plus loin. La cause des mouvements musculaires est la chaleur, et la chaleur n'est pas fournie par les nerfs, elle est fournie par la bouche et par les poumons. Car c'est une véritable combustion qui la dégage, une combustion de charbon et de quelques autres corps susceptibles de brûler. Les aliments introduits par la bouche, divisés dans l'estomac, transportés ensuite dans les muscles par le courant sanguin, y brûlent à l'aide de l'oxygène que le même courant apporte des poumons. Le corps humain est une véritable machine à feu d'une construction infiniment délicate : la bouche, l'estomac, les artères, les vaisseaux capillaires et les tissus adjacents en sont le foyer; le poumon en est à la fois la grille à air et le principal tuyau de dégagement. Les muscles sont les organes utiles de la machine; mais où est le régulateur?

Il y a, nous l'avons dit souvent, deux classes de nerfs, les uns vont de la superficie du corps au centre, à la moelle épinière et au cerveau, ce sont les nerfs des sens; les autres partent des centres et se perdent dans les muscles, ce sont les nerfs qui président au mouvement.

Quelquefois l'action de ces derniers dépend immédiatement des impressions reçues par les premiers : les mouvements qui en résultent prennent alors le nom de mouvements réflexes, vrais mouvements de marionnette plus
ou moins consciente. D'autres fois, les nerfs musculaires
obéissent à la volonté; ils provoquent dans ce cas des
mouvements volontaires. Le rôle des nerfs du mouvement
est démontré par ce fait que, si on les coupe, ou simplement si on les comprime, le muscle où ils se rendent est
paralysé, bien qu'il soit d'ailleurs dans toutes les conditions de santé. La chaleur ne se transforme pas spontanément en travail dans le muscle, comme, par exemple,
celle d'un volcan qui se transforme partiellement en un
mouvement qui lance de la fumée, des cendres et des
blocs enflammés. Les muscles restent indifférents, ne
subissent pas même, tant que les nerfs musculaires n'entrent pas en exercice, cette tension à laquelle sont soumises nos machines à vapeur en repos. Mais, dès que
cette puissance mystérieuse se fait sentir, quelle précision, quelle souplesse, quelle docilité dans les muscles!
Pour s'en faire une idée, il suffit de suivre la pointe d'une
plume qui forme des caractères sur une feuille de papier.
Buffon a tracé un tableau admirable des lignes que l'hi-
rondelle décrit dans son vol capricieux ; ce réseau merveilleux est loin d'être enlacé avec autant de variété et
de délicatesse que les traits d'une simple plume d'écrivain. Quelques muscles, en se contractant et en se
détendant tour à tour rapides comme l'éclair, produisent
cette merveille, et les nerfs sont l'instrument qui, avec
une précision parfaite, donne, aux contractions et aux
détentes, la direction et l'intensité voulues. Comparez
à cette œuvre de la nature une locomotive qui avance
et recule brutalement entre deux rails rigides et qui
demande une surveillance de tous les instants, sous peine

de causer des catastrophes, vous comprendrez alors la perfection de la machine humaine. Et vous, savants, qui prétendez mettre l'univers en équation, essayez donc d'y mettre seulement l'un des mots que je viens d'écrire. Que serait-ce, si je vous demandais de trouver les inconnues de l'un de ceux que je vais écrire et que j'ignore encore moi-même!

La grande inconnue, c'est la forme et le temps de la détermination volontaire, valeur, nous l'avons déjà dit, qui échappe essentiellement au calcul. Mais la manière dont la volonté tire les nerfs du repos est presque aussi mystérieuse. L'action propre des nerfs se laisse plus facilement pénétrer. D'abord il est sûr que les nerfs étant matériels agissent à la façon de la matière, c'est-à-dire par des mouvements, déplacements d'ensemble ou déplacements moléculaires. En outre, on a pu s'assurer que, pendant l'exercice des nerfs, il y a combustion : d'où l'on conclut que l'action nerveuse est une transformation de chaleur en mouvement. Enfin l'on a été jusqu'à mesurer le travail nerveux, et l'on a trouvé qu'il n'est que le trente millième du travail musculaire correspondant. Pour rendre ce rapport sensible, donnons comme exemple l'énergie que nous déployons en soulevant un poids d'un kilogramme; dans ce cas, l'énergie mise immédiatement en jeu par les nerfs musculaires, si elle était appliquée seule, ne soulèverait un poids que de trois centigrammes et un tiers. L'artilleur qui lâche une détente, dépense avec l'index un petit travail; ce travail rompt l'équilibre des énergies contenues dans la charge, de là un travail énorme produit par l'explosion qui chasse le boulet. Il en est de même dans la machine humaine! le travail à peine appréciable des nerfs suffit pour provoquer le travail trente mille fois plus grand que produisent les muscles. Mais quelle est l'action qui provoque le travail produit directement par les nerfs ?

Nous savons de la façon la plus indubitable que nous sommes la cause initiale de nos mouvements volontaires : nous ne sommes pas plus sûrs de l'existence du soleil. Toute la question est de savoir comment notre volonté met nos nerfs en action, ou, ce qui revient au même, en mouvement.

Un savant géomètre, M. Boussinesq, professeur à la Faculté des sciences de Lille, a trouvé une solution aussi savante qu'ingénieuse. Il suppose, parmi les conditions du problème, que la quantité totale des énergies de l'univers reste absolument constante. Cette condition, qui est fausse, prise suivant toute la rigueur des termes, implique en un sens l'incapacité radicale pour les agents volontaires d'être causes du moindre mouvement matériel. M. Boussinesq, qui est sincèrement spiritualiste, donne à la volonté le pouvoir de *diriger* les mouvements du corps causés par les agents physiques : l'âme est un *agent directeur*, rien de plus, à l'égard des mouvements matériels.

Comment expliquer un pouvoir qui semble au premier abord si peu intelligible? Jusqu'ici, l'on admettait à peu près universellement que la *détermination* des forces appliquées à un mobile *déterminait* toujours et d'une manière rigoureuse le mouvement de ce mobile. Ainsi, la direction, l'intensité et les points d'application des forces étant donnés avec la masse du mobile, on pensait que l'on devait déduire mathématiquement de ces *données* les éléments du mouvement produit, son temps initial, sa vitesse et sa direction. Eh bien! cette proposition, vraie pour la plupart des cas, admet des exceptions remarquables. M. Boussinesq démontre, et, d'après des connaisseurs, il démontre victorieusement qu'il est des cas où les forces auxquelles est soumis un mobile et

les conditions de ces forces sont parfaitement déterminées sans que le mouvement du mobile soit par là
déterminé. Dans ce cas, le mobile, placé comme au
carrefour d'une foule de chemins, sera indéterminé,
indifférent ; il prendra l'une des directions multiples qui
s'offrent à lui, vérifiant également bien, à droite ou à
gauche, au-dessous ou au-dessus, en avant ou en arrière,
la loi de l'équation où le calcul l'a placé. Il n'y aura ni
plus ni moins de mouvement effectué, ni plus ni moins
de travail produit et dépensé, ni même d'autre travail.
Ce principe établi, M. Boussinesq l'applique à l'activité
humaine.

La question, nous le répétons, se concentre autour du
mouvement qu'il s'agit de faire naître dans un cordon
nerveux. Il y a là des molécules soumises à des forces
qui se font momentanément équilibre, comme la poudre
d'un fusil chargé. Peut-être la rupture de l'équilibre en
un seul point suffirait-elle pour mettre tout l'organe en
mouvement. L'essentiel est que cette rupture résulte de
l'intervention de la volonté. Or, rien n'empêche, suivant
M. Boussinesq, de supposer que les forces auxquelles est
soumise la molécule nerveuse où va commencer le mouvement, sont dans les conditions du théorème démontré
par lui, que le mouvement à produire est indéterminé ou
indifférent bien qu'il doive être l'effet de forces déjà déterminées, que, sans addition de la moindre force matérielle, la molécule suivra la direction que l'on voudra. Ce
n'est pas assez de supposer : l'instabilité que présentent
les groupes moléculaires de tous les êtres vivants laisse
voir que l'indétermination est comme la loi de la nature
vivante, et que par conséquent les agents libres y peuvent exercer sans obstacle leur prérogative de pouvoir
directeur. La volonté humaine peut donc diriger à son
gré l'action nerveuse, quoiqu'elle ne soit vraiment la

cause d'aucun mouvement matériel, qu'elle ne soit pas une force au sens géométrique du mot.

La théorie du savant professeur de Lille est digne de tous égards. Elle n'échappe pas cependant à la critique, quand elle sort de la spéculation pure pour s'appliquer aux agents concrets, réellement existants. Rappelons seulement l'objection la plus sérieuse qu'on y oppose; elle est du P. Carbonnelle dans les *Questions scientifiques* (janvier et octobre 1879). Il est vrai, on l'accorde, qu'un système de forces tellement équilibrées qu'il en résulte l'indétermination du mobile, peut se concevoir dans l'ordre des choses possibles, qu'il pourrait même se réaliser dans une création différente de la nôtre. Mais l'univers qui est, celui dont nous sommes une si minime partie, se trouve constitué dans des conditions qui rendent le système conçu par M. Boussinesq actuellement impossible. En effet, les agents matériels existants sont tous dépendants les uns des autres; il n'est pas de molécule, par exemple, qui ne subisse l'attraction de l'armée innombrable des autres molécules, et ne les attire pour sa petite part. Ainsi l'équilibre que suppose la théorie ne peut jamais subsister; toujours quelque force étrangère intervient pour le rompre. La théorie est donc incapable d'expliquer le rôle de l'âme dans les mouvements du corps, les conditions qu'elle exige ne se vérifiant jamais. Ajoutons que, suivant toute vraisemblance, l'âme ne peut diriger un élément matériel sans agir sur cet élément, ni agir de cette sorte sans produire un mouvement, ni produire un mouvement sans être force proprement dite. L'action reçue par un être matériel semble ne pouvoir être autre chose qu'un mouvement matériel; la physique moderne permet à peine de penser autrement.

Nous sommes donc forcés d'admettre que l'âme est en nous non seulement un principe directeur, mais encore

une cause réelle de mouvement. Attribuer à un mouvement matériel une cause immatérielle n'a rien qui ne soit
très conforme à la nature des choses. Il a été prouvé
d'une manière scientifique que l'origine du mouvement
de l'univers est dans un agent distinct et placé fort au-
dessus. Lorsque Büchner a dit : « Il est impossible de
concevoir la force séparée de la matière, et la matière
séparée de la force », il parlait sans doute pour lui, car la
vérité est précisément le contraire. M. Hirn démontre
que tout mouvement considéré dans un mobile particulier
suppose l'action immédiate de quelque cause immatérielle. Des phénomènes de l'ordre purement tangible sont
un non-sens. S'il est possible à l'esprit de vivre séparé
de la matière, il n'est pas permis à la matière de produire le moindre phénomène si elle n'est secondée par
l'esprit. Nous ne voyons donc plus ce qui nous empêche-
rait d'introduire l'âme humaine au nombre des forces,
sinon la haine innée de la vérité. Mais entrons dans
quelques détails

Une société intime existe entre notre âme et une portion de matière que nous appelons notre corps. C'est là
un fait dont il faut tenir grand compte dans la question
présente. Il montre d'abord que l'énergie déployée par
cette force doit être minime, car le corps lui a été donné
pour la seconder. Le système nerveux, par lequel nous
recevons les impressions des objets sensibles, semble
avoir pour effet d'atténuer l'action des causes physiques
et de la proportionner ainsi à notre faible capacité; mais
ce même système produit un effet tout différent lorsqu'il
dirige notre activité sur le monde extérieur : grâce à un
artifice admirable de construction, il sert à multiplier
notre énergie, l'accroissant d'abord de la quantité de
mouvement qu'il produit par son action propre, puis lui
surajoutant la quantité bien plus grande engendrée dans

les muscles. On sait que l'esprit de l'homme lui fait découvrir les moyens de multiplier l'énergie dont il dispose au delà de ses membres, et qu'il devient ainsi assez puissant pour se mesurer, non sans succès, avec les forces de la nature. Mais si l'on remonte de degré en degré jusqu'au point d'où est partie cette avalanche d'énergies associées, l'on ne trouve plus qu'un léger éboulement, une influence presque insignifiante. Encore n'est-il pas sûr que, sans l'organisme, cette minime quantité de mouvement parvînt à jaillir de notre âme, non que cette impuissance soit le propre de la nature spirituelle, bien loin de là, c'est l'infirmité de notre pauvre petite âme à nous. Les anciens n'avaient peut-être pas tort de considérer les âmes des morts, c'est-à-dire les âmes séparées de leur organisme, comme des *ombres*.

Mais comment se produit la petite quantité de mouvement dont l'âme est la cause immédiate? Pour faire comprendre ce que nous avons à dire ici, résumons d'abord le theorème que M. Hirn établit dans son ouvrage intitulé : *Analyse élémentaire de l'univers*. On peut l'énoncer de la sorte : *Nul mouvement matériel n'a pour cause immédiate un autre mouvement matériel.* En effet : *tout mouvement matériel est immédiatement précédé d'un instant de repos, donc il n'a pas pour cause immédiate un autre mouvement.*

La raison de cet argument est évidente. Une cause ne peut être cause au moment où elle n'existe pas, à moins d'attribuer la causalité au néant, ce qui serait absurde. Mais le mouvement n'existe pas au moment du repos, repos et mouvement étant deux termes contradictoires. Donc, si le repos précède tout mouvement, aucun mouvement n'est cause immédiate du mouvement. Cependant le mouvement étant un effet réel, demande une cause réelle, donc tout mouvement est l'effet immédiat d'une cause réelle, qui n'est pas un mouvement. Reste à prouver que tout mouvement matériel est immédiatement précédé d'un instant de repos, centre même de notre démonstration, que nous sommes obligé d'écourter en cet endroit.

Tous les mouvements matériels, sont ou des mouvements vibratoires ou bien se ramènent en dernière analyse à des mouvements vibratoires. Or tout mouvement vibratoire est composé de vibrations dont chacune est comprise entre deux instants où le mouvement est nul, où le mobile est en repos.

Une force est donc nécessaire pour combler l'abîme creusé par le repos entre deux ondulations. Dans les phénomènes purement physiques, cet intermédiaire immatériel ne peut pas ne pas faire franchir l'abîme au mobile matériel : c'est une force *forcée* par la nature. A cette force fatale, substituons l'âme humaine non moins puissante, et, de plus, douée d'intelligence et de liberté. Rien ne l'empêchera de suspendre à son gré le mouvement matériel dans les instants où ce mouvement matériel s'épuise en vertu même de son évolution; pour cela, il lui suffira de retenir sa propre activité. Elle fera reprendre son cours à ce mouvement matériel non pas en lui livrant passage, mais en lui communiquant ce sans quoi le mobile ne sortirait pas du repos.

Comme nous l'avons souvent rappelé, les physiologistes font naître les actions de la machine vivante au moyen d'excitations, qui, par les nerfs, vont du dehors aux centres et des centres aux muscles, où concourent les diverses forces nécessaires à l'action. Mais l'âme est unie au système nerveux de l'union la plus intime : elle est, pour ainsi dire, sur la route de l'onde nerveuse qui a besoin de son intervention pour achever son circuit. Il lui sera donc facile de rétablir, de modérer, de suspendre l'excitation, et par là même de disposer à son gré de tous les mouvements de son organisme. Elle est le mécanicien de la machine à feu qu'on appelle l'homme. Mais cette machine demande que son mécanicien ait toujours la main sur le régulateur.

L'observation confirme cette interprétation. En effet, l'on ne saurait nier que le mouvement nerveux qui constitue les impressions ne soit très fréquemment suspendu d'une manière indéfinie dans les centres, et que les mouvements musculaires ne semblent non moins souvent n'avoir d'autre origine qu'une impulsion cérébrale. Il y a donc là de fréquentes coupures. Que l'on dise, si l'on veut, que ces coupures résultent d'une conversion de mouvement sensible en chaleur, puis d'une conversion de chaleur en mouvement sensible. Peu importe; toujours est-il que cette conversion alternante, si elle existe, que la coupure se produit et dure à notre gré, que ce fait indubitable prouve d'une manière non moins indubitable notre influence réelle, physique sur le mouvement nerveux. Quel est au juste le mode d'action de l'âme en ces circonstances? sans doute on ne saurait le dire. Un faible déplacement moléculaire toutefois semblerait suffire et se comprend sans peine dans un mobile avec lequel l'âme constitue un même sujet d'action et de passion. Du reste, la quantité de mouvement nécessaire est presque insignifiante. On sait en effet que les instants de repos qui séparent deux oscillations sont des instants où deux forces vives consécutives et de sens opposé sont nulles. Ajoutons que la suspension indéfinie des mouvements nerveux se fait très probablement dans les centres nerveux; la physiologie semble le demander.

Ainsi le mouvement résulte à la fois de l'âme, des forces nerveuses et des forces musculaires. Il a pour une très faible part sa source en nous-mêmes; il naît presque tout

entier du monde physique. Cependant le sens commun
nous l'attribue dans sa totalité comme un bien propre,
comme un effet de notre activité seule. Est-il sûr d'aller
contre le sens commun? Non certes, répondrons-nous,
dans tout ce qui est du ressort du sens commun. Mais
les questions d'origine, comme toutes les questions d'analyse, sortent de sa compétence. Il n'a donc rien à dire
quand il s'agit de faire le départ exact de l'influence de
diverses causes qui concourent au même phénomène.
D'ailleurs, l'opinion que nous venons de soutenir sur le
rôle de l'âme, principe de nos mouvements organiques,
laisse subsister intact le témoignage du sens commun.
L'énergie dont nous faisons usage en exerçant nos membres, est vraiment notre bien. Parmi tous les biens que
nous possédons, il n'en est pas dont nous disposions avec
plus de facilité, plus d'indépendance. Ce n'est pas assez
de dire qu'il est nôtre, il est devenu nous par la mystérieuse faculté d'assimilation dont nous sommes doués; il
fait partie de nous comme les aliments que nous avons
transformés en notre substance. Mais, sauf une petite
part, c'est un bien acquis, c'est un bien conquis sur
l'énergie totale de l'univers physique, ce n'est pas un
bien produit, ni surtout un bien d'héritage. Il est à nous
au même titre que nos membres, au même titre que nous-
mêmes.

Ici, nous croyons opportun d'éclaircir la difficulté principale des savants épicuriens. La marche de l'univers,
disent-ils, est régulière, elle suit des lois inflexibles, lesquelles s'harmonisent fort bien avec l'évolution mathématique des forces matérielles. Or, des forces vivantes,
c'est-à-dire capricieuses, ne peuvent intervenir dans cette
harmonie, sans la troubler, sans la détruire, sans anéantir
l'objet même de la science; car la science ne peut s'attacher qu'à ce qui est constant. Les forces vivantes doivent

donc être rigoureusement condamnées par la science.

Les terreurs de plusieurs savants au sujet de l'univers sont vraiment amusantes. Ils semblent persuadés que le moindre effet physique sorti d'une cause vivante détraquerait la grande machine, comme une chiquenaude réduit en poudre une larme batavique. Comment concevoir un plus grand malheur ? Ces folles inquiétudes se manifestent quelquefois, personne ne l'ignore, dans les maisons de santé : il est permis de penser qu'elles sont bien peu dignes de la science.

Le mouvement de la matière universelle n'étant pas un fait primitif, mais l'effet d'une cause première, il s'ensuit aussi que l'ordre général du monde, lequel dérive par évolution de ces conditions premières, est encore un effet de l'intelligence et de la volonté de cette même cause première. Ce que nous voyons dans le monde physique est la réalisation partielle d'un plan conçu par cette intelligence, exécuté par cette volonté ; la machine du monde et son jeu ne sont pas autre chose que l'évolution de ce plan. Maintenant, est-il possible que l'exécution de ce plan soit, je ne dis pas empêchée, mais seulement troublée par l'accession des effets d'une ou de plusieurs forces extérieures, comme tant de savants osent bien l'imprimer ?

Si cette force extérieure est la cause première elle-même, l'on ne peut craindre, sans manquer de bon sens, qu'elle dérange son propre ouvrage. Une telle cause ne saurait se contredire elle-même, ni par conséquent se contrarier. Une intervention de sa part, s'il lui plaît de la vouloir, et en vérité il serait difficile de dire pourquoi elle ne pourrait pas la vouloir, cette intervention rentre nécessairement dans le plan décrété à l'origine et ne saurait en aucune façon le troubler. Nous ne voulons pas dire par là que tous les événements physiques dont Dieu est la cause première, sont nécessairement un effet de l'évolution des

causes physiques en vertu des conditions initiales des
éléments matériels ; ce serait détruire la notion même
d'intervention. Celui qui est maître souverain du tout est
maître souverain des parties, et rien, si ce n'est sa volonté,
ne l'empêche d'agir sur l'une ou l'autre des parties, quand
il lui plaît et comme il lui plaît. Seulement une telle
action, que l'on pourrait en un sens appeler accidentelle,
n'est jamais une innovation dans le dessein général de
son auteur : Dieu ne fait rien dans le temps qu'il n'ait
voulu dans l'éternité.

Quant aux forces immatérielles d'ordre créé, telles,
par exemple, que l'âme humaine, elles n'ont rien, malgré
leur très réelle efficacité, qui porte le désordre dans la
nature physique. L'on n'a jamais cru devoir tenir compte
dans les calculs des efforts d'un ciron qui, par hasard,
s'opposerait à la marche d'une locomotive. L'humanité
tout entière réussirait encore moins que le ciron à gêner
la marche de l'univers. Mais, après tout, les efforts du
ciron, comme ceux de l'homme ne sont pas absolument
nuls, et leur influence, tout imperceptible qu'elle est,
occupe une petite place dans l'immense machine. Il nous
plaît d'en tenir compte.

Nous n'admettons pas du tout que les mouvements
librement volontaires, exécutés par l'homme, soient intégralement contenus, suivant la théorie de Leibnitz et de
plusieurs autres, dans un état dynamique précédent des
éléments matériels de ses organes. Les mouvements produits par l'homme commencent à l'homme, du moins
dans leur partie essentielle. Ainsi le coup d'éventail donné
par le dey d'Alger à l'ambassadeur du roi de France n'est
pas une évolution de mouvements enchaînés depuis l'origine des choses. C'est un mouvement dont le point de
départ ne remonte pas plus haut que la volonté du dey
d'Alger. Mais nous ne pensons pas que ce coup d'éventail,

non plus que les autres événements humains, ait vraiment de quoi détraquer la machine de l'univers, ni même
de troubler légèrement le plan du Créateur. Ce plan peut,
en effet, être considéré comme un ensemble de mouvements
voulus, prévus, préparés par son auteur, auxquels
viennent s'adjoindre quelques mouvements produits par
des causes relativement indépendantes. Or il n'est pas de
mouvement qui ne puisse rentrer dans un système de
mouvements, et cela sans le troubler. Tout dépend d'une
sage combinaison des forces parmi lesquelles il prend
place. Il suffit de réfléchir au théorème de la composition
des forces pour en être convaincu ; car on voit sur-le-
champ qu'une résultante déterminée peut naître d'un
nombre infini de systèmes de forces. Il n'est donc pas de
mouvement physique, causé par des agents libres, qui soit
absolument réfractaire à l'ordre général. Prévus de toute
éternité, ces mouvements, en entrant dans l'existence,
s'emboîtent dans des systèmes de forces qui sont préparés
pour cela et qui les entraînent dans le courant universel.
Cette prévision et ce redressement d'un effet perturbateur
constituent en parti l'œuvre de cette Providence divine
dont le nom sonne si mal à l'oreille des matérialistes. Pour
n'en donner qu'un exemple, rappelons ces combustions
incessantes dont la volonté libre de l'homme est la cause
proprement dite. De là des mouvements sans nombre,
moléculaires ou généraux, déterminés par l'activité humaine en mille points du globe ; mais tous se trouvent
englobés, bon gré mal gré, dans de vastes systèmes, d'où
résulte en définitive, entre autres éléments de l'ordre
général, la continuité de la végétation par l'entretien des
dépôts atmosphériques d'acide carbonique qui en sont la
condition essentielle.

Mais complétons notre pensée. L'on conçoit fort bien
que les forces vivantes, quoiqu'elles soient causes vraies,

réelles, physiques de mouvements physiques, n'accrois-
sent pas, par leur action, la quantité de mouvement universel; qu'elles y contribuent sans dépasser jamais les
limites constatées par la science. Et, disons-le en passant,
la science observe les phénomènes et en marque les lois :
elle se tait sur leur origine réelle, qui n'est pas de sa
compétence.

La cause immatérielle dont le concours a été démontré
nécessaire par M. A. Hirn n'agit pas à l'aventure. Elle
est soumise à des lois rigoureuses, qui sont les conditions
mêmes du mouvement telles que les envisagent les géomètres dans les agents matériels. Ainsi, par exemple,
l'agent immatériel, bien qu'il soit cause vraie, mais partielle de la chute des corps, ne peut pas faire qu'une
pierre qui tombe ne suive pas les lois de la gravitation;
elle n'ajoute, ne retranche rien à la vitesse de la pierre,
sinon en pleine conformité avec ces lois. La somme
de tous les mouvements de l'univers reste ce que
demandent les conditions matérielles. Or l'âme humaine
se trouve soumise à une loi presque semblable. Elle
prête ou réserve à son gré, son concours, cette action
sans laquelle le mouvement des molécules nerveuses ne
peut franchir les points où il s'anéantit par sa nature
même. Mais en ressuscitant l'étincelle éteinte, l'âme est
absolument obligée de se plier aux conditions actuelles
de la matière qui alimente l'étincelle; la quantité de mouvement qu'elle peut faire naître est essentiellement mesurée par ces mêmes conditions. Si la quantité de mouvement qui se manifeste à la suite de son action varie, si
elle est, tantôt moindre et tantôt plus grande, c'est que
cette force intelligente s'adresse à un nombre tantôt
moindre et tantôt plus grand d'éléments matériels préparés physiquement pour l'action, ou bien à des éléments
soumis à des actions physiques d'intensité variée. De

cette sorte, ce qui en résulte pour l'ordre général, ce
n'est ni un accroissement, ni une diminution dans la
somme des énergies, mais une manifestation spéciale de
leurs effets en divers coins de l'univers. C'est ainsi qu'un
artiste donne tour à tour à un morceau de cire la forme
d'un vase, d'une maison, d'un animal, d'un homme ou
toute autre qui lui plaît; mais sous les doigts qui la fa-
çonnent capricieusement, la cire reste toujours la même,
conservant invariablement les atomes qui constituent sa
substance totale.

Voilà comment, en dépit de l'inflexibilité des lois auxquelles son corps est soumis, l'homme échappe à l'humiliante nécessité d'être une marionnette. Une analyse un
peu approfondie des conditions de son activité suffit pour
lui restituer l'honneur de son indépendance. Si cette
activité ne *dérive originairement* de lui, c'est-à-dire de
son principe spirituel, que pour une quantité minime,
cette parcelle a une propriété bien remarquable : elle
pénètre toute l'énergie que les agents physiques déposent
en nous, s'en empare, nous l'assujettit; ce n'est pas assez,
elle nous l'incorpore au point que nous en usons comme
de notre propre volonté, comme de nous-mêmes. Fait
merveilleux, petit rayon que laisse échapper le mystère
de l'âme et du corps. S'il est des théoriciens qui ne
savent pas accommoder leurs théories à ce fait, tant pis
pour les théories, tant pis pour les théoriciens. Mais la
vérité nous obligera, malgré cette faiblesse, de les placer
encore au-dessus des marionnettes.

§ III. — *Déterminisme moral.*

Nous avons étudié les manœuvres de la machine humaine et le procédé qu'emploie le mécanicien pour la
diriger. Il nous reste à étudier le mécanicien lui-même,

c'est-à-dire la volonté et ses déterminations. Cette faculté
ne s'exerce pas dans l'isolement; elle vit au milieu de
l'influence de phénomènes multiples et variés. Ainsi entourée, garde-t-elle son indépendance, son autonomie, sa
liberté? Question qui, mal comprise et mal résolue, mène
à des conséquences redoutables. Elle engendre ainsi une
erreur très commune à notre époque, et cette erreur est
d'autant plus dangereuse que les sophistes qui la répandent prétendent parler au nom de la science. Mais ils
font outrageusement violence à la science : le simple
exposé de quelques-uns de leurs systèmes va nous en
convaincre.

La conscience, l'œil intérieur, l'œil de l'âme a seul la
puissance de voir l'acte de la volonté, comme tous les
phénomènes que les philosophes appellent psychologiques, et que l'on peut désigner sous le terme général de
pensée. Qui peut en effet connaître immédiatement votre
pensée, sinon vous et vous seul? Elle est claire et manifeste à votre esprit beaucoup plus qu'à votre œil matériel
la vision des objets sensibles; et le voile qui la cache à
tout autre que vous, est de telle nature que vous-même
ne pouvez en soulever un coin pour admettre dans votre
conscience un regard étranger.

La connaissance du monde des corps nous arrive par
une voie bien différente. Ce sont les sens extérieurs qui
lui donnent entrée en nous. Ce que nous pouvons ainsi
voir, tous peuvent le voir avec nous, aussi bien que nous;
que dis-je? Il n'est pas jusqu'aux plus vils animaux qui
ne partagent avec nous cette connaissance, et qui même
ne l'acquièrent plus parfaitement. Objets de la conscience, objets des sens, telles sont les deux catégories
irréductibles où notre intelligence est forcée de classer
les idées qu'elle reçoit de l'observation. Attribuer aux uns
les propriétés que l'observation constate dans les autres,

ce ne serait pas seulement une tentative absurde, ce serait une tentative ridicule. Une comparaison nous le fera comprendre.

Supposez un musicien, un compositeur fort habile en son art et complètement étranger à tout le reste; on lui parle d'astronomie, par exemple, des nébuleuses, et tout aussitôt il se figure un amas de croches, de doubles croches, de noires, de blanches combinées suivant un rythme spécial. En même temps, comme on lui dit que les nébuleuses sont en voie d'organisation, il imagine la préparation d'un concert bien plus vaste, mais de nature semblable à ceux que lui-même organise, un opéra gigantesque dont les forces de la nature sont les instrumentistes. Supposez encore, si vous le voulez, un maçon qui ne connaît rien au-delà de la truelle, de la pierre et du mortier. Il saisit au passage quelques lambeaux de conversation entre deux artistes; comme il a l'esprit inventif, il construit avec ces lambeaux je ne sais quoi en forme de bâtiment : les tons en sont les divers matériaux, les parties les étages, les ouvertures les portes et fenêtres, les finales le toit et les cheminées, et les instruments les meubles ou les outils. Il y aurait là trop de simplicité pour faire sourire; l'espèce humaine ne semble pas capable de descendre à ce point. La différence entre l'astronomie, la musique et l'art de bâtir est telle que personne n'est tenté d'en confondre les objets et de transporter dans le domaine de l'un les propriétés de l'autre.

Cependant ces choses si grandement disparates ont des points communs. Une maison, une nébuleuse, un concert, comprennent des groupes de phénomènes matériels qui sont constitués par l'ordre ou le déplacement d'atomes matériels. Mais qu'y a-t-il de commun entre les phénomènes du monde sensible et ceux de la conscience? entre les modifications des corps et les opérations de l'esprit? entre ce qui se voit ou se touche, et ce que ni l'œil ni la main n'ont jamais pu saisir par aucun artifice? Nous avons prouvé par des arguments tirés de la physiologie, que le principe de la pensée est par lui-même en dehors de l'espace, par conséquent inétendu et incapable de mouvement local à la manière des corps. L'abîme qui sépare les phénomènes de la psychologie et ceux de la physique est donc bien plus difficile à franchir que celui qui existe entre la musique et les mouvements de la matière cosmique. Ce sont deux mondes à part, avec des propriétés et des lois absolument incommunicables.

Eh bien! plus hardis, c'est-à-dire moins raisonnables encore que notre musicien et que notre maçon, des physiologistes frottés de philosophie et des philosophes engoués de physiologie transportent en bloc dans la conscience et appliquent à ses phénomènes les données, les faits, les lois des phénomènes des corps. Ils affirment que les pensées s'attirent, se repoussent, qu'elles s'opposent, se font équilibre, concourent, produisent des résultantes à la manière des forces matérielles, qu'elles se meuvent, circulent, déterminent des tensions, des écoulements comme les fluides électriques. Qu'on lise, par exemple, le livre de Léon Dumont, intitulé : *Théorie scientifique de la sensibilité*, on y verra que les impressions produisent des courants, que ces courants, en accumulant aux pôles de la pile animale, c'est-à-dire aux centres nerveux, je ne sais quel fluide psychologique, y déterminent des sensations, des perceptions, des jugements, en un mot, toutes les opérations attribuées au pouvoir de connaître. La tension est-elle brisée, le courant se dirige-t-il vers l'extérieur, c'est alors la volonté, c'est l'action, c'est le mouvement musculaire. M. Mantegazza, professeur à l'Institut de Florence, écrit dans le

même ordre d'idées : « Pour nous, les forces psychiques
ne sont pas différentes des forces physiques... Quand la
cellule nerveuse est chargée d'une énergie qui doit être
mise en liberté, elle nous donne la sensation de besoin,
de même que quand elle est épuisée et a perdu cette force
qui était à l'état de tension, elle nous donne la fatigue (1). »
Pour nous, il est fort douteux que le philosophe florentin
ait bien su ce qu'il voulait dire.

M. Paulhan trouve plus ingénieux d'introduire le Dar-
winisme dans la pensée. C'est une hypothèse greffée sur
une hypothèse : le fruit qui en naîtra sera-t-il la certitude ? D'après M. Paulhan, les phénomènes de l'esprit
sont le résultat d'une lutte pour l'existence. Il y a dans
notre conscience des combats à mort comme entre les
animaux qui peuplent la surface du globe. Ce sont les
plus fortes de nos pensées, les mieux douées qui l'emportent, les autres périssent misérablement. Nous n'inventons rien : voici ses paroles : « Tous les faits de l'ordre
psychologique, dit-il (2), paraissent déterminés par
une concurrence entre les excitations externes, les tendances, les résidus différemment groupés, s'aidant ou
se combattant suivant les circonstances. » L'étude d'où
ce passage est tiré, a pour titre : *l'Erreur et la Sélection*.
Ce dernier mot en marque clairement le caractère.

L'indécision de ces théories prouve qu'elles ont été
faiblement conçues et qu'elles sont un peu nées à l'aventure. D'autres philosophes ont tâché de donner à leurs
hypothèses la précision des mathématiques : cela ne leur
coûtait pas davantage. Le premier en date parmi ces
psychologues géomètres, est Herbart, l'une des gloires
de l'Allemagne, qui vient de célébrer le centenaire de sa

(1) *Revue philosophique*, t. V.
(2) *Revue philosophique*, t. VIII.

naissance. Il est mort en 1841. Nous ne voulons pas exposer en détail le système de ce disciple de Fichte. Qu'il nous suffise de rappeler que, d'après lui, les états de l'esprit deviennent, dans certaines conditions, de véritables forces mécaniques, que ces forces agissent et réagissent les unes sur les autres suivant des équations rigoureuses dont Herbart donne la formule. Ainsi, par exemple, $a = b \sqrt{\frac{c}{c+b}}$ est la formule qui exprime les phénomènes psychologiques non perçus par la conscience. Nos lecteurs n'attendent pas sans doute que nous leur expliquions ce symbole de haute fantaisie.

Les idées de Herbart ont été accueillies et embrassées en France par M. Fouillée, qui a été maître des conférences à l'École normale supérieure, chargé de former les philosophes de l'Université officielle. Voici comment cet homme important résume l'emprunt qu'il a fait à l'Allemagne : « Les lois de l'équilibre, dit-il (1), et du mouvement psychologiques sont les mêmes que celles de l'équilibre et du mouvement physiques; une action mentale une fois donnée, quelle qu'en soit d'ailleurs la première origine en nous ou hors de nous, cette action tombe immédiatement sous les lois de la dynamique, c'est une force qui doit se compter comme les autres forces. »

Ces exemples suffiront pour donner une idée de la psychologie inventée par les épicuriens modernes. Mais on peut demander à ces philosophes de quel droit ils appliquent à l'esprit les lois des corps. Est-ce en vertu de l'observation ou en vertu des principes rationnels? La machine d'Atwood leur a-t-elle révélé l'intensité des sensations? Ont-ils évalué au dynamomètre le poids des motifs, l'énergie des déterminations volontaires? Dans

(1) *La Liberté et le Déterminisme*, p. 97.

quel calorimètre ont-ils mesuré la chaleur d'un désir?
par quel photomètre, l'éclat d'une pensée? Les courants
de l'attention, du jugement, du raisonnement, ont-ils
décomposé sous leurs yeux quelque sel, quelque acide?
L'écoulement des forces morales sera-t-il bientôt utilisé
par leur industrie pour l'éclairage économique? Tout
cela peut être l'objet d'espérances plus ou moins raisonnables, mais jusqu'ici ce n'est rien de plus, tous en conviennent : la physique directe de la pensée est encore un
grand *desideratum*. Mais alors pourquoi cette assimilation audacieuse de termes dont l'identité n'a pas été
constatée? La réponse à cette question a son côté plaisant.

M. Dubois-Reymond et M. Huxley font rentrer la psychologie dans la physique *par amour de la simplification*. Une seule science en effet est quelque chose de plus
simple que deux sciences. Seulement reste à savoir si
l'objet des deux sciences s'accommodera de la simplification. Nous doutons, par exemple, qu'on réduisît avec
avantage en un seul art la musique et la peinture, et
que l'on produisît des chefs-d'œuvre en peignant avec un
archet ou en soufflant dans un pinceau. Il faut être bien
simple pour aimer tant la simplicité, surtout quand on
est savant.

Plusieurs philosophes anglais ont imaginé et fait accepter par leurs amis du continent une solution qui,
sous un air plus sérieux, n'en est que plus ridicule. Ils
disent que le phénomène physique et le phénomène psychologique sont un seul et même phénomène. C'est, on
le voit, la simplification poussée à l'extrême. Mais ils
ajoutent, introduisant la diversité dans la simplicité, que
le phénomène physique est le phénomène psychologique
vu du dehors, et que le phénomène psychologique est le
phénomène physique vu du dedans. Ce *vu du dehors*
constitue la physique, et ce *vu du dedans* la psychologie.

Ne leur demandons pas ce qu'ils entendent par *dedans* et
par *dehors*. Ne leur demandons pas non plus quel est cet
œil qui voit tour à tour dehors et dedans. Supposons
qu'ils comprennent quelque chose à ce galimatias dont
ils semblent très fiers. Demandons-leur seulement comment ils ont constaté l'identification des deux ordres de
phénomènes ; s'ils ont jamais vu de leurs yeux une pensée
confondue avec la chute d'une pierre, ou bien s'ils ont
jamais aperçu dans leur conscience une décharge électrique transformée en sensation. Ce bonheur leur a toujours été refusé, ils en conviennent de bonne grâce. Du
reste, ce que nous demandons ne saurait se réaliser
sinon en regardant à la fois par le dehors et par le dedans, c'est-à-dire en supprimant le dedans et le dehors ;
mais alors que deviendrait la différence ? Non, il ne faut
toucher ni à ce dehors ni à ce dedans. L'identification
des deux ordres de phénomènes n'est pas constatée expérimentalement ; on est convaincu néanmoins qu'il est
permis de la *supposer*. Voilà où l'on en vient en définitive : à une *pure hypothèse*.

C'est précisément ce que nous avons dit en commençant ce paragraphe. On transporte en bloc dans le
domaine de la conscience les faits, les propriétés et les
lois que l'on observe dans le domaine des sens, c'est-à-
dire dans le monde matériel, et cela sans ombre de raison. Le musicien et le maçon que nous avons, par hypothèse, mis en scène, prêtent à rire hypothétiquement ;
mais en quoi leurs conceptions sont-elles moins raisonnables que les hypothèses réellement inventées et sou-
tenues par nos philosophes ? De part et d'autre, c'est la
confusion d'objets essentiellement distincts de part et
d'autre, c'est la même absence de raison qui produit la
confusion ; ce rapprochement ne suffit-il pas à la condamnation des physiciens de la pensée ?

Dans ce qui précède, nous n'avons pas prononcé le nom de *déterminisme*; mais le lecteur a compris que nous n'avons pas cessé de nous occuper de la doctrine que ce mot désigne. En effet, si les phénomènes de la conscience sont régis par les lois de la mécanique, il suit que l'acte volontaire, que toutes les déterminations de la volonté sont une résultante mécanique des forces mécaniques, lesquelles, dans certaines conditions, prennent le nom de motifs. La mécanique mentale, nous venons de le voir, n'étant qu'une hypothèse en l'air, le déterminisme de la volonté a tout juste la même solidité. Mais nous voulons entrer dans l'intime du problème, afin de couper la racine de tous les sophismes. Rappelons d'abord que les adversaires du libre arbitre ne se contentent pas d'abuser des lois de la mécanique ; ils invoquent aussi le témoignage de la conscience, du phénomène vu par dedans, et leurs objections, conçues à ce point de vue, sont plus subtiles et plus capables de faire illusion.

L'âme, quelle qu'en soit du reste la nature, n'est pas une force aveugle; quand elle veut, elle sait ce qu'elle veut, et *pourquoi* elle le veut; c'est même parce qu'elle sait *pourquoi* elle le veut, qu'elle veut. Là se trouve toute la raison de ses déterminations, et c'est pour cela que la connaissance des objets où se trouve cette raison prend le nom de *motif*. Or, dit-on, les motifs exercent une véritable influence sur la volonté; s'ils n'agissent pas à la manière des forces matérielles, il n'en est pas moins vrai qu'ils ôtent à la volonté son indifférence, son *indétermination*, son libre arbitre, qu'ils la forcent d'agir, la *déterminent*. M. Maudsley, professeur à l'University College de Londres, exprime clairement cette doctrine. « Il y a un lien causal uniforme, dit-il (1), entre le motif

(1) *Physiologie de l'esprit*, p. 383.

et l'action; la volonté obéit au motif le plus fort, et les
actions humaines, aussi bien que tous les autres phénomènes de la nature, se conforment à des lois constantes.
Par conséquent, le libre arbitre est une absurdité dénuée
de sens, et la notion de la volonté libre n'est autre chose
que l'équivalent, dans le microcosme humain, de la
notion (complètement abandonnée) du hasard dans le
microcosme universel. » M. A. Herzen, chargé du cours
de physiologie à l'école des Hautes-Études de Florence,
et traducteur français de Maudsley, appuie les affirmations de ce dernier en se citant lui-même. Le passage
qu'il tire de sa *Physiologie de la volonté* peut se résumer
ainsi : « La conscience témoigne contre la liberté. En
effet, elle atteste que, à moins d'être fou, on ne se détermine jamais sans motifs suffisants. Donc la volonté n'est
pas libre. » Évidemment, M. Hersen juge que *motif* et
liberté sont deux termes qui s'excluent.

De fait, si l'on presse les arguments psychologiques
des adversaires du libre arbitre, on n'en tire pas autre
chose. Faites toutes les hypothèses qu'il vous plaira,
disent-ils, pour atténuer l'influence du motif, toutes vous
conduiront nécessairement à cette forme de l'acte volontaire : « Je choisis ce que j'aime le mieux. » Mais ce que
vous aimez le mieux est ce qui a le plus d'attrait sur
votre volonté, et ce qui a le plus d'attrait sur votre volonté
la tire invinciblement de son indifférence. Ne dites pas
qu'à l'instant même de votre choix, vous avez la conscience de pouvoir choisir le contraire. Voici ce que vous
répondrait M. Fouillée(1) : « Assurément je pourrais vouloir le contraire, si je pensais et si je sentais autrement;
en ce cas, la condition de la volonté *autre* serait dans
d'*autres* idées et d'*autres* sentiments, c'est-à-dire dans

_____
(1) P. 341.

20

une différence de direction et d'intensité de l'activité
antécédente. » Donc, si les conditions restent les mêmes,
le pouvoir de choisir le contraire est nul, et ne peut s'affirmer que grâce à une illusion. La volonté est toujours
déterminée par un phénomène fatal qui précède son acte,
et la liberté n'est qu'un mot. Ainsi, pour écarter la mécanique matérielle, nous n'échappons pas au déterminisme.

§ IV. — *La vraie doctrine.*

Le vice radical de l'école positiviste, c'est son impuissance à concevoir des notions exactes. De là, les conséquences regrettables où la logique, dont pourtant elle fait
peu de cas, la pousse bon gré mal gré. Réfuter ses doctrines, c'est surtout redresser ses idées. Dans la question
présente, nous devons insister surtout sur *le phénomène,*
sur *la substance,* et sur *l'activité vivante.*

Pour les positivistes, il n'y a de réalité que dans *le
phénomène : la substance* n'est qu'un mot, une création
maladive de la pensée philosophique. Le monde est un
groupe de phénomènes associés ; l'homme lui-même n'est
pas autre chose, il est le point où des phénomènes spéciaux convergent, s'unissent, se séparent tour à tour. La
conscience, la raison, la volonté, en un mot, l'âme est
une forme particulière de l'association phénoménale. Afin
d'être capable d'engendrer les effets qui résultent de
leurs rapports, les phénomènes sont doués de forces.
Voilà pourquoi M. Fouillée a écrit des articles sur les
idées-forces (1). Voilà pourquoi M. Maudsley nous a fait
lire que la volonté se déterminant sans la causalité du
motif, c'est le hasard rentrant dans le microcosme ; car

(1) *Revue philosophique,* 1879.

la volonté n'est à ses yeux qu'un phénomène, et ce phénomène devrait sortir spontanément du néant, s'il n'avait sa cause dans un phénomène antécédent et doué de force. Cet autre phénomène est le motif.

L'on ne saurait croire dans combien de têtes ces conceptions ont fini par se loger. Avec tout le respect dû au nombre, nous ne pouvons nous empêcher de dire que tout cela est puéril. Le phénomène, on finit par l'oublier, le phénomène est une manière d'être et n'est rien de plus. C'est, dans une bille, sa forme ronde, son poli, sa couleur, les situations qu'elle prend tour à tour ; dans un homme, c'est sa naissance, sa mort, le sommeil, la veille, parler, marcher, agir, ne rien faire, etc. ; en un mot, c'est tout ce qui ne peut être sans être soutenu dans l'existence par un autre être. Essayez donc de poser au milieu des existences le parler, le marcher, le dormir, sans que personne parle, marche ou dorme. C'est cependant ce que font, avec une rare originalité, des philosophes plus ou moins imbus de positivisme. Non seulement ils communiquent l'existence à des abstractions telles que le parler, le marcher et le dormir, mais ils les douent de forces et les mettent en conflit les unes avec les autres. Nous avons vu que l'un d'eux introduit la lutte darwinienne jusque dans les pensées, et cette lutte, on le sait, est une lutte à mort. Cela nous remet en mémoire le duel qu'un conteur, dépassant la limite du comique, suppose entre deux manteaux. Deux morceaux de drap ont au moins leur existence propre et sont le siège de véritables forces. Mais une lutte entre deux phénomènes ! entre des phénomènes qui n'ont pas même la consistance de bulles de savon, pas même celle des fantômes dans un songe ! C'est l'ombre célèbre du cocher et l'ombre non moins célèbre du carrosse. Et voilà ce qui fait le fond de la plupart des ouvrages que l'on écrit aujourd'hui sur les questions philosophiques (1)!

Mais, dites-vous, pourquoi ne tirerait-on pas les phénomènes de l'ordre des abstractions, pour les revêtir d'une existence propre? — A merveille! par horreur des substances, ces puissants logiciens convertiraient volontiers tous les phénomènes en substances. Si, en effet, les phénomènes sont à eux-mêmes leur propre sujet, s'ils ont leur existence indépendante, rien ne les empêche plus d'entrer dans la réalité, mais ils ne diffèrent plus des substances, les substances n'étant pas autre chose. Toutefois, cette identification n'est pas sans offrir de graves inconvénients. Les phénomènes naissent et périssent avec une effrayante rapidité; ma pensée, par exemple, est une succession de phénomènes qui entrent dans l'existence et en sortent presque aussi prompts que l'apparition et la disparition de l'éclair pendant la nuit. Ce monde serait-il donc un assemblage d'êtres qui sans cesse s'écroulent dans le néant, remplacés par d'autres êtres sortis du même gouffre pour s'y replonger presque aussitôt? Philosophes savants, conciliez, si vous le pouvez, ce corollaire de votre philosophie avec l'affirmation que l'on nous répète sans cesse au nom de la science moderne : « Rien ne se crée, rien ne se perd. »

Non, il n'est pas plus raisonnable de rejeter les substances en retenant les phénomènes, que de croire à la lumière en niant le soleil. Si le monde existe, la substance et le phénomène sont nécessaires l'un à l'autre presque aussi bien qu'à la ligne courbe sa convexité et sa conca-

---

(1) « Le catholicisme, devenu si pauvre de nos jours en travaux philosophiques. » Ces paroles sont de M. Fouillée (*Revue des Deux-Mondes*, 1er janvier 1880, p. 288). Il faut répondre à ce philosophe rationaliste que « le rationalisme, sous toutes ses formes, est au contraire très riche de nos jours... en pauvretés philosophiques. » Un petit diamant peut avoir beaucoup plus de valeur qu'un mètre cube de fumier.

vité. Les phénomènes de conscience reposent donc essentiellement en un sujet, sont essentiellement des manières
d'être d'une *substance*, d'un être qui, restant au fond
identique à lui-même, se manifeste cependant sous des
modifications successives et changeantes. Or cette substance est *vivante*. C'est sur ce point qu'il faut maintenant insister.

Pour les physiologistes, la vie c'est l'organisation des
éléments qui constituent une plante ou un animal : ils
confondent la vie avec ses effets. L'organisation est si peu
la vie qu'on l'explique fort bien comme le résultat de
forces physiques dirigées par une intelligence étrangère
à l'organisme. Les formes supérieures de la vie, la sensibilité, l'intelligence et la volonté, sont à peine abordées
par la physiologie; discrétion digne d'éloge, car le microscope et le scalpel n'ont rien à voir là-dedans. Les
philosophes physiologistes usent de moins de réserve,
mais leur méthode les abuse étrangement : par les nerfs
et la mécanique, ils n'atteignent que la mort.

Qu'est-ce qu'un être vivant? Les anciens répondaient :
« Un être qui possède en lui-même le principe de ses
mouvements. » Si par mouvements l'on veut signifier,
outre l'occupation successive de divers points de l'espace,
ces manières d'être par lesquelles une substance passe de
la puissance à l'acte, en un mot, les actions, la définition
des anciens est certainement la meilleure qui ait jamais
été donnée. Le bon sens l'approuve universellement non
moins que la philosophie. Qu'un flûtiste, par exemple,
joue les airs du flûteur de Vaucanson, les derniers effets
de l'automate et du musicien seront les mêmes. Un paysan hésitera-t-il à reconnaître une différence entre les
deux causes de ces ondes sonores identiques? Si vous
l'interrogez là-dessus, il vous dira que le flûtiste tire de
lui-même les mouvements d'où résulte sa musique, et

que le flûteur exécute des mouvements dont le mécanicien est l'origine. L'un produit et il est vivant, l'autre
transmet et il est mort. Produire de son fonds, telle est
l'essence de la vie.

Quand Roland était monté sur son fameux cheval, un
coup d'éperon, une secousse de la bride, un cri peut-être
suffisait pour que cette lourde masse prît toutes les
allures qui plaisaient au cavalier. Y avait-il la moindre
proportion entre les moyens employés par Roland et les
divers mouvements de sa monture? C'est l'animal qui
agitait ses membres puissants avec plus ou moins de
promptitude et de vigueur, et cela parce qu'il était
vivant. Voyez en effet comme la scène change, lorsque
cette pauvre bête, morte, est attachée par les pieds de
derrière à la jambe de son maître qui la traîne après lui.
La voix, les coups sont impuissants à remuer ce cadavre
étendu sur le sol. Il y faut toute la force du malheureux
héros, accrue de l'énergie que donne un accès de folie
furieuse. Ce n'est plus qu'un cas de mécanique ordinaire : Roland déploie une puissance exactement égale
à la résistance de la masse inerte de ce qui fut son
cheval.

Faut-il préciser davantage? On prétend que les impressions de l'animal sont la cause de ses actions. Voyons si
cette opinion tiendra devant l'expérience. Il y a toujours
proportion entre l'effet et la cause. Ce principe est l'évidence même; car il serait insensé de prétendre que
l'effet pût être en quantité ou en qualité supérieur à
la cause : Ce serait faire sortir l'être du néant. On ne
chauffe jamais un four avec de l'eau tiède ; on ne broie
pas les rochers avec des flocons de laine. Prenons encore
un exemple dans les rangs inférieurs du règne animal.
Voici un chat, un chat familier, nous le supposons. Il n'a
rien mangé depuis plusieurs heures. Vous l'appelez et

lui présentez un morceau de viande à un mètre de
hauteur. L'animal regarde, son œil brille, sa queue
s'agite, un petit cri semble vous supplier d'approcher
l'objet convoité; vous résistez, alors le petit tigre se
tapit, puis tout à coup bondit comme un ressort juste
à l'endroit où pend l'appât, et s'en empare avec une sorte
de rugissement. N'analysons pas toutes ces manifestations
de la vie; bornons-nous à étudier l'impression et le saut.
Recommencez l'expérience, prenez un appât de surface
visible double, triple, quadruple, et suspendez-le encore
à un mètre de hauteur. Qu'arrivera-t-il, si l'impression
est la cause du saut? Il arrivera nécessairement que votre
chat sautera successivement à la hauteur de deux, de
trois ou quatre mètres. Car l'impression sera représentée
par une quantité double, triple et quadruple de la première, et cette impression étant la cause du saut produira nécessairement une impulsion double, triple et
quadruple, d'où l'espace parcouru devra prendre des
valeurs proportionnelles. Or, est-ce là ce qui se passe?
Le chat saute toujours au point où il voit le morceau
friand, ni plus haut, ni plus bas, pourvu que la distance
ne dépasse pas ce que peut l'énergie de ses muscles.
L'impression n'est donc pas la vraie cause. La vraie cause
est une puissance intérieure qui apprécie d'une certaine
façon, qui mesure, qui proportionne en vue d'une fin,
c'est la vie.

Mais c'est surtout en nous-mêmes que nous observons
la vie. Partout ailleurs nous en présumons la présence,
en jugeant par analogie d'après ce qui se passe en nous.
Quand nous disons : » Je parle; je travaille; je marche;
je veux; je pense; j'aime; je hais; je prie » : en un mot,
quand nous employons, à la première personne, l'un de
ces verbes qui expriment une action transitive ou immanente, ce n'est pas par métaphore que nous nous attri-

buons à nous-mêmes ces actions comme à leur principe.
Personne au monde ne croit, en disant par exemple :
« j'écris », que c'est là une manière de parler, et qu'un
autre écrit à sa place, usant de son intelligence, de
son cerveau, de son bras et de ses doigts, comme lui-
même se sert de sa plume. Ceux qui combattent l'autonomie de l'homme ne sont pas les derniers à se considérer
comme les vrais, les seuls auteurs de leurs ouvrages. Les
locutions que nous rappelons sont une sorte de suffrage
universel où l'unanimité est complète : c'est la proclamation solennelle d'une conviction du genre humain, et
une conviction proclamée de la sorte ne peut être que
vraie (1). Les philosophes physiologistes, habitués à ne
considérer que le monde extérieur, cherchent la vie dans
ce milieu, et, ne la trouvant pas, ce qui n'a rien d'étonnant, puisqu'elle ne saurait y être, ils s'écrient en dépit
des protestations de la conscience qu'ils ne veulent ni
comprendre ni même écouter, que la vie est une grande
inconnue. Rien au contraire ne nous est plus connu que
la vie ; c'est même par elle que nous connaissons tout le

(1) Ici se présentent la girouette de Bayle et la boussole de
Leibnitz. Si la girouette, dit Bayle, était douée de conscience et
de plus aimait à se trouver dans les positions où le vent la
pousse, elle aurait le sentiment intérieur qu'elle se tourne elle-
même dans ces directions. Leibnitz raisonne de même pour sa
boussole, qui aime à regarder le Nord et qui, ne sentant pas
l'action du magnétisme, croit naïvement se diriger elle-même
vers le pôle. Bayle était un sophiste, porté par tournure d'esprit
à regarder de travers. Mais comment Leibnitz a-t-il pu admettre
une hypothèse qui n'est pas même un sophisme ? Nous ne savons
ce que penseraient les girouettes et les boussoles si, par impossible, elles étaient douées du pouvoir de penser ; mais nous
savons, et nous savons fort bien que, si la conscience nous
trompe, aussitôt toute certitude s'évanouit, et nous sommes
condamnés au plus irrémédiable scepticisme. Là, tout s'effondre,
l'objection de Bayle, celle de Leibnitz, aussi bien que la solution de l'une et de l'autre.

reste. Seulement, il faut savoir la *reconnaître*, et, certes, la chose n'est pas difficile. Il suffit d'observer par l'œil intérieur, comme parle saint Bonaventure, par l'œil de la conscience, ce qui se passe en nous. Ce courant continu dont les ondes variées et toujours changeantes sont nos sensations, nos idées, nos désirs, nos jugements, nos résolutions, en un mot, nos actes intérieurs, ce courant est notre vie. Ne cherchez pas à la définir, car on définit le moins connu par le plus connu, et rien ne nous est plus connu que la vie, que nous-mêmes. Avez-vous jamais songé à vous définir par genre et par différence spécifique? Nous l'avons dit, le monde matériel n'a rien d'analogue, et les expressions que nous employons ici, étant empruntées au monde matériel, ont nécessairement des métaphores. Elles désignent toutefois avec clarté ce que vous devez demander à votre conscience pour qu'elle vous montre la vie. Regardez, vous en saurez en un instant beaucoup plus par ce regard que par aucune leçon extérieure de la philosophie et surtout de la physiologie.

De ces considérations, retenons que le phénomène réside essentiellement par sa nature dans une substance, et que la substance vivante est celle qui est non seulement siège, mais principe ou point de départ de phénomènes. Tout phénomène de vie procède d'une substance vivante où il puise nécessairement son être propre et distinct.

Voilà des vérités aussi incontestables que les axiomes de la géométrie. C'est pour les méconnaître, que nos épicuriens modernes font de la philosophie si peu sérieuse.

Revenons à la liberté.

Les motifs créent toute la difficulté que présente la question du libre arbitre. Aussi les philosophes physiologistes ou mécanistes s'y jettent à corps perdu. Pour eux, nous l'avons vu, ce sont de vraies forces qui con-

courent à la manière des énergies mécaniques, et dont
la résultante est l'acte volontaire. Il importe avant tout
d'avoir sur ce point des idées exactes.

1. — Tout le monde sait ce qu'est un motif. On connaît moins généralement la nature de l'influence que le
motif exerce sur la volonté : le nom même qu'il porte
induit en erreur. Ce nom semble indiquer une sorte
d'action matérielle ou du moins physique, laquelle pous-
serait ou attirerait la volonté, comme un corps en mouvement en pousse un autre, ou comme un aimant attire
un morceau de fer. Or, rien n'est plus faux. Le motif n'a
pas l'ombre d'action physique; son influence est une
pure métaphore. C'est en effet un objet, ou, si l'on aime
mieux, la connaissance ou le sentiment du bien contenu
dans cet objet qui prend le nom de motif. Mais rien de
tout cela n'est capable d'action physique sur la volonté.
Observons en passant que nous entendons, par action
physique, l'action d'une cause réelle efficace quelconque,
matérielle ou immatérielle. Ainsi *comprendre* est une
action physique de l'âme intelligente qui comprend; la
leçon d'un maître n'est jamais cause physique de l'acte
d'intelligence qu'elle aide à produire.

Qu'on nous permette de nous servir d'exemples, dans
l'intérêt de la clarté. Soit un homme qui tombe par hasard dans une eau profonde. S'il ne sait pas nager, il ne
fait pas moins effort pour se tirer d'affaire : il agite bras
et jambes, sort la tête comme il peut, crie au secours.
Mais, s'il est bon nageur, la première émotion de surprise
passée, il se met tranquillement en mesure d'interrompre,
par des mouvements appropriés, un bain qui n'a peut-
être pour lui d'autre inconvénient que d'être un peu froid
et inopportun. Un passant, également habile dans l'art
de la natation, l'aperçoit, et, le croyant en danger se jette
à l'eau pour l'en tirer. Il reconnaît vite son erreur et re-

gagne le rivage en maugréant contre l'excès de sa bonne
volonté. Voici trois cas ou trois volontés d'hommes produisent un même acte : résolution de sortir de l'eau. Que
se proposent les trois baigneurs par cet acte unique?
Trois choses différentes : le premier veut échapper à la
mort, le deuxième mettre fin à une sensation ou du moins
à une situation déplaisante, le troisième revenir à ses
affaires. Ces trois intentions sont pour chacun d'eux ce
qu'on appelle une fin. Cette fin sera le résultat de leurs
diverses manœuvres, lorsqu'elles auront été convenablement exécutées. Mais, au moment où ils prononcent qu'ils
veulent sortir de l'eau, ce résultat n'est pas obtenu, il
n'existe pas, sans quoi l'acte de la volonté serait absolument inutile : le premier n'est pas sauvé, le deuxième
séché, le troisième occupé de ses affaires ordinaires, au
moment où tous les trois résolvent de sortir de l'eau. Or,
ce qui n'est pas encore, ne saurait exercer d'action physique, car pour agir il faut être. Donc la fin n'a pas d'action physique sur les actes dont elle est la raison.

On voudra bien ne pas nous reprocher de faire concurrence à M. de la Palisse : de nos jours on est réduit
à prouver l'évidence. N'avons-nous pas entendu nos philosophes positivistes soutenir que le motif est la cause
proprement dite de l'acte volontaire? Mais qu'est-ce que
la fin de cet acte? le motif qui a prévalu, pas autre chose.
Si la fin ne produit rien d'une manière efficiente, le motif qui n'en diffère pas, n'a pas plus d'efficacité. Que dire
alors des motifs qui n'ont pas prévalu? Avant la détermination, est-il besoin de le rappeler? des motifs divers se
présentent à l'esprit et la sollicitent en sens opposés. Si
le motif accepté par la volonté n'a sur elle aucune influence physique, à plus forte raison ceux qu'elle dé-
daigne doivent être jugés impuissants.

Un même effet physique ne peut être produit que par

une même cause physique. On enfonce un clou par le
choc d'un corps dur, et non en exécutant une symphonie
ou en faisant une construction géométrique. Les trois
fins de nos baigneurs plus ou moins volontaires étant très
différentes, n'ont pu, pour cette autre raison, être la
cause efficiente de l'acte volontaire que nous avons constaté le même en chacun d'eux. Toute causalité cependant ne doit pas en être rejetée, car la langue n'a jamais
entièrement tort; elles sont causes morales, et ce point
est fort important à remarquer. La cause morale ne produit proprement rien; elle est seulement, pour la cause
efficiente, raison ou seulement occasion de produire son
effet; en cela, son rôle propre, considéré comme une
manière d'être nouvelle, n'est pas même passif, il est
nul. Une pierre se rencontre sur votre chemin; de peur
de la heurter, vous faites un pas à côté et cette pierre est
la cause morale de votre détour : y constatez-vous ombre
d'action, de modification? Elle reste exactement ce qu'elle
était avant que vous eussiez quitté votre chambre. La
cause morale devient objet de connaissance, et la connaissance joue un rôle actif dans la production de l'acte
volontaire; c'est ainsi qu'on attribue métaphoriquement
à la cause morale une influence sur cet acte. Mais entre
l'objet de la connaissance et la connaissance, il n'y a que
le rapport du connu à ce qui connaît, et nullement de la
cause à l'effet.

En un sens, l'influence physique commencerait à la
connaissance, on va voir comment. Nous ne prenons pas
ici ce terme de connaissance suivant sa signification abstraite, laquelle lui enlève toute efficacité en lui enlevant
toute existence réelle. Pour nous, la connaissance, c'est
l'âme vivante en tant qu'elle connaît. D'autre part, la
volonté non plus n'est pas un être séparé de l'intelligence. Cette séparation absurde rendrait impossible l'in-

fluence réciproque des deux facultés. L'âme qui veut,
c'est l'âme qui connaît; connaître et vouloir sont deux
manières différentes d'agir d'une même substance. L'acte
de vouloir ne procède pas de l'acte de connaître par une
sorte de voie de génération. La connaissance constitue
l'âme dans une disposition physique, réelle, de telle nature, que, de son fond, elle peut tirer son acte volontaire.
Elle est par là rendue apte à agir volontairement, mais
son acte volontaire n'est pas même commencé en germe.
Elle est comme un ouvrier parfaitement instruit dans son
art et qui, sur le point de l'exercer, ne l'exerce pas encore. Entre le savoir et la pratique, il y a une distance à
franchir.

L'intervalle qui sépare la connaissance de l'action est
en partie comblé par une sorte d'état mixte. C'est la place
d'une activité *sui generis* qui précède et sollicite l'activité volontaire proprement dite. Activité vivante, c'est
l'âme qui la déploie, mais sans réflexion antécédente.
Il nous semble qu'elle est liée par un lien plus faible à
la connaissance que la sensation ne l'est à l'impression :
nous pouvons la modifier par l'habitude et nous avons
l'intime sentiment qu'elle procède tout entière de nous,
au lieu que la sensation est presque considérée par nous
comme un pur effet des objets extérieurs. Il n'en est pas
moins vrai qu'avec la connaissance, cette activité entre
aussitôt en exercice suivant la forme qu'elle tient de la
nature ou de l'habitude. Nos trois baigneurs en fournissent une preuve. Le contact de l'eau et la pensée d'un
danger imminent réveillent chez l'un l'instinct de la
conservation, d'où un violent désir d'être secouru; chez
l'autre, le même contact met en jeu seulement un certain amour du bien-être et le désir d'interrompre une
impression médiocrement agréable; le troisième enfin,
emporté d'abord par un mouvement de sympathie, re-

vient spontanément au cours habituel de ses pensées, dès qu'il reconnaît son illusion. Tous ces mouvements intérieurs, nous le répétons, c'est l'âme qui les produit parce qu'ils sont entièrement vivants et que la vie ne peut jaillir que d'un principe de vie, mais ils sont presque toujours nécessaires. Chose étrange, ils sont plus d'une fois opposés aux actes propres de la volonté; ils viennent de l'âme, et l'âme qui les produit ne les veut pas. C'est là, croyons-nous, ce qui abuse beaucoup de philosophes. Des phénomènes contraires aux actes de volonté produits par l'âme, leur paraissent avoir une existence indépendante, posséder une force propre ou la recevoir de l'extérieur. C'est un paradoxe, mais plausible.

La solution du problème est dans la multiplicité des besoins de l'être vivant, d'où sumultanéité de désirs; et dans l'impossibilité de les satisfaire tous à la fois, d'où nécessité d'en contrarier quelques-uns. Qu'on se figure un oiseau portant pâture à sa nichée. Les petits ouvrent tous le bec et crient tous en même temps. La pauvre mère les voit tous, les entend tous, son affection la porte vers tous; mais son bec ne contenant le repas que d'un seul, il faut bien qu'elle suspende en partie les effets de son affection, qu'elle y résiste même dans l'intérêt de tous. Ce cas est un peu le nôtre. Nos cinq sens, nos facultés intérieures et extérieures réclament des satisfactions propres, c'est-à-dire la possession de biens spécialement capables de les satisfaire. Par une sorte de mécanisme que nous n'avons pas à expliquer, mais qui est une preuve éclatante de la sagesse du Créateur, la présence plus ou moins immédiate de ces biens, révélée par la connaissance, est une condition suffisante pour que notre âme commence bon gré mal gré à s'y porter. C'est là d'ailleurs une conséquence naturelle de la proportion qui existe entre le bien et la faculté, et de la destination de

l'un pour l'autre. Est-il rien de plus sagement ordonné
que l'attrait que nous avons pour l'eau fraîche, quand
nous avons besoin de boire? Qu'adviendrait-il si nous
étions obligés de constater par la réflexion et nos besoins
et ce qu'il faut pour les satisfaire? Le désir secret et irrésistible de conserver notre existence nous accompagne
toujours pour des raisons non moins intéressantes. Or, il
peut très bien se faire que la soif et le désir de la santé
conduisent à des résolutions contradictoires. On sera
donc forcé de sacrifier la satisfaction de l'un de ces instincts à la satisfaction de l'autre. Mais cela ne suffira pas
pour éteindre l'ardeur de l'instinct sacrifié. Pourquoi?
Parce que ce n'est point par des actes de volonté, c'est
par la possession de biens appropriés que nos besoins
sont satisfaits. Pour apaiser la faim ou la soif, on mange
et on boit; de fortes résolutions ne suppléent ni aux aliments, ni à la boisson. Ceci nous montre que notre activité n'est pas indéterminée; elle n'est pas un composé de
tendances qui se dirigent dans tous les sens, à l'aventure.
Une harmonie merveilleuse règne entre notre constitution
et certains biens spéciaux qui sont nécessaires ou seulement utiles à notre développement et à notre perfection.
Notre organisme, partie intégrante de nous-mêmes, entre
dans le concert. Il a pour fonction de rapprocher les
termes extrêmes et il doit se proportionner aux uns et
aux autres; c'est pour cela qu'il porte la double empreinte du monde matériel et du monde immatériel.

Lorsque nous agissons, ce n'est pas l'exercice de notre
activité qui est le but poursuivi par nous, c'est un objet,
un bien distinct de notre acte. Cela est également vrai et
pour les actes volontaires et pour les actes instinctifs. Le
contraire n'est pas impossible, mais n'est pas naturel. Il
y a plus, vouloir pour vouloir est déraisonnable, et
s'abandonner aux mouvements instinctifs pour en jouir

est avilissant. Peut-être les bêtes mangent pour manger, mais cela n'est pas permis à l'espèce humaine. Les mouvements instinctifs trouvent à la volonté sa voie, l'y inclinent; ils ne sont pas des motifs, ils ne le deviennent que par une violence faite à la nature. Cependant le langage ordinaire enveloppe sous le même nom de *motif* et le bien et la tendance à ce bien. Après avoir démêlé les idées, rien n'empêche d'employer le langage de tout le monde.

Nous pouvons maintenant étudier les rapports des motifs avec la liberté.

II. — *Cause* et *condition* sont deux notions bien différentes. Le soleil est la *cause* de la lumière qui remplit ma chambre, le trou percé dans le mur et vulgairement appelé fenêtre n'en est que la *condition* : celle-ci écarte les obstacles, prépare les moyens, celle-là produit la réalité. Or l'acte volontaire sort de la volonté comme le rayon du soleil : il en est l'effet réel et non celui des motifs. Les motifs en sont la condition, ils sont la condition du libre arbitre.

Jusqu'ici nous avons employé le terme de connaissance dans un sens très large, comprenant à la fois l'acte de la sensibilité et l'acte de la raison. Il est temps de rendre à ce terme sa signification rigoureuse et d'opposer *connaître* à *sentir*. Nous ne pourrions sans cela comprendre ce qui va suivre.

Les motifs se divisent en deux grandes classes : ils sont sensibles ou intellectuels, révélés à l'âme par la sensibilité ou par l'intelligence. Être connu et être senti sont deux choses profondément distinctes, nous l'avons prouvé ailleurs, mais il faut le rappeler brièvement. La connaissance proprement dite se termine à un objet qui est, au moins dans un de ses éléments, sinon tout entier, hors du temps et de l'espace. La sensation, au contraire, ne peut briser les plus étroites barrières de l'espace et du

temps : quelques points du corps, quelques vibrations
la mesurent; elle naît et meurt comme l'éclair; elle est,
pour le principe purement sensible, pour le simple
animal, sans antécédent, sans conséquent, sans entourage; c'est un phénomène solitaire dans la conscience
brute, comme ces personnages qui se succèdent apparais-
sant et disparaissant les uns après les autres sur la toile
d'une lanterne magique. Mais ce qui est objet de sensation, on le comprend sans peine, peut devenir et devient
fréquemment objet de connaissance. Il suffit pour cela
que l'intelligence renverse les barrières qui séparent le phénomène matériel de l'ensemble des phénomènes où de fait il
se trouve enchâssé, et du monde métaphysique où sont les
raisons de son existence et de ses rapports avec l'ensemble
des êtres. En langage scolastique, on dit que l'objet de la
sensibilité est purement singulier, l'objet de l'intelligence
est universel, ou du moins en rapport avec l'universel.

Il est bon de marquer aussi une différence d'un autre
ordre. Le motif sensible, qui, suivant son évolution
totale, est sensation, plaisir et inclination, douleur et
répugnance, se trouve pleinement engagé dans l'organisme. Il a pour origine extérieure des mouvements
nerveux qui retentissent dans la vie sensible de l'âme à
cause de son union substantielle avec les nerfs. L'action
vitale sensible, en tant que vitale, a certainement son
origine dans le principe vivant, car la vie vient de la vie;
mais le courant est ouvert, si je puis ainsi parler, par
l'émotion matérielle des nerfs. Le motif intellectuel, au
contraire, en tant qu'idée, est essentiellement dégagé de
l'organisme. Le système nerveux lui est nécessaire à
cause de la sensation sur laquelle il s'appuie; mais ce
n'est là qu'un concours extrinsèque, comme l'est par
rapport aux calculs de l'astronome, par exemple, l'usage
de la lunette qui lui sert à observer le ciel.

Le motif intellectuel, quand son objet est fini, ne *détermine* jamais l'acte volontaire; nous verrons bientôt qu'il est la condition même du libre arbitre. Le motif sensible, au contraire, est de son fait un obstacle à la liberté. Cependant il ne *détermine* pas, du moins au sens des épicuriens modernes, l'acte volontaire qui le suit. Entre les causes *déterminantes* et l'effet *déterminé*, il doit y avoir équation mathématique, la raison totale de celui-ci étant rigoureusement dans celles-là. Or, nous avons vu que l'animal, lequel n'a d'autres motifs que des motifs sensibles, possède dans son activité propre la raison et le principe vivant de ces actes volontaires, comme le prouve l'*adaptation* de ses mouvements extérieurs à son but, adaptation qui contredit les lois de la mécanique. Le déterminisme trouve mieux sa place dans les mouvements réflexes que la sensation constate au passage sans que la volonté intervienne pour les modifier : telles sont, par exemple, la sternutation, et, dans quelques circonstances, la déglutition de la salive et la respiration. Peut-être faut-il considérer ainsi certains mouvements accomplis sous l'influence d'une passion violente ou d'un besoin extrême. Quand l'organisme, à l'abri de ces tempêtes intérieures, laisse libre carrière au motif sensible, l'activité sensible reprend ses droits et fournit, avec la substance même de l'acte volontaire, sinon toute l'énergie des mouvements extérieurs, du moins la force qui utilise, mesure et adapte cette énergie.

Mais il ne nous suffit pas d'accorder, nous voulons même prouver que le libre arbitre ne peut s'exercer s'il n'est entouré que de motifs sensibles.

L'âme, nous l'avons dit, et cela résulte de toutes les observations, l'âme est portée par sa nature à rechercher le bien et à fuir le mal, ce qui est encore une manière de rechercher le bien. Or, les impulsions de la nature,

quoique intérieures, sont irrésistibles. Une seule chose
empêche l'âme de s'abandonner à cette pente, l'ignorance du terme vers lequel son activité trouvera le bien
qu'elle cherche. Cette disposition naturelle est une véritable énergie prête à faire effort dans tous les sens; les
ténèbres de l'ignorance l'enferment de toute part, l'empêchent de se répandre à l'aventure et de s'épuiser
en pure perte. Mais, dès qu'un rayon vient à percer cette
enveloppe, l'activité s'y porte aussitôt, comme l'eau
vers l'ouverture qu'on lui ménage dans la digue d'une
écluse. C'est le poids de la masse liquide qui fait jaillir
l'eau, mais l'ouverture est une condition sans laquelle le
poids ne produirait pas cet effet. La sensation ouvre
réellement en un seul point la digue de l'activité volontaire. Elle représente en effet brutalement un objet
agréable ou désagréable tel qu'il est dans son existence
concrète, sans l'ombre de rapport avec nulle autre existence, ni surtout avec nul être possible. Pour l'être
sensible qui le perçoit *sensiblement*, cet objet est seul
au monde; il est actuellement tout ce qui est bon, le
reste demeurant entièrement noyé dans l'ignorance; la
sensibilité ne connaît que ce qu'elle sent, et au moment
même où elle le sent. La mémoire sensible ne fait pas
exception : elle n'est qu'une manière de sentir une
seconde fois un objet absent. Il suit de là, rigoureusement, croyons-nous, qu'en présence d'un motif sensible, supposé qu'il soit seul, l'acte volontaire, bien que
procédant tout entier de la volonté, ne sera pas, ne
pourra pas être libre; la tendance naturelle de la volonté
l'obligera de rechercher cet objet sensible qui est en ce
moment pour elle tout bien.

Mais, dira-t-on, plusieurs sensations peuvent fort bien
être éprouvées en même temps. Tel l'âne si célèbre de
Buridan entre deux bottes de foin. Leibnitz remarque à ce

propos que, parmi ces sensations, il en est une qui nécessairement est plus vive, même dans le cas de l'âne de
Buridan. Or, la sensation qui est plus vive attire fatalement à elle l'attention de l'animal. L'attention se portant
d'un côté, tout le reste s'atténue en réalité, et en outre,
par une sorte d'illusion de la sensibilité, cesse d'être pour
elle. S'il y a plusieurs sensations *dans* l'animal, il n'y en
a jamais qu'une *pour* lui, celle à laquelle il fait attention.
C'est celle qui ouvre seule la voie à son activité volontaire. Très fréquemment le cheval cesse d'apercevoir la
fatigue au moment où il est aiguillonné par un coup de
fouet, mais quelquefois aussi la piqûre du fouet est
presque aussitôt émoussée par la fatigue, et l'ardeur que
le cocher veut provoquer ne paraît pas.

Qu'on ne soit pas surpris de nous voir emprunter nos
exemples aux animaux dans la question du motif sensible. La sensibilité nous est commune avec ces frères
des Darwinistes. Lorsque l'homme est uniquement sous
l'influence de la sensation, il n'est pas plus libre que
l'animal. Bien plus, le motif sensible, même se rencontrant
avec le motif intellectuel, gêne toujours l'exercice de la
liberté. Pour retrouver pleinement l'indépendance de nos
déterminations, nous sommes souvent obligés d'effacer de
notre pensée les images agréables ou désagréables des
objets matériels. Les personnes qui ont à cœur de régler
leur vie sur les prescritions de la loi morale comprennent
très bien ce que nous disons ici.

Tout autre est la nature du motif intellectuel. L'objet
unique devant le regard de l'intelligence est une chose
absolument impossible, une contradiction, l'intelligence
étant proprement la connaissance des rapports, c'est-à-dire
du multiple et de l'universel, de l'unité dans la multiplicité. L'intelligence ouvre donc de plusieurs côtés à la fois
des issues à l'activité volontaire. Cette activité s'exercera-

t-elle en se portant vers les biens divers que l'intelligence lui présente en même temps? Il lui est impossible de produire tant d'actes du même coup, d'abord parce que plusieurs de ces actes, contraires ou même contradictoires, s'excluent réciproquement, ensuite parce que la volonté est une faculté successive dont les actes sont produits un à un. Il reste donc que, parmi ce grand nombre d'actes possibles, la volonté en choisisse d'abord un pour le produire. Mais ce choix sera-t-il vraiment libre? L'intervention des motifs crée seule quelque obscurité dans la question.

Nous ne reviendrons pas sur ce que nous avons dit de l'influence physique des motifs; c'est une chimère. L'influence morale peut être incompatible avec la liberté, nous venons d'en voir un exemple dans le motif sensible. Le motif intellectuel offre-t-il la même incompatibilité? On voudrait nous le faire croire, et l'on en donne pour raison que la connaissance intellectuelle classe les motifs suivant leur degré d'importance, et que la volonté se porte toujours vers le plus avantageux. Ainsi, le motif sensible imposerait à la volonté ce qu'il lui offre comme étant le seul bien, et le motif intellectuel, ce qu'il lui offre comme étant le meilleur : le *seul bien*, le *meilleur*, seraient les deux termes vers lesquels la volonté ne pourrait se dispenser de se porter, aussitôt que la lumière de la conscience les lui montre. On reconnaît ici un écho des doctrines de Leibnitz.

Eh bien, non! Il n'est pas vrai que la volonté se porte toujours vers le *meilleur*. Nous ne voulons pas dire, en parlant ainsi, que l'appréciation du *meilleur* est une opération fort délicate, dont très peu sont capables, et que, si cette opération préalable était requise pour agir, la plupart des volontés humaines seraient condamnées à une complète inertie. Notre assertion n'a pas cette rigueur,

nous n'avons en vue qu'une appréciation subjective, celle
dont tout agent, doué de raison, est capable, et par
laquelle il déclare non ce qui est meilleur en soi, mais ce
qui lui paraît meilleur à lui agent raisonnable. C'est de
ce meilleur *subjectif* que nous affirmons qu'il ne dirige
pas invinciblement le choix de la volonté.

N'inventons pas une nature humaine de convention, ne
composons pas une raison, une conscience et une volonté
au moyen de je ne sais quels rouages et ressorts métaphysiques qui n'ont de réalité que dans notre imagination. Prenons en lui-même, tel que la conscience nous le
révèle, l'être vivant qui est nous. Cet être concret, réel,
pensant, agissant, comment se comporte-t-il au milieu
des motifs qui se présentent à lui, quand il est sur le
point d'agir? Il est parfaitement exact que nous choisissons toujours ce que nous aimons le mieux, car choisir
c'est aimer mieux; nous choisissons toujours, et pour la
même raison, ce que nous préférons. Mais ce que nous
choisissons, ce que nous aimons mieux, ce que nous préférons, est-ce toujours ce que nous jugeons meilleur?
Hélas!

> Je vois le bien, je l'aime,
> C'est le mal que je fais.
> *Video meliora proboque,*
> *Deteriora sequor.*

Tel est le cri de la conscience humaine au siècle de
Louis XIV et à celui d'Auguste; tel est le cri de la conscience humaine dans tous les temps. — C'est inconcevable, dit-on, c'est une contradiction; comment voulez-
vous que la volonté, que la faculté dont l'objet est le
bien, choisisse le pire? — Inconcevable pour vous, contradiction dans votre esprit, je n'en disconviens pas. Mais
c'est un fait, et les faits ne s'effacent pas. D'ailleurs, il

n'est peut-être pas impossible de pénétrer un peu ce mystère.

III. — On peut d'abord se rendre compte de la manière dont les choses se passent ; nous nous en donnons chaque jour le spectacle à nous-mêmes. Les biens se divisent en deux classes, étant destinés, les uns à notre esprit, les autres à notre corps. Nous ne sommes pas semblablement disposés à l'égard des uns et des autres ; les émotions qu'ils font naître sont de nature diverse ; nous avons plus d'ardeur pour les seconds, plus d'estime pour les premiers. Or, il arrive fréquemment que nous ne pouvons jouir des uns sans perdre les autres, que le sacrifice doit rigoureusement s'imposer soit au corps, soit à l'esprit. C'est l'acte volontaire et libre qui tient le couteau. Avant d'en venir à ce point décisif, que faisons-nous ? Nous tenons conseil avec nous-mêmes, nous délibérons sur le parti que nous allons prendre. Les raisons, les motifs divers pour ou contre sont déjà présents, mais dans un jour voisin des ténèbres, nous en apercevons vaguement les formes générales, si je puis ainsi dire ; les détails précis, la couleur nous échappent encore. Ce vague aperçu, cependant, caresse ou froisse déjà la sensibilité, commence à épanouir ou à resserrer les plus nobles sentiments de l'âme. Pour porter une claire lumière au milieu de ce crépuscule, nous avons une faculté merveilleuse, c'est l'attention. L'attention, d'une docilité presque absolue aux moindres injonctions de l'âme, projette sa lueur sur un motif, puis sur l'autre, l'y maintient, l'éloigne, l'éteint, toujours dans la mesure des ordres qu'elle reçoit. Cette manière de procéder est tout à fait digne de remarque dans la question présente. En effet, l'acte d'attention ne se présente pas d'ordinaire comme ayant en soi une valeur quelconque capable de dominer la volonté. Il est, pour ainsi dire, neutre, ni bon, ni mau-

vais; rarement il joue le rôle de motif; cependant la
volonté en use à son gré, avec une indépendance presque
complète. L'acte de l'attention, si évidemment libre, est
souvent la racine, toute la raison de la liberté de l'acte
volontaire.

Sans doute, il n'est pas rare que l'âme ne juge pas
opportun d'user de l'attention; le clair obscur lui suffit,
elle choisit du premier coup entre les motifs vaguement
entrevus. C'est ordinairement une conséquence de dispositions naturelles ou d'habitudes contractées; c'est le
procédé propre du vice et de la vertu. Il est bon d'observer, en passant, que ce crépuscule des motifs ne diminue
pas nécessairement l'énergie de l'acte volontaire, c'est
plutôt le contraire qu'il faudrait dire; preuve évidente
que l'acte volontaire puise sa sève ailleurs. Mais revenons
à l'attention.

Nous usons fréquemment d'un artifice pour assurer
le triomphe d'un motif sur les motifs opposés. Attirés et
presque gagnés par le bien qu'il offre dans le demi-jour
où il se montre et se cache à la fois, nous y portons notre
attention, sans permettre à aucun de ses rayons de sortir
de ces limites, ou du moins nous ne les laissons s'étendre
que sur des motifs capables d'appuyer celui que nous
considérons. Leurs promesses éclatent alors dans la pleine
lumière, peut-être l'imagination y ajoute ses fantômes
aussi séduisants que mensongers. Il est difficile, dans ce
cas, que les motifs restés dans les ténèbres neutralisent
la puissance qui se développe tout entière, s'accroît
même, sous la lumière de l'attention. L'acte volontaire
suivra le motif sur lequel l'attention s'est appliquée, on
peut le prédire. On peut douter aussi que l'acte volontaire soit libre par rapport à ce motif. Mais il est libre
par rapport à l'attention qui a été, par un acte libre,
retenue et fixée sur une seule catégorie de motifs. L'arti-

fice dont nous parlons ici n'est pas toujours mis en œuvre pour le mal. Les personnes qui ont à cœur de pratiquer la vertu, en usent fréquemment, afin d'amoindrir les séductions des biens sensibles. C'est dans un but semblable que les lois divines et humaines condamnent sévèrement le scandale; acte qui attire l'attention publique sur les charmes du mal.

Lorsque l'attention se porte paisiblement d'un motif à l'autre, donnant à l'âme le loisir et la lumière nécessaires pour apprécier mûrement et pleinement les avantages et les désavantages renfermés dans les deux partis opposés, il semble que l'un des deux partis devra nécessairement l'emporter comme présentant une somme de biens plus grande, et entraîner à sa suite le choix de la volonté. Une délibération serait par conséquent incompatible avec la liberté. Conclusion fausse, parce qu'elle contredit les faits. Il ne faut pas une longue délibération pour reconnaître que le bien moral l'emporte infiniment sur le mal moral. Cependant, malgré ce jugement, c'est le mal qui obtient maintes fois nos préférences. Que dis-je? au moment même où nous embrassons le mal, l'estime que nous avons pour le bien n'est pas diminuée dans notre esprit. D'autre part, lorsque nous choisissons le bien, l'ardeur pour le mal se fait encore sentir. Voyez le martyr entre les mains de ses bourreaux, n'est-il pas sollicité par la douleur au mal de l'apostasie avec une violence épouvantable, à l'instant même où sa volonté se prononce énergiquement pour sa foi, pour son Dieu? L'ardeur pour le mal et l'estime du bien peuvent donc coexister dans notre esprit; l'un ne chasse pas toujours l'autre, afin de produire ainsi la détermination volontaire: l'acte libre est l'acte de la volonté vivante et éclairée qui choisit entre des objets connus.

Mais, dira-t-on, la volonté qui choisirait librement le

mal, connu comme tel, ferait un acte sans raison et par
conséquent impossible. — Elle ferait un acte sans bonne
raison? on l'accorde; sans aucune raison? on doit le nier.
— Pas du tout, car une mauvaise raison, connue comme
mauvaise, est une raison nulle pour la volonté. — Si la
mauvaise raison est entièrement mauvaise, cela n'est pas
douteux; mais, si elle contient quelque bien, non, elle
n'est pas nulle. — Cette raison mêlée doit repousser et
attirer, attirer par le bien, repousser par le mal, et par
conséquent neutraliser son influence. Donc la volonté
sera pleinement en équilibre et maîtresse de choisir à
son gré. Mais si l'on voulait à tout prix expliquer le choix
du mal, lequel est un fait aussi réel que l'existence du
soleil, par une prédominance dans le motif, la liberté resterait tout entière, grâce à l'artifice dont nous avons
parlé plus haut. La volonté peut toujours, au moyen de
l'attention, qui est pour elle un instrument si docile,
mettre en évidence le bien et voiler partiellement le mal
qui sont dans le motif mauvais, et se décider pour le bien
qui entraîne le mal à sa suite. L'expérience, d'ailleurs,
apprend que telle est la manière dont se produit l'acte
mauvais.

Jusqu'ici nous avons surtout examiné le fait, étudié le
procédé que suit la volonté pour user de son libre arbitre.
Faisons un pas de plus, voyons si nous ne rencontrerons
pas la raison pour laquelle un principe vivant, doué d'intelligence et de volonté, se portant au bien par la connaissance, n'est pas obligé en vertu de sa nature de
vouloir le meilleur. Pour cela, qu'on nous permette de
descendre aux exemples les plus familiers. Voici un
homme qui, semblable à beaucoup d'autres, aime l'argent, sans excès, par une habitude contractée volontairement. On lui présente des objets sans valeur pour lui,
trois épingles, dont on le prie de choisir une. Chacune

de ces épingles a son petit mérite propre : la première a
la tête mieux faite, la seconde est plus aiguë, la troisième
plus polie et plus brillante, qualités qui, en définitive,
sont dans les épingles, comme les épingles, de nul prix.
Croyez-vous que notre homme puisse vraiment choisir?
qu'il puisse régler son choix sur la qualité propre de ces
minimes objets? Nous ne pensons pas que l'on hésite sur
ce point, la réponse doit être affirmative. Cependant le
meilleur sera sans influence dans le cas présent : il n'y a
pas de meilleur où le bien est nul. Ajoutons que notre
homme, grâce à la disposition antécédente de sa volonté,
pourra choisir de ne faire aucun choix, les trois épingles
étant également méprisables pour lui. Tout ceci nous
semble évident.

Varions maintenant notre exemple; aux épingles
substituons deux rouleaux d'or, l'un contenant cent
pièces et l'autre deux cents. Que fera cet ami de l'argent
dont nous étudions la volonté et que nous supposons,
par une hypothèse impossible, n'avoir pas d'autre amour?
Si on l'invite à choisir, certainement c'est le gros rouleau
qui obtiendra ses préférences. Pourquoi? La raison en
est très simple. Une habitude volontaire qui a pour objet
l'argent en général, contient déjà les éléments de tout
acte volontaire qui regardera telle ou telle somme en
particulier. Il suffira qu'une somme de quelque valeur
soit laissée à la disposition d'un homme ainsi préparé,
pour que ces éléments se réunissent et déterminent un
acte d'attachement pour cette somme. On ne peut aimer
le tout sans aimer ce que l'on reconnaît faire partie du
tout; sauf la dernière détermination, ce dernier amour
est nécessairement contenu dans le premier, comme le
rouge ou le jaune du spectre lumineux étaient contenus
dans le rayon blanc. Le meilleur joue ici un rôle efficace,
étant ce qui, par hypothèse, satisfait plus pleinement une

disposition réelle de la volonté. Avec la disposition que nous venons de supposer, la volonté reste libre pour des choses qui lui sont et qui peuvent devenir à peu près indifférentes, comme des épingles; elle ne l'est plus par rapport au rouleau d'or.

Or notre hypothèse est de fait vérifiée par la nature dans de vastes proportions; c'est là que nous espérons trouver la clef de la liberté. On a dit que notre cœur, c'est-à-dire l'habitude d'amour déposée en nous par la nature, que notre cœur est capable de l'infini. Rien n'est plus vrai, c'est une thèse que l'on a établie de bien des manières et que nous n'avons pas besoin de reprendre ici. Cette capacité engendre un besoin, et le besoin se traduit nécessairement par une tendance immense, mais calme et presque insensible comme tout ce qui est contenu dans le courant incessant de notre vie. Si la lumière éclairait pleinement notre amour naturel pour le bien sans limites, les objets finis auxquels nous accordons quelque estime deviendraient les objets d'un dégoût inexprimable, ils seraient pour nous moins que des épingles, moins que des grains de poussière. Si, d'autre part, l'ombre où il se cache était assez épaisse pour produire les ténèbres, notre besoin de l'infini s'éteindrait dans l'ignorance, les biens finis se disputeraient notre attachement, le meilleur l'emporterait invinciblement et nous perdrions toute notre liberté dans ce conflit. Mais nous ne sommes ni dans la pleine lumière, ni dans les pleines ténèbres; nous ne voyons pas très bien, nous ne pouvons nous rendre compte exactement de ce que nous croyons; c'est plutôt un sentiment confus, calme, doux et continu. Toujours l'idée du bien infini est vaguement aperçu par nous au fond de notre âme. A l'instant même où notre volonté produit un acte formel dont un bien fini est le terme, j'en appelle sans crainte à l'expérience per-

sonnelle de quiconque sait réfléchir, à cet instant même
nous sentons que nous pouvons dire et nous pouvons dire
toujours : « Il y a mieux pour moi! » Ce cri du cœur,
toujours prêt à éclater, toujours efficace nous permet
toujours de résister aux sollicitations, à la violence même
des choses finies. Mais nous pouvons le contenir, nous
pouvons même le refouler au point qu'il ne soit plus
rien pour la conscience. C'est à cette alternative que
nous devons d'être libres. En y réfléchissant, on décou-
vrirait sans doute que l'attention joue encore ici un rôle
important.

Nous ne savons si cette explication, que nous n'avons
pas inventée, satisfera tous les esprits sincères. Il serait
peut-être téméraire de l'espérer : les idées passent difficilement d'un esprit à l'autre, si elles ne sont d'abord
appropriées à la diversité des esprits. Or une telle appro-
priation est un travail qui dépasse nos forces. Quoi qu'il
en soit de notre aperçu métaphysique, il n'en reste pas
moins clairement et solidement établi : que les actes
volontaires ont leur origine dans une substance vivante,
consciente, intelligente et active; que, par conséquent,
ces actes ne sont, à aucun titre, les effets propres de
phénomènes de sensibilité ou d'intelligence, ni surtout
de phénomènes chimiques, physiques, mécaniques; que
ces actes sont libres, lorsqu'ils ont pour objets des biens
particuliers présentés à la volonté par *l'intelligence;* et
enfin que l'on ne peut soutenir que la volonté s'attache
fatalement au meilleur, sans contredire l'exacte observation des phénomènes psychologiques et sans se mettre en
opposition avec le témoignage de la conscience universelle. Le déterminisme moral est donc une conception
malheureuse; elle prouve une seule chose : l'impuissance
des esprits qui l'ont imaginée.

CHAPITRE II

L'ORGANISME ET LA VOLONTÉ

La maladie, hélas! est l'une des choses que nous connaissons le mieux, et personne n'hésite à la placer dans le corps, dont elle gêne ou suspend temporairement quelques fonctions en nuisant aux organes. La volonté a-t-elle rien de matériel? Comment peut-on avec justesse parler de ses maladies? Nous n'entreprendrons pas de légitimer cette expression dont nous ne voulons user que pour répondre à des adversaires. Cependant, on emploie familièrement, dans le langage ordinaire, des locutions qui semblent attribuer à la volonté, sinon des affections aiguës, du moins une constitution morbide. On dit : une volonté chancelante, faible, paresseuse, capricieuse; et, chose remarquable! ces défaillances de la volonté correspondent à des dispositions analogues qu'il est facile de constater dans le corps : le tempérament, qui appartient à la constitution organique, et le caractère, qui résulte des tendances générales des facultés actives de l'âme, sont naturellement en parfaite harmonie. On voit déjà par là, d'une manière générale, qu'il y a des rapports étroits entre certains états du corps et certains états de la volonté. Nous tâcherons, dans le cours de ce travail, de mieux préciser et d'éclairer plus foncièrement la question.

L'école phénoménaliste, dont les théories singulières
sont l'occasion de l'étude présente, entend les maladies
de la volonté, non au sens métaphorique, mais au sens
rigoureux. Au fond, si l'on veut bien l'en croire, il n'y a
pas au monde deux séries de phénomènes, les phénomènes physiques et les phénomènes de la vie, il n'y en a
qu'une, il n'y a que des phénomènes mécaniques. Les
actes de la volonté sont tout aussi matériels que les déplacements de la poussière agitée par le vent. Il serait inutile
d'alléguer que les volitions sont accompagnées de conscience, chose dont la présence est au moins fort douteuse
dans un tourbillon. On répond (1) que la conscience
exerce tout juste la même influence sur les déterminations
volontaires qu'un rayon de la lune sur les pressions d'un
courant d'air. Or, les mouvements qui s'accomplissent
dans ces portions de matière organisée appelées vulgai-
rement des animaux ou des hommes, deviennent, moyennant certaines conditions, des maladies; ceux que l'on
décore du nom de *volitions*, ne changent pas pour cela
de nature, et rien n'empêche que, sous l'action de causes
spéciales, ils ne deviennent de vraies maladies, au même
titre que la colique ou le bubon pestilentiel.

Ces philosophes savent-ils ce qu'ils disent?

§ I. — *Les prétendues maladies de la volonté.*

Décrivons d'abord quelques-unes de ces maladies
inconnues jusqu'ici à la nosographie de la Faculté.
M. Ribot nous servira de guide.

(1) « L'acte volontaire est composé de deux éléments bien
distincts : un état de conscience totalement impuissant à faire
agir ou à empêcher, et des états organiques qui seuls ont ce
pouvoir. » (*Les maladies de la volonté,* par Th. Ribot. Paris, 1883,
p. 51.)

En premier lieu, voici *l'aboulie*. Cet affreux barbarisme, extrait du grec, devrait *rigoureusement* représenter un état où le sujet malade est incapable de vouloir;
ce serait la mort de la volonté, au milieu de la vie qui
persévère dans les autres facultés. De fait, il ne s'agit
que d'un affaiblissement de la faculté. Un médecin, Guislain la décrit ainsi : « Les malades savent vouloir intérieurement, mentalement, selon les exigences de la raison.
Ils peuvent éprouver le désir de faire; mais ils sont impuissants à faire convenablement... Leur volonté ne peut
franchir certaines limites... : le *je veux* ne se transforme
pas en volonté impulsive, en déterminations actives. »

Si cette description est exacte, les malades dont parle
Guislain ne disent *je veux* qu'en parole; la véritable
détermination volontaire fait défaut; l'activité consciente
ne dépasse pas la limite des désirs inefficaces. Pourquoi?

Ce caractère du phénomène est très bien marqué dans
un exemple que donne Esquirol. « Un magistrat, dit le
célèbre aliéniste, très distingué par son savoir et par la
puissance de sa parole, fut, à la suite de chagrins, atteint
d'un accès de monomanie... Il a recouvré l'entier usage
de sa raison; mais il ne veut pas rentrer dans le monde,
quoiqu'il reconnaisse qu'il a tort; ni soigner ses affaires,
quoiqu'il sache bien qu'elles souffrent de ce travers. Sa
conversation est aussi raisonnable que spirituelle. Lui
parle-t-on de voyager, de soigner ses affaires : je sais,
répond-il, que je le devrais et que je ne peux le faire. Vos
conseils sont très bons, je voudrais suivre vos avis, je
suis convaincu, mais faites que je puisse vouloir, de *ce
vouloir qui détermine* et exécute. » Mais remarquons avec
soin ce que le malade ajoutait un jour : « Il est certain
que *je n'ai de volonté que pour ne pas vouloir;* car j'ai
toute ma raison; je sais ce que je dois faire; mais la force
m'abandonne lorsque je devrais agir. »

Autre exemple rapporté par Billod (*Annales-médico-psychologiques*). Il s'agit d'un notaire qui tombe dans un état de mélancolie profonde. « La faculté, dit Billod, qui nous a paru le plus notablement altérée, c'est la volonté... Le malade accuse une impossibilité fréquente de *vouloir exécuter* certains actes, bien qu'il en ait le désir et que son jugement sain, par une sage délibération, lui en fasse voir l'opportunité, souvent même la nécessité. » Faisant un voyage sous la conduite de son médecin, le notaire donne plusieurs preuves de son étrange dispositions d'esprit. En voici un exemple entre plusieurs autres. « Il s'agissait, dit Billod, de sortir un peu après le dîner. M. P... en avait le plus vif désir... Pendant cinq jours de suite, il prenait son chapeau, se tenait debout et se disposait à sortir ; mais, vain espoir, sa volonté ne pouvait ordonner à ses jambes de se mettre en marche pour le transporter dans la rue. « Je suis évidemment mon « propre prisonnier, disait le malade ; ce n'est pas vous « qui m'empêchez de sortir, ce ne sont pas mes jambes « qui s'y opposent : qu'est-ce donc alors? » M. P.., se plaignait ainsi *de ne pouvoir vouloir*, malgré l'envie qu'il en avait. Après cinq jours enfin, faisant un dernier effort, il parvint à sortir et rentre cinq minutes après suant et haletant, comme s'il eût franchi en courant plusieurs kilomètres et fort étonné lui-même de ce qu'il venait de faire. »

Certains malades revenus à la santé ont donné de leur impuissance une explication qu'il est bon de remarquer. « Ce manque d'activité, disait l'un d'eux à Esquirol, venait de ce que mes sensations étaient trop faibles pour exercer une influence sur ma volonté. » Un autre, assez maître de sa pensée pendant sa maladie pour se juger lui-même, écrivait au célèbre aliéniste : « Mon existence est incomplète ; les fonctions, les actes

22

de la vie ordinaire me sont restés; mais dans chacun d'eux il manque quelque chose, à savoir la sensation qui leur est propre et la joie qui leur succède... Chacun de mes sens, chaque partie de moi-même est pour ainsi dire séparée de moi et ne peut plus me procurer aucune sensation. »

Telle est la première forme des maladies de la volonté, l'*aboulie*. La deuxième est toute différente, mais il ne faut pas se presser de croire qu'on l'appelle *hyperboulie*, elle ne consiste pas dans un excès de vouloir, mais dans un excès de pouvoir; l'effet dépasse la volonté : elle est constituée, d'après M. Ribot, par un « excès d'impulsion ». Son nom exact serait *paraboulie*, si elle avait un nom.

« Chez certains malades, dit Luys, la surexcitation des forces motrices est telle, qu'ils marchent des heures entières sans s'arrêter, sans regarder autour d'eux, comme des appareils mécaniques que l'on a montés. » M. Ribot cite ces cas comme des exemples de maladies de la volonté. Nous pensons qu'il aurait mieux fait de n'en pas parler du tout, car ici la volonté n'existe pas pour lui, et où la volonté n'existe pas, elle ne saurait être malade. Le cas suivant, rapporté par Billod, nous semble exactement de même ordre. « Une marquise d'un esprit très distingué, au milieu d'une conversation, coupe une phrase qu'elle reprend ensuite, pour adresser à quelqu'un de la société une épithète inconvenante ou obscène. L'émission de cette parole est accompagnée de rougeur, d'un air interdit ou confus. »

Cet autre exemple rentre plus évidemment dans la « paraboulie ». « Une ancienne hystérique, très intelligente et très lucide, éprouve à certains moments le besoin d'aller vociférer dans un endroit solitaire; elle exhale ses doléances, ses récriminations contre sa famille et son entourage. Elle sait parfaitement qu'elle a tort de divulguer tout haut certains secrets; mais, comme elle le répète, il faut qu'elle parle et satisfasse ses rancunes. »

Mais, où la maladie prend d'une manière frappante sa forme caractéristique, c'est dans l'entraînement bizarre que certains malades éprouvent pour le suicide ou pour l'homicide, ou, en général, pour des actes dont ils ont horreur.

« Un mélancolique tourmenté d'idées de suicide se leva la nuit, alla frapper à la porte de son frère et lui cria : « Venez vite, le suicide me poursuit, bientôt je ne « résisterai plus. »

Le fils unique d'une pauvre veuve, suivant ce que raconte Calmeil, d'abord doux et soumis, devient, à seize ans, sombre et taciturne. « Pressé de questions par sa mère, il se décida enfin à un aveu. « Je vous dois « tout, lui dit-il, je vous aime de toute mon âme; ce- « pendant, depuis quelques jours une idée incessante me « pousse à vous tuer. » Pour résister à l'obsession, le malheureux s'engage dans un régiment. Il ne put se délivrer et finit par se faire enfermer dans une maison de santé. »

Une troisième forme des maladies de la volonté est l'inconstance. Le type le plus achevé de cette maladie, d'après M. Ribot, est offert par les hystériques, dont le Dr Hurchard parle ainsi : « Un premier trait de leur caractère est la mobilité. Elles passent d'un jour, d'une heure, d'une minute à l'autre avec une incroyable rapidité de la joie à la tristesse, du rire aux pleurs; versatiles, fantasques ou capricieuses, elles parlent dans certains moments avec une loquacité étonnante, tandis que dans d'autres elles deviennent sombres et taciturnes, gardent un mutisme complet ou restent plongées dans un état de rêverie ou de dépression mentale; elles éclatent en sanglots, ou elles vont cacher leurs larmes dans la solitude; d'autres fois, au contraire, elles se mettent à rire d'une façon immodérée sans motif sérieux.

« Leur caractère change comme les vues d'un kaléidoscope, ce qui a pu faire dire avec raison par Sydenham, que ce qu'il y a de plus constant chez elles c'est leur inconstance. Hier, elles étaient enjouées, aimables et gracieuses; aujourd'hui, elles sont de mauvaise humeur, susceptibles et irascibles, se fâchant de tout et de rien, maussades et boudeuses par caprice, mécontentes de leur sort; rien ne les intéresse, elles s'ennuient de tout. Elles éprouvent une antipathie très grande contre une personne qu'hier elles aimaient et estimaient, ou au contraire témoignent une sympathie incompréhensible pour telle autre : aussi poursuivent-elles de leur haine certaines personnes avec autant d'acharnement qu'elles avaient autrefois mis de persistance à les entourer d'affection. »

D'autres faits semblent cependant contredire ce tableau. « Les hystériques, dit M. Ribot, sont quelquefois possédées par une idée fixe, invincible. L'une se refuse à manger, une autre à parler, une autre à voir, parce que le travail de la digestion, l'exercice de la voix ou de la vision détermineraient, à ce qu'elles prétendent, une douleur. » Des hystériques restent couchées des mois, des années mêmes, se croyant incapables de rester debout ou de marcher. « Un choc moral ou tout simplement l'influence d'une personne qui gagne leur confiance ou agit avec autorité, produit la guérison. L'une se met à marcher à l'annonce d'un incendie, une autre se lève et va à la rencontre d'un frère absent depuis longtemps, une autre se décide à manger par crainte du médecin. »

S'il nous était permis de forger encore un mot suivant les procédés grammaticaux de la Faculté, nous propose-

rions pour cette dernière maladie celui de *métaboulie,
changement de volonté*. Nous aurions ainsi l'*aboulie*, la
paraboulie et la *métaboulie*. Nous ne trouvons pas
d'autre forme bien caractérisée dans notre auteur. Il nous
parle encore, il est vrai, des défaillances de l'attention
et de l'extase, où il suppose que la volonté est anéantie·
Mais outre qu'il traite de l'extase, nous prenons la liberté
de le lui dire respectueusement, avec la compétence d'un
aveugle pour les couleurs, sa description n'est pas d'espèce nouvelle, et son extase ne serait qu'une *aboulie*
parfaite, de même que ses infirmités d'attention se con-
fondraient avec la *métaboulie*.

Il est probable que notre philosophe physiologiste n'a
pas voulu donner une histoire complète des maladies de
la volonté. Nous ne comprendrions pas, sans cela, pourquoi il passe sous silence l'entêtement, la faiblesse de
caractère, l'irrésolution et bien d'autres symptômes morbides qui indiquent un désordre dans la faculté de vouloir. Mais c'est moins une monographie qu'il s'est pro-
posée, qu'une exposition nouvelle des théories chères à
son école.

Nous avouons que ce point de vue nous plaît davantage, et nous ne demanderions pas à nos lecteurs de
perdre quelques instants avec nous pour apprendre ce
que pense M. Ribot, si la pensée de M. Ribot lui était
personnelle et n'était inspirée par une philosophie aujour-
d'hui très dangereuse.

§ II. — *La volonté d'après les positivistes.*

Nous venons de le dire, les maladies de la volonté ou
les phénomènes qu'il appelle de ce nom, ne sont, pour
M. Ribot, qu'un thème à théories, des clous où il attache

un exposé de sa philosophie sous un jour particulier. Qu'on nous pardonne de reproduire textuellement la partie principale de son affiche. C'est un parfait galimatias ; mais il n'est pas impossible d'y faire pénétrer quelque lumière quand on est au courant des hypothèses du positivisme.

« La volition est un état de conscience final qui résulte de la coordination plus ou moins complexe d'un groupe d'états, conscients, subconscients ou inconscients, qui tous réunis se traduisent par une action ou un arrêt. » Comprenons bien ce passage, qui contient la quintessence de la théorie.

Pour le commun des hommes, pour ceux qui font simplement usage de leur bon sens, la volition est l'acte même de la volonté, cet acte que nous nous exprimons nous-mêmes par ces mots : « je veux. » Pour les positivismes, la volition n'est pas un acte, c'est un état, un état de conscience. Qu'est-à-dire ? En thèse générale, il n'y a, il ne peut y avoir que des phénomènes, c'est-à-dire, de la chaleur sans rien qui soit chaud, de la couleur sans rien qui soit coloré, des formes sans rien qui soit figuré, de la vie sans rien qui soit vivant, de la pensée sans rien qui pense, et, pour tout dire en un mot, du mouvement sans rien qui soit mû, car le mouvement sans mobile est le fond de tout. Le positivisme est la proscription universelle des substances ; c'est l'univers réduit à des apparences fantasmagoriques.

Mais le positivisme prétend bien ne point se séparer de la science, il se vante même, en dépit de ses contradictions, d'en être l'expression la plus fidèle. Les molécules et les mouvements moléculaires résument à ses yeux tout ce qui est, pourvu qu'on ait bien soin de vider la molécule de toute réalité substantielle et d'en faire une pure abstraction. Ce qui se passe dans ces groupes de phénomènes que l'on appelle des hommes et que, par une étrange erreur, on croyait jusqu'ici composés d'un corps et d'une âme, n'est pas autre chose qu'un ensemble de mouvements diversement combinés ; ce sont des mouvements qui se groupent avec d'autres mouvements déjà groupés ou qui se substituent à quelques-uns d'entre eux. Il est digne du moyen âge de nous considérer comme des individus qui reçoivent ou produisent en eux-mêmes des modifications successives et qui persévèrent toujours identiques dans l'existence. L'homme n'est pas un tout unique; il est comme une fourmilière de petits mouvement moléculaires, dont chacun est indépendant des autres, mais qui tous conspirent, en vertu on ne sait trop de quoi, de manière à produire l'apparence menteuse d'un individu.

Les mouvements cheminent, cela se comprend de reste. Or, il leur arrive quelquefois, dans leur course, un accident des plus étranges : ils deviennent conscients, c'est-à-dire qu'ils savent de quelque manière qu'ils sont et ce qu'ils sont. C'est à peu près comme ces atomes de poussière qui deviennent tout à coup visibles en entrant dans un rayon de soleil.

Le positivisme avoue de bonne grâce qu'il ne sait trop comment s'expliquer la conscience, qu'il ne sait pas comment le mouvement se convertit en connaissance; mais il n'en est pas moins convaincu que, entre savoir et se mouvoir, il n'y a pas d'autre différence qu'entre aller à droite et aller à gauche : la claire vision n'est pas toujours nécessaire à la conviction.

Dans le faisceau lumineux où dansent les atomes de poussière, il y a la lumière et la pénombre, et, à côté, il y a l'ombre. Or un même atome, en tourbillonnant, peut traverser successivement l'ombre, la pénombre et la lumière. Il en est de même de la lumière mystérieuse de la conscience; le mouvement qui constitue un phénomène humain peut passer successivement de l'ombre à la pénombre, puis à la pleine lumière de la conscience, il devient ainsi, après avoir été inconscient, subconscient et conscient. Resterait à dire quel soleil produit cette lueur que l'œil voit, et comment il la voit. Là-dessus, comme sur bien d'autres points, l'école garde un silence plus commode qu'habile.

La manière dont les mouvements parviennent à se grouper n'est pas non plus très facile à comprendre. Nous ne parlons pas de la force qui les pousse et les dirige : les positivistes s'en tirent au moyen d'une *loi* qui, réelle, serait sans force, et qui, de plus, a l'inconvénient d'être une pure fiction. Nous parlons seulement de l'agrégation de choses aussi incoercibles que de purs mouvements. Je comprends qu'un terrassier, avec une pelle qu'il agite, la remplissant de grains de sable et la vidant tour à tour, finisse par faire un monceau de sable; mais je ne me figure pas comment le mouvement seul de son instrument produirait le même résultat. Accordons cependant à ces singuliers philosophes qu'en additionnant des riens on obtienne quelque chose, voici ce qu'ils osent tirer de cette concession. Certains mouvements groupés donnent des os, d'autres des muscles, d'autres du sang, d'autres des nerfs, en un mot tout ce qui constitue l'objet vulgai-rement nommé corps humain : c'est hardi, mais aussi peu scientifique et beaucoup moins raisonnable que les contes de Perrault. Sur ces mouvements groupés d'une manière permanente, au grand avantage des anatomistes, d'autres mouvements viennent cheminer, et c'est de ces mouve-ments accidentels qu'il est question dans le passage cité par nous. Ils prennent trois formes principales.

La première comprend ce qu'on appelle en physiologie les *mouvements réflexes*. Ces mouvements consistent en ce que l'impression de certains nerfs produit fatalement, grâce à certains autres nerfs associés aux premiers par leur bout central, des contractions musculaires, comme on le constate même chez des individus décapités; il n'est pas douteux que le corps humain ne soit, pendant la vie, le siège d'une foule de mouvements de cette sorte; les mouvements réflexes sont pour l'ordinaire inconscients, mais s'ils entrent dans la lumière de la conscience, ils ne perdent pas pour cela leur nature.

La deuxième classe comprend ces mouvements qui, dans leur parcours à travers les fibres nerveuses, recueillent un élément d'une espèce nouvelle que l'on nomme sentiment, passion, tel le coup de pied administré brusquement à un chien dont la présence importune.

Enfin, la troisième classe comprend ces mouvements que la vieille philosophie désignait sous le nom d'actes raisonnables, et dont la formule mécanique attend encore et attendra longtemps son Cauchy.

M. Ribot nous dit ailleurs : « Si nous prenons une personne adulte, douée d'une volonté moyenne, nous remarquerons que son activité (c'est-à-dire son pouvoir de produire des actes) forme en gros trois étages : au plus bas, les actes automatiques, réflexes simples ou composés, habitudes; au-dessus les actes produits par les sentiments, les émotions et les passions; plus haut, les actes raisonnables. »

Il est parlé ici d'*actes*, d'*activité*, de *pouvoir d'agir*. Qu'on ne s'y trompe pas, ce sont des concessions un peu forcées au langage ordinaire. Il n'y a au monde que des phénomènes qui se groupent et qui se succèdent; celui qui suit est appelé *acte* par rapport à celui qui précède et à qui on attribue le pouvoir d'agir : simples formules! Aussi, plus fidèle à sa philosophie dans le passage que nous avons cité d'abord, M. Ribot n'y parle, sauf à la fin, que d'états et de groupes d'états.

Le mouvement réflexe est, dans le groupe appelé homme, le type de tous les autres. S'il en rencontre d'autres, il se combine avec eux et s'affine : la complexité et l'affinement est tout le progrès des mouvements réflexes, tout ce qui constitue la *différentiation* (c'est ainsi qu'ils parlent) des phénomènes physiologiques et psychologiques. Mais, de même que les ondulations d'une surface liquide semblent s'engendrer les unes les autres, de même ces phénomènes suivent un ordre de succession qui permet en quelque sorte d'appeler les uns causes et les autres effets. D'après la théorie des trois étages, les mouvements réflexes proprement dits engendrent les mouvements passionnels; et le concours des deux premières classes donne naissance aux mouvements raisonnables, dont le dernier est la volition.

Telle est la genèse de la volition, de cet état de conscience que nous exprimons par le verbe : « je veux. » On voit par là combien l'opinion vulgaire, c'est-à-dire celle de tout le monde, est erronée. La résolution, la détermination, l'acte de vouloir n'est pas un principe, une cause d'acte, c'est tout le contraire, « c'est un état de conscience final », c'est le résultat dernier de tous les autres mouvements groupés. Tiré à la suite de tous les autres, il ne tire rien après soi. M. Ribot a grand soin de nous le dire : la volition « n'est cause de rien ». Il répète plus bas qu'elle « est un effet sans être une cause ». Sans doute, d'autres mouvements suivent fréquemment la volition, comme une expérience journalière le démontre. Mais de ces mouvements la volition n'est pas la cause. « Les actes et mouvements qui la suivent résultent directement des tendances, sentiments, images et idées qui ont abouti à se coordonner sous la forme d'un choix. » C'est exactement ce que signifie la dernière partie de notre citation : « coordination plus ou moins complexe d'un

groupe d'états conscients, subconscients ou inconscients
qui tous réunis se traduisent par une action ou un arrêt.
Ces groupes se trouvent tellement coordonnés que la
résultante dernière, pour employer l'expression vraiment
scientifique, est un mouvement proprement dit, « une
action », ou bien un équilibre, « un arrêt ». Cela veut
dire en français que, après nous être déterminés, nous
accomplissons un acte extérieur ou nous nous en abste-
nons, mais que notre détermination n'y est pour rien. A
quoi sert-il donc de se déterminer? A fort peu de chose :
« le *je veux* constate une situation, mais ne la constitue
pas ». On a la satisfaction de se figurer qu'on est pour
quelque chose dans les phénomènes qui se passent en
nous; mais c'est la satisfaction de la mouche du coche; il
ne dépend pas plus de notre volonté de lever le bras, de
remuer aucun de nos membres, que de prendre la lune
avec les dents. La volition est un état de conscience
extérieur à la série des mouvements subordonnés; c'est
une lampe que l'on peut allumer ou éteindre à son gré; la
machine placée auprès n'en continue ou n'en suspend pas
pour cela son mouvement. C'est la délibération, c'est-à-
dire le concours des groupes de la première et de la
deuxième classe qui l'allume, mais par luxe et en pure
perte; ce même groupe produit immédiatement un effet
parallèle, lequel a seul de la valeur, parce qu'il prend
place dans la série continue des causes et des effets.
« En d'autres termes, dit M. Ribot, et pour ne laisser
aucune équivoque, le travail psychophysiologique (1)
aboutit d'une part à un état de conscience, la volition,
d'autre part à un ensemble de mouvements ou d'arrêts. »
Telle est la théorie. Elle ferait de l'homme une pure

---

(1) Le barbarisme est de belle venue. Il signifie une combinaison d'opérations organiques et d'opérations mentales.

machine, si l'on pouvait avec des vésicules vides, n'ayant pas même d'enveloppe, avec de pures apparences, composer des pièces solides, résistantes, capables de recevoir et de communiquer des impulsions. Cette conception est si étrange, si puérile qu'on se demande comment un homme habitué à réfléchir, qui a quelque habitude des choses de la philosophie, a pu la mettre au jour sans crainte du ridicule. Bien loin d'en être humilié, il s'en fait gloire.

« Si l'on s'obstine, dit-il, à faire de la volonté une faculté, une entité, tout devient obscurité, embarras, contradiction. On est pris au piège d'une question mal posée. Si l'on accepte au contraire les faits comme ils sont (sa théorie l'éblouit au point qu'il la confond avec les faits), on se débarrasse au moins des difficultés factices. On n'a pas à se demander, après Hume et tant d'autres, comment un « je veux » peut faire mouvoir nos membres. C'est un mystère qu'il n'y a pas lieu d'éclaircir, puisqu'il n'existe pas, puisque la volition n'est cause à aucun degré. »

Sans entrer maintenant dans l'examen de cette difficulté factice et par conséquent de fort peu de valeur, faisons remarquer en passant à notre positiviste qu'il se jette les yeux fermés dans une impasse que sa philosoph'e lui interdit de percer. Cette volition inerte et inefficace est-elle autre chose qu'un phénomène de l'ordre mécanique comme tous les phénomènes? vous n'oseriez le dire, puisque d'après vous il n'y a pas autre chose au monde. Vous admettez en outre que ce phénomène n'est cause de rien : il paraît sous l'influence du travail *psychophysiologique*, puis disparaît sans laisser de traces comme un éclair dans la nuit. Que faites-vous donc du principe : rien ne se crée, rien ne se perd. Votre volition n'est ni la cause, ni l'antécédent de rien; elle est immédiatement remplacée par le vide ou le néant. Vous l'affirmez à maintes reprises, de peur qu'on ne se méprenne sur votre pensée : « la volition n'est cause de rien. » Vous ouvrez un hiatus, et, en même temps, vous vous interdisez de le combler. Si vous restez fidèle à votre philosophie, croyez-moi, ce n'est pas là une difficulté factice.

Mais pourquoi élever des difficultés de détail? Vous n'admettez qu'une source d'information, les sens; eh bien! où avez-vous jamais vu vos trois étages; vos mouvements inconscients, subconscients et conscients; vos groupes d'états indépendants; votre république de phénomènes; les lois qui les régissent, etc., etc.? Quant à la conscience, qui seule a droit de se faire entendre ici, vous n'en voulez pas; et vous avez raison; car qui jamais, en regardant au dedans de sa conscience, a pu constater la présence d'une si singulière machine que la vôtre? C'est un rêve très peu scientifique, moins raisonnable encore, fondé sur le rien.

§ III. — *Paralogisme de la théorie positiviste.*

Ce n'est pas seulement à cause de son efficacité contre une difficulté factice, que la théorie de M. Ribot lui inspire tant de confiance : elle explique de la manière la plus satisfaisante pour lui l'*aboulie*, la *paraboulie* et la *métaboulie*. Cette propriété explicative est même l'argument qui en démontre la solidité : nous soupçonnons le philosophe de s'être fait nosographe afin d'avoir le droit d'user de cet argument emprunté à Hippocrate. Qu'on nous permette de présenter son raisonnement dans toute sa force :

« Si les considérations qui précèdent sont justes, comme la dissolution suit toujours l'ordre inverse de

l'évolution, il s'ensuit que les manifestations volontaires
les plus complexes doivent disparaître avant les plus
simples, avant l'automatisme. » Or, les maladies dont il
a été question attaquent d'abord la volition, c'est-à-dire,
ce qu'il y a de plus complexe dans l'évolution opérative
de l'homme; donc, les considérations de M. Ribot sont
justes, donc sa théorie est l'expression fidèle de la
vérité.

Après ce syllogisme général, le philosophe entre dans
le détail, et dit : « Il s'agit maintenant de montrer que
cette loi est vérifiée par les faits; » et il ajoute avec une
satisfaction visible : « Nous n'avons qu'à choisir. »

Mais en vérité il n'était pas nécessaire de faire une
excursion à travers l'aboulie, la paraboulie et la métaboulie, pour constater que la raison est altérée chez
l'homme avant les facultés instinctives et celles-ci avant
la vie purement végétative : c'est une connaissance que
le spectacle ordinaire des maladies de notre pauvre race a
rendue vulgaire. Ce qu'il importait de bien établir c'est
la connexion essentielle entre cet ordre de dégénérescence
et la théorie du positiviste. Sans cette connexion clairement et solidement démontrée, la théorie n'est qu'une
hypothèse. Rien n'empêche en effet que cet événement
ne dépende d'autres raisons que celles qu'il vous a plu
d'inventer. Il vous plaît d'expliquer, par exemple, le jeu
d'un orchestre au moyen de quelque cylindre d'orgue de
Barbarie caché sous les pieds des exécutants, et vous
ajoutez : la preuve que je ne me trompe pas, c'est que
le morceau achevé, on n'entendra plus rien. De fait le
morceau achevé on n'entend plus rien : votre preuve en
est-elle plus concluante? C'est à ce sophisme puéril que
se réduit la démonstration de M. Ribot.

Veut-on savoir maintenant, à titre de curiosité, comment s'expliquent, dans la théorie de M. Ribot, les trois

classes de maladies de la volonté qui ont été décrites? La
volition étant toujours une conséquence, un effet, un
résultat, ce n'est pas à ce troisième étage qu'il faut
rechercher les causes de désordre. Le désordre est bien
là, mais il a ses racines au dessous, au deuxième et quelquefois au premier étage.

Dans l'*aboulie*, « l'impuissance à agir est un fait »;
qu'on se rappelle le malheureux notaire. La cause de
cette impuissance « est une insensibilité relative, un affaiblissement général de la sensibilité; ce qui est atteint,
c'est la vie affective, la possibilité d'être ému. » En
d'autres termes, les impulsions qui, dans la conscience,
se traduisent par des émotions sensibles, sont relativement faibles et incapables de mettre en jeu les organes
des muscles par lesquels nous opérons extérieurement.
Il est vrai que le malade témoigne d'un ardent désir
d'agir et se plaint seulement de n'avoir pas une volonté efficace, ce qui démontrerait que le désordre n'est
qu'au troisième étage. Mais nous répondrons qu'il n'y a
rien là : « l'ardente envie d'agir que quelques-uns de ces
malades croient éprouver, me paraît une simple illusion
de leur conscience ».

« L'illusion de leur conscience » est une trouvaille.
Non, les malades n'éprouvent aucun désir. Mais alors que
devient le problème à résoudre? Rien n'est plus naturel,
en effet, que de ne vouloir pas, quand on ne désire rien.
Seulement, il faudrait savoir expliquer comment on croit
désirer ardemment lorsque de fait on ne désire rien du
tout. Le nœud gordien, si résolument tranché, s'est
reformé sur place.

Les maladies de la deuxième classe sont plus embar-
rassantes. Le troisième étage est habité, puisqu'il y a
une volition déterminée, et, chose curieuse, elle est de
sens opposé aux impulsions, c'est-à-dire aux causes

prépondérantes logées au deuxième étage. M. Ribot
constate, au lieu d'un « concours », « une lutte entre
deux groupes de tendances contraires et presque égales,
en sorte qu'on peut dire que la volonté est disloquée (1). »
Or, en vertu de cette dislocation, certaines impulsions
poussent énergiquement au mal, les tendances contraires
poussent au bien et, en même temps, enfantent au troisième étage un « je ne veux pas » parfaitement caractérisé. Cet enfantement ne laisse pas que de surprendre, et
l'on ne voit pas bien pourquoi la maternité est refusée
aux tendances contraires. Du moins on nous dit que la
collision qui éclate au deuxième a pour raison l'absence
d'une force spéciale, à savoir : « la puissance de coordination et d'arrêt. » De là une conséquence merveilleuse,
l'impulsion, qui est une provision de forces, n'ayant pas,
on ne sait pourquoi, à se dépenser par en haut, se tourne
d'un autre côté, et « se dépense tout entière (2) au profit de
l'automatisme. » Et voilà pourquoi votre fille est muette.

Voici enfin de quelle manière M. Ribot s'explique l'inconstance de la volonté. « Supposons, dit-il, un organisme à fonctions instables, dont l'unité — qui n'est
qu'un consensus — est sans cesse défaite et refaite sur
un nouveau plan, suivant les variations brusques des
fonctions qui la composent. » — Ces fonctions ne sont
sans doute que des forces qui viennent tour à tour solli-

(1) La volonté, pour M. Ribot, n'est pas la faculté de vouloir;
c'est uniquement l'accord des impulsions du deuxième étage.
(2) Il est bon de se rappeler que, suivant les doctrines de
l'école de M. Ribot, les nerfs se chargent de quelque chose d'analogue à l'électricité, que ce quelque chose circule, s'accumule et
produit des tensions comme l'électricité. De là, une tendance à
se décharger, à découler *qua data porta*. C'est pour cela qu'on
nous fait lire « l'impulsion, » n'ayant rien à faire du côté du
groupe raisonnable, « se dépense tout entière au profit de l'automatisme. » Est-ce l'observation qui vous apprend ces belles
choses?

citer un même mobile. Sans doute encore, cette interprétation fait violence au dictionnaire; mais comment interpréter sans cela ce consensus constitué par des fonctions et ayant pour terme des mouvements? Cette étrange variabilité de fonctions étant supposée, le problème est résolu aux yeux de M. Ribot. « Il est clair, ajoute-t-il, qu'en pareil cas, le choix peut à peine naître, ne peut durer, et qu'il n'y a plus que des velléités et des caprices. » Le choix, pour M. Ribot, n'a rien de libre, c'est-à-dire n'est pas le choix; c'est encore une illusion de la conscience qui croit naïvement choisir lorsqu'elle est déterminée invinciblement par le consensus des fonctions, ou, en termes plus clairs, par la résultante d'un système de forces. Or cette résultante, illusoirement appelée choix, doit nécessairement participer à la mobilité des forces qui se succèdent les unes aux autres. De là des résolutions à peine formées, c'est-à-dire des « velléités », des résolutions qui changent à chaque instant, c'est-à-dire des « caprices ». Et voilà justement « ce qui advient chez l'hystérique. »

Mais, chose bizarre, il y a des hystériques qui, loin d'être capricieuses sont d'un entêtement dont rien n'approche. N'est-ce pas là un démenti à la théorie du « consensus » instable? — Tout au contraire, c'en est une confirmation. L'obstination en effet est le résultat d'une idée fixe, et bien loin que l'idée fixe exalte la volonté, comme on le croit généralement, elle l'empêche de se constituer. Mais citons les paroles de notre philosophe, laissant au lecteur le soin de les interpréter, ce que nous avouons humblement ne pouvoir faire : « Il n'y a contre l'idée fixe, aucune réaction venant directement de l'individu. C'est une influence étrangère qui s'impose et produit un état de conscience contraire, avec les sentiments et les états physiologiques concomitants. Il en résulte

23

une impulsion puissante à l'action, qui supprime et remplace l'état d'arrêt ; mais c'est à peine une volition, tout
au plus une volition avec l'aide d'autrui. » Ce passage,
relu avec attention, laisse croire, hélas ! que M. Ribot ne
s'est pas compris lui-même.

Pourquoi insister davantage ? Sans parler du phénomé-
nalisme, le grand vice de toutes ces explications consiste
dans la supposition de deux séries de phénomènes parallèles, les uns mécaniques et seuls efficaces, les autres
conscients, inactifs et de pur ornement. Il est très difficile
de tirer des premiers l'ensemble et le détail des manifestations de la vie humaine, et il n'est pas moins difficile de
les éclairer à propos de la lumière de la conscience.
Cet embarras fâcheux résulte assurément de l'ignorance
de la vie et de ses conditions. C'est pourquoi nous demand-
dons la permission de faire une courte digression sur
cette forme supérieure de l'existence.

§ IV. — *Nature de la volonté.*

Les positivistes témoignent au seul nom de la métaphysique un effroi vraiment comique. Ils ne soupçonnent pas
que la métaphysique n'est que l'art de se rendre compte
de ses idées, de même que la logique, autre objet d'horreur, n'est que l'art de les mettre en ordre. Aussi, pous-
sent-ils, avec une ingénuité charmante, leurs théories
dans les embarras les plus inextricables. Le monde physique, gouverné par la grande loi de l'inertie, se révèle
comme un ensemble de phénomènes dont la somme est
à chaque instant la même si l'on tient compte des énergies matérielles qui les constituent. A ce point de vue, il
n'y a ni croissance, ni décroissance : tout phénomène
matériel est toujours la transformation d'un autre phénomène matériel qui le précède et n'est que cela. Rien

n'empêche d'admettre cette conception, qui est celle des savants modernes.

Mais, à côté et au-dessus du monde purement matériel, il y a le monde vivant. Or c'est là que l'horreur de la métaphysique embrouille les positivistes de la façon la plus déplorable. Pour eux, il n'y a de phénomène que de l'ordre mécanique; sentir, penser, vouloir, c'est se mouvoir, pardon, c'est être mû, d'une manière à coup sûr mystérieuse, mais ce n'est pas autre chose. De telle sorte que l'inertie est la loi de la vie, et qu'il faut admettre la coexistence des contradictoires : une grosse erreur métaphysique conduit logiquement à la plus grosse absurdité.

C'est cette erreur et cette absurdité qui, avec plusieurs autres, vicie la psychologie de M. Ribot touchant la volonté.

Le principe que tout phénomène est la transformation d'un autre phénomène s'arrête au seuil du monde vivant. Là, si l'on ne tient compte que de l'ordre sensible, tout être est compris entre deux limites, la conception et la mort, au delà desquelles il n'est pas encore ou il n'est plus : la vie sort du néant pour y rentrer. En vain en appellerait-on aux parents. La vie de l'être qui commence à vivre, est sienne; elle est distincte de celle des parents; et la preuve en est que les êtres engendrés peuvent être très nombreux sans diminuer la vie des parents, et que la vie des parents continue ou s'arrête sans modifier en rien l'évolution des êtres engendrés.

Ce n'est pas tout : l'évolution de l'être vivant est précisément le contre-pied de l'évolution des êtres inorganiques. La propriété fondamentale de l'être inorganique, nous venons de le dire, est l'*inertie*, propriété en vertu de laquelle tout corps, apte à recevoir un mouvement d'un moteur extérieur, est incapable de le modifier par lui-même. L'être vivant, en tant que vivant, est tout autre : il ne reçoit pas du dehors ses opérations, il en est le principe, et ses opérations, avant de se traduire par des effets extérieurs, ont pour effet premier de le modifier lui-même. On le voit, l'opposition est à peu près complète. Mais entrons dans quelques détails, et, pour n'être pas trop long, ne parlons que des formes supérieures de la vie, la sensibilité et la raison.

La vie sensitive ou de l'animal a deux opérations principales, la *sensation* et l'*appétence*, les anciens disaient simplement l'*appétit*. Rien n'est plus facile que de constater comment ces phénomènes apparaissent. Notre corps, qui, tout vivant qu'il est, a conservé les propriétés des corps, reçoit, grâce à certains mouvements très spéciaux, des impressions du monde extérieur. Ces impressions sont encore des mouvements, mais, en pénétrant la substance vivante, ils l'excitent et la déterminent à tirer de son propre fond une modification qui s'unit à elles pour constituer la sensation. Ne cherchez pas au dehors le type complet de vos sensations : la conscience seule (1) vous les montre dans une clarté parfaite; je n'ai qu'à prononcer ces mots, *voir*, *entendre*, *flairer*, *goûter*, *toucher* pour être pleinement compris de vous. C'est encore dans votre conscience que vous distinguerez sans peine les mille nuances de ces divers phénomènes vivants.

Rien au dehors qui leur ressemble, du moins dans leur partie vivante, profondément distincte de l'impression; ils naissent et s'éteignent en nous. Si l'influence exté-

(1) Les positivistes sourient volontiers quand les psychologues ont recours à la conscience : qu'est-ce que la conscience comparée au scalpel, au microscope, au savoir-faire du vivisecteur? Ces philosophes à rebours ne remarquent pas qu'ils ne pourraient pas même nommer ces belles choses sans l'aide de la conscience. Sans la conscience, tout leur savoir s'effacerait s'il avait pu naître, et, s'ils récusent son témoignage, ils n'ont qu'un parti honnête à prendre, celui de se taire.

rieure en est l'occasion et la mesure, elle n'en est pas la source, c'est l'activité d'une substance qui les produit de son fond et les garde en elle-même. Que l'on remarque bien ces deux caractères : ils viennent d'un principe intérieur et ils sont immanents, c'est l'expression consacrée. Les phénomènes purement physiques ne les présentent jamais. La substance active contient d'abord ses sensations en puissance; quand elles sont passées, rien dans le monde intérieur n'en porte la trace, l'activité qui les a produites en garde seule une forme, qui s'appelle souvenir. Voilà un premier aspect de la vie : ne faut-il pas s'aveugler de la plus étrange manière pour y trouver les traits de l'inertie.

Il est d'expérience journalière que certaines sensations sont spontanément accompagnées de plaisir et de peine et que le plaisir et la peine donnent immédiatement naissance à une autre opération en vertu de laquelle nous sommes portés à rechercher ou à repousser la cause extérieure de l'impression. L'appétit ou la répugnance sont fondés sur la capacité de la jouissance consciente d'un bien et d'une souffrance, également consciente, causée par un mal : en outre, ce sont comme des efforts spontanés de l'être sensible pour se porter de lui-même vers un autre être et l'attirer à lui, ou bien pour le repousser ou s'en éloigner. Est-il rien de moins conforme à la loi de l'inertie que la jouissance et la souffrance? que la recherche consciente de l'un et la fuite consciente de l'autre? Qui peut supporter l'idée que les pierres roulent par crainte du froid ou par désir du chaud? que l'eau monte dans un corps de pompe par l'horreur du vide, ou, suivant Bacon, par amour du piston?

Mais les facultés supérieures, la connaissance intellectuelle et la volonté rendent l'opposition des deux natures bien plus éclatante. Nous n'avons pas à exposer

ici qu'il n'y a pas de connaissance intellectuelle sans
quelque idée universelle, et que toute connaissance
humaine énoncée dans une proposition est intellectuelle.
Cela est, et cette constatation doit nous suffire. Or, l'idée
universelle est celle qui atteint son objet au delà du
temps et de l'espace, qui le conçoit réalisable *partout* et
toujours, c'est-à-dire dans des conditions absolument
interdites au phénomène mécanique. Celui-ci est au
contraire essentiellement déterminé par des points précis
de l'espace et du temps. Sans cette détermination précise, il s'évanouit, il cesse d'être. L'idée universelle met
entre le phénomène physique et le phénomène de la vie
supérieure la distance du fini à l'infini.

La volonté intellectuelle suit la connaissance intellectuelle et jouit des mêmes prérogatives à l'égard du
temps et de l'espace. Mais elle a de plus une propriété
qu'il importe de mettre ici en évidence. Tandis que le
corps purement matériel est poussé par une cause extérieure et n'a pas d'autre action, que l'être vivant se
porte lui-même vers un objet déterminé, mais d'une
manière fatale, l'être doué de volonté se porte vers un
objet ou s'en détourne à son gré, il est libre. L'appétit
est attaché à l'unique objet qui réveille actuellement la
sensation. Il en est tout autrement pour la volonté :
entre l'objet qui la sollicite et l'acte par lequel elle peut
s'en assurer la jouissance, elle trouve des moyens multiples, plus ou moins aptes à l'obtention de cet objet, et
constituant des séries qui mettent entre la sollicitation et
la jouissance un élément très important, le temps. La
volonté traverse donc des intermédiaires multiples, éloignés, indéterminés, incapables de rien donner s'ils ne
sont d'abord ordonnés par elle-même. Ce n'est pas tout,
l'objet même qu'elle se propose d'obtenir ne s'impose
jamais d'une manière invincible à son libre arbitre : la

raison lui montre toujours à côté de cet objet d'autres objets également capables de répondre à son choix; en d'autres termes, la nature même de la raison qui embrasse dans tous ses actes le pour et le contre, qui ne peut être liée à l'un mais atteint nécessairement le multiple, empêche la volonté qu'elle éclaire d'être jamais en présence d'un seul objet. Cependant quand elle opère, et certes nous savons qu'elle opère souvent, c'est vers un objet unique qu'elle se porte : donc elle donne sa préférence, elle délaisse tous les autres pour n'en rechercher qu'un, elle choisit. Voilà le grand caractère de la volonté rationnelle, elle est indéterminée avant de se déterminer elle-même et rien qu'elle-même ne peut la déterminer. En cela consiste ce qu'il y a de plus élevé dans la vie; la vie parfaite est la liberté parfaite.

Je sais bien que la nouvelle école oppose que la volonté cède toujours à l'attrait du motif le plus fort. Sans entrer dans l'analyse de cette attraction, on peut toujours répondre que son influence est d'un ordre absolument différent de l'ordre mécanique. La volonté choisit fréquemment ce qui n'est pas encore, et comment ce qui n'est pas encore pourrait-il concourir mécaniquement à une action mécanique? En vain a-t-on recours à l'idée de ce futur ou de ce possible (1); car, il n'en est pas moins en dehors de toute mécanique qu'une idée, si elle est une grossière molécule cérébrale diversement agitée, contienne une chose qui n'est pas. De quelque côté que

(1) Ce n'est pas l'idée en tant que phénomène subjectif qui émeut la volonté, mais bien ce qu'elle contient ou ce qu'elle représente. Que m'importe telle ou telle modification cérébrale? Ce que je veux, c'est tel objet absent, telle fonction où il m'est permis d'aspirer, telle condition de fortune supérieure à ma condition présente. Presque toujours la volonté s'attache, non pas à un état du cerveau, mais à un bien qui n'est pas, afin de lui donner l'existence actuelle et d'en jouir.

l'on se retourne, on est forcé de convenir que le monde
de la raison et de la volonté est un monde qui n'a rien
de commun avec la mécanique.

Mais il est une autre faculté dont il convient de dire
un mot. On peut discuter sur la manière dont l'âme
parvient à mouvoir son corps et, par son corps, à remuer
les autres objets matériels : personne au monde ne con-
testera ces effets. Y a-t-il production par nous de quelque
minime quantité de mouvement? Y a-t-il seulement direction efficace d'un mouvement déjà existant? Qu'importe? La difficulté « factice » de M. Ribot n'est au fond
que l'ignorance du mode et non du fait. L'industrie avec
ses mille et mille formes et toutes ses merveilles proclame
assez haut l'action réelle de l'homme sur la création matérielle; il faudrait renoncer à son bon sens pour croire
que les forces purement physiques pourraient suppléer
je ne dis pas l'horlogerie de Genève, mais la simple fabrication des pointes de Paris. Or, remarquons-le bien,
toutes les fois que l'homme agit sur quelque partie de la
nature matérielle, il y grave l'empreinte de la *finalité*.
On entend par ce mot une sage disposition de moyens
en vue d'obtenir une fin voulue. Rien n'est plus facile à
constater dans les œuvres extérieures de l'homme; le
nom même qu'il donne à beaucoup d'objets façonnés par
lui en est une preuve : il les appelle des outils, d'*utile*,
qui sert à une fin. Les moyens ne sont souvent que des
modifications ou des propriétés d'une même chose convenablement adaptées. Ainsi, dans l'aiguille à coudre,
par exemple, la dureté du petit barreau d'acier, sa dimension suivant sa longueur et son épaisseur, sa rectitude,
son poli, sa pointe et son chas, tout cela est ordonné
pour introduire le fil dans l'étoffe, ce qui est la fin de
l'aiguille. Est-il nécessaire de faire observer que, même
dans ces menus outils, la finalité est le signe incontes-

table de l'intelligence pratique? Que rien de semblable
ne se remarque dans les effets purement matériels, c'est-
à-dire, considérés seulement dans leur cause inorganique?
Nos adversaires n'en disconviendront pas, eux qui, par
crainte de rencontrer les vestiges de l'intelligence suprême dans la création, font à la doctrine des causes
finales une guerre à outrance. Qu'est-ce à dire, sinon
qu'il y a une différence radicale entre les œuvres produites sous la direction de l'intelligence et les opérations
brutales de la nature morte? A cet égard encore, on ne
peut que par un humiliant illogisme soumettre la vie aux
lois de la mécanique.

Ainsi tout un ensemble de caractères spirituels mettent
entre les corps inertes et les êtres doués de vie intelligente la différence de la nuit au jour. On voit par là
combien la nouvelle école s'égare lorsqu'elle espère arriver à la connaissance de la vie par l'observation, l'analyse et la synthèse des phénomènes matériels. Le médecin
qui étudierait les maladies de l'homme dans les débris
d'une roche calcaire, ne serait pas plus déraisonnable.
Voilà pourquoi la tentative de fonder la psychologie sur
la physiologie ne dépasse pas la portée d'une plaisanterie
de savants. La physiologie, il est vrai, s'occupe de phénomènes où la vie a sa part, mais elle en envisage le seul
côté matériel sans aborder proprement l'action vitale, la
part même de la vie, avec laquelle le microscope et le
scalpel n'ont rien à démêler. Cela suffit pour ramener à
leur juste valeur les théories de M. Ribot et de ses confrères en philosophie sur la volonté et sur ses maladies.
Ils sont à peu près dans le cas de cet homme à cervelle
bizarre qui prétendait mesurer les distances avec une
balance.

Mais revenons aux maladies de la volonté et montrons
que la vieille philosophie les explique sans trop de peine.

§ V. — *Explication des troubles de la volonté.*

L'âme et le corps ne sont pas deux êtres juxtaposés, agissant et réagissant l'un sur l'autre en vertu de leur seul voisinage. La sensibilité et l'intelligence ne sont pas non plus deux ordres de facultés qui opèrent indépendamment les unes des autres, bien qu'elles soient d'essence toute différente. Entre les éléments hétérogènes qui nous composent, il y a l'union la plus intime qui se puisse concevoir après l'identité, à savoir l'union substantielle et personnelle. Laissons de côté les mouvements réflexes, qui, aussi bien que la gravité, la température, la résistance, etc., semblent appartenir exclusivement au monde physique. Les rapports réciproques des opérations sensibles avec les opérations intellectuelles appellent spécialement notre attention, car là est la solution du problème qui fait le sujet de l'étude présente.

La volonté est une faculté spirituelle, en ce sens que son objet dépasse infiniment la capacité de la matière même animée. Cependant elle ne peut agir sans le concours des facultés sensibles ou mixtes; nous allons dire comment.

D'abord la volonté ne veut rien et ne peut rien vouloir, si l'intelligence ne lui montre son objet; car, pour vouloir une chose, il faut premièrement la connaître. Or, la connaissance, quelque dégagée qu'elle soit de la matière en elle-même, ne se produit que grâce au concours des sens ou de l'imagination : l'intelligence n'atteint son objet propre qu'à travers un signe ou une image sensible, sans lesquels cet objet resterait indécis et insaisissable (1). Tout acte de l'entendement offre une grande

(1) « Intellectus ex necessitate accipit ab inferioribus viribus apprehensivis. » (S. Thom. Iª?, q. GVX, a. 4.)

analogie avec la lecture : lire c'est discerner un certain
ordre d'idées au moyen de signes qui désignent ces idées
sans les contenir et qui sont uniquement des traits figurés
de diverses manières. Comprendre c'est toujours, en un
sens très vrai, lire mentalement. Mais l'on ne lit pas sans
signes matériels, c'est-à-dire sans l'aide des sens ou de
l'imagination. A ce point de vue, la volonté qui dépend
essentiellement de l'intelligence, a, comme elle, et par
elle, besoin de l'imagination et de la sensation.

Mais l'imagination est une faculté inférieure de nature
mixte, essentiellement liée à certains états du cerveau.
Pour que ses images apparaissent, il faut et il suffit
que certains organes cérébraux soient convenablement
ébranlés. De même que les rayons lumineux, réfléchis,
par exemple, sur les pans d'une tour, lorsqu'ils frappent
la rétine, y produisent fatalement l'image et la sensation
d'une tour; de même un ébranlement analogue d'une
certaine partie du cerveau y ressuscitera spontanément
la même image et mettra l'imagination en exercice. L'on
prévoit par là que l'imagination, soumise par sa partie
matérielle à des désordres matériels venus de causes
matérielles, devra, dans certaines circonstances, jeter
le trouble dans l'intelligence et par suite dans la volonté,
de même qu'un désordre typographique empêche de
comprendre et de se décider au sujet de ce qu'on lit.
Mais la volonté subit des influences plus directes de la
sensibilité.

Nous avons dit que toute sensation agréable ou désagréable fait naître infailliblement un attrait ou une répugnance. L'image, qui est la résurrection de la sensation
en l'absence de son objet, est naturellement accompagnée
des mêmes tendances. C'est ainsi, par exemple, que,
lorsque l'estomac est sain et à peu près vide, la vue ou
la pensée d'un mets de bonne apparence donne une forte

envie de manger. Que l'on veuille bien remarquer ici que cette inclination *sui generis* n'est point déterminée par une opération de l'intelligence, mais uniquement par un état de la sensibilité. Il arrive en effet maintes et maintes fois que l'intelligence, s'appliquant à reconnaître la nature de l'objet qui émeut l'appétit inférieur, constate que la tendance qu'il provoque est déraisonnable, qu'elle porte au mal ou qu'elle éloigne du bien, et cependant; en dépit de ce jugement suprême, l'émotion ne s'apaise pas, elle persévère et même s'enflamme davantage. Pour le dire tout de suite, cette exaltation de l'attrait ou de la répugnance sous l'œil de la raison qui les condamne, provient uniquement de ce que la raison ne peut s'appliquer à considérer l'objet de l'attrait ou de la répugnance sans que l'imagination en avive et en fortifie l'image et, par suite, sans que l'émotion, qui en est la conséquence naturelle, en reçoive une nouvelle vigueur.

Il importe d'apprécier les rapports de la volonté avec cette émotion inférieure. La volonté a pour objet propre le bien connu comme tel, bien du corps, bien de l'âme, bien absolu. Le bien, dès qu'il est connu, exerce un attrait sur la volonté, y fait naître un commencement d'amour.

Lorsque l'attrait de la volonté et l'inclination purement sensible ont la même direction, le même objet, il est évident que la volonté se déterminera sans peine et opérera avec une grande énergie. Mais il peut y avoir conflit entre ces tendances, et nous savons que ce conflit est fréquent. Qui l'emportera dans ce cas? Ces inclinations, si opposées qu'elles soient, sont toutes en un même sujet. Ce ne sont pas des énergies indépendantes, suivant l'opinion bizarre des phénoménalistes. Le même *moi* les éprouve toutes à la fois; c'est lui qui se porte d'un côté ou de l'autre. S'il était seulement sensible, l'inclination sensible le déterminerait d'une manière irrésistible à se porter brutalement vers son objet. Mais, grâce à ses facultés d'ordre supérieur, il peut d'abord retenir cette impulsion pour s'en rendre compte et la comparer aux autres qu'il éprouve en même temps. Personne n'ignore que c'est là précisément ce qui se passe ordinairement en nous, et ce temps d'arrêt est déjà une grande preuve de la domination que l'homme exerce sur lui-même. L'opération proprement dite n'est point cet arrêt; elle n'a lieu que lorsque nous avons dit : c'est ceci ou cela que je veux; que lorsque la volonté s'est déterminée. La volition est l'acte qui met un terme au conflit des divers attraits, en ce sens seulement qu'elle accepte l'un d'eux et désavoue tous les autres. La volonté n'est pas essentiellement sage; elle peut suivre la raison, mais elle peut aussi mépriser ses avis; elle peut même, hélas! refuser de l'entendre.

Mais les défaillances de la volonté ont droit alors, sinon à une justification, du moins à quelque excuse. L'attrait inférieur a par rapport à la volonté un double effet. D'abord, se produisant, comme nous l'avons dit, en un même sujet qu'elle incline fortement en un sens, elle diminue d'autant l'efficacité de l'attrait supérieur qu'éprouve la volonté et qui est de sens opposé. En second lieu, la vivacité de l'impression qui accompagne cet attrait voile plus ou moins la valeur des motifs contraires et paralyse l'attention qui fait effort pour s'y appliquer : l'attrait supérieur en est naturellement affaibli. Il peut même arriver que la violence de la passion empêche absolument l'exercice de la raison; dans ce cas, la volonté, manquant de sa lumière indispensable, est forcément condamnée à l'inaction et à laisser libre carrière à l'appétit inférieur, c'est-à-dire à la bête.

Il est évident que ce que nous disons des attraits se

vérifie en sens inverse des répugnances. Du reste, attraits
et répugnances se mêlent toujours de façons diverses
dans l'instant qui précède les déterminations de la volonté. Peut-être les répugnances agissent-elles sur nous
avec plus de force que les attraits; ce sont deux ordres
d'influences destinées évidemment à nous maintenir dans
la ligne tracée pour nous par la nature. On peut remarquer qu'en présence d'un objet nouveau, d'un objet dont
nous n'avons pas la connaissance expérimentale, nous
sommes portés à nous tenir sur nos gardes, nous éprouvons une appréhension souvent violente, quelquefois irrésistible. Un exemple familier de ce sentiment est celui de
l'enfant que l'on engage à se jeter à l'eau pour apprendre
à nager; les paroles encourageantes, son propre raisonnement, la certitude qu'il ne court aucun danger ne l'empêchent pas de frissonner et plus d'une fois même paraly-
sent toute sa bonne volonté. Cette appréhension est toute
sensible, et les animaux l'éprouvent aussi bien que nous :
son influence grandit à mesure que les facultés sensibles
dominent davantage.

Les facultés sensibles sont intrinsèquement liées à
certaines parties déterminées de l'organisme, c'est-à-
dire du système nerveux. Il s'ensuit que leurs opérations
dépendent intimement des dispositions physiques de ces
parties de l'organisme; que la constitution du sujet,
que son état de santé, que les affections actuelles de ses
organes, que la maladie y marqueront profondément leur
empreinte. Mais, d'après ce que nous avons dit, les facultés supérieures s'exercent toujours avec le concours
des facultés inférieures. Les troubles dont celles-ci seront
affectées devront donc avoir leur contre-coup dans les
premières, non que les facultés supérieures puissent être
atteintes dans leur substance, mais leurs opérations en
seront plus ou moins empêchées. Nous pouvons main-

tenant essayer l'explication de ces cas singuliers où
M. Ribot a vu des maladies de la volonté.

L'*aboulie* serait une impuissance de vouloir. Un mot
de plus suffit pour rendre cette proposition vraie ; il faut
dire : l'aboulie est une impuissance de vouloir raisonnablement. Dans les faits que nous avons rapportés, on voit
que la raison s'exerce d'une manière très imparfaite. Les
considérations les plus fortes ne font aucune impression ;
elles restent comme à la surface. Qu'on se rappelle ce
mot d'un malade : « mes sensations sont trop faibles pour
exercer une influence sur ma volonté. » Ce n'est point
sensations mais *considérations* qu'il voulait dire, et rien
n'est plus juste. Voilà la part de la raison, un affaiblissement. Au contraire dans la partie sensible proprement
dite se passe un phénomène qui paralyse la volonté
raisonnable, c'est précisément cette appréhension instinctive non raisonnée et déraisonnable ; son objet le plus
ordinaire semble être une fatigue imaginaire et découra-
geante qui menace de suivre la résolution indiquée par
la raison.

L'appréhension instinctive peut être fondée sur la
nature, elle peut aussi, sans fondement réel, produire une
fatigue réelle par l'effet de l'imagination lorsqu'on lutte
contre elle, comme le notaire de Billod nous en fournit
un exemple. Il était épuisé pour avoir lutté cinq minutes
contre son appréhension. Cette exaltation de la sensibilité
est l'effet propre de la maladie : si la raison n'en est pas
troublée, elle en est en partie paralysée, et cela suffit pour
que la volonté n'ait point la force de la suivre, ou plutôt
s'y refuse obstinément, ainsi que disait un autre malade :
« je n'ai de volonté que pour ne pas vouloir. » On comprend encore cette autre parole : « je désire, mais je n'ai
pas la volonté qui exécute : » l'objet proposé n'est point
sans offrir quelques avantages, mais ces avantages s'éva-

nouissent devant la *peine que je sens* que je devrais me donner pour les obtenir. Les hystériques dont il a été question et qui ne veulent ni parler, ni se lever, ni manger, se trouvent dans des conditions analogues : des appréhensions insensées pèsent sur leur imagination détraquée et les empêchent non de vouloir, mais de vouloir raisonnablement.

La seconde forme des maladies de la volonté que nous avons appelée *paraboulie* n'offre pas plus de difficulté. Elle nous présente deux particularités principales, d'abord une résolution arrêtée de ne pas commettre certains actes coupables, et secondement une inclination violente des facultés sensibles à l'accomplissement de ces mêmes actes. De là, vive inquiétude de la part du malade qui craint d'être entraîné par l'attrait du mal. Qui ne sait que telle est précisément la forme ordinaire de la tentation, des sollicitations du mal que l'on éprouve même lorsqu'on est résolu à pratiquer la vertu. Entre la tentation et la maladie, il n'y a qu'une différence : la tentation est accidentelle, elle va et vient, une distraction suffit souvent pour la faire disparaître; la maladie au contraire est un désordre permanent du système nerveux qui fait naître et maintient avec une obstination désespérante certaines images et certaines inclinations mauvaises, de telle sorte que la raison peut d'un instant à l'autre s'en trouver obscurcie et donner carrière aux mauvais instincts. Nous ne voulons pas examiner si, la raison restant entière, les instincts inférieurs peuvent accomplir malgré elle ce qu'elle condamne. Il n'est pas douteux que dans les cas les plus ordinaires, les sollicitations de la vie bestiale troublent son regard et gênent les déterminations de la volonté raisonnable. C'est pourquoi il y a souvent de la *vertu* à rester honnête et quelquefois il y faut de l'héroïsme.

Le cas des hystériques ordinaires est encore plus facile à expliquer. On sait que l'hystérie est un affolement du système nerveux. Il en résulte une mobilité étrange dans la sensibilité; les émotions les plus opposées se succèdent avec une grande rapidité, ce qui laisse bien peu de place à l'exercice de la raison et par conséquent à celui de la volonté raisonnable. Les attraits et les répugnances les moins ordonnés se remplacent tour à tour, et, comme la malade n'a presque pas d'autre motif de vouloir, sa volonté change à chaque instant, de telle sorte que rien n'est plus difficile que d'obtenir d'elle une détermination sérieuse et soutenue.

Mais nous craignons de nous être trop étendu sur ces questions de détail. Au-dessus de tout cela, qui ne s'en aperçoit? il y a la grande question de l'existence de l'âme, dont les positivistes ne veulent pas entendre parler et qu'ils s'efforcent cependant de démolir indirectement toutes les fois qu'ils touchent à la psychologie. Pour terminer, qu'on nous permette à ce propos une réflexion importante.

Les défaillances des facultés supérieures sont le triomphe des matérialistes et le scandale de beaucoup d'honnêtes gens. Si l'âme est d'une nature si haute, comment se fait-il que les troubles de l'organisme semblent l'anéantir? Un médecin incrédule, Cabanis, si nos souvenirs sont exacts, avait cessé de croire, disait-il, parce qu'il avait constaté qu'un peu de pus dans le cerveau supprimait la pensée. M. Taine s'amuse beaucoup, dans l'un de ses ouvrages de ces facultés qui disparaissent et reparaissent tour à tour suivant que l'on abaisse ou qu'on lève le doigt sur le cerveau d'un trépané comme sur le piston d'un cornet. Qui ne s'est senti troublé à la vue de l'anéantissement moral des plus belles intelligences par la paralysie ou par une simple syncope!

24

Eh bien! ces erreurs et ces inquiétudes ne sont que le fruit d'un faux supposé. On suppose que l'âme est ou devrait être une substance indépendante dans les manifestations de son activité. Son union naturelle avec un organisme prouve invinciblement que cette hypothèse ne peut se justifier. L'âme ne reçoit les manifestations du monde sensible, elle ne se manifeste au dehors, elle ne se manifeste à elle-même que grâce à certains phénomènes concomitants de son corps. Sa vie entière, en elle-même, reste indéterminée et insaisissable sans ce concours, comme l'air enfermé dans un soufflet d'orgue, lorsque le clavier reste immobile. Elle subit, bien plus que l'artiste, la nécessité de son instrument. Est-on surpris que le violoniste, malgré tout son talent, toute son habileté, se montre en tout semblable à un homme ordinaire quand il est privé de son violon? Le corps est l'instrument de l'âme, instrument misérablement inerte quand il est réduit à lui-même; mais sans cet instrument, les facultés de l'âme, tout intactes qu'elles sont dans leur fond propre, sont condamnées à replier leur activité sur elles-mêmes et à ne manifester que des signes d'inaction.

CHAPITRE III

LA RÈGLE DE LA VOLONTÉ HUMAINE

La vie future a des liens fort étroits avec la loi morale. Tous les peuples du monde, dans tous les temps, en ont été profondément convaincus. Partout on trouve cette croyance que la pratique du bien conduit sûrement au vrai bonheur, que la pratique du mal conduit infailliblement au suprême malheur : la vertu appelle le ciel et le vice l'enfer. C'est la leçon la plus efficace donnée aux hommes : *discite justitiam moniti;* et l'on ne pensait pas qu'il fût possible d'assurer, parmi des créature livrées au conflit de tant de passions, l'observation des préceptes les plus élémentaires, sans les promesses et les menaces de l'éternité. L'on pensait même et l'on démontrait que la vie future est absolument nécessaire pour combler les lacunes de la vie présente, qui choquent si vivement nos idées de justice, de mérite et de démérite.

Il était réservé à notre époque de perversion intellectuelle de voir toute une école de philosophie protester contre les convictions du genre humain et de faire de la sanction de la loi morale un principe d'immoralité. Cette école est celle des positivistes, dont les athées et les matérialistes acceptent volontiers la direction; car, au fond, leur cause est identique. Nous n'avons pas à faire

remarquer que ces sophistes, toutefois avec des nuances
diverses, sont maintenant nos maîtres, et qu'ils disposent
des ressources publiques pour implanter leurs doctrines
dans les générations nouvelles. Nous ne pouvons lutter
contre eux à armes égales. Arrachons-leur du moins le
masque de morale sous lequel ils se cachent pour détruire
la morale.

Ils soutiennent que, si l'espérance d'une récompense
ou la crainte d'un châtiment entrent parmi les motifs
d'une action, l'action faite sous l'influence de tels motifs
déchoit, cesse même d'être morale. La vertu ne peut être
vertu qu'à la condition d'être désintéressée. Entre la scé-
lératesse et la sainteté consommée, il n'y aurait donc pas
de milieu ; le désintéressement serait la forme essentielle
du bien. Ainsi, par la plus étrange des alliances, le positivisme donnerait la main au mysticisme le plus exagéré,
condamné dans la personne de Fénelon : nous pensons
que cette alliance n'a pas franchi les limites d'une grossière spéculation.

Beaucoup de positivistes, surtout les poètes de leur
école, — car ils ont des poètes tels que Sully Prud-
homme, — beaucoup ont expressément soutenu ces idées.

Voici, par exemple, comment parle Miss Evans, cette
femme qui s'est justement rendue célèbre en Angleterre
sous le nom de George Elliot, et dont les Anglais se montrent singulièrement fiers. Miss Evans était positiviste;
elle a écrit pour propager la désolante doctrine de Comte,
et, malgré le vague d'une pensée conçue par une imagination de poète dans une cervelle de femme, il y a lieu
de craindre qu'elle n'ait séduit beaucoup d'esprits. Le
passage que nous allons citer est emprunté au *Nineteenth
Century* (1).

(1) May, 1881.

George Elliot rappelle d'abord ces vers de Young, poète spiritualiste, en faveur de la morale commune :

Comme l'enfant meurt avec sa mère mourante,
La vertu expire avec l'Immortalité.
Quiconque me déclare qu'il n'a pas d'âme immortelle,
En dépit de ses prétentions me dit qu'il n'est qu'un fripon.

Après cette citation, George Elliot continue de la sorte :

« Nous pouvons prêter cette réponse à l'homme qui déclare qu'il n'a pas d'âme immortelle : Il est bien possible que vous fussiez un fripon, que vous n'eussiez d'affection que pour vous, si vous ne croyiez pas à l'immortalité; mais vous n'avez pas le droit de m'appliquer rigoureusement ce qui serait le résultat de l'extrême faiblesse du sentiment moral en vous... Je suis honnête, moi, parce que je n'aime pas à faire du mal aux autres en cette vie, et non parce que j'ai peur d'un mal pour moi dans une autre vie. Le fait est que je ne m'aime pas tout seul, quelque rigoureuse que la conséquence contraire puisse paraître à votre esprit... C'est une peine pour moi d'être témoin des souffrances de mon compagnon d'existence, et je ressens sa souffrance d'autant plus vivement qu'il est mortel, que sa vie est courte, et que je la voudrais autant que possible remplie de bonheur et vide d'infortune. Partageant la société, la communauté des hommes et des femmes que j'ai vus, j'éprouve par là une semblable sympathie, quoique plus faible, pour ceux que je n'ai pas vus. Je deviens capable de vivre en imagination avec les générations de l'avenir, de telle sorte que leur bien ne m'est pas étranger et me devient un stimulant à travailler pour des fins dont elles auront le bénéfice que je n'aurai pas... J'ajoute que, si vous n'avez pas d'autre motif à pratiquer la morale commune que la loi pénale du ciel, vous êtes décidément un

homme sur lequel la police de la terre doit avoir les
yeux; car, c'est un fait de vieille expérience que la
crainte d'une conséquence éloignée est une barrière très
insuffisante contre l'impétuosité d'un désir immédiat.....
En opposition à votre théorie que la croyance à l'immortalité est l'unique source de la vertu, je soutiens
que, dans la mesure où l'action morale dépend de cette
croyance, le sentiment qu'elle fait naître cesse proportionnellement d'être moral, il reste dans la région de
l'égoïsme, et n'arrive pas au développement de la
sympathie. Celui qui négligerait les droits et le bien-être
de son voisin s'il ne croyait pas à la vie future, celui-là
manque dans la même proportion des vrais sentiments
de justice et de bienveillance, comme le musicien qui
exécuterait une sonate de Beethoven avec moins d'art
dans la solitude que devant un public qui doit le payer,
n'aurait pas un enthousiasme de bon aloi pour la musique. Il est d'autres éléments de vertu dont l'importance
est plus évidente aux yeux des esprits non théologiques :
un sentiment délicat des droits d'autrui, une participation aux joies et aux chagrins de nos compagnons, une
soumission généreuse aux privations et aux souffrances
quand c'est là une condition du bien des autres, en un
mot, la plus grande extension et la plus grande intensité
de nos sentiments naturels de sympathie; nous croyons
important de soutenir que tout cela n'a pas plus affaire
avec la croyance à la vie future que l'échange des gaz
dans les poumons avec la pluralité des mondes. Quant à
nous, en vérité, il nous semble convenable que, dans
certains esprits, le profond sentiment que nourrit la
pensée de la mortalité de notre race, du peu de temps
que nous avons à être ici avant de disparaître, de la vie
terrestre si courte qui est tout ce qui est accordé à ceux
que nous aimons et à tous nos semblables qui souffrent,

ce sentiment, dis-je, se trouve plus près de l'émotion morale que la conception d'une existence prolongée. »

Voilà bien des paroles pour dire que la notion de la récompense et du châtiment ne peuvent entrer dans la conception de la morale, et que la sympathie pour le genre humain est le vrai principe de toute action honnête. Nous avouons cependant que ces sophismes ont de quoi séduire les esprits peu habitués au travail de la réflexion sérieuse; mais ce ne sont que des sophismes. Nous allons le montrer.

§ I. — *L'acte humain.*

Pour bien comprendre une règle il faut d'abord comprendre à quoi elle s'applique. Ce que règle la loi morale c'est l'action humaine, phénomène très complexe, qui relève de la psychologie. Nous sommes donc, à propos de morale, obligés d'étudier les opérations de l'âme, de revenir sur ce que nous avons dit, au risque de nous répéter.

L'homme est un être double, et le grand tort aujourd'hui de la philosophie, même spiritualiste, c'est de négliger cette vérité fondamentale. Lorsque Pascal a dit : « l'homme n'est ni ange, ni bête », il n'a prononcé qu'une phrase à effet; la vérité est que l'homme, dans l'unité de sa nature, est à la fois un ange et une bête; mais ces deux principes sont tellement impliqués l'un avec l'autre, que l'ange se fait presque toujours entendre dans les opérations de la bête, et la bête presque toujours sentir dans les opérations de l'ange.

Comment se produisent les opérations de ces deux principes? Dans le pur animal, c'est l'appétit ou l'attrait qui appelle l'opération, c'est l'instinct qui la dirige, c'est le plaisir ou la douleur qui la contrôlent. Dans l'ange, c'est l'intelligence qui montre l'opération, c'est la volonté libre qui s'y détermine ou qui s'en détourne; le contrôle appartient à la satisfaction ou au remords. Arrêtons-nous à ce contrôle, car c'est, dans la question présente, le point important.

Les libres penseurs parlent volontiers de désordres dans l'univers, sans réfléchir que dans une machine où tous les mouvements sont réciproquement solidaires, — et c'est ainsi qu'ils considèrent volontiers l'univers, — le moindre désordre partiel bouleverserait tout l'ensemble. Laissons-les dire : l'ordre du monde n'est bien visible qu'aux âmes droites, et il n'est pas moins certain que l'existence même du monde. Seulement il ne faudrait pas le considérer comme une belle disposition de parties relativement immobiles. Les créatures sont en évolution, pour employer cette expression moderne; elles se manifestent successivement par des phénomènes qui remplacent d'autres phénomènes, et c'est dans la distribution harmonieuse de ces phénomènes, sans cesse renouvelés, que consiste proprement l'ordre du monde. Il suit de là que les opérations des créatures sont, en grande partie, les éléments de cet ordre. Quelle est la force qui les maintient à leur rang, qui les empêche de se tourner au désordre?

Les créatures sont de trois sortes : inanimées, animées, raisonnables. Les créatures inanimées sont fixées à leurs opérations immédiates, et les produisent en vertu de forces rigoureusement enchaînées à leurs effets. Les créatures animées ont des opérations immédiates, mais ordonnées par rapport à des fins déterminées qui sont la conservation de l'individu et la conservation de l'espèce. Ce n'est plus une force matérielle qui pousse l'animal, c'est un principe vivant, principe d'une nature supérieure au mouvement corporel. L'animal cherche le plaisir ou fuit la douleur; le plaisir le fait agir et la douleur l'en empêche. Il ignore la part qui revient à ses opérations dans l'ordre général; il ignore qu'elles sont ordonnées pour sa conservation et pour celles de son espèce. La sensation agréable ou pénible l'attache à ces fins sans qu'il s'en doute, c'est là sa loi.

Ces rapports se remarquent avec une évidence particulière dans certaines espèces. La chenille soupçonne-t-elle qu'elle sera papillon? que le cocon qu'elle tisse est indispensable à sa métamorphose? Elle ne connaît que le plaisir de tisser lorsque ses réservoirs pleins de soie lui en font un besoin? Le cercéris sait-il que ses petits réclameront une nourriture vivante? Il ne les verra jamais; il n'a jamais su comment la pâtée convenable s'était trouvée auprès de lui au moment de sa naissance; il accomplit de vrais prodiges afin d'approvisionner sa jeune postérité, dont l'existence future lui est complètement inconnue? La sensation agréable d'un besoin satisfait est tout le mobile de ce curieux hyménoptère. Dans tous les animaux, l'ignorance des fins de la nature saute aux yeux de l'observateur. Pour eux, le plaisir ou la douleur du moment présent sont tout.

Le plaisir et la douleur, remarquons-le en passant, ne sont pas des éléments essentiels, l'un de l'opération animale conforme à la loi de l'animal, l'autre de l'opération opposée à la même loi. Ce sont des sensations accessoires qui peuvent se détacher du phénomène principal : il n'est pas impossible de troubler la nature de l'animal sur ce point, et, par un abus de ses capacités physiologiques, de remplacer en certains phénomènes le plaisir par la douleur et réciproquement.

L'homme diffère complètement du reste de la nature dans sa manière d'agir : il n'est pas lié à son opération immédiate par une nécessité naturellement inflexible, comme le minéral, ni par un lien que des circonstances accidentelles peuvent seules relâcher, comme l'animal; au point de vue physique, ses déterminations sont indépendantes. Sa connaissance n'est pas engagée toute entière dans le phénomène concret et immédiat; il voit les conséquences de ses actes et les conséquences de ces conséquences, du moins dans une certaine mesure, et ce pouvoir de connaître lui confère la puissance de subordonner plusieurs opérations par rapport à un terme commun, par rapport à une fin, d'être lui-même créateur d'ordres partiels. Que de merveilles n'enfantent pas les arts et l'industrie par cette subordination arbitraire des opérations humaines!

Mais, s'il est indépendant, au point de vue physique, dans la production et l'organisation de ses actes, l'homme n'est point isolé dans le monde. Ses opérations ont un retentissement inévitable dans l'ordre universel, retentissement funeste ou heureux suivant qu'il y a conformité ou désaccord entre les ordonnateurs particuliers et l'ordonnateur souverain. L'homme a le suprême bonheur de concourir sciemment et volontairement aux desseins du Créateur; mais ce privilège, si glorieux quand il en use, fait sa honte quand il en abuse.

Il nous faut examiner maintenant l'émotion qui naît de l'exercice de ce privilège.

L'ordre, c'est la beauté; et l'ordre moral, qui est l'ordre suprême, est la suprême beauté. Or il est de la nature, de l'essence même de la beauté, d'émouvoir délicieusement l'âme par sa présence, c'est-à-dire quand elle est connue par l'esprit. Comment cela se fait-il? Sans en chercher une raison bien profonde, il est manifeste que l'amour de l'être est comme le fond de toute nature consciente. Être, connaître, aimer sont trois termes dont le deuxième réfléchit nécessairement à sa suite le troisième sur le premier; c'est la trinité essentielle de toute nature intelligente. L'ordre ou le beau étant la perfection de l'être, il est évident que le beau sera infailliblement aimé dès qu'il sera connu, et que cet amour atteindra son degré le plus haut en présence du beau moral, qui est la perfection la plus élevée de l'être, sa plus éclatante splendeur. Donc l'homme ne peut pas ne pas aimer le beau moral quand il en est le témoin.

Le spectacle du laid moral ou du mal, produit logiquement un effet tout contraire; car le mouvement qui pousse vers un terme, éloigne par cela même du terme opposé.

L'on peut objecter que trop souvent l'homme a de l'amour pour le mal et de la haine pour le bien : l'objection va nous servir à compléter la doctrine.

La présence du bien *réjouit* l'âme et l'*attire*, la présence du mal l'*afflige* et la *repousse*. Voilà des effets qui découlent de la nature même des facultés affectives et de celle de leur objet. Mais l'homme porte sa liberté, au moins indirectement, dans presque toutes ses opérations. Le bien le *réjouit* et l'*attire*, mais il dépend de lui de *se réjouir* du bien, de *s'en laisser attirer*, de *s'y porter;* de même le mal l'*afflige* et le *repousse*, mais il dépend de lui de *s'en affliger* et de *s'en éloigner*. Il y a comme un art étrange au moyen duquel les facultés dépouillent leurs objets de leurs vrais caractères, pour les revêtir de fausses apparences et se comportent à l'égard de ces apparences de la même manière, en quelque sens, qu'à l'égard de la vérité. Grâce à l'intention, qui est normalement libre, grâce aux supercheries dont l'âme est à la fois l'auteur et la dupe, l'amour et la haine, spontanés au premier instant, peuvent se substituer l'un à l'autre dans la période du mouvement réfléchi. C'est ce que la langue caractérise par un mot énergique qui est un stigmate; elle appelle cette substitution la perversion.

Mais aussi la liberté, qui peut pervertir et corrompre l'amour et la haine, leur donne une valeur et une saveur merveilleuses. Se réjouir du bien est s'assimiler le bien, c'est introduire en soi-même la beauté morale, qui, au premier instant, lorsqu'elle ne fait que réjouir, reste à l'extérieur, sans communiquer sa forme à l'âme. L'homme est passif, à ce premier moment, il est comme une glace qui réfléchit un bel objet; dans le second il est actif, il se façonne lui-même, pour ainsi dire, sur le modèle de beauté qui lui est présenté; il crée ainsi la beauté morale, qui n'est pas autre chose que la beauté produite par l'intelligence et la volonté dans le sujet intelligent et libre. L'émotion se complique alors d'un double sentiment : elle est à la fois le sentiment direct du beau et le sentiment réflexe de la création du beau.

Or ce sentiment n'est pas, comme l'émotion animale, limité à certaines portions de l'organisme. Sans effort, sans secousse, avec la rapidité de l'éclair, il envahit l'âme toute entière, la pénètre bien plus complètement qu'un rayon de lumière un cristal limpide. Les descriptions du reste sont ici superflues. Que chacun interroge ses souvenirs, il avouera qu'il n'est rien de plus délicat, de plus suave et en même temps de plus fort que l'émotion causée par la présence consciente du beau moral dans l'âme, sous ses diverses formes. Mais aussi rien n'est amer, accablant, insupportable comme le sentiment intime du laid moral. Aucun plaisir, par exemple, n'approche de la satisfaction d'une bonne conscience; ni aucune douleur, de l'aiguillon du remords.

Réciproquement la sensibilité organique mêle ses émotions à celles de l'esprit. Nous sommes tellement constitués que nos opérations les plus immatérielles ont un retentissement dans nos nerfs : elles y déterminent, par une influence mystérieuse, mais incontestable, des ébranlements analogues à ceux que provoquent les objets matériels. De là, un sentiment complexe dont la conscience ne saisit pas les éléments si divers et qui constitue des plaisirs ou des douleurs variés dans leur forme et instables dans leur durée. L'émotion morale y trouve un appui et un attrait nouveau, qui n'est pas sans danger pour les âmes naïves. Comme la saveur en est forte et peu délicate, on en remarque facilement la présence et l'absence. Quand cette émotion secondaire et d'ordre inférieur s'affaiblit ou disparaît dans les personnes qui s'adonnent sérieusement à la pratique de la vertu, la langue ecclésiastique en appelle l'absence sécheresse ou froideur; elle l'appelle endurcissement ou aveuglement dans les personnes qui, par habitude, se dispensent des lois de la morale.

C'est ce mélange des deux émotions qui, donnant aux sophistes, même lorsqu'il est légitime, la facilité de les substituer l'une à l'autre dans leurs raisonnements, leur permet d'attaquer avec quelque apparence de force les vrais principes de la morale.

Hâtons-nous d'ajouter que l'émotion morale, quand elle n'est point pervertie par l'abus de la liberté, est essentiellement pure et sainte.

Il est d'une extrême importance de ne pas oublier cela, parce que les sophistes en abusent pour décrier les vrais principes de la morale; et pourtant rien n'est si facile à établir; c'est une vérité dont l'évidence est presque immédiate. Qu'est-ce, en effet, qui peut troubler la pureté d'un phénomène moral? Le mélange de quelque élément de mal : cherchez tant que vous le voudrez, vous ne trouverez jamais d'autre cause d'impureté dans ces hautes régions. Or, l'émotion morale consiste précisément, quand elle est entière, à se complaire dans le bien que l'on appelle, et à se déplaire dans le mal que l'on repousse;

ce sont les facultés affectives ouvertes au bien et fermées au mal.

On le voit, les émotions de la bête et celles de l'ange diffèrent du tout au tout : celles-là ne se distinguent pas d'un ébranlement du système nerveux vivant, et il suffit d'imprimer, par des moyens physiques, telles ou telles vibrations à l'organisme pour en produire infailliblement toutes les variétés; celles-ci, au contraire, ont une source supérieure à la matière, elles procèdent de l'acte de connaître en un sujet capable d'aimer : ce sont des fleurs qui ne peuvent ni montrer leur éclat, ni même germer, sinon à la lumière de l'esprit. Cependant, tout opposés qu'ils sont dans leur nature et leur origine, ces deux sortes de phénomènes se mêlent presque toujours l'un à l'autre, prouvant ainsi que l'homme est ange et bête.

Le plaisir, en même temps qu'il est senti, peut être connu; car il *est*, et l'intelligence a dans son objet tout ce qui *est*. Il n'est pas douteux du reste que la loi morale qui n'est pas sentie, mais connue, ne marque avec certitude la place qui revient au plaisir dans l'ordre des choses, et par conséquent ne l'élève jusqu'à l'intelligence dans l'esprit de tous les hommes.

§ II. — *La morale commune n'est pas immorale.*

Nous n'aurons pas beaucoup de peine maintenant, du moins nous l'espérons, à défendre la morale commune contre le reproche d'immoralité que lui adresse l'austérité positiviste.

L'immoralité c'est le désordre dans les actions de l'homme et ce n'est que cela; c'est l'ordre propre à l'homme, sciemment et librement violé par lui. Le plaisir, d'autre part, est un phénomène très naturel, qui, tant qu'il est naturel, a sa place dans l'ordre général. Il n'y a

qu'un moyen de le rendre immoral, c'est de le tirer de
cette place; mais il n'y a rien d'immoral, il est, au contraire, très moral de l'y garder; car c'est volontairement
et librement observer l'ordre, en quoi consiste la moralité. Or, le rôle naturel du plaisir est de suppléer à la
connaissance des choses nécessaires ou du moins utiles à
notre vie matérielle; il est un moyen. C'est donc agir
très correctement que d'en user à ce titre. Le mal consiste à le prendre pour ce qu'il n'est pas, pour une fin
où notre activité pourrait s'arrêter. L'animal seul a le
droit de s'y porter tout entier, car il est incapable d'en
connaître la nature relative : il ne voit rien au delà et
par conséquent il est incapable d'en dégager ses facultés
affectives. L'homme voit au delà ou du moins peut voir
au delà, mais souvent il ne veut pas ce qu'il peut et se
comporte, en dépit de ses facultés, comme l'animal, par
rapport au plaisir. Voilà le désordre, voilà dans quel sens
le plaisir est immoral.

Inutile de répéter des considérations analogues par
rapport à la douleur. Mais il est à propos d'ajouter une
remarque au sujet de la mortification, car les mêmes moralistes qui accusent la morale chrétienne de sanctifier le
plaisir, l'accusent aussi d'en condamner l'usage par les
privations qu'elle impose. Le plaisir n'est pas toujours un
indice de ce qui est utile, ni la douleur de ce qui nuit à
la vie du corps. Nous avons dit qu'il est des pratiques
qui pervertissent ces deux phénomènes. Sans même aller
si loin, le plaisir a toujours besoin d'être mesuré par la
raison; il indique d'une manière générale ce qui satisfait
un besoin et rarement dans quelle proportion il convient
de le satisfaire : la tempérance, qui est une vertu des
facultés supérieures, a toujours sa part dans l'usage ordonné du plaisir. La douleur de son côté indique d'une
manière générale l'apparition d'un besoin; mais c'est à la

raison d'apprécier la valeur de ce signe et de juger s'il est ou non opportun d'y déférer. Or, nous devons le dire, et le plaisir et la douleur, considérés dans toute leur intensité et dans toute leur extension, trompent presque toujours. Ce n'est pas tout, la recherche du plaisir et la fuite de la douleur émoussent l'esprit. Il importe donc, lorsqu'on a sagement réservé les intérêts de la vie corporelle, de fuir souvent le plaisir et de s'endurcir à la douleur. C'est là le principe même de la mortification; on voit qu'il est on ne peut plus raisonnable.

La raison doit atteindre et régler jusqu'à ces émotions physiques qui se mêlent aux émotions spirituelles. L'on peut même dire que la sensibilité matérielle devient fort dangereuse dans ces hautes régions, car elle emprunte à l'émotion spirituelle ses charmes, sa suavité supérieure, sans perdre toujours ses propres tendances. Un exemple frappant de ce mélange hybride et fort dangereux nous est fourni par ce que l'on appelle vulgairement l'amour, source séduisante des plus grandes sottises.

L'émotion morale qui, à son premier degré, est la joie du bien et la tristesse du mal, et, au second, l'amour du bien et la haine du mal, ne saurait en aucun cas présenter rien de blâmable. L'on se rend coupable pour n'aimer pas avec assez d'énergie ce qui est moralement bon, ou pour ne haïr pas avec assez de force ce qui est moralement mauvais; l'on est digne d'éloge lorsqu'on parvient à égaler ses sentiments à la beauté ou à la laideur qui les excitent très justement. Pour trouver place au blâme dans ces opérations supérieures, il faudrait que le sentiment passât à l'état de jouissance sourde, constituée par une sorte de volupté qui ne serait que cela. Or, cet état est impossible : la connaissance du bien et du mal, cette connaissance qui communique à l'émotion spirituelle sa haute valeur en l'élevant fort au-dessus de la terre et des jouissances égoïstes, cette connaissance en est la cause essentielle et immanente; supprimez-la, l'émotion disparaît comme les rayons réfléchis sur les parois d'un appartement s'éteignent dès que l'on éteint la lampe d'où ils jaillissent. Sans beauté morale, pas de connaissance dont elle soit l'objet; sans connaissance de la beauté morale, pas d'émotion morale. Ces termes s'appellent comme le principe et la conséquence.

Ce qui fait illusion, c'est encore l'intervention, l'immixtion de la sensibilité inférieure. Cette émotion n'est pas et ne peut être causée directement par la connaissance du bien ou du mal. Cette connaissance n'est qu'une occasion; la vraie cause est une disposition physiologique de certaines parties de l'organisme. Et la disposition et l'émotion peuvent naître sans la connaissance. C'est là une jouissance sourde et isolée à laquelle l'âme peut s'attacher en perdant de vue la pensée du bien ou du mal qui en a marqué l'éclosion; c'est aussi là que le blâme peut trouver prise, que l'égoïsme peut donner quelque atteinte à la pureté de la morale. Mais, certes, le désordre n'est pas grand, et la terre semblerait peuplée de saints, si l'on ne cherchait d'autres jouissances que celles qui suivent l'observation de la justice. Le besoin même de raviver ce sentiment obligerait de la remettre fréquemment sous l'influence de la connaissance et de l'amour du bien, c'est-à-dire de le purifier, de le sanctifier, de telle sorte que la part de l'immoralité serait réduite à un minimum qu'il est permis de souhaiter à la terre comme un très grand bien.

On nous accusera peut-être d'avoir perdu de vue l'objection du positivisme, car nous parlons des sentiments qui accompagnent l'observation ou la violation de la loi et nous n'avons pas nommé la récompense ni le châtiment qui en sont la sanction. Cependant nous sommes au

cœur même de notre sujet : la récompense et le châtiment dont il s'agit diffèrent de l'émotion qui résulte de
l'observation ou de la violation de la loi comme un fruit
mûr d'un fruit en formation. Nous l'avons dit, en effet, la
morale, c'est l'ordre librement observé; et l'immoralité,
c'est l'ordre librement violé. Or, le ciel, c'est en substance l'ordre consommé, et l'enfer, c'est le désordre confirmé. La connaissance expérimentale de l'ordre consommé produit un sentiment si intense et en même
temps si suave, que son nom propre est la béatitude; et
la connaissance expérimentale du désordre confirmé produit au contraire un sentiment si cuisant et si amer, qu'il
devient le malheur suprême.

Maintenant, il est de toute évidence que, si l'on est
obligé de travailler à la réalisation de l'ordre, l'on doit
pareillement souhaiter qu'il soit un jour complet; les
deux idées sont enfermées l'une dans l'autre. L'on serait
coupable, si l'on se contentait de rester neutre à l'égard
de ce grand objet; que serait-ce donc, si l'on prenait une
attitude hostile, si l'on s'opposait, dans la mesure de son
pouvoir, à l'achèvement, à la perfection de l'ordre? Ce
serait enfermer dans un acte désordonné toutes les viola-
tions de la loi, dans un crime tous les crimes; de même
que, en enlevant la clef de voûte ou la pierre angulaire
d'un édifice, on résume tous les efforts tentés en d'autres
points pour le renverser. Donc, bien loin qu'il soit
immoral de désirer le ciel et de redouter l'enfer, il n'y a
pas de crime plus grand que d'effacer ces deux sentiments
de son cœur.

Ah! nous savons bien que le ciel et l'enfer ne sont pas
généralement conçus par les hommes suivant l'exactitude
de la signification des termes, et c'est ce qui excuse la
mollesse de leurs craintes et de leurs espérances et rend
leur indifférence moins criminelle. Il est assez ordinaire

que l'on ne voie dans le ciel que la pleine satisfaction de tous les désirs honnêtes, et dans l'enfer que la réunion de châtiments sensibles aussi redoutables par leur rigueur que par leur durée. Ce point de vue est loin d'être le vrai, mais il n'offre rien dont la morale ne s'accommode fort bien. Manque-t-on à l'honnêteté pour souhaiter la satisfaction de tous ses désirs honnêtes et pour y travailler? Est-on coupable lorsqu'on se laisse aller à la crainte devant la menace du plus grand de tous les malheurs et qu'on fait tous ses efforts pour l'éviter? Nous serions curieux de savoir combien, parmi les partisans de la morale désintéressée, il en est qui négligent une occasion de gagner quelque argent, qui se privent de plaisirs honnêtes ou qui ne se mettent pas en mesure d'éviter tout dommage dans leur corps ou dans leur fortune. Ce n'est pas d'eux qu'il a été écrit : *Cœpit facere et docere.* Leur doctrine est dans leurs livres et ils l'y laissent.

Mais nous voulons poursuivre l'objection jusqu'au bout. Elle est fausse et même ridicule, si elle s'adresse aux principes; n'est-elle pas fondée si on la dirige contre certaines personnes qui ne se rendent pas un compte suffisant de la doctrine? En d'autres termes, celui-là est-il un honnête homme, qui observe la loi naturelle par crainte de l'enfer, comme d'autres observent la loi civile par peur de la prison? Ne parlons pas encore de l'espérance du ciel, afin de laisser à l'attaque toute sa force, car l'idée de châtiment la fait mieux ressortir que celle de récompense. Précisons encore davantage, si l'on veut; supposons un homme qui se trouve dans une occasion absolument favorable de s'approprier par le vol une somme d'argent: personne ne le voit, personne ne connaîtra jamais ce qu'il va faire, l'argent est sous sa main; mais, tout à coup, la pensée de l'enfer lui revient à l'esprit, et, parce qu'il est croyant, cette pensée l'arrête.

Voilà le cas : cet homme est-il coupable dans son cœur?

C'est par un étrange abus que l'on assimilerait notre cas à celui d'un homme qui s'abstient de voler uniquement par crainte de la justice humaine, des gendarmes et de la prison. Le premier est honnête, celui-ci est un vulgaire coquin. La sanction que le législateur humain donne à ses lois, n'en frappe que la violation extérieure, elle est incapable d'atteindre le for de la conscience, les déterminations de la volonté non suivies d'exécution. Le fripon qui s'abstient de voler parce qu'il redoute l'intervention de la police dans ses affaires, n'en souhaite pas moins le bien d'autrui, et ce désir, du moins s'il est habituel, le constitue bel et bien dans la catégorie des voleurs. Mais le législateur suprême ne s'arrête pas au dehors, il pénètre jusqu'au fond de la conscience, c'est la conscience même que sa loi est avant tout destinée à régler. Par conséquent, la crainte de l'enfer atteint indirectement jusqu'à la racine du mal et l'arrache. Notre homme ne peut se dire : S'il n'y avait pas d'enfer je m'approprierais cet argent ; car en parlant de la sorte, il violerait réellement la loi et mériterait l'enfer. Le cas est donc chimérique et ne saurait fonder aucune objection sérieuse. Quant à dire que la crainte ne saurait être le motif de l'observation de la loi qui convient à l'honnête homme, cela est très vrai si l'on parle du motif formel; mais la crainte de l'enfer n'est rien de semblable; elle n'est qu'une incitation à rechercher le vrai motif de la loi, à le préférer, à l'embrasser. C'est ce libre choix qui fait l'honnête homme; la crainte ne sert qu'à le préparer.

§ III. — *La morale repose sur l'amour de Dieu.*

Tout ce que nous avons dit jusqu'ici convient parfaitement à la discussion d'une doctrine. Mais il ne suffit pas que la règle morale soit justifiée, il faut encore qu'elle soit vraiment pratique, que tous ceux à qui elle est destinée puissent s'en servir, qu'elle leur soit accessible. Le fameux principe de Kant : « Vivez de telle sorte que chacune de vos actions soit une règle pour le genre humain », aurait beau être vrai : il est conçu de telle sorte que le genre humain ne saurait le comprendre, ni par conséquent en faire usage. Les considérations subtiles ne sont pas faites pour le grand nombre, les esprits cultivés eux-mêmes en usent peu dans le conflit des passions. Ce qu'il faut à tous, c'est une formule claire dont la vérité s'impose à la raison et lie la conscience. Or, voilà ce que présente la morale chrétienne, et ce qu'elle présente seule. Notre-Seigneur, qui s'adressait à tous les hommes, sans exclure les philosophes, a résumé toute la loi dans l'amour de Dieu. Pour comprendre ce précepte fondamental, est-il besoin d'études profondes, d'échafaudages de dialectique, de grands efforts d'intelligence? il suffit d'avoir un cœur d'homme. L'on n'a guère plus de peine à concevoir que l'amour de Dieu est au fond de toute la morale et que, par conséquent, il n'y a pas de morale sans l'amour de Dieu. Développons cette considération, qui est la démonstration, sous une autre forme, de notre thèse.

La morale, nous l'avons dit, c'est l'ordre librement observé. Or l'ordre librement observé, c'est l'amour de Dieu. L'ordre en effet, dans les opérations de l'homme, consiste avant tout en deux points; il consiste d'abord en ce que ses facultés supérieures soient appliquées à leur objet propre, et ensuite en ce qu'il y ait la proportion la plus exacte possible dans l'application des facultés à leur objet.

Les facultés supérieures de l'homme sont l'intelligence et la volonté, c'est-à-dire l'amour intelligent. Nous

employons cette expression d'*amour intelligent*, pour
bien distinguer cette haute faculté de l'appétit inférieur
qui se porte à son objet non parce qu'il est intellectuellement connu, mais parce qu'il est *senti* en vertu d'un
ébranlement nerveux. Or l'objet de l'intelligence, c'est
la vérité; non pas une, non pas cent, non pas un nombre
quelconque et limité de vérités, mais la vérité, c'est-à-
dire, tout ce qui est. L'intelligence toutefois n'embrasse
pas ce domaine infini; mais là, elle est chez elle, elle s'y
meut en liberté, se portant en un point, puis en un autre
à son gré, de telle sorte que mettre des bornes essentielles à son mouvement serait l'anéantir. Or la vérité
comprend d'abord Dieu; que dis-je? Dieu est la vérité
par essence, tout autre vérité n'est telle que par dériva-
tion de la vérité essentielle. Ce n'est qu'en participant à
la vérité de Dieu que tout le reste a quelque vérité.
L'univers avec ses merveilles est suspendu au-dessus du
néant, d'où il est sorti et où sa nature le pousse; Dieu
seul est par sa nature immuablement fixe dans l'existence.
Dieu est donc le premier objet de notre intelligence.
L'ordre demande donc qu'il tienne dans notre connaissance le premier rang, comme il le tient dans la réalité,
dans la vérité extérieure.

Le vrai, qui est l'objet de l'intelligence, l'est aussi de
la volonté ou de l'amour. Seulement, il prend alors un
autre nom à cause d'un rapport spécial avec cette faculté,
il est le bon et aussi le beau. Dieu étant la vérité par
essence, il est, par conséquent et au même titre, la bonté
et la beauté. Il est donc le premier objet, l'objet souverain
de la volonté et de l'amour, comme il l'est de l'intelligence.

Donc le plus grand de tous les désordres, ou, ce qui
revient au même, de tous les crimes, c'est d'ignorer Dieu
par sa faute, ou, le connaissant, de ne pas l'aimer.

Nous avons dit que l'ordre demande proportion entre

l'exercice de la faculté et son objet, ou, pour mieux dire, entre l'exercice et la capacité de la faculté par rapport à son objet. Il est évident en effet que, sans cette proportion, la faculté reste au-dessous de sa tâche ou la dépasse. Nous savons que, dans les petits événements de la vie, ce défaut est précisément ce qui produit le ridicule. S'il s'agit de choses importantes, personne n'hésite à dire que la disproportion est le fait d'un criminel ou d'un fou. Du reste, ne pas appliquer convenablement une faculté à son objet, c'est négliger, au moins en partie, cet objet; c'est être cause d'un désordre au moins partiel. Or le désordre, fût-il partiel, est encore un désordre.

Donc, pour observer ce qu'il y a de plus essentiel dans l'ordre moral, il ne suffit pas de connaître et d'aimer Dieu d'une manière quelconque. Il faut le connaître tel qu'il est et l'aimer autant qu'il est aimable; il faut reconnaître en lui le principe et la fin de tout, et il faut l'aimer souverainement.

Voilà deux principes d'une fécondité merveilleuse en morale.

Ils servent d'abord à régler nos jugements sur la valeur exacte des choses. Les créatures ne sont pas jetées au hasard dans l'univers; les événements ne se produisent pas dans un chaos perpétuel : tout a une fin et par conséquent une place en vue de cette fin. Avons-nous besoin d'ajouter que cette fin se rapporte elle-même à Dieu, qui est par essence le centre de tout? Or c'est en les comparant à leur fin qu'on apprécie justement les moyens; rien n'a de valeur que par rapport à Dieu, et le prix des créatures se mesure exactement sur leur degré d'aptitude à conduire l'homme dans les bras de Dieu. Avec ce principe, tout s'éclaire, tout s'embellit, tout est promesse et espérance; s'il disparaît, tout rentre dans les ténèbres et la confusion : l'histoire, le monde ne sont plus que la manifestation hideuse de puissances brutales, les choses prennent un air de tristesse écœurante et ne laissent plus de place qu'au désespoir.

Que reste-t-il après cela, sinon de conformer sa volonté à la volonté de Dieu ainsi révélée par l'intelligence? Et cette conformité est-elle autre chose que l'observation la plus complète de la loi? L'on ne peut connaître l'obligation d'une telle conformité, sans reconnaître en même temps l'obligation de constater les détails mêmes, s'il est permis de parler ainsi, les détails de la volonté divine, les préceptes spéciaux. Du reste cette étude a été rendue bien facile par la Providence positive, puisque toutes nos obligations se trouvent renfermées dans dix formules que Dieu lui-même a daigné donner aux hommes. On a pu nier la révélation du Sinaï; on n'a pas pu démontrer que le décalogue ne soit le sommaire le plus achevé et le plus fécond des préceptes de la morale. Les philosophes moralistes s'y rattachent, sans toujours l'avouer, quand ils ne veulent pas divaguer en ces matières si importantes. Du reste, quand le précepte est douteux, la résolution générale de se conformer à la volonté de Dieu, fait qu'on observe la loi dans ce qu'elle a de plus essentiel et de formel, alors même que, par erreur, on la viole matériellement dans un point accidentel.

Mais peut-être, nous objectera-t-on, que nous parlons ici de l'obéissance rendue à Dieu et non de l'amour de Dieu? Cette objection est un oubli d'une grande vérité enseignée par l'Évangile : aimer Dieu, c'est lui obéir, et lui obéir, c'est l'aimer. Il ne sera peut-être pas hors de propos de rappeler la raison de cette identification.

D'abord, aimer Dieu, c'est lui obéir.

L'obéissance suppose d'une part des lumières suffisantes pour diriger et le droit d'imposer cette direction, et de l'autre la confiance et la soumission. Ce qui en résulte, c'est la conformité des volontés. Or, comme disaient les anciens, *Eadem velle, eadem nolle : ea tandem firma amicitia est*, vouloir les mêmes choses est le fond même de l'amitié. Sans doute, lorsque la personne que l'on aime est susceptible d'éprouver des défaillances dans la volonté, on peut continuer à l'aimer, lui donner même des preuves de son affection en refusant de vouloir, en quelques circonstances, les mêmes choses qu'elle. Mais la divergence des volontés n'atteint alors que les détails, la conformité reste intacte pour les résolutions générales ; c'est même cette conformité générale qui produit les divergences particulières ; car l'on refuse de concourir à telle ou telle détermination, précisément parce qu'on la juge contraire au bien même de la personne que l'on aime, c'est-à-dire à qui l'on souhaite la réalisation de tous ses désirs, pourvu que ces désirs n'entraînent pas avec eux quelque dommage. Une mère aime sans doute et la vie de son enfant et l'amour de son enfant pour la vie ; cependant, sans manquer à son amour, poussée plutôt par cet amour même, elle refusera de donner à son enfant un objet qu'il réclame, parce qu'elle prévoit qu'il en abuserait au détriment de sa vie. Faudra-t-il faire observer qu'il serait souverainement déraisonnable d'admettre que les volontés de Dieu ne soient pas toujours souverainement conformes à la raison? La raison pourrait-elle jamais être déraisonnable? Ce qu'il veut est essentiellement bon, bon en soi, bon relativement, c'est-à-dire utile au bonheur de ses créatures. Pour être convaincu de cette vérité si simple et si éclatante, il suffit de ne pas fermer les yeux de son esprit. Nous ne pouvons donc aimer Dieu sans aimer tout ce qu'il veut et en général et en particulier, c'est-à-dire, sans conformer rigoureusement notre volonté à la sienne, ce qui est obéir.

Mais est-ce l'aimer que de lui obéir? Rechercher son avantage personnel dans un acte d'obéissance, c'est encore obéir, mais ce n'est pas aimer. Or cette recherche n'est pas impossible. Combien de fois ne fait-on pas la volonté de personnes que l'on n'aime pas du tout? L'esclavage a bien des formes, et l'obéissance de l'esclave, toute forcée qu'elle est, n'en est pas moins de l'obéissance. Il en est tout autrement lorsque c'est Dieu qui commande et qu'on lui obéit d'une manière raisonnable. Le motif d'une telle obéissance ne peut être que la considération de la sagesse, de la bonté et de l'autorité souveraine de Dieu. Or ces attributs sublimes ne peuvent faire impression sur l'esprit au point de le déterminer à se soumettre, sans le déterminer d'abord à s'y complaire, à s'en réjouir au fond du cœur. L'on sait d'ailleurs que l'obéissance rendue à Dieu va jusqu'à préférer sa volonté à toutes choses sans en exempter aucune, pas même la santé, pas même la vie, pas même les affections les plus ardentes et les plus légitimes pour de simples créatures. Si obéir de la sorte n'est pas aimer, qu'est-ce donc qu'aimer?

Ainsi donc, l'obéissance à la volonté de Dieu, toute pâle et froide qu'elle semble, est l'accomplissement du premier de tous les préceptes de la loi morale, qui est l'amour de Dieu. Nous ne voulons pas montrer ici, contre les prétentions des moralistes du rationalisme, qu'elle est encore le moyen le plus sûr et le plus facile d'observer toute la loi : ce qui importe plus immédiatement à notre étude, c'est de comprendre le sens que l'amour de Dieu ainsi pratiqué donne à la récompense.

Ici-bas, notre esprit et notre âme sont enveloppés d'une atmosphère épaisse et lourde qui nous empêche de bien voir la lumière et de nous élever facilement au-dessus de la terre. D'où viennent ces vapeurs malfai-

santes? des passions? du milieu social? de notre nature
mi-partie animale? de tous ces foyers à la fois? Elles
existent réellement, cela n'est pas douteux. De là, nécessité de travailler sans cesse, de lutter d'efforts pour
accomplir de mieux en mieux le premier de nos devoirs.
Nous devons nous habituer à voir toujours plus distinctement la vérité, à nous porter avec une énergie croissante
vers le bien. Mais, quoi que nous fassions, l'atmosphère
ne sera jamais assez pure en cette vie ; toujours quelque
nuage gênera notre regard, alourdira l'aile de nos affections. Pour connaître et aimer Dieu, suivant toute l'étendue de nos puissances, il nous faut sortir des conditions
si misérables de l'existence actuelle, il nous faut entrer
dans le royaume de la liberté, où rien ne s'opposera
plus à l'élan de nos âmes, ou, pour parler avec plus de
précision, à l'exacte proportion de nos actes avec la
dignité de leur objet. Si l'ordre a le pouvoir de s'imposer
à nos volontés parce qu'il est l'ordre, il s'impose surtout
en ce qui l'achève et le rend parfait. Ce serait donc manquer souverainement au précepte d'aimer Dieu, qui est
le fond de l'ordre, que de refuser de l'aimer dans le ciel,
ce qui est la consommation de l'ordre. Donc nous sommes
souverainement obligés de souhaiter le ciel et de travailler
à l'acquérir.

Maintenant, qu'à ces considérations si graves, qu'à ces
raisons si solides, viennent se mêler, dans l'esprit de la
plupart des hommes, des arrière-pensées de jouissances
personnelles, de bonheur égoïste, au sens honnête du
mot, de satisfactions sensibles, nous sommes bien loin de
le méconnaître. De tout cela, il se forme, pour la volonté,
comme un objet très confus, et un motif néanmoins très
efficace. Nous avouons que si le désir du *bonheur personnel* était seul, ou si même il était prédominant, les
actes dont il serait la fin, perdraient leur haute valeur

morale, car la fin communique aux moyens sa propre
valeur. Ce désir pourtant ne serait pas immoral, remarquons-le bien ; il serait neutre, ni bon, ni mauvais,
moralement parlant. Les satisfactions qui constituent le
bonheur de la nature inférieure, n'ont rien de condamnable en elles-mêmes ; car elles découlent de la constitution même de son être, laquelle ne saurait être la
source d'aucun mal ; des circonstances accidentelles sont
la seule cause qui, faisant dévier le mouvement naturel
de sa ligne propre le frappent ainsi d'immoralité. On
peut donc, sans manquer à l'ordre, désirer les satisfactions de la nature dans la mesure démandée par la nature.
Il suit de là que le désir du bonheur personnel, mêlé à
l'amour de Dieu, d'une manière confuse, inconsciente,
mais secondaire, ne nuit pas à la valeur morale de cet
amour. L'immoralité consisterait seulement à empêcher
ou à vicier cette tendance suprême, ce qui est en dehors
de l'hypothèse. Bien loin que ce motif inférieur ôte au
grand motif de la charité quelque chose de son énergie,
l'on aurait quelque raison de dire qu'il en est comme un
stimulant, car il excite à faire effort pour y donner de plus
en plus libre carrière. En tout cas, l'amour de Dieu, en
se développant chaque jour davantage, absorbe peu à peu
l'amour personnel comme la lumière du soleil absorbe en
s'avançant la lumière des étoiles ; l'amour personnel est
insensiblement oublié, de même qu'en plein jour on ne
songe plus aux lueurs de la nuit, bien qu'elles soient
encore répandues dans l'atmosphère.

§ IV. — *Inanité de la morale positiviste.*

D'après un proverbe familier, l'on doit se garder avec
soin de jeter des pierres chez le voisin, quand on a une
maison de verre. Il est fâcheux que les positivistes aient

oublié une maxime qui semble avoir été spécialement imaginée pour eux. Nous venons de voir pour quel motif ils repoussent les principes de la morale chrétienne sous prétexte de défendre la morale; car l'idée de récompense et de châtiment telle que l'Église l'enseigne est, à leur avis, un poison qui les corrompt; nous avons vu aussi qu'ils ne comprennent rien à cette sanction admirable. Mais comment osent-ils se poser en champions de la morale? Est-on bien venu à prendre en main la cause de ceux que l'on assassine?

La morale, avons-nous dit encore en nous faisant l'écho du genre humain, la morale est l'observation libre de l'ordre ou de la loi. Supprimez la liberté, la loi reste, mais la morale disparaît, et tout se réduit aux phénomènes du monde physique et à ses mouvements inflexibles : l'homme dès lors a tout juste la moralité du caillou. Or les positivistes nient résolument et formellement le libre arbitre. Ils n'ont donc plus le droit d'intervenir dans les questions délicates de la morale : le maladroit qui s'est crevé les yeux ne peut prétendre, sans tomber dans le ridicule, imposer ni même ouvrir un avis dans une question de nuances en peinture.

Mais oublions un instant cette inconséquence. Permettons aux positivistes de faire manœuvrer en toute liberté l'homme de leur invention qu'ils privent de toute liberté. Quel est le grand mobile qu'ils se flattent de substituer avec avantage au mobile de la loi chrétienne? Ils ne veulent pas entendre parler de la *charité*, mais ils mettent leur confiance en la *sympathie*. Cette sympathie a tout l'air d'un vol au détriment de la morale chrétienne, avec cette circonstance aggravante que la chose dérobée aurait été démarquée au moment du vol; la sympathie semble n'être qu'un nom nouveau donné à la charité. Mais il est plus exact de dire que le grand

principe de la morale chrétienne a inspiré la conception
des principes de la morale positiviste, que cette conception avait donné les plus hautes espérances et quelle s'est
terminée par l'avortement le plus malheureux.

Il s'agit ici, remarquons-le bien, de sympathie morale,
de celle dont les actes ajoutent au caractère de l'honnête
homme. Les animaux ont de la sympathie les uns pour
les autres : certaines conditions de parenté, de race, de
société établissent spontanément une véritable harmonie
entre leurs plaisirs et leurs peines, c'est un fait d'observation journalière. Mais cela ne suffit pas pour constituer
la moralité; qui se permettrait de soutenir que la fourmi
est honnête parce qu'elle travaille sans relâche pour sa
colonie, ou qu'un chien devient vertueux à force de témoigner que la présence de ses pareils lui fait plaisir? L'acte
de sympathie n'entre dans les hautes régions de la morale
que lorsqu'il est animé par l'intelligence, que lorsqu'il est
produit par un être qui sait ce qu'il veut ou ce qu'il
souhaite et qui le veut ou le souhaite parce qu'il le
connaît.

Il y a plus. L'acte de sympathie produit par l'intelligence et la liberté doit en outre, pour entrer dans les
régions de la morale, se produire en faveur d'un être
doué d'intelligence et de liberté. L'imagination prête
assez volontiers des sentiments humains aux êtres inférieurs, et sert ainsi de prétexte à certaines apparences
de sympathie, mais ce n'est là qu'un jeu où la morale
n'a pas plus à voir que l'héroïsme, par exemple, dans le
courage des héros de théâtre.

La sympathie morale, ou la charité, pour l'appeler par
son vrai nom, la charité est chose sainte; elle porte une
auréole qui nous pénètre de respect. Mais rien de ce qui
est sacré ne doit descendre, ne supporte d'être profané.
Conçoit-on sans dégoût qu'un père ait les mêmes soins

pour des animaux domestiques que pour ses enfants? conçoit-on que les fonds publics soient également dépensés pour le soulagement des pauvres et pour celui, par exemple, des vieux chevaux de fiacre? Que dire du dévouement? Ce que l'homme sacrifie, ce qu'il rend sacré suivant la signification du mot, en s'en dépouillant, nous semble digne d'une si haute estime, qu'il faut à tout prix, sous peine de blesser vivement notre sens de l'ordre et de la justice, que celui qui en recueille les fruits les mérite par la dignité, par l'élévation de sa nature. Le sacrifice de la vie pour un homme est un acte sublime; le sacrifice d'un bien de quelque valeur pour un être sans raison est un acte de folie. L'homme a la dignité de la pensée immortelle; voilà pourquoi il est si grand! voilà pourquoi on peut se dévouer pour lui sans déchoir, en grandissant.

On le voit, la charité, pour être charité, ne peut tomber sur des indignes. Toutefois la dignité dont il est ici question n'est pas la dignité personnelle, celle qui résulte de la pratique habituelle de la vertu : l'on peut et l'on doit même faire du bien aux méchants. Ils ont la dignité que comporte la sympathie morale, c'est la dignité de la nature. Ils sont, par leur nature, capables d'arriver à la dignité personnelle, de s'approprier l'honneur de la vertu; ils en ont au fond de leur âme, de leurs facultés, la puissance et les germes : cela suffit pour que le bienfait ne s'avilisse pas en descendant sur eux. Mais cette condition radicale est absolument indispensable et tout être incapable de dignité morale ne peut être l'objet de la sympathie sans la dépouiller de ses rayons, comme il est facile de le constater en se rappelant les témoignages de sympathie donnés par des hommes à des animaux.

Voyons maintenant comment le christianisme comprend la dignité de l'homme et ce qu'elle devient suivant les théories positivistes. L'homme que nous aimons, à qui nous souhaitons et faisons du bien, possède en lui de quoi justifier la bienfaisance poussée jusqu'au dévouement. Il n'est pas un misérable phénomène qui paraît un instant à la surface de l'existence, puis s'engloutit pour toujours dans le néant. La vie présente, cette vie de quelques années, n'est pas même une minute de sa vie proprement dite; elle en est le commencement, les premières pulsations, et quand elle s'achève, c'est alors seulement que l'homme entre dans la plénitude de l'être pour n'en sortir jamais, jamais. Certes, il y a de la grandeur dans une telle nature, ou la grandeur n'est rien.

La vie future et immortelle n'est pas seulement la continuation de la vie présente : elle en est la plénitude, la perfection, le complet épanouissement. Ce n'est pas la fleur comparée à la graine, le chêne comparé au gland, le plein jour à la première aube : toute comparaison est ici impuissante; car rien ne peut nous donner une idée d'une vie humaine dont les facultés supérieures se trouvent en communication immédiate, intime, éternelle, et immuable avec un objet infini et réel. L'homme tel que le conçoivent les chrétiens est infiniment supérieur aux dieux mêmes dont les païens avaient peuplé leur Olympe. Maintenant, quel est le résultat immédiat de la bienfaisance et du dévouement suivant la doctrine chrétienne? C'est de faciliter, de préparer l'acquisition de cette destinée sublime. Nourrir, vêtir les pauvres, leur donner quelque chose de sa santé, de sa vie temporelle même c'est ajouter aux conditions de la vie présente qui sont nécessaires pour arriver au terme de la majesté immortelle. Certes, un tel avenir justifie tous les sacrifices terrestres, sauf, bien entendu, celui de la vertu.

Et cependant, ce n'est pas tout. Le christianisme ajoute à la nature, et ce qu'il ajoute a de quoi ravir d'admiration. Il n'y a pas de grandeur, de majesté qui approche de celle de Dieu, puisqu'en lui tout est absolument infini. Eh bien! le christianisme entoure l'homme de la majesté même de Dieu. Qu'enseigne, en effet, la doctrine chrétienne? que Dieu s'est fait homme, qu'un homme est devenu Dieu portant avec lui notre nature à des hauteurs infinies; que Dieu fait homme a donné sa vie mortelle pour ses frères, leur communiquant ainsi la valeur même de sa vie. Entre le divin Rédempteur et la créature raisonnable qu'il a rachetée, l'intimité est devenue si étroite, que tout ce que nous faisons pour le plus petit de ses frères, il l'accepte comme fait pour lui. Il l'a déclaré lui-même d'une manière solennelle, et sa parole a suscité plus de dévouements que les philosophes n'ont su en concevoir. Et qu'on ne dise pas que l'homme est seulement l'occasion du bienfait ou du sacrifice, et que l'intention se porte à Dieu directement sans égard véritable pour la créature. L'objet de la charité chrétienne n'est pas une chose insensible, c'est une personne capable de répondre à la connaissance et à l'amour par la connaissance et par l'amour. Quand Dieu nous commande de faire du bien à cette personne, c'est à cause de son amour pour elle, c'est parce qu'il considère en elle un ami. Or il n'est pas possible de faire, à ce titre, du bien aux amis de ceux que l'on aime, si l'on n'a d'abord de l'affection pour ces amis. Le chrétien aime donc personnellement ceux qu'il sert pour l'amour de Dieu. Nous ne croyons pas qu'il soit possible de placer l'homme plus haut que ne le fait le chrétien, d'élever à ce point et celui qui reçoit le service et celui qui le rend.

Descendons de ces hauteurs jusqu'aux fictions du positivisme. Le point de vue change totalement. Que devient l'homme dans cette doctrine? Un agrégat fortuit et instable d'un certain nombre de molécules matérielles qui

26

portent le nom d'azote, de carbone, d'hydrogène, d'oxygène et de quelques autres éléments chimiques. Ces éléments matériels ont une certaine valeur sans doute, mais elle n'est pas grande, car on les trouve au moins en quantité égale dans les boues de nos villes, et la boue n'obtient pas une grande estime. Il n'y a pas là de quoi établir la dignité de l'homme. Aurons-nous recours à la quantité des éléments agrégés? Alors l'éléphant et la baleine l'emporteront de beaucoup sur nous. A la durée de l'agrégation? Nous descendrons au-dessous du caillou. Dira-t-on que ce qui fait la supériorité de l'homme, c'est la pensée?

Fort bien, mais les positivistes n'ont pas le droit de le dire. En effet, la pensée est, pour eux, d'une nature parfaitement identique à celle de tout autre phénomène physique. Quelques molécules liées en un système exécutent des mouvements de masse ou des mouvements internes, tel est en résumé, pour eux, le type de tout ce qui arrive dans la nature, sans exception. Seulement, hors du cerveau, ces mouvements s'appellent phénomènes physiques ou chimiques; dans le cerveau, ils les appellent pensée. Il n'y a pas d'autre différence. Donc la toupie qui tourne sous les coups de fouet d'un enfant et les vibrations cérébrales qui conçoivent, par exemple, la mécanique céleste, ont exactement la même valeur. Nous savons bien que les positivistes ferment les yeux sur les conséquences, qu'ils ont de l'homme une idée bien plus haute que d'une toupie; mais nous les défions de prouver que ces conséquences ne découlent pas rigoureusement de leurs théories, et qu'ils ne continuent pas à respecter l'humanité au détriment de la logique. Qu'ils le sachent bien, leur idée de dignité, de droit et de devoir est un vestige de leur éducation chrétienne, une protestation de leur conscience contre leurs théories.

Insistons encore sur ces considérations. Ce qui appelle

la bienfaisance, c'est le besoin en celui qui d'ailleurs n'est pas indigne. La raison n'approuve pas les services inutiles : l'on ne soigne pas un homme vigoureux; l'on ne donne pas sa vie pour qui ne court aucun danger. En vertu du même principe et toutes choses égales d'ailleurs, c'est du plus indigent que l'on doit d'abord s'occuper. On le voit, nous rappelons ici quelques maximes de bon sens, admises par tout le monde. Les positivistes les admettent naturellement, mais qu'ils les appliquent mal!

Entre l'homme et le caillou il y a une différence de constitution, et d'ailleurs le minéral, sous toutes ses formes, échappe au besoin; mais, entre l'homme et l'animal, il n'y a qu'une différence de développement, et cette différence confère à l'animal le droit d'être préféré par le positiviste dans la distribution des bienfaits et des services. Que l'animal soit un homme en voie de développement et l'homme un animal achevé, c'est l'un des dogmes les plus chers au positivisme. Ne met-il pas dans le cerveau du plus humble vertébré, dans le ganglion du dernier insecte tous les germes de ces fleurs d'intelligence que l'on appelle la civilisation? Leur plein épanouissement, il le croit, ne demande que deux choses : un milieu convenable et un temps suffisamment long; ce sont là les deux immenses besoins de l'animalité tout entière. Or, le positiviste, qui a eu la chance d'arriver le premier, qui dispose par cela même de tant de ressources, peut dans une certaine mesure, seconder l'effort de l'armée immense des retardataires. Il peut, par exemple, nourrir son prochain à quatre pattes, l'abriter contre les excès du froid et de la chaleur, commencer son éducation. Il le peut, donc il le doit; cela est évident, puisque l'indigence, qui appelle la bienfaisance et le dévouement est manifeste. En vain mettrait-il en avant les besoins pressants d'une foule d'individus de son espèce. Les enfants, les malheureux, les sourds-muets, les aveugles, les pauvres de toute catégorie ne sont pas plus dignes, puisqu'ils ont la même nature, et sont moins indigents que les animaux. Pour n'en donner qu'une preuve, comparez la facilité avec laquelle le petit de l'homme finit par développer en lui la pensée et les embarras épouvantables que rencontre cette même pensée dans une tête de poulet ou de mouton. Eh quoi! loin de venir à l'aide de ces malheureuses créatures, le positiviste coopère journellement à leur massacre et se repaît de leurs chairs!

Comment se lavera-t-il du reproche de cannibalisme? Dira-t-il que les animaux n'ont pas la raison? Mais d'après lui, les enfants, qu'il ne mange pas, n'en sont pas autrement pourvus. Dira-t-il qu'ils ne parlent pas? Alors il lui serait permis de manger les sourds-muets. Tout cela, nous en convenons, est fort ridicule et peu digne d'une discussion sérieuse? Mais à qui la faute, si les théories de cette école beaucoup trop bruyante amènent forcément des conclusions qui révoltent le sens commun?

Voilà où conduit le principe de la sympathie positiviste, si l'on considère l'être qui en est régulièrement l'objet. C'est bien autre chose encore si l'on considère l'effet même de cette sympathie : la petite vipère en est une image fort imparfaite. Un mot suffira sur ce point.

Quel est le mobile principal et universel de la morale positiviste? C'est le bien général, le bien de l'espèce. Le positiviste ne se flatte pas d'arriver jamais à chasser du genre humain le mal sous toutes ses formes et à renouveler sur la terre les félicités de l'Eden. Il se persuade seulement qu'il est toujours possible de diminuer la somme des maux qui affligent notre race et d'ajouter indéfiniment à ses jouissances. D'autre part il croit que les actions des individus concourent ou nuisent à cette fin;

il appelle bonnes celles qui lui semblent servir de moyens et mauvaises celles qui lui semblent un obstacle. L'intention serait louable, si la science positiviste n'exigeait pas les choses les plus déplorables et les moins morales dans l'exécution.

Le bien suprême de la race, quel est-il pour le savant positiviste? l'amélioration, le perfectionnement des individus dont l'ensemble constitue l'espèce. Or, pour obtenir ce résultat, il n'y a pas deux voies, il n'y en a qu'une : c'est l'application constante de la loi célèbre de Darwin, du *combat pour la vie*. L'amélioration n'est possible qu'autant que le plus fort, le mieux doué, le plus adroit l'emporte sur le plus faible, le moins bien doué, sur le moins adroit. Et n'est-il pas évident que le progrès l'exige essentiellement? La condition contraire c'est la dégénérescence même. C'est le triomphe du plus fort sur le plus faible qui, par un progrès insensible, a fait monter l'homme, de l'état misérable de protozoaire, au degré zoologique qu'il occupe maintenant avec tant d'honneur. Suivra-t-il une autre route pour continuer ses progrès? Ce serait faire injure à la science que de le supposer un instant, car les procédés de la nature sont constants : la loi découverte par Darwin est l'unique échelle par où les animaux puissent s'élever. Donc la loi morale des positivistes, c'est la loi du plus fort. Pour être honnête, vertueux, saint, il suffira de triompher, et il faudra triompher ; tous les triomphes sont non seulement légitimes, ils sont méritoires, et il n'y a nulle part ailleurs d'autre mérite. L'on voit tout de suite ce qui découle de cette doctrine morale (1).

(1) L'amélioration de la race ne se produirait sans doute que grâce à de sérieux désordres dont la société aurait à souffrir. Mais ces désordres ne sauraient être pour le positiviste une raison de condamner la morale de la force. La société en effet

Que vient-on nous parler de sympathie, de bienfaisance, de dévouement? La sympathie, la bienfaisance, le dévouement s'exercent sur ce qu'il y a de plus indigent, de plus faible dans la race, ils n'ont d'autre résultat que de maintenir dans la série, des éléments dont l'influence est inévitablement déplorable. L'honnêteté consiste à laisser les malheureux à leur condition, ou tout au plus à leur rendre le service de les débarrasser d'une existence qui est un fardeau pour eux et un danger pour la race. La charité chrétienne n'a-t-elle pas été un fléau pour l'humanité, précisément à cause des soins dont elle entoure des individus mal venus ou affaiblis par les milieux, abaissant ainsi le courant de la vie contrairement à sa direction naturelle? Les grands bienfaiteurs de l'espèce, ce sont, il faut bien le dire, ces hommes que la société en délire traite de criminels par l'organe de ses tribunaux. Leur dévouement supprime des faibles, des maladroits, les rejette hors de la série qu'ils rabaissent et ralentissent, et délivre ainsi l'humanité de ce qui fait principalement obstacle à son amélioration. Et l'on condamne au bagne ou à l'échafaud de tels hommes! Si le ciel des chrétiens était autre chose qu'une fiction, il ne serait pas de trop pour récompenser des actes aussi méritoires.

Ainsi, la morale des positivistes repose sur un sentiment, qui est la sympathie, et sur une raison prétendue scientifique, qui est le progrès de l'espèce. Leur sympathie, correctement entendue, les oblige de préférer les bêtes aux gens; leur raison prétendue scientifique, interprétée suivant leur science, les oblige de poser, en prin-

est une manière de combler les lacunes de l'espèce, de suppléer à ce qui manque aux individus : elle est le témoignage d'une grande imperfection. Donc l'amélioration de l'espèce doit fatalement entraîner dans les destructions nécessaires, celle de la société.

cipe fondamental de la morale, la sainteté de la force, deux conséquences qui sont le renversement complet de la morale. Mais, pour être positiviste, on n'en conserve pas moins la nature humaine et la rectitude de ses tendances; pour être positiviste, on n'est pas moins obligé de violenter sa conscience, si l'on veut, sans rougir, professer certaines maximes morales, ou plutôt évidemment immorales. C'est ici que s'applique fort bien le mot de Pascal : la nature empêche la raison d'extravaguer à ce point. Grâce à cette action puissante et secrète de la nature, les positivistes tournent résolument, mais sans le savoir, le dos à leurs théories d'idéologues par égard pour la morale naturelle. En somme, il vaut encore mieux qu'ils donnent libre carrière à la sympathie que Dieu a mise dans leur cœur comme dans celui de tous les hommes pour les unir entre eux, pour être comme le principe actif spontané de la société. L'égalité originelle de tous les individus du règne animal, la prérogative de l'indigence dans cette innombrable famille de frères, et enfin le droit suprême du plus fort réduiraient en quelques jours l'humanité à un état pire que la vie sauvage. Sachons gré à ces idéologues de leurs inconséquences. Mais ne vaudrait-il pas mieux abandonner des principes qui obligent de manquer à la logique pour ne pas manquer à l'honnêteté?

Il y a un bonheur suprême, qui est l'harmonie parfaite; c'est le bonheur que le chrétien espère sous le nom du ciel. Mais, il y a un bonheur relatif, qui est l'harmonie commencée par la pratique aussi fidèle que possible de la justice en cette vie. Nous serait-il difficile de montrer que l'accord des principes avec la pratique, des idées avec la conduite, fait partie intégrante de cette harmonie, de ce bonheur relatif? Il ne suffit pas de céder à une impulsion naturelle pour être vraiment juste, il ne suffit pas de

céder spontanément à la sympathie, il faut essentiellement agir librement et en connaissance de cause ; d'où il
suit que, pour être vraiment juste, il faut qu'il y ait
accord entre la direction et le mouvement, que les principes ne montrent pas un terme et que la volonté en
choisisse un autre. La division entre les principes et le
choix de la volonté est un désordre douloureux et, ajou-
tons-le, humiliant. C'est à ce désordre que les positivistes
les plus honnêtes sont condamnés par l'antagonisme de
leurs sentiments moraux et de leurs théories.

Il n'y a vraiment pas là de quoi traiter avec hauteur la
vieille morale, qui est celle du genre humain et où les
plus habiles ne sauraient trouver le moindre défaut de
proportion. Miss Evans est particulièrement plaisante
lorsque, sous le nom de George Elliot, elle déclare que
« la plus grande extension et la plus grande intensité de
nos sentiments naturels... n'a pas plus affaire avec la
croyance à la vie future que l'échange des gaz dans les
poumons avec la pluralité des mondes » ; car la fraternité
animale et la loi du progrès, qui exclut la croyance à la
vie future, n'est pas seulement indifférente à la sympathie humaine, elle l'étouffe en la rendant immorale ; et,
d'autre part, cette même sympathie se trouve avec la
pensée du ciel tout juste dans les mêmes rapports que
l'œil avec la lumière, ou une belle voix avec l'exécution
parfaite d'un morceau de musique excellente. Quant à
l'enfer, c'est, comme nous l'avons dit, le désordre consommé. Or la philosophie du positiviste rapprochée de sa
morale forme avec elle une image assez ressemblante du
chaos intellectuel, c'est un enfer commencé.

CHAPITRE IV

ATHÉISME ET MORALE SOCIALE

Voltaire a dit en termes équivalents : « Je ne voudrais pas être sujet d'un roi qui ne croirait pas en Dieu ; car, s'il avait intérêt à me faire piler dans un mortier, je serais infailliblement pilé. » Ce n'est pas seulement du chef d'une monarchie absolue que Voltaire entend parler, mais de tout homme qui, revêtu ou non de l'autorité souveraine, a le pouvoir de faire impunément ce qu'il veut. Le nom importe peu ; quiconque n'a pas à redouter les lois humaines, et ne redoute pas les lois divines, est par là même très redoutable. L'athéisme formel, on le comprend, n'est pas nécessaire pour enlever tout frein au pouvoir. Il suffit que le prince soit persuadé que Dieu, s'il existe, n'a nul souci des affaires de ce monde, ou bien que la vie future n'a point de châtiment pour les coupables ; car, si les déportements de sa volonté ressortissent au seul tribunal de sa conscience, il est vraiment maître absolu de ses propres déterminations, il a l'indépendance, la souveraineté de ses actions. L'athéisme pratique paraît malheureusement très commun aujourd'hui : beaucoup de nos contemporains se moquent de l'enfer, c'est-à-dire de la sanction de la loi morale ; ils s'imaginent

n'encourir aucune responsabilité hors de ce monde.
L'indépendance de leurs déterminations, sauf en ce qui
touche les lois humaines, est passée dans leurs esprits
à l'état de dogme plus ou moins réfléchi, mais arrêté :
ils se regardent vraiment comme des petits dieux. Or les
vicissitudes des mouvements politiques, poussant naturellement de tels hommes à la tête des affaires, peuvent
les constituer pour un temps, au titre près, nos maîtres
et nos rois. Il n'est pas douteux que, dans de telles occur-
rences, nous aurions raison de partager les craintes de
Voltaire. Il est donc de notre intérêt d'examiner une
question aussi tristement intéressante aujourd'hui et de
nous demander si, le cas échéant, nous n'aurons plus
qu'une ressource, hélas! bien précaire, celle de convaincre nos maîtres qu'il leur servira de peu de nous
piler.

Mais, avant tout, délimitons bien la question. Le pilon
et le mortier ne sont évidemment donnés que comme
exemple; le problème est le même pour tous les actes
tyranniques dont les sujets peuvent être les victimes, et
les motifs, l'intérêt du tyran. Ce mot d'intérêt ne désigne
pas un bien raisonnable et réel, car un tel bien n'est
jamais ni le motif ni l'effet d'une violation de la loi
morale; il s'agit d'une satisfaction plus ou moins cal-
culée de désirs coupables, d'ambition, d'avarice, de
vengeance, de cruauté, de débauche, d'orgueil, d'une
satisfaction qui demande le sacrifice de certains droits
du sujet, tels que sa fortune, par exemple, sa liberté, son
honneur, son bien-être ou sa vie. Il faut supposer en
outre le tyran à l'abri de toute coercition et de toute
répression humaine : il est au-dessus des lois et des tribunaux, il est souverain : personne sur la terre n'a ni
l'autorité ni le pouvoir de restreindre ses caprices. La
pensée même de Dieu est absente de sa conscience et ne

saurait par conséquent exercer aucune influence sur les déterminations de sa volonté. Un tel prince étant donné, les sujets auront-ils vraiment raison de craindre si leurs droits se trouvent en conflit avec ses résolutions? Voilà la question précise que nous avons l'intention de résoudre.

§ I. — *Athéisme et monarchie.*

La brutalité des désirs instinctifs a pour caractère d'obscurcir l'intelligence, de pousser violemment la volonté à les réaliser sans aucune considération. La délibération est alors très difficile, la passion remplissant à peu près toute la capacité de l'esprit. Supposons cependant que notre prince, brute aux trois quarts, raisonne encore, qu'il se possède assez pour peser les motifs de ses résolutions, les avantages et les inconvénients des partis contraires, qu'il délibère avant d'en venir à l'exécution de ses projets.

Réel ou apparent, c'est toujours un bien, nous ne disons pas le bien, qui est l'objet de nos désirs et de nos déterminations : il nous est impossible de vouloir autre chose, l'œil n'est pas dans une nécessité plus rigoureuse de ne voir que la lumière. Sollicité par la passion de sacrifier le droit de quelqu'un de ses sujets à un bien personnel, le prince ne pourra résister à la tentation que s'il reconnaît dans la résistance un avantage personnel au moins égal. L'avantage peut évidemment consister dans un mal qu'on évite, et c'est ordinairement sous cette forme qu'il balance les attraits de la passion. Or, il nous semble que les inconvénients d'un acte de vraie tyrannie se ramènent tous, pour un tel prince, aux trois chefs suivants : réclamations de la conscience, blâme public, résistance violente des opprimés. Avant de se livrer à une injustice criante, le tyran se posera ces trois questions :

Si j'agis de la sorte, que penserai-je de moi? que dira-t-on de moi? que fera-t-on de moi? Écoutons ses réponses.

Il y a comme une conscience instinctive qui nous parle sans être interrogée, c'est celle qui crie avant la mauvaise action : « Il ne t'est pas permis de faire cela », et après la mauvaise action : « Tu as fait ce que tu ne devais pas faire. » Cette voix importune résiste aux systèmes, à la perversion de la volonté, à l'habitude du mal. Elle ne parle pas toujours avec la même force, surtout dans les cœurs corrompus, mais elle se fait toujours entendre; l'impie et l'incrédule ne parviennent jamais à l'étouffer entièrement. Le prince athée ne peut se soustraire tout à fait à ses conseils et à ses reproches. Mais il ne suffit pas d'entendre, il faut encore écouter; sans quoi, les réclamations les plus justes et les plus énergiques ont exactement le même effet définitif que le silence. Examinons donc si le prince athée se trouve disposé par son athéisme à écouter sa conscience ou à lui tourner le dos.

Pour bien juger un fait, il faut avoir soin d'en reproduire exactement les conditions. La plupart des moralistes incrédules mettent leur disciple en présence de ce qu'ils jugent être le bien, et semblent croire qu'il ne faut pas autre chose pour le déterminer à embrasser un si bel objet. La vertu est de plus difficile abord. Sauf dans les cas où l'habitude supplée, la détermination est précédée comme d'un conseil où les motifs d'agir sont mis en délibération. Là, trois avocats, si l'on peut ainsi dire, parlent tour à tour : la conscience, la passion et la raison. La conscience représente le droit et le devoir, l'affirmant avec énergie, mais sans en révéler toujours clairement les titres. La passion est un entraînement spontané des facultés sensibles vers les objets capables de les satisfaire. Elle a ce caractère singulier qu'elle est intermittente,

qu'elle s'accroît par degrés plus ou moins rapides depuis
l'apathie jusqu'à la fureur, et décroît de même; le bien et
le mal moral ne l'émeuvent pas; elle ne connaît que le
plaisir et la douleur, se portant à l'un et se détournant
de l'autre avec une impétuosité également brutale. La
raison est un arbitre entre la conscience et la passion :
elle juge les prescriptions de l'une et les entraînements
de l'autre, suspendant la décision de la volonté jusqu'au
moment où elle aura prononcé son arrêt. Mais la raison
ne prononce pas sans considérants, elle pèse le pour et
le contre, le bien-fondé des parties adverses, et sa balance
est la loi, naturelle ou positive, mais sous un aspect
relatif, c'est-à-dire suivant la manière dont elle est conçue
par le sujet. Remarquons, en passant, que l'absence de la
loi peut encore s'appeler loi; car où la loi se tait, la loi
permet.

Quelle est donc la loi que reconnaît la raison de l'incrédule? On peut le savoir sans beaucoup de peine, car les
philosophes ont eu soin de réduire en systèmes toutes les
formes qu'elle prend aux yeux de qui ne croit pas en
Dieu. La loi de l'homme, pour Aristippe, c'est le plaisir
brutal; pour Épicure, c'est le plaisir calculé; pour Ben-
tham, c'est l'utile; pour les positivistes, c'est le perfectionnement de la race. Voilà tout.

On remarquera tout de suite que l'opinion d'Aristippe
et celle d'Épicure ont un terrible inconvénient : elles justifient la passion. Non seulement, d'après ces systèmes de
morale, il est permis de suivre les inclinations contre
lesquelles la conscience proteste, mais on doit y conformer
sa conduite : le bien moral consiste à y céder, et la vertu
à y céder toujours. Épicure, sans doute, met quelque
restriction à ce singulier devoir : il veut que l'on soit
prudent, que l'on tienne compte du présent, de l'avenir,
des conséquences immédiates, des résultats éloignés;

l'objet qu'il impose aux déterminations de la vertu est la somme de plaisir relativement la plus grande possible : son honnète homme est un habile marchand qui fait fortune en émotions agréables. Mais le plaisir le mieux calculé n'en reste pas moins un plaisir, c'est-à-dire un objet absolument étranger à la conscience, qui ne prescrit et ne saurait jamais prescrire des émotions agréables, son objet essentiel étant le devoir. Par conséquent le plaisir, même différé par calcul, est un motif qui, dans la délibération, fera échec à la conscience, et, comme le sophisme du philosophe lui donne, aux yeux du prince épicurien, toutes les apparences de la justice, celui-ci imposera logiquement silence à sa conscience ou la laissera crier pour suivre les entraînements de sa passion, dès que le moment opportun sera venu.

La morale utilitaire n'est pas plus favorable à la conscience. Tout le monde sait que ce qui est seulement utile n'est vraiment pas un motif : l'*utile* conduit à une autre chose et c'est cette autre chose que l'on veut obtenir en se servant (*utendo*) de ce que l'on qualifie d'utile, moyen ou instrument, rien de plus. Or tous les termes où conduit l'utile sont compris en deux catégories, qui sont, suivant l'expression des anciens, l'agréable et l'honnête, ou, suivant le langage infiniment plus significatif du christianisme, les biens du corps et les biens de l'esprit, ou encore les biens de la bête et ceux de l'ange. Or, le prince incrédule ne connaît pas les biens de l'esprit, puisqu'il est athée; il n'y en a pas d'autres pour lui que ceux du corps. Par conséquent, la morale utilitaire ne l'élève pas du moindre degré au-dessus de l'épicurisme : la probité pour lui consiste à calculer habilement ses plaisirs, à faire piler même ses sujets, si cette opération lui assure de vrais avantages matériels.

Voyons si le positivisme rendrait la situation du trou-

peau plus tolérable sous un tel berger. Mais d'abord,
pourquoi le prince serait-il positiviste en morale plutôt
qu'épicurien ou utilitaire? Est-ce que la morale d'A. Comte
et de ses disciples jouit d'une plus grande évidence? Est-
ce qu'elle s'impose à la raison comme les axiomes du
sens commun? Il n'est pas nécessaire d'aller chercher
bien loin pour trouver une réponse absolument négative.
Avant M. Comte, personne au monde n'avait même soup-
çonné sa morale : elle n'est donc pas évidente. Elle ne
dérive pas non plus de principes nécessaires, de telle
sorte que tout homme raisonnable, par cela seul qu'il
fait usage de sa raison, serait obligé de l'admettre. Ici
encore nous n'avons pas à chercher bien loin pour en
trouver la preuve. Les positivistes n'ont qu'un principe
absolu, à savoir qu'il n'y a pas de principe absolu. D'où
il suit que toutes leurs déductions sont hypothétiques,
ce dont ils conviennent de bonne grâce. Ils sont semblables à des matelots qui attacheraient leur navire à une
planche flottante; avec une telle précaution, il serait au
moins naïf de se croire solidement fixé au rivage. Ainsi,
ni l'évidence immédiate ni le raisonnement ne pousseront
le prince athée dans les bras du positivisme, et ses sujets
ne trouveront point un refuge dans cette philosophie.

Hélas! il y a mille à parier contre un que, si le choix
lui est offert, le prince se décidera pour la morale d'Épicure, dont la doctrine est plus claire, moins alambiquée
et non moins sûre que celle d'A. Comte. Que dis-je? Si
la millième chance est celle qui se vérifie, si la morale
positiviste obtient ses préférences, le sort de ses inférieurs ne sera guère plus digne d'envie. Cette morale,
en effet, en quoi consiste-t-elle? A donner pour but à
ses actes l'amélioration de la race. Nous ne voulons pas
revenir sur ce que nous avons déjà dit, nous ne voulons
pas répéter que, suivant les théories le plus en honneur

dans cette école, le progrès de la race s'accomplit par le
triomphe des mieux doués sur les moins bien doués; que
la bonne conduite n'a d'autre principe et d'autre règle
que le succès, et que, par conséquent, tout devient absolument légitime pour le tyran, sauf de se laisser dominer.
Le prince positiviste a des motifs spéciaux, des raisons
princières pour user de ses sujets à son bon plaisir.

Il n'a pas besoin, comme le peuple positiviste, de se
proposer l'intérêt du genre humain pour le moment présent ou pour un avenir très éloigné et fort hypothétique.
La société réelle, dont il est malheureusement le chef
réel, justifie dans son esprit tout ce qu'il entreprend contre
de simples particuliers. S'il ne dit pas : « L'État, c'est
moi », il dit du moins : « La prospérité de l'État dépend
de moi, c'est-à-dire des conditions qui me permettront de
travailler plus efficacement à son bien. Il faut que je sois
puissant, que je sois riche, que j'aie la force et la vigueur
du corps, l'indépendance de mes résolutions, la facilité
de les exécuter. Le bien de mon peuple demande tout
cela. En d'autres termes, mon bien personnel avant tout,
car l'abondance de la source fait la richesse des ruisseaux.
Donc, si mon bien demande que j'impose à quelques-
uns de mes sujets des actes de dévouement, le sacrifice
de leur fortune, de leur vie même, non seulement je puis :
je dois le faire, les y contraignant par la force s'ils n'ont
pas assez de sens pour comprendre la sainteté de mes
droits. Pour le bien de mon peuple, je puis être obligé
de faire la guerre, c'est-à-dire d'exiger d'un grand nombre
de mes sujets le tribut de leur vie, et il n'est personne
qui ne trouve cet impôt absolument légitime. Sera-t-il
moins conforme à la morale d'user un peu de ce droit en
temps de paix? En vérité, je ne vois pas pourquoi, pouvant faire tuer des milliers d'hommes sur un champ de
bataille, je ne pourrais pas en faire tuer une dizaine dans

la cour de mon palais? Le bien public justifie également les deux résolutions ou n'en justifie aucune. »

Nous pourrions prêter longtemps encore l'oreille au monologue du prince positiviste que ses scrupules inquiètent. Nous l'entendrions toujours justifier par d'excellentes raisons ses caprices les moins excusables, et prouver catégoriquement à sa conscience qu'elle a tort.

On ne saurait contester maintenant, croyons-nous, que le souverain incrédule, qui est, comme tous les hommes, sujet aux attraits du mal, se trouvant sous l'impulsion d'une passion violente, n'ait absolument rien en lui-même, dans son esprit, dans ses principes, dans ses convictions, qui lui permette de résister à cette force déchaînée. Et il en sera ainsi tant que les passions ne seront pas supprimées, c'est-à-dire tant que la nature humaine sera la nature humaine. Mais l'opinion publique n'assure-t-elle pas ce que la raison solitaire ne saurait donner?

Qu'on nous permette ici une courte digression, qui ne peut que servir à notre sujet.

Pascal a dit : « L'homme estime si grande la raison de l'homme, que, quelque avantage qu'il ait sur la terre, s'il n'est placé avantageusement aussi dans la raison de l'homme, il n'est pas content. C'est la plus belle place du monde : rien ne peut détourner de ce désir, et c'est la qualité la plus ineffaçable du cœur de l'homme (1) ».

Rien de plus juste. Pascal a fort bien remarqué cette pente naturelle du cœur, que la volonté éclairée par la raison ne remonte pas sans de grands efforts, et qu'elle suit trop souvent lorsque l'on croit y résister. Ce n'est pas même l'estime raisonnable des autres qui exerce sur nous un si vif attrait; qu'elle soit fondée sur la raison,

(1) *Pensées*, art. II.

sur le préjugé, sur la mode, sur le goût du jour, sur des
traditions gothiques, n'importe? pourvu que ce soit de
l'estime, nous ne demandons pas davantage, nous sommes
flattés de l'obtenir. Les moindres choses, des niaiseries
prennent de la valeur sous les doigts de cette fée : tel
magistrat que la perte de la vie ne ferait point faillir à
ses devoirs, sera touché d'un compliment sur la dignité
de son air, sur le ton de sa voix, sur la finesse et la
coupe de ses habits.

L'opinion d'autrui nous affecte plus intimement encore
sous sa forme négative, quand elle est le contraire de
l'estime, c'est-à-dire le blâme. Les coutumes et les
mœurs des peuples éloignés, qui nous paraissent barbares
et ridicules, n'ont pourtant pas d'autre raison d'être que
le désir de ne point passer pour ridicules et barbares.
Nos propres coutumes sont-elles vraiment plus conformes
au bon goût ou au bon sens? Nous n'oserions pas
l'affirmer. Cependant un honnête homme ne voudrait pas
se montrer dans les rues en robe de chambre ou avec les
habits de son grand-père, quoiqu'il fût convaincu que ces
vêtements ont meilleure grâce que ceux d'aujourd'hui.
On sait toutes les sottises que fait commettre le point
d'honneur. On n'a pas précisément le culte de la bra-
voure, mais on redoute de passer pour lâche, et on fait le
brave par poltronnerie. Combien regardent comme une
injure sanglante d'être appelés menteurs, qui mentent du
matin au soir; et combien se croiraient déshonorés s'ils
volaient cinq centimes, qui ruinent cent familles et se
font honneur de leurs brigandages de bon ton! Parmi les
vices, il y a comme un menu peuple, et il y a les vices de
haut parage : c'est ceux-là que le ridicule atteint, ceux-ci
sont excusés, quand ils ne sont pas admirés. Il n'est pas
douteux que les mœurs extérieures, que cette tonalité
moyenne de conduite qui constitue l'honnête homme des

pays civilisés et dont nos contemporains sont si fiers,
ont pour raison suffisante l'influence de l'opinion ainsi
considérée. La morale a bien peu de chose à voir
là-dedans. L'honnête civilisé est honnête, comme le mouton est mouton : à cause du troupeau.

Ce n'est pas l'opinion qu'on a réellement de nous qui
nous touche, mais l'opinion que nous supposons qu'on a
de nous. « Que dira-t-on de moi, si j'agis ouvertement de
la sorte? » Voilà ce que l'on se répète à chaque instant,
et il est fort rare que l'on se réponde, ce qui est pourtant
exactement vrai : « Ce qu'on dira de moi! on n'y pensera
même pas! » Notre imagination, subtilement inspirée par
l'amour-propre, crée de toutes pièces une opinion et la
transporte tout entière dans l'esprit d'autrui. Le moindre
signe extérieur nous semble suffisamment autoriser cette
opération mentale, parce que nous en étendons la portée
au-delà de toute limite. Une marque de politesse devient
un éloge chaleureux; un sourire, une marque délicate
d'admiration. Quel désenchantement si l'on parvenait
tout d'un coup à lire dans les cœurs, si le voile qui nous
en cache si complètement l'intérieur se levait un instant
devant nous! Et cependant la conduite de presque tous
les hommes s'inspire de cette duperie réflexe, elle se règle
sur ce mensonge! C'est un fait, il serait inutile de le
nier.

Revenons maintenant à l'objet de notre étude. Cette
puissance de l'opinion ne s'étendra-t-elle pas jusqu'au
prince incrédule? Ne lui fournira-t-elle pas le moyen de
modérer l'impétuosité de ses passions et de ses désirs
cruels? On serait tenté à première vue de fonder là-
dessus quelque espérance; mais, en y regardant de plus
près, on s'aperçoit bien vite que l'influence de l'opinion
doit amener un résultat tout autre que des actes de
douceur.

« La belle place » dont parle Pascal est la considération d'autrui pour nos qualités. Rien ne nous flatte
comme de nous croire là au-dessus du niveau moyen;
rien ne nous est douloureux, insupportable comme de
nous croire fort au-dessous de ce niveau, de n'occuper
aucun rang, d'être oublié parmi les non-valeurs, en d'autres termes, d'être méprisé. C'est l'amour de l'estime et
surtout la crainte du mépris qui donnent à l'opinion une
si grande autorité. Or le prince cruel ne se figurera
jamais qu'il déchoit sur cette échelle par la cruauté.

Montaigne dit en ses *Essais* (1) : « A peine me pouvois
ie persuader, avant que ie l'eusse veu, qu'il se feust
trouvé des âmes si farouches, qui, pour le seul plaisir du
meurtre le voulussent commettre ; hacher et destrancher
les membres d'aultruy ; aiguiser leur esprit à inventer des
tourments inusitez et des morts nouvelles, sans inimitié,
sans proufit, et pour cette seule fin de iouir du plaisant
spectacle des gestes et mouvements pitoyables, des
gémissements et voix lamentables, d'un homme mourant
en angoisse. Car voylà l'extrême poinct où la cruauté
puisse atteindre : *Ut homo hominem, non iratus, non
timens, tantum spectaturus, occidat.* » Montaigne raconte ici ce dont il a été témoin au milieu des guerres
civiles de son temps, et ce qu'il dit est d'ailleurs très
croyable. Le plaisir de l'emporter sur autrui, de prouver
sa propre supériorité, est un plaisir très vif. Réduire un
homme à l'extrémité, le forcer de témoigner par des
plaintes lamentables sa défaite, l'anéantir enfin, n'est-ce
pas se grandir soi-même de toute cette grandeur que l'on
met sous ses pieds? Sans doute c'est là une déchéance
pour quiconque a le sentiment de la grandeur morale,
mais en l'absence de cette lumière supérieure, au milieu

(1) L. II, c. 11.

des ténèbres des instincts animaux, que reste-t-il sinon la comparaison de deux forces brutales dont l'une se manifeste précisément dans la proportion où l'autre est vaincue? La force du lion se montre mieux lorsqu'il déchire un éléphant que lorsqu'il épargne une souris.

Le tyran se persuade sans peine qu'il soulève des haines, il ne croit jamais s'exposer au mépris; il est même convaincu qu'il donne une haute idée de sa puissance, de son excellence. *Oderint dum metuant;* on connaît ce mot. Les haines vigoureuses ne tombent jamais sur ce qu'on méprise : on déteste le tyran, donc on le redoute, donc on est convaincu de sa supériorité. On ne tremble jamais devant un inférieur, ni même devant un égal; la crainte est un hommage involontaire du petit au grand. L'orgueil déchaîné dans le prince incrédule lui donne le sentiment très vif de ces vérités, et cela ne suffit que trop, on le comprend, pour soustraire les entraînements de sa brutalité au frein de l'opinion.

Mais il est une considération dont il faut ici tenir grand compte. Il est rare que l'opinion de tout le monde arrive pure jusqu'aux oreilles du prince. Celle qu'il recueille, qu'il croit faussement venir du dehors, se forme près de lui et n'est pas véridique. Distributeur de la fortune, il attire autour de sa personne, par un effet inévitable, les plus habiles et les plus âpres, comme l'aimant attire, parmi toutes les poussières, la limaille de fer. Pour réussir, pour satisfaire leurs appétits, les courtisans n'ont guère qu'un moyen : ils flattent le prince, ils caressent ses passions, les favorisent, écartent ce qui, soit au dehors, soit dans son esprit, pourrait les contrarier. Jamais les Nérons n'ont manqué de Narcisses. Le prince hésite-t-il devant l'infamie qu'il est sur le point d'encourir? entend-il au fond de sa conscience expirante ce murmure :

Et de tout l'univers quel sera le langage?

ses familiers ne manqueront pas de lui répéter :

> Ah! seigneur, vos sujets ne vous sont pas connus,
> Non, non, dans leurs discours, ils sont plus retenus;
> Ils adorent la main qui les tient enchaînés.
> Faites périr le frère, abandonnez la sœur.
> Rome, sur les autels prodiguant les victimes,
> Fussent-ils innocents, leur trouvera des crimes.

De tels conseils sont trop conformes aux secrets désirs du cœur, pour qu'ils ne soient pas accueillis avec avidité et ne ferment pas tout accès à la véritable opinion. Un ancien comparait les flatteurs des princes aux corbeaux, parce qu'ils crèvent les yeux de la conscience, comme les corbeaux crèvent ceux de leur proie. Or la race de ces tristes oiseaux est impérissable.

La mort de Jean-Baptiste offre un exemple frappant de la dépravation du jugement moral à laquelle un prince cruel est condamné par son entourage. Pour faire plaisir à une femme, Hérode jette en prison Jean-Baptiste, qu'il vénère à cause de sa sainteté. La fille de cette femme perdue vient un jour danser devant lui pendant un grand festin; puis, cette enfant qui sent déjà les instincts sanguinaires de sa race, demande, pour salaire de ses entrechats, comme d'autres auraient demandé un collier, une parure quelconque, la tête du saint. Hérode trouva la chose quelque peu exorbitante et au fond en fut contrarié; mais, voyez quelle délicatesse! pour ne pas faire de peine à ce monstre naissant, n'osant pas d'ailleurs manquer à sa parole devant ses convives, *propter simul discumbentes*, il fit apporter la tête de Jean dans un plat et la donna à la danseuse. La conscience, la réprobation de l'univers ne sont rien pour ce misérable; mais il n'a pas le courage d'affronter l'opinion de ses courtisans.

Livré sans défense à ses passions par sa raison et par

la crainte de l'opinion, le prince incrédule ne sera-t-il pas du moins retenu par la pensée de ses intérêts temporels que compromettrait l'abus de sa puissance? S'il est au-dessus de la loi civile, s'il n'y a point de tribunaux où il puisse être déféré, de juges qui aient l'autorité suffisante pour le châtier, il est quelquefois soumis à une répression bien plus redoutable, à ce qu'on a nommé la justice du peuple. La crainte des insurrections n'aura-t-elle pas le pouvoir d'éteindre dans le prince incrédule le désir de la tyrannie?

Hélas! l'histoire nous apprend que rien n'est plus injuste que cette justice populaire. Ce n'est point contre un prince ferme, dur, cruel même que l'on se révolte; c'est contre le prince débonnaire, doux, vertueux, mais faible. Le zèle du bien public, le dévouement le plus entier aux intérêts des citoyens, s'il n'est accompagné de vigueur, est une faible protection contre l'esprit de révolte. La sévérité poussée jusqu'à la tyrannie n'a point de ces dangers. Voyez Hérode le Grand, voyez les tigres qui ont rempli de sang la Rome impériale, voyez ces autres tigres dont rougissent les annales de la Russie : leurs victimes osaient à peine se plaindre, elles ne savaient que mourir. Dans le secret, des terreurs, de l'indignation peut-être, mais des projets de révolte, on n'en trouve pas de vestige. Ces monstres sont renversés par d'autres monstres qui n'ont pas une moindre soif de sang; c'est une lutte d'ambition qui les abat, ce n'est jamais contre une juste résistance qu'il viennent se briser. Dans les circonstances favorables, c'est-à-dire, lorsque l'autorité s'est amollie, une idée creuse, des mots suffisent pour soulever une ville, tout un pays; alors, on appelle tyran le malheureux prince qui même ne sait plus faire appliquer la loi; on veut briser les chaînts imposées par un homme qui n'a plus même de serviteurs,

qui est moins maître dans son palais, qu'un paysan dans
sa cabane. Quels excès, quelle fureur, quelle rage contre
ce mouton couronné qui s'appelait Louis XVI! Mais
quelle soumission, quelle servilité, quel aplatissement
de la part des plus fiers devant ce monstre, dont le nom
sera une tache à jamais ineffaçable dans l'histoire de
notre pays, devant Robespierre!

Voilà les faits, voilà ce qui se passe dans la réalité
historique. Pour le connaître, pour en tirer des conséquences favorables à ses désirs, le prince n'a besoin que
de savoir lire, ou d'entendre ses flatteurs, qui en appel-
leront au témoignage des siècles, ou peut-être, comme
Narcisse, à leur propre expérience :

> J'ai cent fois, dans le cours de ma gloire passée,
> Tenté leur patience et ne l'ai point lassée.

Hélas! il lui suffira d'écouter les instincts secrets de
son cœur dépravé : l'attrait de la domination écarte la
pensée d'une opposition possible, ou du moins allume
le désir violent de l'écraser par toute sorte de moyens.

Ainsi donc, la réponse à la triple question : que penserai-je de moi? que dira-t-on de moi? que fera-t-on de
moi? est incapable de ramener le prince incrédule aux
procédés de la douceur, si l'envie lui vient d'être cruel;
et Voltaire avait raison de craindre d'être vraiment pilé
dans un mortier, supposé qu'un tel homme trouvât
quelque avantage personnel à traiter ainsi ses inférieurs.

La Fontaine a excellemment exposé cette vérité dans
une de ses fables.

> Un lion décrépit, goutteux, n'en pouvant plus,
> Voulait que l'on trouvât remède à la vieillesse.

Ce lion était athée, son histoire le prouve. Il forma
un désir, et il lui était difficile d'en concevoir un
qui répondît mieux à ses intérêts : il voulait qu'on

trouvât remède à la vieillesse! Combien ne donneraient
pas tout ce qu'ils possèdent pour un spécifique si
précieux? On sait quel est celui qui fut proposé par le
renard, habile courtisan, qui s'inquiétait peu des volontés
de son maître, mais qui en usait pour l'intérêt de ses propres vengeances :

> Vous ne manquez que de chaleur;
> Le long âge en vous l'a détruite :
> D'un loup écorché vif appliquez-vous la peau
> Toute chaude et toute fumante.

Le roi va-t-il se récrier contre la barbarie, l'injustice
de ce que le rusé courtisan lui propose? Eprouvera-t-il du
moins quelque scrupule de conscience? Son droit suprême, son autorité sont à ses yeux quelque chose de si
naturellement évident, que la pensée des droits contraires
de son sujet ne point pas même dans son esprit. Avec
un laconisme qui fait frissonner, le fabuliste se contente
d'ajouter :

> Le roi goûte cet avis-là.
> On écorche, on taille, on démembre
> Messire loup : le monarque en soupa,
> Et de sa peau s'enveloppa.

Plus philosophe, plus attentif aux réclamations de la
conscience, le roi lion aurait raisonné son cas, mais le
loup n'en aurait pas moins été écorché. Certes, quand
un souverain désire la santé, prend les moyens de la
recouvrer, il n'use que de son droit, il ne fait que son
devoir. Le bien de l'État, c'est-à-dire de tout le peuple,
ne dépend-il pas absolument de la bonne gestion des
affaires? Le désordre de l'administration, n'est-ce pas le
désordre introduit dans toute la société, la souffrance, la
misère se faisant partout sentir? Et qu'est-ce qu'une administration dont la tête est réduite par la maladie à l'impuissance? La santé du prince est à vrai dire le principe,

la source de la santé sociale. Il est donc d'un bon prince de travailler à recouvrer la santé quand il l'a perdue, de lutter contre l'ennemi le plus redoutable de la santé, qui est la vieillesse, si proche alliée de la mort.

Il serait peu sage d'opposer la maxime : « Le roi est mort, vive le roi », c'est-à-dire : « D'autres feront aussi bien! » Le peuple se résigne sans trop de peine aux conséquences de ce cri; le prince à qui s'applique la seconde partie de la proclamation s'y résigne encore mieux; mais celui pour qui est faite la première la goûte infiniment peu. Que voulez-vous? N'a-t-il pas un plan de gouvernement, des idées, une politique que seul il peut appliquer, parce que seul il les a conçus, et qui importent grandement aux intérêts de la nation? Qu'on dise que cette manière de raisonner vient de l'amour-propre, est pleine d'illusion et marque de la faiblesse : il n'en est pas moins vrai qu'elle est toute naturelle et que, dans les mêmes circonstances, aucun prince ne manquera de la reproduire.

Le remède inventé par La Fontaine est extravagant : l'est-il plus qu'une foule d'autres actes de tyrannie dont l'histoire a gardé le souvenir? Lorsque l'homme a perdu tout frein, lorsque, suivant le mot de l'Évangile, il ne craint plus ni Dieu, ni ses semblables, on doit tout craindre de lui. Un philosophe du seizième siècle, aussi peu connu de nos jours qu'il fut célèbre de son temps, Augustin Nifo, fait à ce sujet quelques remarques dignes d'être rappelées. « Il n'y a point de sorte de cruauté, dit-il en termes équivalents, où la soif de la vengeance, l'ivresse de la domination, l'âpre désir des richesses, la fureur de la sensualité, ne pousse le *profane*, c'est-à-dire celui qui n'est plus sous l'influence de la religion. » Il en donne des exemples qui font frémir. L'histoire, d'ailleurs, en est pleine, et l'on ne peut les lire sans se demander si

les auteurs de tant d'atrocités étaient autre chose que des
fauves sans ombre de raison.

Mais, quoi! s'agit-il bien aujourd'hui de rois, de souverains, de tyrans? Le pouvoir suprême partout divisé n'a-
t-il pas rendu la tyrannie impossible partout? En vertu
de ce progrès de la civilisation, l'athéisme n'est-il pas
devenu inoffensif dans le gouvernement? Voilà ce qui
nous reste à examiner, et de cet examen les pages précédentes ne sont qu'un préambule.

§ II. — *Athéisme et démocratie.*

Le pouvoir suprême ne réside pas essentiellement dans
une seule personne, il est souvent réparti entre plusieurs,
suivant l'exemple que nous en offrent généralement les
temps modernes, la démocratie étant devenue, même
dans les pays où le titre royal subsiste encore, la forme
la plus ordinaire du gouvernement. La part de souveraineté que la démocratie attribue à chaque citoyen est
infiniment peu de chose : elle est loin de contrebalancer
la lourde sujétion qui pèse sur lui du poids de tous les
autres fragments du souverain, sous mille formes diverses.
Le souverain réel, c'est le gouvernement polycéphale
qu'un hasard formidable, appelé par euphémisme suffrage
universel, fait surgir on ne sait d'où pour diriger ses
plus importantes affaires. On le comprend, le souverain
fictif, très réellement sujet, a les raisons les plus graves
de se rendre compte de la situation qui lui serait faite
par l'athéisme du souverain collectif. A-t-il de sérieux
motifs d'espérer que sa condition sera plus tolérable que
sous un monarque athée ?

La réponse, au premier abord, semblerait devoir être
affirmative ; car, réunir des hommes n'est-ce pas multiplier les foyers de lumière et par conséquent augmenter

la lumière? n'est-ce pas aussi accroître le sentiment moral en chacun d'eux grâce à l'influence qui va spontanément de l'un à l'autre?

L'action que les hommes réunis exercent les uns sur les autres n'est pas contestable. Mais ce serait se tromper bien gratuitement que de la croire toujours bonne. Les ruisseaux ne valent pas mieux que la source, et, s'ils sont corrompus, on ne les assainit pas en les réunissant, on ne fait qu'ajouter à l'infection. Les hommes ne sont pas absolument bons, ils ne sont pas absolument mauvais : le bien et le mal font naturellement impression sur leurs cœurs. Néanmoins le concours de plusieurs d'entre eux n'offre pas ce caractère ambigu : il est franchement moral ou immoral, quelquefois cela, fréquemment ceci. Entrons dans quelques détails.

Il ne faut pas nous le dissimuler, nous portons tous au dedans de nous les sept péchés capitaux. La vertu même ne les tue pas : ils restent assoupis dans le cœur de l'honnête homme lui-même, toujours prêts à se réveiller, si l'occasion favorable se présente. Sans leur donner au dehors trop libre carrière, la plupart des hommes les flattent, les nourrissent en secret, avec une complaisance plus ou moins consciente. On les contient, on affecte la vertu par égard pour la mode, par crainte de l'opinion. Mais, outre qu'une barrière aussi fragile laisse passer bien des désordres, les passions qu'elle cache restent au moins à demi éveillées et n'attendent pour s'échapper qu'une ouverture dans ces ais pourris. On ne naît point, on devient vertueux; pour faire le bien, pour être parfaitement honnête, il ne suffit pas de s'abandonner au courant de la nature, il faut au contraire y résister avec toute l'énergie d'une volonté droite : vertu veut dire force.

Supposez maintenant un nombre considérable d'hommes qui ont les mêmes passions avec le désir secret de les

satisfaire. Il sera bien difficile que les sentiments de tous,
s'ils ne sont spontanément avoués, ne se fassent bientôt
jour d'une façon ou de l'autre, ne soient au moins
devinés. Cette sorte de complicité plus ou moins tacite
des cœurs sera la cause inévitable des plus tristes défaillances. La passion, qui cherche partout des prétextes,
des excuses, y trouvera même une justification. Parmi
tous ces hommes, qui ont les mêmes goûts que moi, ai-je
seul de la conscience, de la raison? n'y en a-t-il pas de
plus sages, de plus vertueux, de plus désireux de rester
fidèles au devoir? Ce serait orgueil et sottise de ne pas
le croire. Je ne puis donc faire de mal en faisant comme
eux. Ainsi argumente chacun de ces hommes pour faire
taire sa conscience : ce sont de misérables sophismes,
trop naturels, dont l'unanimité force la barrière qui contient les mauvais instincts, et donne passage à tous les
désordres. Que n'a-t-on pas dit sur l'influence pernicieuse
des mauvaises compagnies, sans dépasser toutefois les
limites de la vérité? Les mœurs de tout un peuple, malgré
la rectitude d'une éducation première, vont infailliblement se perdre dans ces agglomérations que la civilisation rend indispensables; on sait tout le mal que la France
reçoit de la caserne, de l'usine, du chantier et des mille
formes de la vie commune. Pour empêcher les compagnies
de devenir mauvaises, il faut de grands efforts et un
discipline énergique; abandonnées à leur pente naturelle,
elles courent naturellement à la corruption.

Les foules mêmes qui se forment par hasard et en un
instant, comme les eaux se réunissent un jour d'orage,
obéissent à la même loi. Si les têtes sont un peu échauf-
fées, s'il y a quelque conformité dans les désirs généraux, un cri, un mot mal interprété, fait éclore soudain
les résolutions les plus coupables dans toutes ces masses.
Quand les sentiments, les passions, les volontés sont

unanimes, chacun est à la fois justifié par tous et contribue à justifier tous les autres. Le frein de l'opinion
n'est pas rompu, il est anéanti; on n'est point rassuré
contre les hésitations de sa conscience, on se sent encou-
ragé, entraîné, porté au mal; on y court avec une sorte
d'enthousiasme et de fierté. Rien n'est connu comme les
fureurs aveugles des foules : l'histoire des révolutions en
offre des exemples sans fin. De très honnêtes gens, qui,
de sang-froid, ne se rendraient pas coupables de la
moindre injustice, prennent part, sous l'influence de
l'ivresse populaire, à des assassinats et ne croient pas mal
faire. Notre pauvre espèce est de nature moutonnière.
Panurge, le grand malfaiteur, aura toujours la plus
grande facilité à dévier ses instincts sociaux pour la
pousser aux abîmes.

Telle est la condition naturelle de notre race. Sera-t-
elle modifiée, améliorée dans ces situations exception-
nelles où des foules de choix deviennent dirigeantes? les
assemblées souveraines seront-elles plus à l'abri des
entraînements passionnés? le seront-elles surtout, si elles
sont envahies par l'athéisme?

Le souverain polycéphale, nous en convenons volontiers, est moins exposé à violer les droits d'un individu
isolé. Il y a deux raisons de ce fait. En premier lieu, dans
le gouvernement démocratique, l'initiative de toute action
publique appartient d'abord au pouvoir législatif. Cela
est tellement vrai que les violences du pouvoir adminis-
tratif ou exécutif se couvrent du prétexte de la loi : on
prétend appliquer des lois existantes. Or, la loi n'est pas
faite pour un individu, elle atteint des catégories entières.
En second lieu, il n'est pas probable qu'un individu isolé
fasse obstacle aux passions de tous ceux qui composent
la majorité d'une grande assemblée. Les haines privées
n'intéressent que des particuliers, et ceux qui ne s'y trou-

vent pas mêlés personnellement ne consentent pas volontiers à les servir; car les passions sont essentiellement
égoïstes : quand elles se coalisent, elles ont un autre but
que de se donner le spectacle d'une satisfaction solitaire.
On a vu sans doute des assemblées exercer des violences
contre un seul homme, mais alors cet homme était ou
semblait un obstacle aux desseins de ces assemblées; ce
sont là des conflits entre pouvoirs publics, usurpés ou
légitimes, ce ne sont pas des querelles privées, où un
pouvoir public intervient.

Mais cette immunité relative de l'individu, en tant
qu'individu, est-elle pour lui d'un avantage réel? Qu'importe après tout d'être atteint par une loi générale ou par
un acte exclusivement dirigé contre vous? les coups
reçus sont toujours individuels. Qu'ils tombent sur plusieurs ou qu'ils tombent sur un seul, chacun les ressent
pour son propre compte, toujours de la même façon. Du
reste, entre la tyrannie d'un monarque procédant par
actes arbitraires et la tyrannie d'une assemblée procédant
par lois générales, l'hésitation n'est pas possible : pour
une même portée, la mitrailleuse est bien plus redoutable
que le fusil à un seul coup. L'autocrate qui charge son
arme à chaque fois ne peut faire qu'un petit nombre de
victimes, sans compter que la fatigue l'oblige à de fréquentes interruptions. Sous son gouvernement, tout injuste qu'il puisse être, l'immense majorité des sujets jouit
de la tranquillité; sous la tyrannie des assemblées, au
contraire, ce sont des classes entières qui sont frappées,
et la terreur devient l'état habituel de la société. Mais
cette tyrannie collective est-elle bien possible?

Une sorte de naïveté de jugement nous porte à dépouiller les grandes assemblées des passions enracinées
au fond du cœur des membres qui les composent. La
nature humaine nous semble s'épurer en entrant dans ces

corps d'élite dont la mission est de conduire tout un
pays; nous croyons volontiers que son égoïsme inné se
transforme en désintéressement, et qu'elle n'a plus devant
les yeux que certains principes de métaphysique sociale
aussi sérieux que féconds. Illusion! l'homme se porte lui-
même partout où il va; la pratique généreuse de la vertu
seule parvient à le dégager des faiblesses de sa nature.
Or on ne va pas généralement dans les assemblées publiques pour s'exercer à la vertu. Et, malheureusement, il
n'y a pas de sol mieux préparé pour les passions
violentes.

L'un des grands obstacles aux excès du pouvoir, c'est
la responsabilité personnelle. Porter l'infamie d'un crime
devant le public, devant la postérité, sinon devant les
tribunaux, est une bien lourde charge. Il n'est pas de
tyran qui, sur le point de commettre un forfait, ne répète
la parole de Néron?

> Et de tout l'univers quel sera le langage?

Le monarque absolu est entouré de flatteurs qui étouffent
bientôt cette voix redoutable de l'opinion de tous ou qui
même la convertissent impudemment en louanges. Les
membres d'une assemblée souveraine n'ont pas besoin
d'être ainsi couverts contre ces vengeances de la conscience universelle. Leur nombre leur ôte, pour ainsi dire,
leur personnalité et les rend anonymes. Le blâme qui
tombe sur une réunion d'hommes n'atteint que par écla-
boussures et touche peu les individus qui la composent.
Chacun d'eux peut se dire : « Qui sait ce que j'ai fait,
quelle est ma part dans telle mesure plus ou moins
avouable? Le saurait-on, que l'on ne songera jamais à
incriminer l'insignifiante voix d'un seul parmi tant d'autres? Bien hardi et bien sot qui me demanderait compte
d'une coopération si minime. » Cette considération suffit

pour centupler les forces d'une passion, si elle vient
à éclater dans l'assemblée dont nous parlons. C'est
comme une lâche embuscade d'où les instincts mauvais sentent qu'ils peuvent en sûreté s'élancer sur leur
proie (1). Le courage n'est pas interdit à notre nature
quand il s'agit d'encourir un danger physique ou moral
pour une action de tout point honorable; c'est alors que
la responsabilité devient attrayante et que l'on s'écrie
avec fierté :

Me, me : adsum qui feci.

Lorsqu'il s'agit au contraire d'une mauvaise action, la
lâcheté naturelle reprend son empire : alors, pour braver
l'opinion, il faut une impudeur peut-être aussi rare
qu'elle est diabolique. Mais le mal n'y perd rien dans
les foules : les criminels médiocres couvrent leur pudeur de l'anonyme, dont l'ombre leur permet d'opérer
sans danger et d'égaler sinon de surpasser les pires
malfaiteurs.

Hélas! on devra bientôt se demander s'il y a des mé-
faits pour les assemblées souveraines.

Jadis, lorsque l'on croyait universellement en Dieu, on
admettait non moins universellement qu'il y a une loi
primordiale, suprême, laquelle domine toutes les autres
et contre laquelle les autres ne peuvent rien prescrire
sous peine d'être frappées de nullité radicale. Cette vieille
loi s'appelait loi naturelle : elle constituait la base même
de tous les devoirs et de tous les droits. Elle était
la raison pour laquelle les sujets obéissaient au souverain, et le souverain respectait les droits de ses sujets.
Si le prince était sujet aux sollicitations de ses passions

---

(1) Le jeu du scrutin public et du scrutin secret offre, à notre
point de vue, un objet d'étude extrêmement intéressant et ins-
tructif. On peut en sourire... avant d'en pleurer.

comme le sont tous les hommes en vertu de leur nature,
cependant il reconnaissait une autorité supérieure à la
sienne, une autorité qui devait infailliblement soumettre
un jour à son tribunal tous les actes de son administration. Ces monarques du passé, à qui l'on inflige avec
colère et comme une injure l'épithète d'absolus, étaient
moins absolus que les souverains polycéphales et athées
qu'une prétendue liberté fait éclore : ils ne s'attribuaient
qu'une souveraineté relative ; ils reconnaissaient au-
dessus d'eux un maître qui leur imposait le devoir rigoureux de travailler au bien de tous en respectant les droits
de chacun. Cela suffisait pour assurer aux sujets une
liberté, je ne dis pas entière, car le prince pouvait fort
bien écouter ses passions en dépit des réclamations de sa
conscience, mais une liberté incomparablement plus
étendue que sous tout autre régime. Il n'est pas possible
en effet que la pensée d'un juge souverain qui voit tout
et qui se réserve d'examiner nos actions au poids de la
plus exacte justice, soit toujours présente à l'esprit du
souverain temporel, sans le contenir ordinairement dans
la voie droite; d'autant plus que les mœurs générales, où
la même tendance domine, obligent bon gré mal gré le
prince à s'y conformer le plus souvent.

Il en est tout autrement quand l'incrédulité remplace
la foi. Alors, les droits des particuliers n'ont plus pour
garantie première la loi naturelle. Les théories de Rousseau envahissent logiquement l'intelligence de ceux qui
dirigent les affaires publiques : le droit, c'est ce que la
loi n'interdit pas; et la loi, c'est l'expression de leur
volonté, accompagnée de certaines formalités, les unes
capricieuses, les autres insignifiantes. La voix d'un sot
ou d'un libertin suffit pour rendre juste ou criminelle une
même action. C'est avec cela qu'ils créent je ne dis pas
des droits et des devoirs, mais tous les devoirs et tous

les droits... Tout tombera sous leur juridiction suprême, la propriété, les successions, la famille, le mariage : ils ne se contenteront pas d'en régler les conditions extrinsèques, ils se prononceront sur le fond, sur l'essence avec l'autorité de la puissance créatrice (1). Qu'il y ait encore une conscience, qu'il faille l'écouter, on y consentira, mais à une condition, c'est qu'elle prendra pour règle les dispositions du législateur civil. L'esprit public s'en effarouchera d'abord, mais peu à peu il s'habituera à cette nouvelle morale, il la croira juste, s'y conformera et donnera ainsi au législateur l'occasion de pousser plus loin son audace (2). Voilà où l'on en vient avec l'incrédulité : on ne veut plus se soumettre à Dieu, on le renie, on s'en moque, et l'on transporte son adoration à l'œuvre d'hommes dont beaucoup ne méritent aucune considération

(1) Par exemple, autoriser le divorce n'est-ce pas affirmer qu'on a autorité sur l'essence même du mariage? Quelle limite sépare le divorce du mariage temporaire, et le mariage temporaire du concubinage, et le concubinage de la promiscuité? L'État a tout aussi bien le droit de décréter ceci que cela.

(2) N'avons-nous pas entendu, de nos jours, des conservateurs mêmes s'écrier à propos d'une loi abominable et jugée telle par eux : « C'est la loi, elle est sacrée? » Les actes de la puissance publique sont de puissantes leçons, pour le bien et surtout pour le mal.
Telle est la sainteté essentielle du souverain polycéphale, qu'il la communique à tout ce qui lui appartient à quelque titre que ce soit. Une proposition de loi, fût-elle contraire aux premiers éléments de droit naturel, devient pure et sacrée dès qu'elle passe par la bouche de l'un de ses membres. Ce qui, hors du lieu où il siège, exposerait à la sévérité des tribunaux et à l'infamie, devient chez lui fort innocent et fort honorable. On a vu naguère le président d'une grande assemblée souveraine rappeler un orateur à l'ordre, parce qu'il qualifiait de vol un projet de spoliation. L'orateur était naïf et le président n'était que logique : il n'y a ni vol, ni crime d'aucune sorte qui puisse dériver d'une loi suprême. L'athéisme politique conduit infailliblement là.

dans les relations de la vie ordinaire (1) : les athées ne
sont pas fiers, et ils tuent la fierté.

Est-il nécessaire de tirer les conséquences inévitables
d'une telle disposition des esprits? Si le législateur crée
la distinction entre le bien et le mal, si ce qu'il défend
est tout le mal et ce qu'il prescrit tout le bien, il n'y a
pas d'autre mal que de lui désobéir, d'autre bien que de
lui obéir. Par conséquent, il n'y a plus de droit individuel, primordial; tout dérive de la loi humaine, qui
donne et ôte à son gré, ne laissant à personne pas même
le droit indépendant de se plaindre; la fortune, la liberté,
la vie même des individus n'ont plus de garantie. L'État
est devenu un Moloch qui dévorera ses adorateurs quand
il en sentira le besoin ou qu'il voudra s'en donner la
fantaisie, et ses adorateurs seront obligés, par devoir,
de se laisser manger. S'il voulait bien commencer par
eux! Mais c'est ordinairement à ceux qui lui refusent
leur encens qu'il réserve cet honneur peu désirable. Il
n'y a plus là qu'une question d'appétit ou d'heure. Deux
causes nous semblent principalement aiguiser la faim du
monstre.

La notion de Dieu est la clef de voûte de l'édifice
intellectuel. Quand on la supprime, tout s'écroule, tout
est désordre et, dans cette confusion, les conceptions les
plus étranges, les utopies les plus dangereuses surgissent comme des champignons sur des décombres. Les
rêveurs envahissent la société, et c'est à la réalisation
de ses rêves que chacun d'eux attache son propre bonheur d'abord, puis celui du genre humain. Disons en
passant que le bonheur de l'utopiste se compose en

(1) On sait que ces dieux d'un grand pays ont été traités de
sous-vétérinaires par l'un d'eux, qui passait pour les connaître.
Si nous faisions de la politique, nous dirions que c'était une
flatterie.

bonne partie de pommes d'or à cueillir pour lui et pour
les siens dans ce jardin des Hespérides que l'on appelle
le budget de l'État. Ce qui rend les rêveurs particulièrement redoutables, c'est qu'une sorte d'entente s'établit
entre eux et qu'ils s'unissent pour tenter leurs expériences sur des gens qui n'en ont aucune envie. Que
les caprices du suffrage les poussent au pouvoir, ils en
viendront jusqu'à prétendre changer la direction de ces
idées générales dont le trésor constitue le sens commun,
appliquant leurs efforts d'abord à réformer les esprits
de leurs concitoyens en attendant que le genre humain
ait son tour (1). L'avenir de notre race dépend absolument, si l'on veut les en croire, de la régénération de la
cervelle humaine, suivant le type qu'ils ont conçu dans
leurs rêves et qu'ils croient déjà porter eux-mêmes sous
leur crâne. On ne saurait s'imaginer, si l'on n'en avait
des exemples sous les yeux, avec quelle fureur les uto-
pistes désirent et préparent le triomphe de leurs systèmes. Il y a dans leur emportement quelque chose de
si étrange qu'on est tenté d'en chercher l'explication dans
une impulsion mystérieuse qui n'a rien d'humain ni de
divin. Or, la religion, qui est la grande institutrice de
l'humanité et l'unique gardienne du bon sens, est l'obstacle le plus sérieux à leurs projets de réforme cérébrale.
C'est pourquoi l'Église sera l'objet sur lequel éclatera
d'abord leur colère : on ébranlera ses institutions, on
foulera aux pieds les droits les plus sacrés de la conscience, on fera des efforts inouïs pour empêcher son
action sur les individus, sur la famille, mais, avant tout,
sur les générations nouvelles. Et tout cela ne sera qu'un
acheminement à des persécutions plus violentes, sinon
plus odieuses, à l'effusion du sang. Et n'est-ce pas à ce

(1) Ce n'est pas une hypothèse que nous faisons ici, c'est un
fait que nous rappelons.

terme que la logique pousse irrésistiblement un ennemi
qui a la force matérielle pour lui et qui ne pardonne
jamais, en présence d'un adversaire qui est matériellement impuissant et qui ne cède jamais?

Une autre cause dispose aux excès le législateur incrédule : c'est l'ivresse du pouvoir. L'ivresse, on le sait,
ne laisse pas à l'âme le libre exercice de ses facultés,
car elle consiste en un trouble intérieur qui paralyse la
raison et donne carrière aux passions. Ce ne sont pas
seulement les toxiques matériels qui produisent cette
folie momentanée : les ivresses les plus redoutables
éclatent lorsque l'ambition, la haine, l'orgueil ou d'autres
passions de cet ordre sont satisfaites ou avivées par la
perspective d'une satisfaction prochaine ou seulement
possible. M. Taine décrit admirablement un exemple
fameux de cette maladie mentale dans un article qu'il
a publié sous le titre de : *Psychologie du jacobin* (1).
Qu'on nous permette d'en citer quelques lignes :

« Le dogme, dit l'éminent publiciste, qui proclame la
souveraineté du peuple, aboutit en fait à la dictature de
quelques-uns et à la proscription des autres. On est
hors de la loi quand on est hors de la secte. C'est nous,
les cinq ou six mille jacobins de Paris, qui sommes le
monarque légitime, le pontife infaillible, et malheur aux
récalcitrants et aux tièdes, gouvernement, particuliers,
clergé, noblesse, riches, négociants, indifférents, qui,
par la persistance de leur opposition ou par l'incertitude
de leur obéissance, oseront révoquer en doute leur indubitable droit! »

Après avoir dit que l'orgueil monstrueux du jacobin
aurait avorté dans la vie privée, M. Taine continue de
la sorte :

(1) *Revue des Deux-Mondes,* 1er avril 1881.

« Au commencement, cette outrecuidance n'était en
lui qu'un germe et, en temps ordinaire, faute de nourriture, elle serait restée à l'état de moisissure rampante ou
d'avorton desséché. Mais le cœur ne sait pas les étranges
semences qu'il porte en lui-même : telle de ces graines,
faible et inoffensive d'aspect, n'a qu'à rencontrer l'air
et l'aliment pour devenir une excroissance vénéneuse
et une végétation colossale. — Avocat, procureur, chi-
rurgien, journaliste, curé, artiste ou lettré de troisième
ou quatrième ordre, le jacobin ressemble à un pâtre qui,
tout d'un coup, dans un recoin de sa chaumière, décou-
vrirait des parchemins qui l'appellent à la couronne.
Quel contraste entre la mesquinerie de son état et l'importance dont l'investit la théorie! Comme il embrasse
avec amour un dogme qui le relève si haut à ses propres
yeux! Il lit et relit rapidement la *Déclaration des Droits*,
la *Constitution*, tous les papiers officiels qui lui confèrent ses glorieuses prérogatives; il s'en remplit l'imagination (1) et, tout de suite, il prend le ton qui convient
à sa nouvelle dignité. Rien de plus hautain, de plus
arrogant que ce ton. Dès l'origine, il éclate dans les
harangues des clubs et dans les pétitions à l'Assemblée
constituante. Loustalot, Fréron, Danton, Marat, Robespierre, Saint-Just ne quittent jamais le style autoritaire :
c'est celui de la secte et il finit par devenir un jargon à
l'usage de ses derniers valets. Politesse ou tolérance, tout
ce qui ressemble à des égards ou à du respect pour
autrui est exclu de leurs paroles comme de leurs actes :
l'orgueil usurpateur et tyrannique s'est fait une langue
à son image, et l'on voit non seulement les premiers
acteurs, mais encore de simples comparses trôner sur

(1) « Sachez que vous êtes rois et plus que rois. Ne sentez-vous
pas la souveraineté qui circule dans vos veines? » Chalier au
club de Lyon, 21 mars 1793.

leur estrade de grands mots. Chacun d'eux, à ses propres yeux, est un Romain, un sauveur, un héros, un grand homme... A ce degré, l'orgueil peut boire la théorie jusqu'au fond, si répugnante qu'en soit la lie, si mortels qu'en soient les effets sur ceux-là même qui en bravent la nausée pour en avaler le poison. Car, puisqu'il est la vertu (nous dirions le *droit*), on ne peut lui résister sans crime. Interprétée par lui, la théorie divise les Français en deux groupes : d'un côté, les aristocrates, les fanatiques, les égoïstes, les hommes corrompus, bref, les mauvais citoyens; de l'autre côté, les patriotes, les philosophes, les hommes vertueux, c'est-à-dire les gens de la secte. Grâce à cette réduction, le vaste monde moral et social qu'elle manipule se trouve défini, exprimé, représenté par une antithèse toute faite. Rien de plus clair, à présent que l'objet du gouvernement : il s'agit de soumettre les méchants aux bons, ou, ce qui est plus court, de supprimer les méchants; à cet effet, employons largement la confiscation, l'emprisonnement, la déportation, la noyade et la guillotine. Contre des traîtres, tout est permis et méritoire. »

Qu'on le remarque bien, ce n'est point ici le simple exposé d'un fait historique, c'est une étude philosophique de l'évolution naturelle, dans certaines conditions extraordinaires, de l'orgueil que nous portons tous, avouons-le humblement, au fond de nos cœurs. Sans une compression morale énergique, des circonstances telles que l'investiture d'une part de souveraineté, peuvent donner à ce germe un développement monstrueux au point d'étouffer le bon sens et la raison et de convertir un très honnête homme en hideux jacobin. Une éducation même chrétienne ne préserve pas toujours de ces ivresses. On en trouve un exemple effrayant dans l'histoire de la république de Sienne. La populace s'étant emparée du pouvoir (1369), commit toutes sortes de désordres au nom de sa souveraineté, confisquant, exilant, tuant. La fin de sa domination fut plus honteuse encore : elle livra la patrie à un prince étranger, au duc de Milan, par un traité solennel et, comme plusieurs citoyens généreux voulaient s'opposer à cette lâcheté, elle mit à mort vingt des principaux opposants, puis courba la tête sous le joug (1). Il en coûte de résister aux fous furieux lorsqu'on est plus faible. Les Siennois n'étaient pas complètement fous : ils savaient que leur conduite était condamnable, leur conscience leur criait qu'ils faisaient mal, et ils se bouchaient les oreilles. L'athée, de même, est privé de cette tutelle. Le pouvoir, à ses yeux, sanctifie tout ce qu'il fait en son nom. Il n'a pas conscience du mal : il l'accomplit avec la sérénité du juste; il s'en applaudit comme d'une bonne action. Sa maladie pourtant peut être larvée, suivant le terme des aliénistes; certains phénomènes, qui dépendent du milieu, peuvent dissimuler aux autres et à lui-même ce qu'il est; mais on n'est jamais sûr avec lui, d'autres circonstances feront infailliblement éclater, si elles se présentent, un accès toujours à l'état de tension.

Mais n'insistons pas plus longtemps. L'homme est une créature étrange : il est double, il est formé d'un ange et d'une bête soudés ensemble. Un Père de l'Église, Origène, si nos souvenirs sont fidèles, observe que les passions de l'homme sont distribuées dans les divers animaux; c'est dire, en d'autres termes, que toutes les passions bestiales se rencontrent dans le chef de la création. Est-il un monstre pour cela? Il est un chef-d'œuvre. L'ange est chargé de diriger ces passions et, sous cette direction, qui est la morale et la vertu, les passions

---

(1) Rio, *De l'art chrétien*, t. I.

épurées deviennent des ailes qui portent l'homme sur les
hauteurs. Le poète oubliait cette vérité fièrement con-
solante, quand il faisait entendre la plainte célèbre :

> Mon Dieu, quelle guerre cruelle !
> Je trouve deux hommes en moi.

Mais si l'ange se fatigue, se relâche, suspend ses efforts,
les passions reprennent spontanément leur poids, et,
à la place de l'homme, on ne trouve plus que la
bête, avec ses instincts bas et cruels, accrus de
toute l'impétuosité qu'y imprime une nature raisonnable abusant de la raison. C'est ce qui explique ces
chutes scandaleuses qui affligent trop souvent les amis
de la vertu.

L'objet essentiel des tendances de l'ange, c'est l'amour
et la crainte de Dieu : nous l'avons prouvé précédemment et n'avons qu'à le rappeler ici. Si donc, par une
infidélité coupable, cet amour et cette crainte cèdent la
place à l'indifférence et à l'orgueil, l'ange abdique et,
quoi que l'on fasse, la bête est déchaînée. Le fouet
pourra l'empêcher encore, s'il y en a un, de s'abandonner
ouvertement à ses instincts de bête ; mais, que cette
menace soit suspendue, c'est-à-dire qu'une position élevée
dans la société assure l'impunité, il n'est rien qu'on ne
doive redouter de l'homme volontairement décapité. Il
se contiendra suivant la longueur du reste de lanière
qu'il verra ou croira voir, ni plus, ni moins. Roi, dicta-
teur, césar, membre d'une assemblée souveraine, d'un
comité de salut public, capitaine de bandits, empereur
du Dahomey, chef de Canaques, il sera partout le même
homme, ne connaissant d'autre loi que ses désirs, d'autre
devoir que de briser les résistances. Les temps, les
conjonctures, la forme sociale n'ont d'autre effet que
de varier la manière de lâcher la bête. En ces jours

de triomphe bestial, malheur à ceux qui se souvien-
nent qu'ils sont anges, car seuls ils ont la fierté de ne
pas plier, et, par conséquent, ils seront infailliblement
brisés.

CHAPITRE V

LA MORALE ÉVOLUTIONNISTE

La morale est une étrange chose : aimée et détestée, on la viole et on la respecte, et, parmi ceux qui l'outragent, personne ne consent à passer pour immoral. Ce phéno-mène se remarque également dans les œuvres de l'esprit, dans les inventions des littérateurs et surtout dans les théories des philosophes. Là, ce sont les prescriptions de la morale et comme ses ruisseaux que l'on trouble ou que l'on dessèche; ici, ce sont les principes, les sources mêmes que l'on bouleverse et que l'on infecte. Cependant les poètes et les théoriciens protestent de leur profonde vénération pour ce qu'ils détruisent. Rien n'est plus loin de leur intention que le dessein abominable de porter atteinte à la chose la plus sacrée, rien n'est plus opposé à la tendance de leur esprit.

Ces réclamations, nous devons le dire, ne sont pas sans fondement. La morale n'est pas un nom que l'on arbore comme le charlatan arbore son enseigne. Ces témoignages de respect ne sont pas entièrement hypocrites. Ils sont le cri de la conscience, s'échappant bon gré mal gré sous l'étreinte du sophisme et de la passion. La conscience est une faculté merveilleuse que rien n'étouffe. Il faut sortir des limites de la nature humaine pour la déraciner, et, si l'on rencontre çà et là, dans notre espèce, des individus assez dégradés pour se moquer ostensiblement de toute morale, ce sont des monstres, un objet d'horreur universelle.

Ceci nous explique le zèle dont la libre pensée (c'est ainsi que l'on parle aujourd'hui) fait preuve pour la morale. Les esprits qui sont atteints de cette maladie rejettent théoriquement les principes de toute morale, nous le verrons plus loin. Mais, par un sentiment de pudeur irrésistible, ils veulent garder les apparences, faire croire à la pureté de leurs intentions; ils se vantent même de servir la science des mœurs beaucoup mieux que n'ont jamais su le faire les moralistes religieux.

Les positivistes ne sont pas les derniers à faire montre d'un tel dévouement. Ce sont leurs théories qui tendent à dominer parmi les penseurs à courte vue, maintenant si nombreux; ce sont leurs théories surtout qui heurtent les doctrines morales reçues jusqu'à ce jour. De là une tache dont ils brûlent de se laver. Non, disent-ils, la morale n'a rien à redouter du positivisme; bien plus, elle ne trouve de fondements solides qu'au fond de nos théories.

Les disciples anglais d'Auguste Comte n'ont pas été les moins vigilants à défendre l'honneur de leur école. Herbert Spencer, leur plume la plus active, a tâché de s'acquitter de ce soin dans un livre qui a fait quelque bruit sous le titre de *The Data of ethics*, et qui a été traduit en français sous celui de : *Les bases de la morale évolutionniste*. A toute autre époque, le bon sens public aurait, dès le premier jour, fait justice d'une semblable production et le livre de M. Spencer aurait certainement été mort-né. Mais, il ne faut pas se le dissimuler, le positiviste anglais donne corps, dans son ouvrage, à des idées qui hantent maintenant beaucoup d'esprits d'une manière

flottante et indécise. Il est le symptôme caractérisé d'une
maladie générale. C'est par là qu'il a de l'importance et
qu'il s'impose à notre attention.

Disons tout de suite que nous reconnaissons à l'œuvre
de Herbert Spencer un grand mérite ; mais nous y constatons aussi un grand défaut. M. Spencer construit un
système de morale de toutes pièces, et ce système est
d'une simplicité rare ; c'est là son grand mérite. Dans ce
système, la morale est ce qu'on y remarque le moins,
c'est là son grand défaut. Ce mérite et ce défaut vont
diviser notre petite étude critique.

§ I. — *Théorie.*

Nous disons d'abord que M. Spencer s'est fait de la
morale une idée fort simple. Cette simplicité éclate soit
que l'on considère la nature de cette morale, soit que l'on
en considère l'origine ou l'évolution.

I. — Est-il rien de plus simple et ajoutons de plus
commode que cette formule : « La morale consiste à
donner à ses actes le plaisir pour fin ? » La contre-partie,
pas plus vraie et non moins simple, s'énoncerait évidemment de la sorte : « L'immoralité consiste à donner la
peine pour terme à ses actions. » Rien qui soit plus vite
perçu que ce qui est agréable et ce qui est désagréable.
La conscience psychologique ne saurait avoir d'hésitation
là-dessus, ni la volonté de répugnance à suivre les prescriptions d'une telle morale. Clarté pour l'esprit, charme
pour le cœur ; en vérité, cette manière de concevoir la
morale, d'épurer et de sanctifier le plaisir, de rendre la
peine condamnable, allégera singulièrement les labeurs
du moraliste. L'on se demandera seulement si un esprit
sérieux, tel que M. Herbert Spencer, a sérieusement imaginé une morale si facile. Nous avouons que la pudeur

n'a point permis à ce philosophe de présenter sa théorie
dans toute sa nudité : il l'enveloppe de nuages qui font
quelque illusion, mais il ne faut pas un regard bien pénétrant pour discerner les formes véritables de son œuvre.
Quelques textes vont nous éclairer pleinement.

En voici d'abord un fort explicite sur la nature du bien.
« En nous rappelant que nous appelons bonnes et mauvaises les choses qui produisent immédiatement des sensations agréables et désagréables, et aussi ces sensations
elles-mêmes, — un bon air, un bon appétit, une mauvaise
odeur, un mauvais mal de tête, — nous voyons que ces
sens, directement relatifs aux plaisirs et aux peines, s'accordent avec les sens qui se rapportent indirectement aux
plaisirs et aux peines. Si nous appelons bon l'état de
plaisir lui-même, comme un bon rire; si nous appelons
bonne la cause prochaine d'un état de plaisir, comme
une bonne musique; si nous appelons bon tout agent qui,
de près ou de loin, nous conduit à un état agréable,
comme un bon magasin, un bon maître; si nous appelons
bon, en le considérant en lui-même, tout acte si bien
adapté à sa fin qu'il favorise la conservation de l'individu
et assure ce surplus de plaisir qui rend la conservation
de soi désirable; si nous appelons bon tout genre de conduite qui aide les autres à vivre, et cela dans la croyance
que la vie comporte plus de bonheur que de misère, il
est alors impossible de nier que, — en tenant compte de
ces effets immédiats ou éloignés pour une personne quelconque, — *ce qui est bon ne se confonde universellement
avec ce qui procure du plaisir* (1). » Il n'était guère

(1) P. 25. Pauvre sophisme! Toute bonté consiste en quelque
convenance, et le plaisir, qui a sa bonté, a aussi sa convenance.
Mais, après l'énumération de tous les plaisirs du monde, il
reste encore à déterminer en quoi consiste la bonté spéciale que
l'on appelle *bonté morale*. L'on n'arrive pas plus à découvrir

possible de dire en termes plus clairs que le plaisir est la
raison même qui constitue le bien, et par conséquent que
la peine est toute la raison du mal. M. Spencer n'a pas
reculé devant l'expression formelle de cette théorie audacieuse. « Le plaisir, dit-il, de quelque nature qu'il soit,
à quelque moment que ce soit, et pour n'importe quel
être ou quels êtres, voilà l'élément essentiel de toute conception morale (1). » Ainsi le bon, c'est l'agréable; le
mauvais, c'est le désagréable. Cependant éprouver un
plaisir n'est pas en soi quelque chose qui soit toujours
méritoire, ni ressentir de la peine une chose qui soit
toujours coupable. Pour arriver à la notion de la morale,
telle que M. Spencer la conçoit, il faut faire un pas de
plus, il faut passer par la *conduite*, car « la morale est
une partie de la conduite ». Partie logique, espèce dont
la conduite est le genre.

La conduite est « l'adaptation des moyens à des fins ».
Cette définition est moins claire qu'elle ne le paraît.
L'adaptation n'est pas un être qui se soutient par lui-même
dans la réalité. Il n'y a pas d'adaptation sans agent. Qui
adapte. Or, en analysant l'adaption comme l'acte de cet
agent, il y avait péril imminent de retomber dans l'ancienne morale. M. Spencer évite ce danger en portant son
attention exclusivement sur le terme ou l'objet de l'adap-

cette notion par l'énumération des diverses choses bonnes d'un
ordre inférieur que l'on n'arriverait à déterminer la nature de
l'homme par l'énumération des diverses races de chiens.

(1) P. 38. M. Spencer néanmoins condamne les plaisirs du
joueur, du buveur et du voleur (p. 72). Mais si l'on disait : La
justice est l'élément essentiel de toute conception morale;
cependant, il y a des actions justes qui sont immorales; quels
éclats de rire n'exciterait-on pas! En quoi donc l'assertion de
M. Spencer diffère-t-elle de celle-là, sinon par la substitution
du mot *plaisir* à celui de *justice?* Le plaisir est l'élément essentiel de toute conception morale; il y a cependant des actions
agréables qui sont immorales!

tation. Lorsque l'adaptation se produit entre une fonction et son exercice interne, comme, par exemple, entre la contractilité spéciale du cœur et la circulation du sang, ce n'est pas encore un élément de la conduite; ce sont alors, suivant le langage bizarre des physiologistes, « des processus qui se développent dans le corps ». Mais lorsque « les processus se développent hors du corps », ils constituent le champ de la conduite. Ainsi, une arme est saisie par une main que les yeux ont guidée; cet exemple, donné par M. Spencer, appartient au « processus » externe, se rapporte à la conduite. La conduite, disons-le en passant, n'est point le bien propre de l'homme. C'est « un agrégat de coordinations externes » divers pour les divers êtres vivants, mais se retrouvant en tous à des degrés différents.

Telle est la conduite; que faut-il y ajouter pour qu'elle devienne la morale? Quelle différence unie à ce genre nous donnera l'espèce que nous cherchons? « La morale dit M. Spencer, a pour objet propre la forme que revêt la conduite universelle dans les dernières étapes de son évolution. » Fort bien, cette forme est la différence cherchée, mais quelle est cette forme? Eclairez ce point, ou bien tout reste dans l'ombre. Ce qui suit dans l'auteur est un parfait galimatias. Heureusement, en tournant quelques pages, nous rencontrons ces mots, où est sans doute la solution du problème : « La conduite est jugée bonne ou mauvaise, suivant que la somme de ses effets, pour l'individu, pour les autres, ou pour l'un et les autres à la fois est agréable (1) ». Nous voici donc ramenés au plaisir comme raison dernière de la morale. L'adaptation efficace et ordinaire des moyens convenables pour faire naître le plaisir, voilà ce qui constitue une conduite

(1) P. 37.

morale, la qualité d'honnête homme. Par conséquent une
action morale est l'une quelconque de ces adaptations
dont l'ensemble est appelé par M. Spencer la conduite
morale. La conduite et l'action immorales se trouvent
définies par là même.

« L'adaptation » retire la morale de Herbert Spencer
du bourbier des Cyrénaïques. La volupté n'est pas, si elle
est considérée dans toute sa crudité, la seule chose
morale, la seule chose sainte. M. Spencer n'est pas le
disciple d'Aristippe; il est celui d'Épicure. Son honnête
homme n'est pas celui qui s'abandonne sans frein au
plaisir, c'est celui qui arrange sa vie de la façon la plus
agréable. On a beau faire, les roses de la vie sont fatalement mêlées d'épines; le cyrénaïque se roule comme un
fou sur ces roses et ne reçoit pas moins de piqûres que de
sensations agréables; l'épicurien commence par arracher
les épines autant que cela lui est possible, il ne touche
aux roses qu'après avoir épuisé toutes les ressources de
sa prudence. Ainsi fait le saint de M. Spencer; il observe,
il calcule, il compare les quantités de plaisir et de peine
qu'il va rencontrer sur sa route; une simple opération
d'arithmétique, la soustraction, lui montre ce qu'il doit
éviter ou ce qu'il doit rechercher, et il marche d'un pas
assuré vers une différence qui est le plaisir et l'honnêteté.

En donnant pour base à la morale le *plaisir calculé*,
M. Herbert Spencer a la modestie de croire qu'il n'a pas
fait une découverte. Tous les moralistes dignes de ce nom
enseignent, si on l'en croit, la même doctrine sans qu'ils
s'en doutent. Platon, par exemple, prétend que le but de
la vie est la perfection de l'agent. Mais en quoi consiste
cette perfection, sinon dans l'aptitude à atteindre certaines fins? et la fin de l'homme, que peut-elle être, sinon
une disposition des choses telle que le bonheur l'emporte
sur la misère? Donc, prendre pour but la perfection de

l'agent, c'est en définitive prendre pour but le bonheur, c'est-à-dire le plaisir. Donc, Platon pensait comme M. Spencer, avec cette seule différence qu'il ne se comprenait pas.

Aristote a le même bonheur et la même disgrâce. M. Spencer appuie sur ce dernier point avec une sévérité qui nous étonne. Il considère le prince des philosophes comme une sorte de « sauvage » qui se laissait duper par les mots, ne sachant pas les distinguer de leurs significations. Voilà pourquoi cet esprit mal dégrossi fait consister « la tâche propre de l'homme dans l'exercice actif des facultés mentales conformément à la raison », ce qui serait la vertu. C'est en cela précisément qu'il a commis une confusion humiliante. Il n'y a pas de vertu, s'écrie M. Spencer, il n'y a que des vertus. Or les vertus, toujours d'après M. Spencer, ne sont vertus qu'autant qu'elles conduisent au bonheur. Donc, si Aristote avait su se comprendre, il aurait vu que sa doctrine est la doctrine même de M. Spencer. Ici nous rapportons, nous n'expliquons pas; sans cela, peut-être, serions-nous obligé de convenir qu'en présence du raisonnement de M. Spencer, nous sommes aussi sauvage qu'Aristote.

Le moraliste anglais prend ensuite à partie ceux qu'il appelle « intuitionnistes ». Il désigne ainsi les personnes qui jugent de la qualité morale des actions d'après « les verdicts de la conscience », c'est-à-dire à peu près tout le monde. Par une série de propositions qui, sans doute, lui semblent irrésistibles, M. Spencer se flatte de ramener l'intuitionniste à ses idées. « Demandez-lui, dit-il, d'indiquer un jugement du sens moral déclarant bon un genre d'actes qui doit entraîner un excès de peine, en tenant compte de tous ses effets, soit dans cette vie, soit, par hypothèse, dans la vie future, vous verrez qu'il est incapable d'en citer un seul. Voilà bien une preuve qu'au

fond de toutes ces intuitions sur la bonté et la méchan-
ceté des actes se cache cette hypothèse fondamentale :
les actes sont bons ou mauvais suivant que la somme de
leurs effets augmente le bonheur des hommes ou augmente leur misère. »

Enfin, M. Spencer retrouve sa théorie dans la doctrine
de la béatitude, terme des actions de l'homme. La béatitude en effet ne peut-être, suivant lui, qu'un état de
conscience (il veut dire un état conscient de l'être sen-
sitif). Or, cet état est indifférent, pénible, ou agréable.
Indifférent, il serait sans attrait; pénible, il repousserait.
Il reste donc qu'il soit agréable. « Par suite, conclut
M. Spencer, le plaisir, sous une forme ou sous une autre,
est tacitement reconnu comme la fin suprême (1). »

On trouvera sans doute que M. Spencer use d'habileté
pour ramener à la sienne la doctrine des autres. Faire

(1) Dans toute cette étude sur les diverses théories des moralistes, M. Spencer, au fond, raisonne de la sorte : « Toute
action bonne, de l'avis de tous, conduit immédiatement ou
médiatement à un état désirable; or, tout état désirable est le
plaisir; donc, le plaisir est la raison même de la moralité. » Ce
raisonnement tire une conséquence fausse d'une mineure équivoque. Tous les états désirables de l'âme ne sont pas des plaisirs. Le plaisir proprement dit, c'est la satisfaction sensuelle,
la satisfaction de la partie animale de l'homme. Or, il est absolument faux que toute action bonne conduise à une satisfaction
sensuelle; c'est le contraire qui est vrai. L'état désirable où
conduit l'action bonne, c'est la satisfaction des facultés élevées,
supérieures, par essence, aux propriétés de l'animal. Ainsi se
trouve dissipée l'équivoque de la mineure. Quant à la conséquence, il est inexact que, toute action bonne conduisant à la
satisfaction des facultés supérieures de l'homme, cette satisfaction soit la raison même de la moralité. M. Spencer, qui a le
don de confondre les notions, confond ici le résultat et la raison
des actions. La satisfaction des facultés supérieures, où conduit plus ou moins toute action bonne, est si peu la raison qui
donne à l'action d'être bonne, que l'agent peut en faire abstraction en agissant, et que son action même sera d'autant meilleure qu'il s'en préoccupera moins.

plus ou moins violence aux idées d'autrui, leur donner
une dernière forme au moyen de ses propres idées, telle
est sa pratique : elle est conforme à sa morale, mais elle
n'est guère capable de convaincre, sinon les civilisés du
positivisme. M. Spencer pouvait faire un raisonnement
beaucoup plus court et non moins concluant que son
étude historique. En considérant la nature de la volonté,
qui est incapable de se déterminer pour autre chose que
pour le bien conçu comme tel, l'on arrive facilement à
cette conclusion que le plaisir est l'objet de tous nos
actes, pourvu toutefois que l'on démontre l'identité du
plaisir et du bien. Cette dernière démonstration ne se
ferait peut-être pas sans peine, quoi qu'en pense M. Spencer. Si l'on ferme les yeux là-dessus, ou plutôt si on ne
les ouvre pas, l'on a toute raison d'affirmer que non seulement tous les philosophes, mais tous les hommes sont
épicuriens; que dis-je? l'on peut affirmer sans crainte
qu'il n'est pas une action humaine qui n'ait le plaisir
pour objet. La morale couvre tout, il n'y a même plus de
place pour l'immoralité. La théorie de M. Spencer acquiert
une ampleur dont il a lieu de se réjouir, mais peut-être
aussi de s'inquiéter. Une morale qui absorbe le mal dans
le bien cesse d'être une morale. Dans son zèle de simplification, M. Spencer, nous le craignons, aura confondu
des éléments profondément distincts, et c'est pour cela
que sa théorie s'effondre. Mais ici nous n'avons pas à
réfuter.

II. — La morale du plaisir n'est pas une morale nouvelle.
Ce n'est point par cette conception générale de la question que M. Spencer se distingue de la foule des épicuriens. Il s'en distingue par la manière dont il fait naître
la règle des mœurs; à ce point de vue, il est vraiment
original, et d'une originalité plaisante. La morale est,
pour lui, une phase de l'évolution, et c'est pour cela

que son traducteur appelle sa morale évolutionniste.

On sait ce qu'est l'évolutionnisme ; qu'on nous permette cependant de le rappeler. L'évolutionnisme, c'est l'homme sorti d'une simple cellule vivante moyennant une série innombrable de générations à perfection croissante. Imaginez d'abord un peu d'albumine, de blanc d'œuf, gros comme une pointe d'épingle, avec ou sans enveloppe, ayant au centre une sorte de noyau : c'est la cellule. Comment est-elle apparue ? La science n'en dit rien et n'en a cure. C'est un miracle ; que lui importe ? il ferme les yeux et cela lui suffit. Du reste, cette science, qui est la fausse science, multiplie les miracles avec une facilité immodérée. Donc, la cellule, on ne sait pourquoi, apparut un *jour* dans la *nuit* des temps : cela est certain et suffit comme point de départ. Par une propriété non moins certaine, qui surgit par un deuxième miracle, cette cellule vivait, se nourrissait, accomplissait au moins des germes d'acte et de mouvement. Or, il advint qu'elle se partagea en deux autres cellules en tout semblables à elle-même ; c'était un troisième miracle, mais ce fut un moment bien solennel, puisque cette division devait à la fin produire la diversité merveilleuse que nous admirons dans le monde vivant. Les deux cellules engendrées par scission étaient douées des mêmes propriétés que leur mère, et par conséquent capables de se diviser, c'est-à-dire d'engendrer d'autres cellules semblablement fécondes. De là, prolification à l'infini. Mais, quatrième miracle, une propriété nouvelle apparut encore, le pouvoir de s'associer, sous certaines conditions, par groupes définis en un tout vivant. C'est en vertu de ces prodiges que les cellules sont parvenues à constituer tous les animaux, depuis le protozoaire jusqu'à l'éléphant, l'homme compris. Nous touchons ici au point fondamental de la question présente.

Il y a telle sorte de groupement qui a dû produire une nageoire, telle autre une main, telle autre un œil, telle autre un cœur, telle autre un cerveau, telle autre une aile, telle autre un bec, telle autre des dents, etc. Or l'on comprend que, s'il a des nageoires, l'être vivant nagera; s'il a des ailes, il volera; s'il a des mains, il saisira; s'il a des yeux, il verra; s'il a un cerveau, il pensera, et ainsi du reste. Le groupement de cellules qui fait la nageoire, celui qui fait l'aile, celui qui fait la main, etc., c'est ce qu'on appelle la structure. Le jeu des cellules groupées de manière à exécuter des mouvements spéciaux, c'est la fonction. Maintenant, que l'on compare la fonction à la structure, aussitôt il paraîtra clair comme le jour que la fonction se développera comme la structure; la fonction marche parallèlement à l'évolution de l'animal. « Nous sommes familiarisés aujourd'hui, dit M. Spencer, avec l'idée d'une évolution de structure à travers les types ascendants de l'animalité. Nous nous sommes aussi familiarisés à un haut degré avec cette pensée qu'une évolution de fonctions s'est produite *pari passu* en même temps que l'évolution des structures. Faisant un pas de plus, il nous reste à concevoir que l'évolution de la conduite est corrélative à cette évolution des structures et des fonctions. »

Nous avons vu ce qu'est la « conduite », au sens de M. Spencer : une adaptation de moyens à des fins; idée fort claire en elle-même, mais passablement embrouillée dans les cerveaux positivistes. Pour qu'il y ait « conduite », il faut, semble-t-il, que l'organe qui adapte et l'objet auquel les moyens sont adaptés appartiennent à deux individus différents. Ainsi, les mouvements du cœur, qui sont l'accomplissement d'une fonction, n'appartiennent pas à la conduite; mais les mouvements du jeune animal qui prend sa nourriture rentrent dans la conduite, bien qu'ils se rapportent à une fonction (1). Nous savons bien ce qui manque à la conception de M. Spencer et nous le dirons plus loin. Contentons-nous en ce moment de la notion qu'il en donne et voyons comment il se flatte d'en faire marcher l'évolution *pari passu* avec celle de la structure. Il procède par exemples, méthode fort longue que nous sommes heureusement condamnés à écourter.

Nous voici aux plus bas degrés de l'échelle animale. Considérons un infusoire; que remarquons-nous? « Il nage au hasard, çà et là, sans que sa course soit déterminée par la vue d'aucun objet à poursuivre ou à éviter, et seulement, selon toutes les apparences, sous l'impulsion de diverses actions du milieu où il est plongé; ses actes, qui ne paraissent à aucun degré adaptés à des fins, le conduisent tantôt au contact de quelque substance nutritive qu'il absorbe, tantôt au contraire dans le voisinage de quelque animal par lequel il est lui-même absorbé et digéré. » Montons un peu plus haut; nous rencontrons le céphalopode, proche parent de l'huître et du limaçon. Combien ne l'emporte-t-il pas déjà sur l'infusoire? « Tantôt il rampe sur le rivage, tantôt il explore les crevasses des rochers, tantôt il nage dans la mer, tantôt il attaque un poisson... il choisit, il combine, il

(1) Nous doutons que la distinction des mouvements internes et des mouvements externes fasse beaucoup d'honneur à la pénétration de M. Spencer. Comment, en effet, avec cette manière de voir, rattacher à la morale les pensées et les désirs, qui s'y rapportent bien quelque peu! Ce philosophe habile se tire d'affaire en n'en parlant pas. Manière commode de résoudre les difficultés.

La « conduite » se définirait correctement, croyons-nous, « l'adaptation par un agent intelligent et libre de moyens à des fins ». De là il n'était peut-être pas très difficile de tirer la morale; mais l'évolution et la « phénoménalité », idée fondamentale du positivisme, n'y auraient pas trouvé leur compte. L'école d'abord, le bon sens après.

proportionne ses mouvements de minute en minute, aussi bien pour échapper aux dangers qui le menacent que pour tirer parti des hasards heureux. » Pour voir tout cela, M. Spencer a certainement regardé dans la conscience de son céphalopode; malheureusement, il ne dit rien sur la méthode suivie par lui pour accomplir ce nouveau miracle. Ce qui n'est pas douteux, c'est que la structure du céphalopode est un progrès considérable sur celle de l'infusoire. Voilà pourquoi la conduite de l'infusion se distingue à peine des mouvements d'un atome de matière brute, et que, complaisance de l'imagination à part, le céphalopode « se conduit » déjà un peu à la manière de l'homme.

Autre exemple : « Chez les vertébrés, nous suivons également ce progrès de la conduite parallèlement au progrès des structures et des fonctions. Un poisson court çà et là à la recherche de quelque chose à manger; capable de découvrir sa proie par l'odorat ou la vue, mais seulement à une faible distance, et à chaque instant forcé de fuir à l'approche de quelque poisson plus gros, ce poisson adapte à des fins des actes relativement peu nombreux et très simples. » Comme tout s'élève, si nous montons jusqu'à l'éléphant! « Il va chercher la fraîcheur dans une rivière et se sert de sa trompe pour s'arroser, ou bien il emploie une baguette pour chasser les mouches qui s'attachent à son dos, ou encore il sait faire entendre des cris d'alarme pour avertir le troupeau, et conformer lui-même ses actes à ses cris, s'ils sont poussés par d'autres éléphants. » Pourquoi cette différence si frappante entre la « conduite » du poisson et celle de l'éléphant? Comparez les structures et vous aurez la réponse. Ah! si les cellules du museau du poisson s'étaient groupées en trompe, comme la vie aurait changé pour ce grossier habitant des eaux!

Que M. Spencer nous permette de lui soumettre en passant une difficulté. Nous n'avons aucune peine à admettre que le céphalopode est vraiment plus ingénieux que l'infusoire, l'éléphant que le poisson; nous voyons même un progrès incontestable de structure de l'infusoire au céphalopode et du poisson à l'éléphant. Mais ce progrès de structure n'est pas moins certain du céphalopode, vil mollusque, au poisson, noble vertébré. L'épine dorsale, avec le système nerveux pour qui elle est, ne l'emporte-t-elle pas notablement sur les misérables ganglions du mollusque le plus perfectionné? Ne constitue-t-elle pas un progrès immense au point de vue de la structure? Cependant, au point de vue de la « conduite », si nous voulons nous en tenir aux tableaux tracés par M. Spencer, le poisson est presque un infusoire et le céphalopode est presque un homme. La théorie présente ici une lacune bien regrettable pour le théoricien; du moins, nous avons de la peine à constater le développement parallèle de la structure et de « la conduite ». C'est là notre difficulté, que, malheureusement, nous rencontrerons encore sur notre route.

L'éléphant semble occuper aux yeux de M. Spencer le second rang dans l'échelle animale; au-dessus, il n'y a plus « que le premier des mammifères », l'homme, quoique la loi de structure dût faire une place intermédiaire au singe. M. Spencer suit le premier des mammifères dans la vie sauvage, dans la civilisation commencée et dans la civilisation parfaite. Partout il constate un progrès sérieux dans la conduite. Inutile de montrer que le sauvage adapte beaucoup mieux que l'éléphant des moyens à des fins. Le civilisé, à son tour, l'emporte sur le sauvage. « S'agit-il de la nutrition? La nourriture est obtenue plus régulièrement par rapport à l'appétit; elle est de meilleure qualité, plus propre, plus variée, mieux

préparée. S'agit-il de vêtement? Les caractères de la
fabrication et de la forme des articles qui servent à l'ha-
billement et leur adaptation aux besoins sont de jour en
jour, d'heure en heure, améliorés (1). » Les habitations présentent des différences analogues. M. Spencer qui n'est ni
boulanger, ni tailleur, ni maçon, témoigne d'une grande
modestie en traçant le tableau de son homme civilisé.
Nous ne nions pas cependant le progrès accompli par
notre race dans l'art de manger, de se vêtir et de se
loger. Mais nous ne voyons pas très bien ce que cela fait
à la thèse de M. Spencer. Il avait prouvé que l'évolution
de la conduite suit un progrès parallèle à celui de la
structure. En quoi donc la structure de M. Spencer, qui
est certainement civilisé, diffère-t-elle de celle d'un sauvage? Cet homme savant admet, avec tous ses amis, qu'il
y a plus de différence entre le civilisé et le sauvage, au
point de vue du développement intellectuel, qu'entre le
sauvage et tel quadrumane, le chimpanzé, par exemple ;
fort bien, mais n'est-ce pas le contraire qu'il faut rigoureusement affirmer au point de vue de la structure? Nous
craignons beaucoup que le positiviste anglais ne se soit
ici complètement fourvoyé. Dans le genre humain, la
différence de structure est un facteur dont la puissance est à peu près égale à zéro. Mais achevons notre
exposé.

La conduite n'est pas la morale, elle en est seulement
la base ou le germe. Qu'est-ce donc que la morale?
Écoutez cette définition : « La morale a pour sujet propre
la forme que revêt la conduite universelle dans les dernières étapes de son évolution! » Et cette autre : « La
morale a pour objet la conduite la plus complètement
développée, telle que la déploie l'être le plus complète-

(1) P. 15.

ment développé, l'homme. » Après ces paroles, il ne nous reste plus qu'à comprendre.

« La dernière étape » est marquée par « la conduite idéale », et « la conduite idéale » est la conduite de « l'homme idéal », comme nous le voyons dans le chapitre XV de l'auteur. « La conduite idéale, dit-il, n'est pas une conduite placée au-dessus de la portée de l'humanité en évolution; elle est placée seulement au-dessus de la portée de l'homme actuel; elle résulte de conditions telles qu'elle produit un minimum de peine et un maximum de plaisir; car le plaisir est la raison même du bien. » « L'homme idéal » est l'homme fortuné qui suivra réellement, grâce à l'évolution, cette conduite idéale, et sera par conséquent aussi parfaitement heureux que peut l'être le premier des primates. L'homme intermédiaire, pour bien se conduire, doit avoir devant les yeux cette conduite idéale, mais la plier sagement aux exigences de l'étape présente. Il pratique ainsi la morale relative, la seule qui lui soit maintenant possible.

Ainsi, les « dernières étapes » constituent l'idéal des positivistes, l'objet même auquel aspirent les saints désirs du demi-civilisé qui a un vrai souci de la morale; c'est le paradis terrestre de leur humanité, placé à la fin et non à l'origine des temps. Lorsque l'on considère l'état actuel de notre race, l'on est d'abord frappé de l'opposition qui existe entre beaucoup de nos aptitudes et les conditions où elles s'exercent. Ses éléments, les êtres animés, nos semblables surtout s'interposent trop souvent entre les « moyens » dont nous disposons et les « fins » auxquelles nous voulons les adapter. Les exemples de ce désaccord sont trop nombreux pour qu'il soit nécessaire d'en rappeler aucun. Mais cet état fâcheux ne doit pas durer toujours. Quand on a « la foi dans l'évolution », comme dit M. Spencer, quand on a « une conscience adéquate

de la causation », c'est-à-dire de l'enchaînement pro-
gressif des phénomènes de l'univers, alors on est persuadé que l'humanité achèvera son évolution « dans une
sorte d'harmonie finale de sa nature et de ses conditions »; que « le type de nature auquel la plus haute vie
sociale apporte une sphère telle que chaque faculté ait
son compte légitime, et pas plus que son compte légitime,
de fonction et de plaisir à la suite, est le type de nature
vers lequel le progrès doit tendre sans se relâcher jusqu'à
ce qu'il soit atteint. » Ce qui, dégagé de galimatias, veut
dire simplement qu'un jour viendra où les hommes
auront tout ce qu'ils désireront, et qu'ils désireront seulement ce qu'ils pourront avoir. Alors la justice sera
tellement bien observée qu'on n'aura pas même la pensée
de la violer, et la bienfaisance, cet autre élément de la
morale positiviste, deviendra presque inutile, à cause de
la facilité avec laquelle les désirs de chacun seront satisfaits. Alors, la morale étant parfaite, l'obligation morale
perdra sa force. Car « il est évident qu'avec une adaptation complète à l'état social, cet élément de la conscience
sociale exprimé par le mot d'obligation disparaîtra (1). »

Voilà donc comment la belle fleur de la vie va s'épa-
nouissant par degrés insensibles depuis le germe le plus
humble jusqu'au rayonnement qui se fait jour avec la
civilisation et qui éclate dans le parfait civilisé. Cet éclat
n'est autre que la perfection de la morale et le bonheur
très relatif permis à notre espèce. Mais toute fleur a sa
sève; quelle sève M. Spencer met-il en jeu pour faire
fleurir la morale? nous l'avons déjà dit, c'est le plaisir :
le plaisir est le principe de la morale, comme il en est
l'objet. Il est à propos d'insister encore sur ce point.

Le plaisir exerce un attrait puissant. Virgile l'a dit

_____

(1) P. 3.

dans un hémistiche resté célèbre, et l'autorité de Virgile, toute grande qu'elle est, ajoute peu à une conviction imprimée par la nature dans tous les vivants. Les positivistes bâtissent une théorie sur ce fait. D'après eux, dès que l'évolution vitale, leur hypothèse de prédilection, commence à sortir de la période de la brutalité, dès qu'elle éveille une lueur de conscience, le plaisir aussitôt se met à poindre, et l'être sensible, entraîné par le plaisir au premier instant, la recherche au second. Que suit-il de là? Il suit que le plaisir (nous parlons toujours d'après la manière positiviste) provoque la série des actions conscientes et qu'il est la cause de tous les progrès de l'être, ces progrès n'étant que la collection de ses actions croissant en intensité et en variété : du plaisir dérivent ces merveilleuses transformations dont le parfait civilisé est le terme.

En effet, supposez que les actions provoquées par le plaisir soient nuisibles, elles se tourneront contre l'être, contre la race, l'affaibliront d'abord et peu à peu lui inoculeront un virus qui finira par l'anéantir. Ce raisonnement est de M. Spencer, nous n'avons pas à en montrer le défaut en ce moment; nous nous contentons de reproduire sa pensée en termes un peu plus clairs. Voici du reste ses propres paroles : « Si les états de conscience qu'un être s'efforce de conserver (sentiments agréables) sont les corrélatifs d'actions nuisibles, et si les états de conscience qu'il s'efforce de chasser (sentiments désagréables) sont les corrélatifs d'actions profitables, cet être doit promptement disparaître en persistant dans ce qui est nuisible, en fuyant ce qui est profitable. » Donc, le plaisir, qui se fait rechercher et qui fait par suite éviter la peine, est le véritable facteur des êtres actuellement vivants, ce que M. Spencer exprime en ces termes : « Ces races d'êtres seules ont survécu chez lesquelles, en

moyenne, les états de conscience agréables ou désirés ont
accompagné les activités utiles à la conservation de la
vie, tandis que les sentiments désagréables ou habituellement évités ont accompagné les activités directement
ou indirectement destructives de la vie (1). »

La conséquence de ce raisonnement devient le principe
même de la morale évolutionniste : donc, il faut toujours
rechercher le plaisir, et toujours fuir la peine. Mais une
pareille proposition ne laisse pas que d'effaroucher un
peu la conscience humaine formée par dix-huit siècles
de christianisme. M. Spencer lui-même semble légèrement ému de ce qu'il avance. Il convient que plaisir n'est
pas toujours synonyme de sainteté ; mais la divergence
entre ces deux termes n'est qu'un accident, elle n'a rien
de fondamental. Dans l'ascension de l'être qui monte les
degrés de l'évolution, il y a comme des étapes où l'harmonie entre les besoins et les adaptations est un peu troublée. L'être vivant est un mobile qui s'avance dans le
temps, mais qui est composé de parties dont toutes n'ont
pas une égale vitesse ; les unes restent un peu en arrière,
quand les autres prennent de l'avance. Pour rendre au
tout l'unité et l'harmonie, il y faut du savoir-faire. Sans
cela, le plaisir s'égare ; il ne correspond plus au besoin,
il devient nuisible, et par suite, mauvais. « J'ai établi,
dit M. Spencer, qu'à partir du moment où les conditions

(1) Ce raisonnement revient à ceci : « Si le plaisir était nuisible, la race se serait détruite en le recherchant ; donc, il est la
cause du progrès de la race. » Un simple rapprochement en
fera toucher du doigt la singulière témérité. Voici un syllogisme exactement calqué sur celui des positivistes anglais :
Si le jeu était nuisible, tel joueur de ma connaissance qui
passe son temps à jouer serait mort depuis longtemps. Donc,
c'est le jeu qui le fait vivre. » Nuisible, indifférent, cause totale,
cause partielle, cause principale, cause subordonnée, cause
essentielle, cause accessoire, M. Spencer confond tout et, partant, ne prouve rien.

d'existence d'une espèce ont changé par suite de certaines circonstances, il en est résulté parallèlement un dérangement partiel dans l'adaptation des sentiments aux besoins, dérangement qui nécessitait un adaptation nouvelle. » La période de dérangement, de transition est celle où se trouve présentement notre race. C'est pour cela qu'il n'est pas bon de s'enivrer, ni de s'abandonner à d'autres jouissances que, par une singulière inconséquence, toute la race condamne. Du reste, le défaut actuel d'harmonie s'explique sans peine. Le combat pour la vie, la guerre à laquelle les conditions de l'existence ont si longtemps soumis l'humanité sous peine de disparaître, a créé dans l'homme des aptitudes et des besoins qui correspondent exactement à cette fin militante; mais ces aptitudes et ces besoins n'ont pas de proportion avec la période industrielle, qui est maintenant si heureusement commencée. Il en résulte que la faculté de jouir est à moitié affolée, qu'elle se complaît en des objets qui lui conviennent peu ou point, tandis qu'elle s'aigrit en présence d'autres objets qui lui conviendront à merveille dans la civilisation parfaite. De là des oscillations bizarres, qui semblent inexplicables, mais qui finiront par s'arrêter dans l'équilibre du bonheur. Notre manière présente de sentir ne rend pas improbable ce redressement futur, bien au contraire. « Le plaisir, dit M. Spencer, naissant de l'adaptation d'une structure à sa fin spéciale, il en résulte nécessairement que, en supposant qu'il s'accorde avec la conservation de la vie, il n'y a aucun genre d'activité qui ne puisse devenir à la longue une source de plaisir et que, par suite, le plaisir accompagnera fatalement tout mode d'action réclamé par les conditions sociales. »

Le plaisir, on le voit, tantôt est règle et tantôt réglé suivant les besoins de la théorie. Nous constatons ces oscillations sans les caractériser. Elles sont peu conformes à la logique et ne promettent pas une théorie bien définie. Nous croyons, cependant, pouvoir résumer de la sorte celle de M. Spencer.

En poursuivant le cours de son évolution, l'être vivant acquiert des aptitudes diverses, qui correspondent au progrès de sa structure. Ces aptitudes sont de deux sortes, suivant que l'exercice en est intérieur à l'être vivant ou qu'elles produisent des actions extérieures. L'ensemble des actions extérieures d'un être vivant constitue « la conduite » de cet être. Or, il est une « étape » de la conduite où elle prend le nom de « morale » : c'est lorsqu'elle a pour objet, non pas tout plaisir, mais le plaisir calculé, c'est-à-dire « la plus grande somme définitive de sentiments agréables ». Les positivistes donnent plus généralement le bonheur de la race, c'est-à-dire l'évolution s'achevant dans la civilisation parfaite, comme l'objet de la conduite morale. Pour M. Spencer, cette fin n'est pas la dernière, mais seulement l'avant-dernière. La dernière, c'est le plaisir même.

§ II. — *Critique.*

Si la morale de M. Spencer a le mérite d'être simple, elle a le grave défaut de n'être pas une morale, et le défaut plus grave de n'être pas morale.

I. — Un homme vient vous dire : « Voici une graine. Je la jette en terre; elle germe, pousse une radicelle, puis une tigelle, des feuilles, une tige, de nouvelles feuilles, des boutons, des fleurs; les fleurs se flétrissent, laissent des fruits à leur place; les fruits murissent et donnent d'autres graines semblables à la graine mère. C'est là l'évolution d'un être vivant, une série d'actions diverses, ordonnées et tendant les unes par les autres au même but. Eh bien! moi, j'appelle *morale* la période pendant

laquelle le fruit mûrit; le reste est simplement évolution. » A cela, que pouvons-nous répondre? Une seule
chose : « Vous avez parfaitement le droit, dirons-nous à
ce penseur original, d'appliquer le nom de morale au phénomène de la maturation. Mais permettez-nous de vous
faire remarquer que vous vous écartez du langage ordinaire, et que, si vous avez le dessein de discuter la morale
de tout le monde en vous servant de votre définition personnelle, vous vous exposez aux plus fâcheux *quiproquos*
et à l'inconvénient non moins regrettable de ne prouver
rien du tout. » Il n'est pas possible que deux adversaires
se rencontrent jamais, si l'un d'eux, par exemple, s'en
va guerroyer contre le déluge, lorsque l'autre s'escrime
à défendre les trois unités d'Aristote.

Le cas de M. Herbert Spencer n'est pas autre. Pour lui,
la plante humaine, semée aux premiers jours de la vie,
s'est développée, par une évolution séculaire, jusqu'à
devenir ce que nous la voyons être maintenant. De tous
les phénomènes qui sont comme les instants de cette
série immense, M. Spencer prend un groupe, celui qui
correspond aux relations conscientes des plantes humaines entre elles, et il dit : « Voilà la morale! » Si ce
positiviste disait : « Voilà ma morale! » ou bien : « Voilà
la morale de mes amis! » nous n'aurions pas le droit de
réclamer. Mais l'expression dont il se sert signifie qu'il
entend parler de la morale de tout le monde. Non, philosophe, non, votre morale n'est pas la morale de tout
le monde, et il n'est pas difficile de démontrer le mal
fondé de votre prétention.

Aux yeux, je ne dis pas du philosophe du moraliste,
de l'ascète, mais aux yeux de tout le monde, du païen
comme du chrétien, du sauvage comme du civilisé, aux
yeux mêmes du positiviste quand il laisse dormir ses
systèmes, un acte, pour relever de la morale, réclame

comme élément absolument essentiel la responsabilité de
celui qui le produit. Étudiez le langage, l'histoire, les
coutumes, les lois, les transactions, en un mot tous les
faits qui constituent la vie raisonnable des hommes, vous
constaterez que les actes rentrent dans la morale dès
qu'ils offrent le caractère de la responsabilité, et qu'ils
en sortent dès qu'ils le perdent. Or, qu'est-ce que la
responsabilité? La responsabilité est un lien qui rattache
l'acte à sa cause, de telle sorte que la cause est la raison
dernière, je ne dis pas de l'être de l'acte, mais, ce qui
n'est pas la même chose, de son existence. Le sculpteur
est bien la cause de l'existence de sa statue, quoiqu'il ne
soit pas la cause du marbre d'où il la tire. Un agent est
responsable, lorsqu'il a réellement dépendu de lui que
son acte fût ou ne fût pas produit. Cette autorité, ce droit
d'auteur de l'agent sur son acte vient-il à diminuer, la
moralité (1) de l'acte diminue; vient-il à disparaître, la
moralité de l'acte disparaît en même temps. En présence
d'une action quelconque, bonne ou mauvaise, dès que la
conscience rend ce verdict : « l'auteur de cet acte a été
forcé de faire ce qu'il a fait » ; l'éloge et le blâme deviennent impossibles. Au lieu de s'indigner contre l'auteur
de l'action mauvaise, on le plaint; et l'auteur de l'action
bonne ne rencontre qu'indifférence. Nous n'inventons
rien, nous ne faisons pas de théorie; nous constatons
des faits, et nous pouvons mettre au défi tous les positivistes du monde, ces adorateurs fanatiques du fait, de les
nier avec l'ombre de raison.

Mais ce que nous venons de rappeler sous le nom de
responsabilité, qu'est-ce autre chose que la liberté, ou du
moins la conséquence rigoureuse, immédiate de la liberté,

_____

(1) « Moralité » n'est pas ici synonyme d' « honnêteté », mais
bien de « dépendance de la morale ».

du libre arbitre? La liberté de la volonté est au fond de
tout acte qui relève de la moralité, comme les rayons
colorés sont au fond de toute lumière blanche. On est
responsable de tout acte que l'on produit librement; on
ne l'est jamais d'un acte que l'on n'a pas été libre de
produire. Or les positivistes nient systématiquement la
liberté de la volonté humaine. M. H. Spencer s'est tellement débarrassé de la croyance à la liberté, qui est un
préjugé d'après sa manière de voir, que, dans tout son
livre, il a eu l'art, en s'occupant exclusivement de la
morale, de ne pas même prononcer le nom de cet élément
essentiel de la morale. Du moins nous n'avons pas mémoire d'avoir rencontré une seule fois ce mot ou tout
autre terme équivalent.

Il y a plus; le positiviste anglais consacre un chapitre
à « l'idée de cause dans la morale ». Or cette idée de
cause consiste à concevoir les actes moraux comme des
effets nécessaires, c'est-à-dire comme des actes qui ne
sont pas moraux. Nous y lisons ce passage étonnant :
« Toutes les méthodes ordinaires de morale ont un défaut
commun : elles négligent les dernières relations cau-
sales... Elles n'érigent pas en méthode l'affirmation de
relations nécessaires entre les causes et les effets. »
Qu'on ne s'y trompe pas, la relation nécessaire dont
parle ici M. Spencer, n'est pas cette nécessité qui fait
que, la cause entrant en exercice, l'effet immédiat suit
immédiatement et nécessairement; il s'agit de la relation
entre la volonté et le motif, et de la relation entre l'effet
de la volonté et ses conséquences extérieures. Le défaut
de toutes les méthodes de morale, d'après le philosophe
anglais, consiste à laisser la volonté libre sous l'influence
du motif, à briser la nécessité entre le motif et la volonté.
Le défaut de toutes les morales autres que la sienne,
consiste à respecter la liberté de la volonté, à respecter

l'essence de la morale, à faire de la morale en traitant de
la morale. Voilà pourquoi il dit à la fin de son chapitre
sur « la causation » : « Si l'univers visible tout entier est
soumis à l'évolution, si le système solaire, considéré
comme formant un tout, si la terre, comme partie de ce
tout, si la vie en général qui se développe à la surface
de la terre, aussi bien que celle de chaque organisme
individuel, si les phénomènes psychiques manifestés par
toutes les créatures, jusqu'aux plus élevées, comme les
phénomènes résultant de la réunion de ces créatures les
plus parfaites, si tout enfin est soumis aux lois de l'évolution, il faut bien admettre que les phénomènes de conduite produits par ces créatures de l'ordre le plus élevé,
et qui font l'objet de la morale, sont aussi soumis à ces
lois. » Et que l'on ne croie pas que l'évolution amène
simplement des conditions où la volonté a la faculté de
s'exercer en toute indépendance; ce serait se méprendre
sur l'idée fondamentale de cette hypothèse. « Les phénomènes vitaux » sont des « séries de changements s'accomplissant dans des particules matérielles soumises à
certaines forces produisant d'autres forces. » Ce sont des
phénomènes de mécanique en tout semblables aux autres, sauf en un point, c'est qu'ils sont accompagnés de
conscience. Une pierre qui sait qu'elle tombe, une étincelle électrique qui sait qu'elle éclate, une lame qui sait
qu'elle vibre, tel est l'acte moral dans la théorie des évo-
lutionnistes, dans celle de M. H. Spencer. Là, point de
liberté. Donc, point de morale.

Ici se présente un problème qui a quelque intérêt. L'on
peut se demander comment il se fait que des hommes
qui rejettent résolument le libre arbitre osent cependant
publier des traités de morale et s'en montrer fiers, au
point de regarder avec un souverain mépris la morale de
tout le monde et surtout la morale chrétienne. Les posi-

tivistes sont tous d'accord là-dessus; pour eux, l'homme
est libre comme une locomotive, et ils se flattent de conduire cette locomotive par des préceptes et des conseils.
A les en croire, cette prétention n'a rien de déraisonnable et voici comment ils la justifient.

La théorie pratique de la morale positiviste repose sur
la manière dont les motifs sont censés agir sur la volonté.
Les motifs, au sens des positivistes, sont des forces proprement dites comme l'attraction ou la chaleur, des
forces qui forment un système et dont la détermination
volontaire est la résultante mathématique et fatale. Que
fait donc le moraliste positiviste lorsqu'il rédige un code
de morale, lorsqu'il exhorte, lorsqu'il conseille, lorsqu'il
éclaire? Il introduit par les yeux et les oreilles, dans le
cerveau, des forces qui viennent s'appliquer à un mobile
déjà soumis à d'autres forces. Toutes ces forces, appelées
motifs, agissant à la fois, déterminent une résultante où
chacune d'elles a nécessairement sa part et quant à
la vitesse et quant à la direction du mobile. C'est
ainsi qu'une pierre lancée par la main obéit en même
temps à l'impulsion, à la pesanteur et à la résistance
du milieu : l'effet de ces trois forces se trouve exprimé
rigoureusement dans la ligne tracée par la pierre. Les
motifs étant des forces mécaniques qui agissent mécaniquement sur certaines cellules cérébrales, il s'ensuit
que l'ébranlement cérébral appelé résolution volontaire
sera composé de l'action de tous ces motifs. Donc les
positivistes, tout fatalistes qu'ils sont, ont le droit de
tracer les règles de morale, c'est-à-dire de créer des
motifs. Leur système a du moins cet avantage qu'il présente les efforts de leurs moralistes comme nécessairement efficaces.

Eh bien, non! ces efforts ne sont pas justifiés, tout au
contraire. Qu'est-ce que l'univers pour les positivistes?

Un immense système de forces hermétiquement fermé, où aucune autre, ni grande ni petite, ne peut être introduite du dehors. Les phénomènes de l'univers, ceux du monde moral aussi bien que ceux du monde physique, sont les ondulations d'un océan immense où le mouvement de chaque molécule oscillante est entièrement déterminé par tous les mouvements qui précèdent, ceuxci ayant été déterminés de la même manière par les précédents, et ainsi des autres en remontant jusqu'à l'origine de l'éternité, un peu comme les ondes d'une surface liquide, dont chacune a sa raison dans la précédente jusqu'à la première, effet d'un ébranlement initial ; seulement, quand il s'agit des ondes de l'univers, l'ébranlement initial ne se rencontre pas.

De cet océan, rien ne sort, mais rien n'y entre non plus ; c'est là un dogme favori du positivisme. C'est même en vertu de ce dogme qu'il rejette avec énergie, avec indignation même, l'idée de tout miracle ; car le miracle, c'est une force extérieure introduite au milieu des forces qui composent le monde. Ce dogme, du reste, disons-le en passant, est un principe de bon plaisir. Jamais les positivistes n'ont articulé une raison pour le démontrer ou l'appuyer. Bien plus, une raison quelconque présentée par eux leur serait mortelle, car cette raison serait métaphysique, la métaphysique étant l'ensemble des raisons supérieures des choses ; or, le positivisme repose essentiellement sur la négation de la métaphysique.

Maintenant, voici le positiviste moraliste en présence de l'immense et irrésistible courant des phénomènes. Parmi les mobiles conscients par lesquels le mouvement est reçu et se transmet, il en choisit un et y applique, de son chef, une force spéciale, par exemple sous forme de conseil. De deux choses l'une, ou bien cette force adventice est quelque chose de vraiment nouveau, ou bien elle se trouvait déjà dans le courant, le moraliste n'étant que le lieu où elle se manifeste mécaniquement. Il nous semble que l'alternative est absolument inévitable. Or, des deux côtés, la position n'est pas tenable pour un homme de quelque sens. En effet, si le conseil est vraiment une force nouvelle, le positiviste pousse dans l'univers qu'il a si soigneusement fermé, un élément nouveau, une puissance qui n'existerait pas sans l'action du positiviste; cet ennemi juré des miracles, fait bel et bien un miracle, suivant la théorie de son école. Ainsi les livres de morale, où le génie positiviste se complaît de la manière la plus surprenante, ne sont pas seulement des récits de miracles, mais des collections de miracles permanents. Nous ne pensons pas qu'il y ait un positiviste au monde qui se résigne à subir une telle conséquence. L'horreur du miracle les forcera de croire que leurs conseils de morale ne mettent rien de nouveau dans la série des actions humaines.

Ces conseils ne doivent donc être considérés que comme les résultantes nécessaires de forces antécédentes. La leçon du moraliste ne diffère plus de la pierre qui vient toucher la terre après avoir cédé à l'impulsion de la main, à la pesanteur et à la résistance de l'air. La girouette qui marque la direction du vent, l'horloge qui sonne l'heure, le fil qui laisse passer une dépêche électrique, ont exactement la même indépendance et le même mérite que le cerveau pensant du positiviste, lorsqu'il donne ou plutôt transmet un conseil. Cette machine crie ou écrit suivant certaines impulsions; l'impulsion s'arrête-t-elle, elle s'arrête; recommence-t-elle, l'effet suit; c'est une affirmation ou une négation, le pour ou le contre; la vérité n'y est pour rien, tout dépend des forces mécaniques d'où sort l'impulsion. Le miracle est ainsi mis efficacement de côté, mais quels singuliers êtres pensants dans le monde positiviste! Ces hommes pensent comme les orgues de barbarie font de la musique; et ces orgues feraient de la morale! Qui nous garantit qu'après avoir joué l'air des honnêtes gens, ils ne joueront pas l'air des voleurs; qu'après avoir recommandé la probité, ils ne recommanderont pas le vice, intervertissant les noms au besoin? Leurs promesses, leurs principes avoués même n'y font rien. Tout dépend de la manivelle, et la manivelle est engrenée dans l'inflexible machine de l'univers dont tous les mouvements sont aussi inévitables qu'ils peuvent déjouer toutes les prévisions. Si la musique nous gêne, nous n'avons pas même le pouvoir de nous boucher les oreilles; c'est le destin de nos nouveaux docteurs qui s'en réserve le droit, nous bouchant ou nous ouvrant ces organes précieux, non suivant nos besoins, mais suivant l'évolution brutale de ses décrets aussi aveugles qu'inéluctables. Comment prendre au sérieux de tels moralistes? comment surtout entrer en discussion avec eux? Raisonne-t-on avec des machines?

II. — Mais les faiseurs de systèmes les plus déraisonnables gardent toujours par devers eux quelque lambeau du sens commun, après l'avoir mis en pièces, et s'en servent furtivement en dépit de leurs théories. Lorsque M. Spencer donne ses conseils à des machines, machine lui-même, nous pensons qu'il oublie sa condition et celle de ses lecteurs, et qu'il les traite comme s'ils étaient doués de liberté, capables par conséquent d'user de ses conseils. Tous les préceptes de morale contenus dons son livre appartiennent probablement à la période de distraction, mais c'est aussi par distraction qu'il les croit efficaces. Rentrons donc, nous aussi, à la suite du moraliste, dans les conditions vraies de la volonté humaine. Supposons l'homme libre et réglant librement ses actions sur la loi morale des positivistes, en particulier sur celle de

M. Spencer, et voyons quelle sera la conséquence d'une telle conduite.

Pour être morale, la vie doit avoir un but, un but voulu et recherché. Les positivistes en conviennent, et ils montrent ce but dans le bien social. Cette fin est à leurs yeux la raison de toute moralité, et leur inspire un vif sentiment d'orgueil, parce que le désintéressement le plus absolu les élève, du moins en théorie, au sommet de la vertu. Les positivistes ne se contentent pas d'être honnêtes, ils prétendent à l'héroïsme continu. Mais ils ont une singulière manière d'exprimer leur pensée. « Si l'on pouvait démontrer, dit M. Huxley, par l'observation ou par l'expérience que le vol, le meurtre, l'adultère, ne tendent pas à diminuer le bonheur de la société, alors, au point de vue des connaissances naturelles, ces actions ne seraient pas des immoralités sociales. » Stuart Mill écrit de son côté qu'il n'a jamais varié dans la conviction que le bonheur est une fin de la vie et la pierre de touche de sa règle ; mais que cette fin ne s'obtient qu'en portant son intention sur un objet distinct du bonheur personnel, sur le bonheur des autres, sur le progrès de la race. D'après le professeur Clifford, « la société est un vaste organisme, et, de même que le bien de tout l'organisme est la raison de tous les mouvements qui s'y accomplissent, de même la raison de toutes les actions des individus est le bien de la société ».

Nous n'avons pas à réfuter ici cette opinion moins innocente qu'elle ne le semble au premier abord. C'est une doctrine monstrueuse qui ferait de la société le Moloch le plus atroce. Qu'une action regardée maintenant comme criminelle contribue au bien social, aussitôt elle deviendra légitime, honnête, obligatoire. Donnons-en un exemple seulement ; le lecteur en trouvera facilement d'analogies. Il est évident que le bien de la société demande que tous ses membres soient vigoureux et utiles. Donc, c'est faire une action vertueuse, c'est accomplir un devoir que de supprimer les tempéraments faibles, les constitutions mal venues, que d'étrangler les incurables, les vieillards. Pour contenir la population dans de justes limites, l'avortement et d'autres crimes que l'on n'ose nommer, se produiront avec fureur et serviront à glorifier l'honnête homme (1). Mais c'est à la morale de M. Spencer que s'adressent nos critiques, et cette morale diffère par un point de celle des autres positivistes.

Nous avons vu que, suivant la théorie de l'évolution dont M. H. Spencer est l'un des principaux promoteurs, la société marche vers un terme d'équilibre qui est le bonheur social, bonheur imparfait sans doute, mais en somme aussi grand que le permettent les conditions des choses et les lois de leur développement. Or c'est ce bonheur dernier qui est la raison de la moralité des actes des individus à travers toute la durée de l'espace. A s'en tenir à ce point de vue, la règle des actions morales est placée dans l'avenir et dans un avenir indéterminé. Mais cette règle est, comme celle de tous les positivistes, le bien de la société. Seulement, entre la règle de M. Spencer et celle de ses amis, il y a une différence capitale. On se souvient que M. Spencer est épicurien, partisan de la morale du plaisir calculé. Pour lui, c'est le plaisir personnel sagement ménagé qui est la mesure de toute

(1) M. Spencer, moins radical, a seulement l'espérance que l'évolution se chargera un jour de ces mesures préventives maintenant odieuses. Voici ses paroles : « On peut s'attendre à ce qu'un nouveau progrès de l'évolution produisant, à mesure que la nature humaine se développera, une diminution de la fécondité et par suite des charges des parents, amène un état... (p. 208). » Si la chose est dans les vues de la nature, ne serait-il pas louable de la seconder !

action morale. N'y a-t-il pas entre le plaisir personnel et
le bonheur final de la société une sorte d'opposition?
Comment M. Spencer se débarrasse-t-il de cette difficulté?

« La poursuite idéale », nous l'avons déjà dit, cause
immédiate du paradis positiviste, est un objet dont
l'homme actuel doit autant que possible rapprocher sa
conduite actuelle. Mais, pour ce faire, il lui faut un
plaisir personnel; car le plaisir personnel est la dernière
raison de toute action morale. Comment M. Spencer le
trouve-t-il? Par un procédé vraiment ingénieux. Il relie
le bonheur social au plaisir individuel par un sentiment
agréable, par la sympathie. Il suppose que son agent
moral se met devant l'esprit le bonheur réservé au genre
humain, au terme de l'évolution, et, d'une manière plus
spéciale, la part qu'il va lui-même ajouter à ce bonheur,
s'il agit de telle ou telle façon; la perspective lointaine
de cette particule de bonheur lui réjouit l'âme; c'est la
sympathie, sympathie causée et mesurée par la quantité
de plaisir goûtée par l'humanité de l'avenir; mais c'est
là un sentiment agréable, et l'agent raisonnable à la
manière de M. Spencer produit enfin l'acte qui dans la
suite des siècles aura son effet sur la société et qui dès
maintenant donne au positiviste le droit de se réjouir. En
somme, son principe pratique se réduit à ceci : telle action causera quelque plaisir au genre humain, ce qui m'en
donne un, à moi, présentement : donc je dois l'accomplir.
Par contre, l'agent moral évite les actions qui pourraient
faire de la peine au genre humain, parce que cette peine
rejaillit sur lui.

Cependant, nous devons en convenir, M. Spencer ne
présente pas son principe pratique du premier coup avec
cette simplicité. Il l'enveloppe de considérations au milieu desquelles il n'est pas facile de le discerner. Mettant

en parallèle ce qu'il appelle, suivant le langage de son école, l'égoïsme et l'altruisme, c'est-à-dire les actions dont l'effet immédiat regarde l'avantage des autres et celles qui regardent le bien propre de l'agent, il montre qu'en maintes circonstances il faut donner la prépondérance à l'altruisme, et qu'en maintes autres, c'est l'égoïsme qui doit l'emporter. Ces diverses circonstances font naître une casuistique très compliquée, et nous doutons que, sans un maître fort habile, le fidèle positiviste puisse s'aventurer dans ce dédale s'il ne veut faire des chutes nombreuses. C'est assez dire que le décalogue des positivistes n'est pas encore sorti de la nuée, et par conséquent, n'a pas le droit de s'imposer aux volontés humaines dans le détail de la vie. Mais, au-dessus des broussailles dont M. Spencer hérisse sa casuistique, plane en toute évidence le grand principe du plaisir personnel, qui est, d'après lui, « la fin suprême, le dernier terme de l'effort moral ». Après toutes les marches en avant, à droite, à gauche, il faut nécessairement revenir sur ses pas; les sacrifices que l'on fait pour les autres, pour la race, se réfléchissent et remontent à leur source. L'agent moral est la fin dernière et nécessaire de toutes ses bonnes actions, grâce à la sympathie, forme exquise du plaisir. Seulement il importe d'éviter une maladresse que commet plus d'un épicurien. La vivacité de la sympathie s'émousse lorsque l'on se propose formellement de la faire naître. Pour en conserver, en augmenter même la saveur, il est sage de s'oublier et de porter toute son attention sur le plaisir d'autrui que l'on travaille à produire. Manière ingénieuse de penser à soi en pensant à autre chose. Il est temps d'apprécier le principe inventé par Herbert Spencer.

La question de la morale, au point de vue pratique, ne prend de l'importance que lorsqu'il y a conflit entre la loi et les inclinations de l'agent moral. Dans le cas de la morale positiviste, le conflit s'élève entre le plaisir présent de l'individu et son plaisir éloigné ou le plaisir de la race. Il est évident que si l'accord est entre tous ces termes, le problème est nul. Qu'il y ait souvent et très souvent antagonisme entre le plaisir présent de l'individu et le plaisir de la race, cela n'est pas douteux. M. Spencer s'imagine supprimer cet antagonisme en réfléchissant le plaisir de la race sur l'agent au moyen de la sympathie implicitement ou explicitement recherchée par lui. C'est là tout le nerf de sa théorie pratique de la morale. Eh bien ! nous prétendons que ce nerf est sans force et qu'il doit laisser là morale s'effondrer dans l'immoralité ; il ne sera pas difficile de prouver cette assertion.

Avant tout, constatons bien l'état des choses. Le conflit dont il s'agit ici n'est pas une manière de parler. L'homme n'est pas indifférent devant tout ce qui s'offre à son activité, comme un girouette qui obéit à tous les vents. Entre deux actions, entre une action et l'omission de cette même action, sa volonté se trouve souvent aux prises avec les sollicitations les plus violentes. Ce que l'on appelle le devoir, et qui reste tel même pour les positivistes, en dépit de leurs théories, lui inspire des répugnances extrêmement énergiques, tandis que le péché l'attire avec une séduction presque irrésistible. Voilà ce qui est, voilà le fait ; les positivistes qui prétendent s'occuper avant tout des faits, devraient bien ne pas oublier celui-là, et ne pas mettre leur homme moral au milieu d'une sorte de prairie où il n'y a qu'à se baisser pour choisir les fleurs qui lui plaisent. Les pastorales n'ont rien à faire avec le sérieux de la vie réelle. L'homme a besoin, non de motifs à l'eau de rose, mais de motifs vigoureux qui le fortifient contre l'entraînement du mal et le mettent en mesure de faire triompher le devoir.

Le motif de M. Spencer n'est-il pas à l'eau de rose?

Pour répondre à cette question, il faut voir quel est le bonheur que le positivisme promet à la race, et ensuite comment ce bonheur se réfléchit sur l'individu par la sympathie.

D'abord, l'homme des positivistes n'est pas l'homme ordinaire. C'est un être dont l'existence, en tant qu'individu, est tout entière comprise entre la naissance et la mort. S'il a des idées qui sortent des limites du monde matériel, des idées sur Dieu, sur l'âme, sur l'éternité, sur l'infini, sur le beau idéal, ces idées sont des rêves passés à l'état de préjugés et qui disparaîtront avec le progrès de l'évolution. Le paradis des positivistes, paradis terrestre, sous un ciel sans étoiles et couvert de nuages, ne connaît que le plaisir des sens; ce n'est pas l'homme de notre connaissance, c'est un quadrumane devenu bimane qui l'habitera. Si l'on met les choses au mieux, le bonheur de cet Éden consisterait en ce que tout le monde aurait largement le vivre et le couvert, bon feu et vêtements chauds pendant la saison rigoureuse, habits légers et de la glace à plaisir en été, de l'argent pour satisfaire ses petits caprices, pour faire des voyages d'agrément, s'entourer de ces bagatelles qu'on appelle le luxe. Mais, hélas! il ne faut pas une longue réflexion pour se convaincre que ce tableau est imaginaire. Mettez seulement le bienheureux positiviste en présence d'une table proprement servie, de la condition première de son bonheur, cette table sera le témoignage d'une grande misère. Les cristaux, l'argenterie, les couteaux, les mets, le pain même et le vin rappellent nécessairement les mines, les hautsfourneaux, les forges, les rudes travaux des champs; tout cela crie bien fort que la plus grande partie des bimanes est encore soumise à la peine, à la souffrance, que le paradis terrestre des positivistes n'existe pas et ne saurait exister.

Vainement recourrait-on, pour préparer ce paradis, à
la simplicité de la vie des sauvages, suivant les rêves de
J.-J. Rousseau. A moins de ramener sur la terre l'âge
d'or des poètes, la vie des champs et des bois, sans les
contributions de l'industrie, sera toujours la plus malheureuse. M. Spencer, néanmoins, ne laisse pas d'espérer
que l'évolution adoucira les conditions de l'existence. « Il
n'y a aucun genre d'activité qui ne puisse devenir à la
longue une source de plaisir, et par suite le plaisir
accompagnera fatalement tout mode d'action réclamé par
les conditions sociales. » Ainsi parle-t-il au chapitre X de
son livre. Eh quoi ! un jour viendra où l'on aura autant
de plaisir à souffler du verre qu'à boire du vin de Champagne, à casser des pierres au soleil qu'à rêver à l'ombre
des bois, à extraire de la houille avec danger permanent
d'être dévoré par le feu grisou, qu'à faire de la musique
ou à danser dans un salon ! Ce progrès-là rappelle assez
bien celui qu'auraient accompli les anguilles, si l'on en
croyait certaine marchande de poissons : « Il y a si longtemps qu'on écorche des anguilles, disait cette évolutionniste, sans le savoir, que celles que l'on soumet maintenant à cette opération y trouvent du plaisir. » Il ne faut
pas que le positivisme fasse oublier les lois positives. Si
le travail très modéré et fréquemment suspendu est
agréable, c'est une loi positive qu'au-delà de certaines
limites qui sont bien peu éloignées, il devienne pénible et
douloureux. La constitution et le jeu des muscles produit
fatalement ce résultat, à cause des tissus et du sang qui
sont brûlés et viciés par l'exercice. Aucune puissance au
monde ne peut changer cette loi, qui rive la douleur au
travail. Du reste, entre le plaisir de fondre du verre et
celui d'utiliser les produits de cette fusion pour savourer
des vins exquis, il y aura toujours une différence qui
constituera une infériorité désagréable pour le verrier. Il

faut en dire autant de tous ceux qui seront employés à préparer la table du bienheureux positiviste, du cuisinier, du meunier, du pâtissier, du boucher, du coutelier, du mineur, du charbonnier... Eh ! il y a bien des épines et des ronces dans ce paradis terrestre ! Les roses n'y sont-elles pas à peu près étouffées ? Et nous ne parlons ni des accidents, ni de la maladie, ni des épidémies, ni de ce poison qui corrompt tous les plaisirs sans exception, de la mort !

Tel est donc l'avenir de délices qui attend l'humanité après une suite indéfinie de siècles et dont la perspective doit régler la conduite des membres du genre humain jusqu'à cette époque bienheureuse. Cette perspective si lointaine aurait-elle assez de force pour soutenir l'agent moral en face de la tentation ? Qu'on nous permette de préciser le problème dans un cas particulier.

Mettons un positiviste entre une passion et sa conscience. Supposons qu'il ait été outragé d'une manière grave ; la vengeance lui allume le sang dans les veines, le pousse à infliger au coupable un châtiment éclatant. La satisfaction de la vengeance est un plaisir bien âpre, mais qu'il est vif et qu'il est impérieux ! Notre positiviste se sent emporté ; sa conscience intervient, l'arrête : « Un moment, lui dit-elle, réfléchissons. Le positiviste doit moins que tout autre céder à un emportement. Où courez-vous ?

— Me venger, et sans retard.

— Voyons, avez-vous bien considéré ce qui adviendra au genre humain si vous résistez à ce désir ?

— Que voulez-vous qui advienne ?

— Quelque chose qui n'est pas considérable, mais infaillible.

— A savoir ?

— Eh bien ! dans quelques milliers d'années ou de

31

siècles, le bonheur du genre humain en éprouvera un petit accroissement.

— Parce que je me serai abstenu de châtier un polisson?

— Oui. Rien ne se perd dans l'évolution des choses.

— Et que m'importe le genre humain?

— Le bonheur du genre humain pour le genre humain ne vous touche guère, c'est tout naturel; mais ce bonheur vous importe à vous-même.

— Ah! voilà qui est merveilleux.

— Il en est pourtant ainsi. Car, en pensant à ce bonheur, vous l'éprouverez vous-même par sympathie.

— Je ne comprends pas bien cela.

— La chose est cependant très simple. Vous voyez, par exemple, un homme qui boit un verre de bon vin, cet homme éprouve du plaisir. Le plaisir qu'il éprouve dans le palais, vous l'éprouvez dans l'imagination. Celui-ci est le plaisir par sympathie.

— Et c'est ainsi que je dois participer au bonheur futur du genre humain?

— Avec cette particularité digne d'attention que vous en serez en partie la cause. C'est même de cette partie de bonheur dont vous serez la cause qu'il faut vous réjouir maintenant par sympathie.

— Je voudrais mieux comprendre cela.

— Vous avez quelquefois éprouvé du plaisir?

— Allez toujours.

— Eh bien! ce plaisir a été préparé par les milliards de milliards d'hommes qui vous ont précédé depuis l'époque tertiaire. De même...

— Attendez. Ainsi, chacun de ces hommes qui m'ont précédé a été dans le plaisir que j'éprouve pour une fraction représentée par l'unité divisée par tous ces milliards?

— Cela est vrai.

— Et c'est dans une proportion égale que je prépare le bonheur futur du genre humain?

— Vous l'avez dit.

— Et c'est la perspective de cette fraction infinitésimale de bonheur qui doit se réfléchir en moi dans un plaisir sympathique proportionné.

— Précisément.

— Et c'est pour cette ombre d'un point imperceptible de plaisir que je dois renoncer au plaisir divin d'écraser un misérable, à l'avantage de corriger, de supprimer, s'il le faut, dans la chaîne de la race un anneau inutile et même nuisible!

— Mais oui.

— Ma conscience, vous êtes une sotte. »

En vérité, nous ne prendrions pas parti pour une telle conscience. On ne raisonne pas d'une manière plus enfantine; on n'oublie pas à ce point les rapports les plus élémentaires des quantités. Et ce n'est pas là son unique défaut. Qu'est-ce en effet que le paradis des positivistes, tout pauvre qu'il est? Une pure hypothèse. Eux-mêmes l'avouent; car l'évolution n'est qu'une hypothèse avec l'espoir plus ou moins ferme d'une démonstration hypothétique, que l'on attend toujours et qui n'arrive jamais. Donc le motif qui sert de base à la vertu positiviste est non seulement proche voisin du rien, il est moins que cela, il n'est qu'une hypothèse. C'est encore trop; cette bluette à peine phosphorescente va s'éteindre complètement dans le néant. Nous voulons dire qu'elle n'a qu'une valeur absolument nulle comme motif.

En effet, l'évolution est ou n'est pas une loi de la nature, il n'est pas possible de trouver un échappatoire à cette alternative. Si elle est une loi de la nature, elle emporte fatalement les êtres dans sa marche ascendante, et, bon gré mal gré, l'humanité obtiendra à un moment que rien ne peut ni avancer ni retarder la perfection que comporte cette loi. Qu'un agent particulier fasse ou ne fasse pas tel acte, la marche des choses en sera exactement affectée comme les phases de la lune des aboiements des chiens. Donc lorsque la conscience viendra dire : « Prenez garde, ne faites pas telle chose, vous nuiriez à l'humanité » ; ou bien : « Faites telle autre, l'humanité y trouvera son profit » ; elle dira une fausseté, et son conseil n'aura point la moindre force, produira un effet exactement égal à zéro. Or, il est bon de le remarquer, les moralistes que nous combattons, ces champions résolus de l'humanité, regardent l'évolution comme une loi de la nature et le progrès comme une nécessité inévitable et placée au-dessus de toute décision « psychologique ».

Si cependant il leur prenait envie de se contredire, et, pour donner quelque couleur à leur morale, de dépouiller l'évolution de son caractère de loi fatale, la nullité de leur motif suprême n'en serait pas diminuée. En effet, le progrès, le paradis du genre humain, n'aurait plus aucune garantie. Le mouvement pourrait fort bien se produire en sens inverse et ramener notre race à quelqu'une de ces formes inférieures dont un carnage hideux est la condition. Certes, si jamais l'humanité rencontre l'Éden sur sa route, ce sera bien par le plus grand des hasards. Comment garder quelque espoir,

Quand on voit vivre entre eux les hommes comme ils font?

La vertu est la semence indispensable de ce jardin de délices; c'est pour cela même que vous m'exhortez à la vertu. Mais, si la vertu est quelque part sur la terre, le vice n'est-t-il pas à peu près partout? donc pas de paradis en germe. Par conséquent, lorsque la conscience positiviste viendra dire à son ascète : « Soyez vertueux,

afin de préparer le paradis de l'humanité »; l'ascète ne
sera que sage de s'y refuser, comme il le serait en refusant de se donner une grande peine, de s'imposer un
rude sacrifice pour mettre une goutte d'eau dans le ton-
neau des Danaïdes.

Ajoutons que « le combat pour la vie », suivant la
doctrine évolutionniste, est la cause même du progrès de
la race. Or ce combat n'est pas précisément le respect des
droits d'autrui, ni surtout le sacrifice volontaire de ses
propres droits pour le bien d'autrui ; c'est le triomphe du
plus fort sur le plus faible, du plus habile sur le plus sot.
C'est, pour l'homme, la violence et la ruse érigées en
principes du progrès de la race, et comme le progrès est
le bien proprement dit, c'est la violence et la ruse érigées
en vertus essentielles. On ne saurait nier que ces considérations ne doivent se présenter sous un aspect au
moins très plausible à l'esprit de l'évolutionniste. D'où
il suit que ses doctrines ouvrent largement carrière à
l'immoralité.

Nous n'avons pas tout dit, mais il faut se borner. La
morale s'adresse à tous les hommes ; elle a pour objet de
régler les actions de l'humanité entière. Par conséquent,
un motif général, c'est-à-dire, un motif qui se trouve au
fond de tous les autres dans les actes honnêtes, doit non
seulement être accessible à tous les hommes, mais agir de
fait en tous les hommes. M. Spencer cherche de son chef
un motif qu'il voudrait donner pour base à la morale.
Une telle prétention ne peut être que vaine autant que
naïve, puisqu'elle supposerait qu'il n'y a pas eu de morale
avant M. Spencer, et qu'il n'y en aura que pour ses disciples, si toutefois il fait école. La sympathie pour le
bien-être hypothétique du genre humain n'est guère
connue que de son inventeur ; quelle en sera donc l'influence sur les déterminations des individus qui peu-

plent notre planète! Donner une telle conception comme
le motif général des actions de l'humanité, c'est par trop
dépasser les limites du sérieux.

Le défaut commun de toutes les théories morales des
positivistes est une suite de leur manière de comprendre
l'homme. Ils sont condamnés à déraisonner sur les
mœurs, parce qu'ils commencent par défigurer la nature
humaine. D'après leur anthropologie, l'homme n'est en
réalité qu'une bête; la première, si l'on veut, mais pas
autre chose. De là, impuissance absolue de distinguer en
l'homme ce qui est moralement bon de ce qui est moralement mauvais. La laideur du vice, qui est réellement
le motif universel pour l'éviter, est, comme toute laideur,
un défaut d'harmonie, et elle a cela de propre qu'elle est
un défaut d'harmonie morale, c'est-à-dire tombant sur
les actes humains. Or, en quoi consiste précisément ce
défaut d'harmonie?... en ce que l'homme, d'une nature
infiniment supérieure à la bête, fait cependant en tant
qu'homme les actions de la bête. En langage figuré, le
vice, c'est l'ange souillant ses ailes dans la boue; en langage philosophique, c'est un être intelligent, créé pour
posséder par la connaissance et par l'amour la vérité et
le bien infinis, lequel rapetisse ses hautes facultés à la
possession de misérables créatures d'une réalité sans consistance et d'une durée éphémère. La bête ne présente
rien de semblable; le vice est impossible en elle, parce
qu'elle va naturellement à ses petits biens que la nature
a préparés pour ses facultés de bête. Ses actions ne manquent jamais d'harmonie, quoiqu'il n'en résulte jamais
rien de bien admirable; mais ce n'est point par défaut
de convenance : ce sont les termes mis d'accord qui ont
peu de valeur.

L'homme des positivistes est dans des conditions rigoureusement identiques à celle de la bête. Ils ont beau faire

manœuvrer leur évolution, y greffer gratuitement le pouvoir de produire des organes toujours plus parfaits,
d'encadrer parallèlement des fonctions dans ces organes,
de transformer ces fonctions en « conduite » ; les organes,
les fonctions, la conduite s'en vont spontanément à des
objets matériels dans toute la série animale, chez l'homme,
comme chez le mollusque. Au-delà des phénomènes matériels, il n'y a rien, rien que de sottes rêveries. Par conséquent le positivisme n'offre à ses ascètes que d'autres
plaisirs sensibles à la place d'autres plaisirs sensibles. Pour
faire triompher, dans le conflit de la passion, ce qu'il lui
plaît de qualifier du nom de morale, il est obligé de convaincre cet ascète que l'objet proposé par lui donne plus
de plaisir que l'objet de la passion. Il oublie que personne
ne peut mesurer le plaisir au plaisir, sinon celui qui
l'éprouve ; que, dans l'entraînement de la passion, il n'y
pas de plaisir supérieur à celui qui enflamme actuellement la passion ; cet état affectif qu'on appelle passion
n'étant autre chose que la prédominance d'une con-
voitise, c'est-à-dire l'attrait d'un plaisir. Les positivistes
sont donc condamnés à une perpétuelle défaite ; ils
sont incapables d'assurer la moindre chance à leur
morale, bien qu'elle ne soit qu'une morale de plaisir.
Une seule ressource, c'est de nier le mal, et, par conséquent, de nier la vertu. Mais leur probité naturelle ne
leur permet pas de respecter à ce point les droits de la
logique.

M. Herbert Spencer nous apprend, dans la préface de
son livre, qu'il s'est proposé de « découvrir une base
scientifique pour les principes du bien et du mal dans la
conduite en général ». Il ajoute que « manquer ce but,
après avoir fait pour y arriver des travaux si considérables, serait un malheur dont il n'aime pas à envisager
la possibilité ». Arrivé au terme de sa carrière, il a voulu

du moins donner au public le résumé de ses grands travaux, afin de prévenir autant que possible ce malheur.
Hélas! s'il meurt tranquille, ce ne sera que grâce à la
plus candide illusion.

CONCLUSION

CONNAITRE ET AIMER

———

J'ai toujours été frappé de l'expression qu'employaient les Pères de l'Eglise grecque pour désigner la pratique de l'ascétisme chrétien; ils l'appelaient « philosophie »; les ascètes étaient pour eux « des philosophes », et leur vie consistait à philosopher, φιλοσοφεῖν. De nos jours, la philosophie est comme une robe que l'on prend pour faire une leçon, pour écrire un livre. La leçon finie, la page achevée, la robe est mise de côté, le philosophe disparaît, l'on n'a plus qu'un homme ordinaire, dont les préoccupations sont celles de tous les autres hommes. Pour les anciens, la philosophie prenait tout le philosophe; c'était une profession extérieure et intérieure, non de circonstance, mais perpétuelle. C'était peut-être moins une doctrine qu'une discipline suivant laquelle on s'efforçait de régler et ses passions et sa volonté et son intelligence. Voilà pourquoi les chrétiens dévoués à la pratique de la vertu étaient des philosophes et l'étaient véritablement. Le concours de toutes les puissances de l'âme est nécessaire à l'acquisition de la vertu; c'est la leçon que nous donnent les ascètes philosophes. Mais la proposition inverse n'est-elle pas également vraie? La vertu n'est-elle pas indispensable à l'acquisition de la science? Arrive-t-on à la vérité par la voie qui conduit au bien? L'homme est-il plus intelligent à mesure qu'il est plus vertueux, de même qu'il a de plus grandes facilités pour la vertu à mesure qu'il devient plus intelligent? En d'autres termes, le cœur a-t-il une part nécessaire dans la poursuite de la vérité? Telle est la question que nous nous proposons d'examiner présentement, sous l'inspiration de l'un des philosophes de notre époque les plus dignes d'être distingués (1).

Nous espérons la résoudre en disant ce qu'est l'amour, ce qu'est la science, quel grand obstacle l'intelligence rencontre en présence de son objet, et enfin comment cet obstacle est écarté par l'amour.

I

Est-il besoin d'avertir qu'il ne s'agit point ici de ce sentiment bas qui est commun à l'homme et à l'animal et qui dépend d'une simple disposition de l'organisme, d'un mouvement d'humeurs et d'une affection du système nerveux? Nous laissons aux physiologistes le soin de s'occuper de ce phénomène physiologique. L'amour dont nous voulons parler a sa raison dans l'intelligence, et, comme l'intelligence, s'il ne s'exerce pas sans quelque modification de l'organisme, il est à des hauteurs où rien de ce qui est matière ne peut monter. Un fragment précis, déterminé de l'espace et un fragment du temps enferment dans des limites étroites et rigoureuses tout corps, ainsi que l'ensemble et chacun de ses phénomènes; mais l'amour, à la suite de la pensée, se meut

_____

(1) M. Charles Charaux, qui a publié sur ce sujet un livre très remarquable, bien que peu étendu : *la Pensée*.

bien loin et bien au-dessus de ses misérables frontières;
rien ne lui est ordinaire comme de se nourrir de la pensée
d'une durée sans fin et d'un bonheur illimité. De sa
nature, l'amour est spirituel comme l'intelligence, ce qui
ne l'empêche pas, hélas! de descendre trop souvent dans
les lieux bas et de s'y souiller les ailes.

Il n'est pas facile de définir ce sentiment. Quand on a
dit qu'il est une tendance au bien, l'on a dit tout ce que
l'on peut en dire à ce point de vue, mais est-on plus
avancé? Le décrire est sans doute préférable, cela suffit
du moins pour que l'on ne soit plus tenté de confondre
l'amour avec d'autres objets de connaissance. Or voici
comment nous concevrions cette description. Éprouver
de la joie, du bonheur à la pensée de la joie, du bonheur
qu'éprouve une autre personne; s'affliger de ses afflic-
tions, être heureux de sa présence, triste de son absence;
se complaire dans les biens qui lui sont préparés et les
lui souhaiter ardemment, s'attrister des maux qui la
menacent et désirer avec inquiétude qu'elle en soit pré-
servée; en un mot, partager tous les sentiments qu'on
suppose en elle, et même les éprouver avec plus de force,
pourvu que ce soit d'une manière habituelle et non transitoire, c'est là ce qu'on appelle *aimer*. L'objet de l'a-
mour, dans cette description, est une personne. L'on en
sera peut-être surpris, mais la surprise ne peut venir que
d'un préjugé fondé sur un abus de langage. Nous employons fréquemment l'expression d'*aimer* en parlant des
choses : nous aimons le pain, nous aimons la promenade,
nous aimons la santé et mille autres choses de cet ordre.
C'est ainsi que nous parlons. Mais, qu'on y réfléchisse,
l'on reconnaîtra vite que ce sentiment n'a rien de semblable au précédent. Qui est-ce qui s'attendrit sur un
morceau de pain? qui souhaite le bonheur à une bou-
teille de vin de Champagne? Ce que nous recherchons

dans les objets matériels dont nous disons que nous les aimons, c'est la satisfaction d'un besoin ou d'un plaisir; ce qu'ils réveillent en nous ce n'est pas l'amour, c'est l'appétit. Du reste, peu importe ici la rigueur du langage vulgaire; nous avertissons une fois pour toutes que dans cette étude, l'amour dont nous aurons à parler ne sera jamais l'appétit (1).

L'amour dont il sera question, est essentiellement personnel dans son terme. Son objet, en même temps qu'il est connu et aimé, est capable de connaître et d'aimer de son côté, capable de répondre à l'amour qui s'adresse à lui par un amour de même nature. La sensibilité ne suffirait pas à cette condition, qui suppose un amour né de la connaissance. Donc l'animal même ne peut être le terme proprement dit de l'amour, parce qu'il est incapable d'aimer en vertu d'une connaissance proprement dite, parce qu'il n'est pas une personne. Nous ne disconvenons pas cependant que des objets simplement animés, ou même entièrement inanimés sont très souvent le terme de sentiments qui ressemblent à l'amour. Mais qu'on ne s'y trompe pas, l'imagination intervient alors et, par une supercherie qui lui est habituelle, elle transporte dans ces objets les propriétés qui sont essentielles aux personnes. Quand on aime une fleur, une œuvre d'art, un paysage, un bel animal, l'on prête vaguement à ces objets des sentiments mal définis, une sorte de connaissance, presque un amour réciproque. Cela est tellement vrai que l'on éprouve comme un besoin de s'entretenir avec ces êtres muets et insensibles, et

(1) L'école distingue deux sortes d'amour, l'amour de concupiscence et l'amour de bienveillance ou d'amitié. Le premier se termine au bien de celui qui aime, le second au bien de l'objet aimé. Il suffit de réfléchir un instant pour remarquer entre ces deux amours une différence totale : l'amour de bienveillance est le seul dont nous entendons parler ici.

que l'on ne résiste pas à cet attrait lorsque la contre-
façon d'amour que l'on a pour eux devient très intense.
Peu de personnes sans doute auraient de la peine à
trouver des exemples de ce fait curieux autour d'elles et
même dans leur propre histoire.

II

Jetons maintenant un coup d'œil sur l'intelligence et
d'abord sur son objet. Cet objet est la vérité. Dirons-nous
que la vérité est personnelle? Non, certes; mais elle est
indissolublement unie au premier être personnel, au principe et à la perfection de toute connaissance et de tout
amour. En effet, que comprend la vérité? L'être et ses
rapports; tout est là. Rassemblez tout ce qui est connu
ou peut l'être; analysez la connaissance dans tous ses
éléments, considérez-la sous tous ses aspects : vous ne
sortirez jamais de l'être et de ses rapports. Or voilà ce
qui met précisément un être personnel au fond de toute
connaissance. Car l'être est Dieu, ou vient tout entier de
Dieu, et les rapports de l'être ne diffèrent pas des raisons
des choses, qui sont contenues dans l'essence et dans
l'intelligence de Dieu. Si Dieu n'est pas tout, il est en
tout, il est le principal de tout, et c'est connaître tout
mal, ou plutôt ne rien connaître du tout que de ne pas
reconnaître Dieu en tout. Qu'on ne s'y trompe pas; ce
n'est point là une doctrine panthéiste; c'est l'affirmation
de la dépendance intime et entière à l'égard de Dieu, de
tout ce qui est ou peut être, dépendance d'essence, de
possibilité, d'existence, de principe et de fin, et non
l'affirmation de l'identité de ces deux termes l'infini et le
fini, Dieu et l'univers. La première est une vérité que les
plus beaux génies du monde ne parviendront jamais à

ébranler, la seconde est une erreur monstrueuse (1).

L'intelligence est bien grande, si l'on considère son objet; elle est bien faible, si l'on considère la puissance dont elle dispose pour l'atteindre. Il ne faut pas un champ bien vaste pour fatiguer son regard; la moindre complication la trouble et l'empêche de rien discerner. Elle ne parvient à connaître un objet particulier avec quelque clarté et quelque plénitude, qu'à la condition de le diviser, de le résoudre en ses éléments qu'elle considère ensuite tour à tour dans leur isolement et dans leurs rapports. Son moyen de division et d'étude est ce qu'on appelle l'abstraction (2). Les éléments, pris à part, isolés les uns des autres, sont les idées abstraites, ou les objets des idées abstraites. L'objet des idées abstraites, considéré dans sa précision, est absolument incapable d'exister réellement; il n'a plus qu'une existence idéale. Ainsi, par exemple, les propriétés géométriques des corps, la longueur, la largeur, la profondeur, la solidité même, n'ont et ne peuvent avoir d'existence réelle; ce qui existe réellement, c'est tel ou tel corps déterminé, lequel est à la fois long, large, profond et solide, mais dans des proportions parfaitement définies qui s'évaluent en tels nombres et non en tels autres. En un mot l'abstraction a, parmi

---

(1) Nous n'analysons pas ici l'acte de l'intelligence, nous ne disons pas ce qu'est la vérité dans cet acte que M. de Maistre définit admirablement après saint Thomas : *une équation de l'intelligence et de son objet.* Nous ne disons pas même quel est l'objet formel de cet acte. Nous énumérons seulement ce qui peut être connu, par des actes successifs ou autrement, et cet ensemble d'objets, qui constitue l'objet général de la connaissance, nous l'appelons avec beaucoup d'autres, la *vérité.*

(2) Rigoureusement parlant, la division de l'objet à connaître en ses éléments est l'*analyse;* l'*abstraction* consiste proprement à considérer une propriété du sujet indépendamment des propriétés associées et du sujet où elle trouve le support de son existence.

ses caractères essentiels, l'indéfini; l'existence réelle, au contraire, a, parmi ses caractères essentiels, le défini. Donc l'abstraction et l'existence réelle sont incompatibles.

Or, l'intelligence est tellement dominée par la nécessité de l'abstraction qu'elle s'y complaît et n'en sort qu'avec peine. D'autre part, l'esprit a un tel besoin de la réalité que, si l'on n'y prend garde, l'on fait coïncider ces deux termes incompatibles et l'on attribue l'existence réelle à des abstractions. Faites cette expérience d'une exécution bien facile, et vous en serez convaincu. Affirmez catégoriquement devant un groupe d'hommes instruits, n'importe lesquels, que la ligne, le point, la surface, ne sont rien, vous susciterez d'abord un mouvement d'incrédulité; et cependant vos paroles seront parfaitement exactes. Tant il est vrai que notre esprit est porté par sa nature à unir la vérité avec la réalité. Ne serait-ce point comme un instinct sublime qui l'avertit que la source de toute vérité, même de la vérité abstraite, est la suprême réalité?

L'on ne se défie point assez de cette illusion intellectuelle qui pousse les abstractions au milieu des êtres existants. Nous n'hésitons pas à croire que cette inclination est la raison commune des erreurs des philosophes. Car les philosophes, qui, par état, devraient être mieux à l'abri de ces duperies de l'intelligence, s'y laissent prendre avec une facilité déplorable. Les idées abstraites, suivant ce que nous avons dit, ont leur vérité, vérité abstraite comme elles. Cette vérité ne passe dans l'existence qu'autant que les propriétés abstraites sont combinées entre elles suivant les rapports que demande essentiellement l'existence des êtres réels. Mais rien n'est plus difficile à découvrir que ces conditions essentielles de l'existence. Que faut-il pour qu'un moucheron existe?

L'on peut défier tous les philosophes et tous les savants du monde de donner à cette question une réponse tant soit peu satisfaisante. Cela n'empêche pas les fabricants de systèmes de faire passer en bloc leurs idées abstraites dans l'existence. Incapables de comprendre une patte d'insecte, ils bâtissent l'univers entier avec une désinvolture étrange; comme le Créateur, ils se jouent au milieu des mondes, suivant l'expression de la Bible. Voyez les Darwinistes, qui remplissent maintenant le monde civilisé du bruit de leurs hypothèses, avec la prétention, avouée chez beaucoup, de les faire prendre pour la réalité. Sur quoi repose leur système? Sur quelques lois qu'ils désignent sous les noms de « sélection naturelle », de « lutte pour la vie », de « divergence des caractères », d' « hérédité », d' « atavisme », etc. Mais, ces lois seraient-elles aussi certaines qu'elles sont hasardées, elles ne seraient pas en définitive autre chose que des abstractions. En elle-même, de quelque côté que vous la tourniez, la loi n'est qu'une conception de l'esprit, et, à ce titre, elle est incapable de tout effet réel dans la nature, de remuer un brin d'herbe aussi bien que de tirer les animaux d'une seule souche. Pour créer un concert, il ne suffit pas d'avoir un papier de musique, fût-il exactement noté. Darwin et ses disciples convertissent de mauvais cahiers de musique en instruments, en musiciens, en air modulé pour en tirer le grand concert de la nature. Ils dépassent évidemment la limite de ce qui est permis. Poussant encore plus loin la plaisanterie scientifique, M. Taine s'est amusé un jour à fondre toutes les lois en un axiome, le plus solennel des axiomes, prononcé du sein de l'immensité et de l'éternité. De là seraient sortis les mondes et leurs innombrables phénomènes, comme dernières ondulations de cette voix puissante. Mais qui prononce cet axiome? Se prononce-t-il lui-même? M. Taine, en écrivant cette singulière proposition philosophique, voulut prouver sans doute qu'il avait le talent de l'historien. Ce quasi-matérialiste donnait, peut-être sans s'en apercevoir, la main aux idéalistes.

Les idéalistes, en effet, prennent une idée, l'analysent, l'épurent, la simplifient par l'abstraction au point de n'être plus qu'un je ne sais quoi sans consistance, sans vie, sans étendue, sans réalité, sans existence, sans détermination, même sans être, un vrai rien, presque un néant absolu; et de ce néant, de ce rien, ils s'imaginent sérieusement tirer l'univers et Dieu. Pourquoi insister? Il ne faut pas une longue étude pour constater que la plupart des erreurs philosophiques sont des abstractions réalisées par l'imagination. C'est ainsi qu'une faculté qui nous est donnée pour suppléer à la faiblesse de notre intelligence et pour nous permettre de conquérir la vérité au moins morceau par morceau, nous mène tout droit à l'erreur, si nous n'y prenons pas garde.

III

Le cœur a des procédés tout contraires à ceux de l'intelligence; il ne divise pas, il compose, il ajoute, il unit. L'on comprend facilement pourquoi. L'on n'aime vraiment que ce qui est capable d'aimer en retour; donc l'on n'aime vraiment que ce qui possède la première des réalités, un esprit et un cœur, l'intelligence et l'amour. Aimer des abstractions, ou seulement des objets dépourvus de vie, est une chose impossible, à moins que, par un détour curieux, le cœur ne se trompe lui-même. Quand on aime, en effet, des êtres inanimés, on leur prête du sentiment, de la connaissance, de l'affection. C'est même l'une des principales ressources de la poésie, qui anime volontiers les arbres, les fleurs, les astres, jusqu'aux rochers et aux ruisseaux.

> . . . . toute la nuit,
> Les lis et les roses sont restés éveillés,
> Soupirant pour l'aurore et pour toi.

Ce passage, que nous empruntons à un poète anglais, n'est pas une froide figure de style. La passion, ou, si l'on veut, l'amour ardent, anime tout. Saint François d'Assise pleurait un jour à haute voix à la vue d'une source qui tombait d'un rocher: il supposait que la pierre attendrie au souvenir de la passion du Sauveur, versait des flots de larmes, et ces larmes, il les enviait dans l'ardeur de son amour pour Dieu crucifié. L'ancienne mythologie, qui peuplait les campagnes, les montagnes, les bois, le foyer, de ses dieux et de ses nymphes, égayait ainsi d'une manière charmante les scènes où l'homme s'agite. Aujourd'hui même, le panthéisme, si odieux en philosophie, ne laisse pas que d'être une ressource pour certains romanciers qui n'aiment pas assez pour s'élever jusqu'au vrai Dieu, et dont le cœur s'attarde à faire converser les insectes et les ruisseaux, à écouter la voix des torrents et des orages, à remplir les paysages d'une vie de convention, qu'ils dérivent d'une grande âme du monde, vague création de leur cerveau.

Ces erreurs volontaires sont en un sens plus vraies que la vérité telle qu'elle est présentée par ceux qu'on appelle les savants. Rien n'est si désolé, rien n'est si désolant que leur univers. La mort me fait horreur, et ce que vous m'offrez au nom de la science, c'est la mort. Vivant, sentant, connaissant, aimant, ce que je cherche dans la nature, ce que je veux y trouver, c'est la vie, le sentiment, la connaissance, l'amour. Je trouve tout cela, si, suivant la magnifique expression de l'Ecriture, la nature est le langage même de Dieu. Je suis heureux, je tressaille à la vue de la moindre plante, d'un fragment de cristal, parce que j'y reconnais le vestige d'une pensée et d'un amour qui sont pour moi la pensée suprême et l'amour infini. Mais si vous éteignez cette lumière et cette flamme, oh! alors, votre ciel même, avec toutes ses étoiles, me glace, m'ennuie. Vous avez fait des merveilles du monde quelque chose d'analogue à vos affreux musées, parce que vous en avez ôté le principe de toute beauté, qui est aussi le principe de toute réalité et de toute vérité : la vie, la pensée et l'amour.

Mais nous ne voulons rien dissimuler. Si l'intelligence atténue, l'amour exagère. En pensant à ce que l'on aime, l'on est porté, sans trop s'en rendre compte, à prêter à cet objet des qualités dont il est dépourvu, à embellir celles qu'il possède. C'est pour cela que la mythologie représentait l'*Amour* avec un bandeau sur les yeux, car ce n'est point par les sens, c'est par l'imagination que l'on voit un objet vraiment aimé. Que n'a-t-on pas dit à ce sujet des illusions de l'amour maternel et de cet autre amour que chantent les poètes? La Fontaine, nature peu aimante, a dépeint et ridiculisé cette première source d'illusions dans une fable qui est dans toutes les mémoires, *l'Aigle et le Hibou.* Les poètes comiques ont exercé à l'envi leur verve contre l'autre travers. Du reste, cet effet de l'amour est tout naturel. Un objet aimable se fait aimer pour des qualités réelles, malgré un mélange plus ou moins grand d'imperfection. Le sentiment que ces qualités réveillent est agréable, et, comme tout sentiment agréable, il se concentre sur la cause qui lui donne naissance, oubliant volontiers tout ce qui l'entoure avec des traits opposés ou seulement différents. Ce que nous ne voyons pas, étant pour nous comme n'étant pas, il est tout naturel que nous refusions de reconnaître des défauts qui sont invisibles à nos yeux. Alors l'amour, passant par-dessus l'obstacle inaperçu, devient une sorte d'épanouis-sement indéfini, qui semble être l'effet de la qualité aimée; de là, tendance à exagérer cette même qualité en vertu du principe, alors inconscient mais toujours actif, que la cause est proportionnée à son effet.

Ce sont là des griefs sérieux. Que l'on ne se hâte pas cependant de condamner l'amour. S'il n'est point, vous êtes nécessairement obligé de le remplacer par la haine ou par l'indifférence. Or les effets de la haine et ceux de l'indifférence sont encore plus regrettables. On dit que la haine est clairvoyante : elle ne peut pas l'être plus que l'amour, car la haine est un amour renversé. Elle se complaît dans les défauts; quand elle n'en trouve pas, elle en invente, non de toute pièce, mais les plus légers indices lui suffisent pour tirer les conclusions les plus défavorables et les plus graves. Ce qu'on appelle, dans la morale chrétienne, le jugement téméraire, est une habitude en elle et comme un besoin, elle s'en nourrit. La haine, par tendance, salit; vaut-elle mieux que l'amour qui embellit? Erreur pour erreur, celle-ci est préférable. C'est à tort que l'on se réfugierait dans l'indifférence, ce serait chercher la cécité de crainte de mal voir. L'indif-férence ne tient compte ni des qualités, ni des défauts. Pour l'indifférent, l'objet vaut tout juste ce qu'il vaudrait s'il n'existait pas; c'est le néant, ou à peu près. Mais qu'on le remarque bien, nous ne disons pas que, sous l'influence de ces divers sentiments, il soit impossible d'arriver à une notion exacte de la vérité, autant vaudrait dire que nous sommes invinciblement condamnés à l'er-reur. Nous parlons seulement de l'inclination que ces sentiments impriment à l'esprit. Or, à ce point de vue, ce que nous avons dit est rigoureusement vrai. L'amour et la haine excitent l'intelligence à considérer attentive-ment et, par conséquent, à mieux connaître leur objet, qui devient ainsi le sien; mais, en même temps, il y a dans ces sentiments comme une source de vapeurs qui offusquent l'esprit, le troublent, l'empêchent de bien voir, et répandent sur les objets de fausses couleurs et de fausses apparences. L'indifférence mène par une autre voie au même résultat : elle engourdit l'attention, ne laisse pas même le désir de regarder.

IV

L'abstraction est froide; c'est une lumière sans chaleur, une lumière, par conséquent, incomplète, qui amoindrit la vérité; car l'être réel est avant tout, comme nous l'avons dit, vie, connaissance et amour, c'est-à-dire chaleur. Pour devenir un instrument complet, un instrument exact, l'abstraction devra retrouver la chaleur qui lui manque, et c'est l'amour qui la lui communiquera. C'est ainsi que l'amour entre, comme élément essentiel, dans la méthode scientifique, non pour régler, mais pour inspirer et soutenir. Dans ce rapprochement, les excès de l'amour ne seront-ils pas corrigés par les défaillances de l'abstraction? Ce résultat nous semble logique. Disons en passant que l'indifférence et la haine ajoutent au défaut sans rien corriger. Les défaillances de l'esprit ne peuvent être relevées par les défaillances du cœur; rapprocher ces deux termes, c'est au moins les additionner, sinon les multiplier.

Mais supposez un objet absolument parfait, un objet en qui la moindre imperfection ne saurait trouver place, qui possède toute beauté, toute bonté, qui est le principe et la source de tout ce qui est, de telle sorte que l'intelligence la plus puissante ne puisse concevoir aucun degré d'être qui ne soit déjà dans cet être; en présence d'un tel objet, les élans de l'amour ne sont jamais excessifs et ne peuvent l'être.

Que son ardeur reçoive à chaque instant des accroissements nouveaux, jamais l'intelligence, animée par un tel amour, ne dépassera la vérité d'un tel objet. Que dis-je? Si celui qui aime est un être créé, jamais il n'atteindra tout ce qu'il y a dans celui qu'il aime, il restera toujours au-dessous de ce qui est ; le fini étant à jamais incapable de se dilater assez pour embrasser l'infini. L'amour cesserait dès lors de présenter le moindre désavantage; il n'aurait plus besoin d'être corrigé; ses élans mèneraient sûrement à la connaissance, à la possession de la vérité.

Or cet objet n'est pas imaginaire, il existe, c'est Dieu. On connaît le mot de saint Augustin : « Beauté toujours ancienne et toujours nouvelle, je vous ai trop tard aimée! » Dieu est une beauté toujours ancienne parce que l'amour retrouve toujours en lui les traits qu'il y a une fois découverts; rien ne les efface, rien ne les flétrit, rien ne les diminue, mais rien n'en augmente l'éclat parce que cet éclat est infini. Le progrès qui suppose la perfection en avant suppose l'imperfection en arrière; et par cela même il est impossible dans la perfection absolue. L'âme peut mieux s'ouvrir au rayonnement de cette beauté; le progrès est possible en l'âme, il ne l'est pas dans cet objet suprême. C'est du reste par ces accroissements de sa lumière communiquée, que Dieu est une beauté toujours nouvelle. Car à tout progrès dans la faculté, répond toujours en Dieu un rayon jusqu'alors inaperçu, et, par conséquent, nouveau pour l'intelligence qui le reçoit. L'éternité, employée à développer sans cesse nos facultés de connaître et d'admirer, n'épuiserait jamais ce que l'essence infinie contient de vérité et de beauté! L'amour le plus hardi n'a pas de hardiesses à l'égard de Dieu; ses plus grandes témérités sont encore infiniment timides et infiniment impuissantes. Il est donc impossible que l'amour trompe quand il exalte l'intelligence en présence de Dieu. Ajouterons-nous que la haine, que l'indifférence, outre ce qu'il y aurait d'absolument déraisonnable et d'insensé dans ces sentiments à l'égard de Dieu, ne peuvent que tromper de la manière la plus déplorable? Donc, pour connaître quelque chose de Dieu, il faut l'aimer et l'aimer ardemment.

Nous avons déjà dit que Dieu est au fond de tout, non qu'il soit tout, mais parce qu'il est la raison de tout. L'on voit tout de suite quelle conséquence importante découle rigoureusement de cette vérité. C'est qu'il n'y a pas de vraie connaissance des choses qui ne suppose la connaissance de Dieu et par conséquent son amour. Or c'est précisément à cette conclusion inévitable que nous avons voulu conduire notre étude. Nous savons bien ce qu'on peut nous opposer. L'on nous objectera que chaque idée a son objet précis, qu'un objet précis est, comme tel, indépendant de toute cause, de toute raison extrinsèque, en un mot de tout ce qui est autre, et qu'avoir de telles idées, c'est avoir des connaissances sûres.

Oui, ce sont là des connaissances sûres comme la connaissance des six notes de la gamme, comme la connaissance des pierres d'une maison sont des connaissances sûres. Mais si l'on n'a pas d'autres connaissances, connaît-on d'une manière sûre un morceau de musique, un édifice? En ce sens, cette connaissance n'est-elle pas véritablement de l'ignorance? L'on ne connaît une chose que si l'on en connaît les rapports intrinsèques et extrinsèques, ce qui la fait ce qu'elle est, et ce qui lui marque son rang parmi les êtres. Aucun objet de connaissance n'est isolé; il rayonne, pour ainsi dire, autour de lui, et se rattache de mille manières à l'ensemble des choses. On ne le connaît pas si ces rapports restent entièrement dans l'ombre; et on le connaît d'autant mieux que ces rapports sont mieux connus. Mais où est le principe et la mesure de ces rapports, sinon en Dieu? La connaissance de Dieu est donc essentielle à la connaissance proprement dite de tout. Si l'on ne s'élève pas jusque-là, l'on ne sort pas de ces connaissances grossières qui portent à peine une légère empreinte de l'ordre et de l'unité et qui sont tout juste d'un degré au-dessus de celles de la brute, du moins dans leur forme explicite. Dès que le regard de l'intelligence plonge à quelque profondeur dans la vérité, il faut qu'il soit éclairé par la lumière de celui qui est la raison de tout. La pensée n'est sûre et ferme qu'à ce prix. Réduite à ses propres lueurs et à celles du monde physique, elle flotte, prête à s'évanouir au-dessus du gouffre du panthéisme, de l'idéalisme, du matérialisme et du scepticisme. Une école qui n'est pas sans notoriété de nos jours, appuie ce que nous disons ici, d'une façon originale, mais sans le vouloir. Pressentant le gouffre où ses doctrines la précipiteraient irrésistiblement, elle a fait une loi rigoureuse à ses sectateurs de ne jamais regarder dans ces abîmes. Elle s'abstient, dit-elle, de toucher aux causes premières, parce qu'elles sont inaccessibles; elle oublie d'ajouter qu'elles sont inaccessibles à ses principes seulement. Cette conduite est presque sage, mais elle a pour résultat la philosophie la plus plate, pour ne pas dire la plus nulle qui soit au monde. Le positivisme, car c'est du positivisme que nous parlons, se cramponne aux phénomènes physiques, et s'interdit de voir plus loin; on dirait qu'il a la conscience qu'ils se fondront devant lui dès que son œil pénétrera un peu sous ses surfaces, ce qui est très vrai. Du reste toute philosophie qui n'est pas religieuse, n'est pas dans une situation meilleure que le positivisme, où il ne serait pas difficile de la faire rentrer.

C'est surtout dans l'étude de la nature que la connais-

sance de Dieu est plus évidemment indispensable. Le
naturalisme athée, et sous ce terme d'athée nous ne supposons que l'athéisme pratique, le naturalisme athée
s'aheurte à des impossibilités, à des absurdités, à des
contradictions sans nombre. L'origine et la fin des
choses, leur évolution, leur constitution, ne sont plus
seulement un mystère, c'est un chaos au milieu duquel le
savant incrédule est obligé de se borner à quelques détails isolés s'il ne veut s'égarer bien vite.

Notre conclusion garde donc toute sa force : pour
connaître le vrai d'une manière digne de la raison, il faut
d'abord connaître Dieu et, par une autre conséquence,
l'aimer.

L'histoire de la pensée, disons-le en passant, confirme
admirablement notre thèse. Il n'y a jamais eu de grand
penseur qui n'ait été profondément religieux. Quels noms
que ceux de Socrate, de Platon, de saint Augustin et de
saint Thomas! Mais ces grands génies n'ont-ils pas été
continuellement remplis du plus profond respect pour la
divinité? Platon n'a-t-il pas concentré sa philosophie dans
une méthode qui consiste à s'élever graduellement jusqu'à
Dieu par l'amour? Les savants n'ont pas échappé à cette
loi. Les plus grands parmi eux ont été, dit M. Charaux,
« ceux que pénétrait davantage le sentiment de ce Dieu
au nom duquel Newton se découvrait, dont Linné lisait
les perfections sur les feuilles des plantes et dans le calice
des fleurs, que Képler célébrait dans des transports de
reconnaissance ». Celui-là même que l'on considère volontiers comme le père de la pensée moderne, comme si
la pensée pouvait être moderne, mais qui fut assurément
un puissant esprit, en dépit de ses erreurs, Descartes
était chrétien et pieux. L'on oublie trop quelle fut la
cause de sa mort. Il voulut, malgré un froid des plus
rigoureux, communier de grand matin, le jour de la

Purification de la sainte Vierge, dans la chapelle de l'ambassade française à Stockolm. De là, la maladie qui l'emporta. Du reste, pourquoi insister? Il est absolument impossible d'avoir de grandes pensées, si l'on n'a d'abord la raison de toute grande pensée, qui est la pensée même de Dieu.

Ajoutons encore un trait qui achève de peindre le rôle de l'amour dans l'évolution de la pensée (1). Notre-Seigneur a dit : *Ubi thesaurus vester est, ibi et cor vestrum erit;* ce que l'on peut traduire très exactement, en dépit de la lettre : « la pensée suit le cœur. » Donc, voulez-vous vous appliquer à la recherche de la vérité? et comment l'atteindre, si l'on ne s'y applique courageusement? Voulez-vous arriver à la vérité? Aimez-la. Tout est dans ce mot. Ce n'est pas seulement un stimulant à l'attention que fournit l'amour, il donne bien mieux encore.

L'amour transforme peu à peu celui qui aime à la ressemblance de ce qu'il aime. Nous ne parlons pas ici d'une ressemblance extérieure, marquée par les traits du corps, mais de dispositions morales de l'âme, cela est évident. Rien n'est plus vrai que cette maxime des anciens : *Amicitia aut pares invenit aut facit.* La réciprocité de l'affection qui constitue l'amitié, n'est pas la cause de cet effet remarquable; c'est l'amour même, l'amour direct, si je puis parler ainsi, et la raison en est simple. L'homme en naissant n'apporte que des aptitudes; ce

---

(1) Répétons qu'il ne s'agit ici que d'une tendance générale. L'axiome de l'école : *nil volitum nisi præcognitum,* est parfaitement et rigoureusement vrai : on n'aime que ce que l'on connaît déjà, l'amour suit la connaissance. Mais l'amour qui s'attache à l'objet de la connaissance inspire le désir de le mieux connaître et devient à son tour cause de connaissance. Ces incitations sont le stimulant le plus énergique et le plus doux de l'intelligence. C'est en ce sens seulement que nous croyons pouvoir traduire comme nous l'avons fait les paroles du divin Maître.

sont des germes qu'il faudra développer, si l'on ne veut pas que le sujet en reste informe. Les aptitudes développées deviennent les habitudes. Or, c'est un certain ensemble d'habitudes qui constitue le caractère d'un homme, c'est-à-dire sa forme morale. Tel monstre à face humaine, un Lacenaire, serait l'objet de l'estime de tous, de leur admiration peut-être et de leur vénération, s'il avait sagement dirigé la formation de ses habitudes; et tel saint, dont le nom est synonyme de douceur, d'amabilité, un François de Sales, serait devenu un grand criminel, un objet odieux, s'il avait laissé croître à l'aventure ses aptitudes natives. L'amour, on en conviendra, exerce une influence considérable sur le développement des aptitudes, il n'est pas la lumière, il est la chaleur dont l'action n'est pas moins indispensable que celle de la lumière. L'on ne recherche que ce que l'on aime : cette recherche continuée, et, par conséquent, traduite fréquemment en actes, se termine en habitude morale. De là cette conséquence que la pratique de l'amour de Dieu doit rendre semblable à Dieu. Car Dieu lui-même est amour; c'est le nom qu'il s'est donné par la bouche de l'Apôtre bien-aimé : *Deus charitas est.* Mais est-il un moyen plus propre à nous conduire à la connaissance de Dieu que de nous rendre semblables à lui? Ce n'est pas ici le lieu de faire une étude psychologique sur les procédés de l'intelligence. Rappelons seulement que nous ne connaissons bien que les choses dont nous avons comme les types en nous. Et c'est pour cela que Platon donne pour méthode au sage de se rendre semblable à Dieu.

Mais l'amour habituel de Dieu n'est pas un sentiment vague qui se nourrit de pensées non moins vagues. Il n'est possible et vrai qu'autant qu'il s'attache à tout ce qui est Dieu et à tout ce qui est en Dieu. L'on voit tout de suite qu'il embrasse, sous peine de s'anéantir, la volonté de Dieu, c'est-à-dire, ses commandements, sa loi. Et, comme l'on ne peut pratiquer habituellement la loi de Dieu, sans remplir habituellement toutes les obligations de la loi morale, il s'ensuit que l'amour habituel de Dieu n'est autre que la vertu.

Voici donc la vertu ramenée dans la méthode philosophique sous le nom d'amour de Dieu. Pour connaître sûrement et pleinement la vérité, il faut être vertueux. La vertu ne donne pas à l'esprit sa lumière, mais elle dissipe les brouillards qui en éteignent la clarté, elle ne le rend pas voyant, elle le rend clairvoyant. C'est pour cela que les anciens ont eu cent fois raison de confondre, avec l'amour de la sagesse, l'amour de la vérité.

APPENDICE

~~~~~~~

I

L'AME DES PHYSIOLOGISTES

Pour beaucoup de physiologistes et pour quelques philosophes, l'âme n'est plus une substance, un principe
vivant et actif qui domine les phénomènes psychologiques. Ce n'est qu'une résultante, ou même, suivant
leur manière de parler, une sorte de composé chimique.
Les éléments de cette combinaison ne ressemblent point
par leur permanence dans la durée aux éléments chimiques ordinaires : ce sont les phénomènes de conscience, qui, en eux-mêmes, ne sont rien et qui disparaissent de l'existence à mesure qu'ils y font leur apparition.
Par une singulière contradiction, ces philosophes, qui
ont horreur de l'âme véritable, font des phénomènes
psychologiques comme autant de petites âmes : ils les
douent d'activité, de conscience et d'individualité. Tout
cela est nécessaire pour que les petites âmes puissent se
grouper entre elles et constituer la grande âme, car
celle-ci n'est pas autre chose que la somme organisée de
toutes les autres dans un même individu. Il est donc
inexact de la considérer comme une substance simple,
immuable et permanente dans son fond, commençant à

exister avec l'individu auquel on l'attribue, l'accompagnant dans toute sa vie et inaccessible à la dissolution, à la mort, à toute défaillance. Elle se forme peu à peu, croît et décroît, change, se dédouble quelquefois; elle n'attend pas le dernier instant de la vie pour se dissiper : une syncope, un sommeil profond l'efface.

Cette belle conception suppose que les phénomènes psychologiques s'entendent entre eux pour s'associer dans l'ordre parfait que suppose la vie mentale. Il y a conspiration entre ces éléments, d'où résulte une harmonie dont jamais association d'êtres raisonnables n'a donné l'exemple. Les gouvernements constitutionnels les mieux ordonnés ne sont que désordre et confusion comparés à cet accord. Mais ceux qui l'ont inventé ont oublié de nous dire comment les phénomènes procèdent pour arriver à une entente aussi admirable. Assurément, ils ne délibèrent pas, ils ne prennent pas de détermination commune, sans quoi, comme la chose se passe chez nous, nous en saurions bien quelque chose. Il y a lieu de croire que ces philosophes ont en cela manqué eux-mêmes de considération, et qu'ils n'ont pas songé un instant aux difficultés insurmontables de l'entente parmi leurs petites âmes. Une citation de l'un des leurs, qui n'a probablement pas vu la portée de ses paroles, va montrer combien cette opération est de fait impossible. Nous l'empruntons à *la Revue d'hypnotisme* (mars, 1889). C'est le docteur Luys qui parle.

La simple interprétation des phénomènes du langage articulé et du langage écrit nous démontre d'une façon précise la participation inégale que prennent les lobes cérébraux dans les opérations mentales, et la prépondérance constante de l'un d'eux, le lobe gauche, qui seul exprime nos pensées en sons phonétiques et seul les fixe en caractères écrits.

L'étonnement va augmenter encore si l'on se met à se représenter mentalement la série des phénomènes psychiques et somatiques simultanément accomplis dans le cerveau d'un musicien exécutant, d'un pianiste par exemple. On arrive à cette étrange conclusion que chez le pianiste en activité, l'unité mentale est arrivée à se scinder en deux portions indépendantes et à se manifester d'une façon isolée du côté gauche et du côté droit, si bien qu'il semble qu'il y ait chez lui deux sous-individualités distinctes, qui délibèrent et agissent isolément, comme deux instruments faisant isolément leur partie.

Voyons en effet ce qui se passe chez ce pianiste exécutant, et essayons par l'analyse de saisir au passage quelques données de ce complexe problème.

Il est là présent, les mains sont appliquées sur les touches du clavier qu'il a parcouru maintes et maintes fois et qui n'a plus de secret pour lui. Le signal est donné, il part.

La main droite, la plus active, celle dont les mouvements digitaux sont le plus indépendants, s'ébranle et dévore l'espace. Tantôt contenue et rythmée en mesure lente, elle exprime des mélodies suaves et dévoile des sonorités émues. Tantôt tremblante et mobile, suivant que la nature du morceau l'indique, elle fait jaillir sous ses doigts des pluies de notes qui crépitent en sons harmoniques, et pendant ce temps, pendant qu'elle se hâte ou se ralentit tour à tour en exécutant le chant qui lui appartient, la main gauche, en satellite fidèle, la suit doucement, l'accompagne et renforce, tantôt par un accompagnement nourri et soutenu, tantôt par des accords plaqués, la partie chantante qu'elle met ainsi en valeur. Elle parle un tout autre langage que sa congénère, elle a ses tonalités propres, son caractère individuel, et dans cet ensemble harmonique de deux mains qui s'accordent, on ne sait ce que l'on doit admirer, ou de la façon isolée dont chacune travaille et se comporte, ou de l'effet général d'ensemble qu'elles produisent en commun.

Et maintenant, si l'on cherche à se représenter par l'esprit tout ce qui se passe dans le cerveau de celui qui nous tient ainsi sous le charme de son exécution, que de phénomènes complexes on sent se dérouler! Que d'études et de travaux accumulés on perçoit dans la plus simple de ces manifestations! Et que de problèmes psychologiques inconsciemment résolus par des études patientes!

Le musicien exécutant a devant lui sa partition écrite. Il la lit des yeux, il la comprend avec son esprit, sa mémoire, son intelligence, il l'exprime avec ses doigts, et ses doigts sont dirigés par son oreille. Ses doigts deviennent les interprètes dociles de sa pensée et les traducteurs immédiats des signes écrits, comme les muscles phonomoteurs, lorsqu'il lit à haute voix, deviennent les interprètes fidèles des phrases écrites; c'est un travail mental complexe, qui met en œuvre toutes les ressources de sa mémoire, de son discernement et de sa compréhension.

Il sait, comme quand il a appris à lire, qu'à un signe graphique donné correspond un son voulu, un mouvement précis de la main, et que, par suite, une série de signes écrits sur la partie musicale représente une série de mouvements spéciaux, et non d'autres, à exprimer sur le clavier.

Il voit, il comprend, il entend, il se souvient, il découvre ce qu'il y a à faire ou à ne pas faire, et cela en un diminutif de seconde.

Il fait acte de jugement à chaque note, à chaque accord, et, chose bien merveilleuse, ces opérations mentales si complexes qui s'opèrent pour diriger les mouvements des mains d'une façon différente, tantôt du côté droit, tantôt du côté gauche, elles s'opèrent isolément dans chaque lobe cérébral, pour diriger le mouvement de la main correspondante! et ces actions doubles, distinctes l'une de l'autre, elles se manifestent d'une façon synchronique! Dans ces opérations, chaque lobe cérébral devient donc ainsi une unité isolée, séparée de son congénère, douée d'une autonomie et d'une vie propres, pouvant séparément accomplir des opérations de mémoire, de jugement, de discernement, de volonté et déterminer des mouvements unilatéraux et parfaitement conscients.

Cet ensemble de phénomènes dynamiques si curieux, qui sont susceptibles, par la culture et l'entrainement, de se développer dans le cerveau du pianiste, se trouve encore amplifié dans certaines conditions.

On sait en effet que, normalement, les pianistes interprètent la partie de la main gauche en clef de *fa*, et la partie de la main droite en clef de *sol*, ce qui est encore un supplément de complication dans le travail mental qui s'accomplit, attendu que la lecture visuelle doit être ainsi unilatéralement transposée, et que le même signe, la même note est interprétée à droite et à gauche en sonorités différentes. Et enfin, si l'on ajoute à toutes ces opérations successives, que les musiciens consommés exécutent avec tant d'aisance et qui font partie, en quelque sorte, de leur nature même, cette autre aptitude, non moins merveilleuse, en vertu de laquelle le pianiste, s'il a la voix flexible et harmonieuse, peut en même temps qu'il met les deux mains en activité sur le clavier, chanter et exprimer en suavités mélodiques, soit ses impressions personnelles, soit les différentes partitions des auteurs, on sera vraiment émerveillé et surpris des ressources infinies que présente cet admirable instrument qui constitue le cerveau de l'homme, des réserves qu'il offre à la culture, de son extrême souplesse pour se prêter à ces milliers d'opérations, et, enfin, des aptitudes nouvelles auxquelles il s'est accommodé, par suite, soit d'entrainement héréditaire, soit de caractère de race, pour la mise en œuvre de la musique instrumentale; car, évidemment, le monde ancien et celui du moyen âge étaient bien loin de se douter des richesses d'harmonie que les maitres de notre époque ont fait entendre aux hommes de notre génération, ainsi que de la prestidigitation et du merveilleux travail accompli par les artistes musiciens du dix-neuvième siècle.

Que de petites âmes sont mises en jeu par le pianiste! Il faut les compter par milliers. Elles se pressent, s'enchevêtrent les unes dans les autres, naissent et meurent avec une rapidité vertigineuse. Cependant tout cela se fait dans un ordre achevé, admirable, dont aucune de ces âmes ne peut avoir l'ombre de conscience totale. D'où vient cet ordre? du hasard? du rien? O philosophes! la lumière vous frappe les yeux et vous refusez de la voir. L'âme spirituelle explique tout, et, sans elle, vous n'expliquez rien.

LES COULEURS CONSÉCUTIVES
ET LE DALTONISME

On désigne sous ces expressions deux accidents du sens de la vue, qui nous semblent confirmer notre théorie de la vision.

I. — Les *couleurs consécutives* sont ces images qui persistent quelque temps dans l'organe de la vue, quand on a considéré avec attention un objet vivement éclairé. On a groupé deux à deux les couleurs principales du spectre lumineux, de telle sorte que ces deux couleurs combinées donnent de la lumière blanche. C'est pour cela qu'on les dit complémentaires l'une de l'autre. Or, si l'on regarde quelques instants un objet teint de l'une de ces deux couleurs et bien éclairé, et que l'on porte ensuite la vue sur un fond blanc, on distingue sur ce fond la forme vague de l'objet avec la couleur complémentaire de la première. La même apparition se montre également lorsqu'on ferme les yeux. Ainsi après avoir regardé un carré de papier rouge, on verra sur le fond blanc un carré vert et réciproquement. Le fait est indubitable comme chacun peut le constater. C'est ce qu'on appelle le phénomène *des couleurs consécutives.*

Or cette image colorée offre cette particularité qu'elle suit le regard. De quelque côté que l'on tourne les yeux, elle conserve toujours la même situation par rapport au rayon visuel, se déplaçant avec lui par rapport aux objets.

Si maintenant l'on suppose que l'image consécutive soit un accident de la rétine, ce déplacement est parfaitement intelligible, car la rétine se déplace avec l'œil ; mais conçoit-on rien de semblable dans les centres nerveux, immobiles par nature ? Voici maintenant une expérience que chacun peut renouveler tout à son aise. Quand, en hiver, on allume sa lampe et qu'on en règle l'éclat, on est obligé d'en regarder quelques instants la flamme. Cette opération achevée, si l'on ferme les yeux, on aperçoit, nageant dans le champ obscur de la vision, l'image brillante de la flamme. On ouvre les yeux, l'image est encore là qui se promène devant le regard, seulement elle change d'éclat, suivant le fond où le regard la projette, brillante sur le mur, sur les meubles plongés dans l'ombre, noire sur les surfaces éclairées par la lumière de la lampe. On peut pendant plusieurs minutes promener cette image de la lumière à l'ombre, la cacher derrière les paupières ou la produire au dehors, le phénomène persiste avec cette variété : il s'affaiblit de plus en plus, au bout d'un certain temps, l'image devient noire sur le fond sombre, en restant encore lumineuse derrière la paupière ; puis elle devient noire même derrière la paupière, et enfin elle disparaît.

Cette image, qui persiste si longtemps, prouve évidemment que l'impression causée par les rayons directs de la lampe se continue après l'action des rayons lumineux. Ce sont comme les vibrations d'un timbre qui suivent l'ébranlement produit par le coup de marteau. L'image est brillante par la même raison : les vibrations consécutives ont le même caractère que celles d'où elles procèdent. Sur un fond éclairé par la lampe, l'image n'est plus brillante, elle est noire. Qu'est-ce à dire ? L'impression première continue, mais elle résiste à l'arrivée d'une autre impression de même nature : on dirait deux électricités de même nom qui se repoussent. La partie du miroir choroïdien ou de la rétine, d'abord frappée par la lumière de la lampe, se raidit dans une certaine mesure contre une action nouvelle de cette lumière, qui agit librement dans le reste de l'œil; probablement beaucoup de rayons s'éteignent dans le tissu de la choroïde dont la texture est accidentellement modifiée; de là l'aspect sombre de l'image accru encore par le contraste du reste du champ de la vision qui s'est illuminé sans difficulté. Au contraire, dans l'ombre et derrière la paupière, où la lumière *de même nom* est extrêmement faible, l'impression première n'est que faiblement combattue et l'image reste brillante. Cette sorte d'occlusion de la sensibilité oculaire pour les rayons qui l'excitent arrive promptement à son plus haut degré lorsque l'on regarde fixement une lumière très vive. Je me rappelle que, dans mon enfance, j'avais quelquefois l'imprudence de regarder le soleil en face : au bout de trois ou quatre secondes, je le voyais complètement noir, et son image noire voltigeait ensuite longtemps devant mes yeux.

Nous croyons que les couleurs consécutives doivent s'expliquer de la même façon. Regarder un carré rouge assez vivement éclairé, c'est rendre la partie de l'organe frappée par la couleur rouge, réfractaire jusqu'à un certain degré pour cette même couleur. Si, dans ces conditions, on jette les yeux sur un fond blanc, qu'arrive-t-il? De tous les points du fond blanc, des rayons blancs vont frapper le miroir choroïdien. Les rayons blancs, comme on le sait, sont la résultante des trois couleurs primitives du violet, du vert et du rouge. La partie de la membrane sensible déjà impressionnée par le rouge, se ferme dans une certaine mesure au rouge et l'éteint : le violet et le vert seuls sont réfléchis dans les bâtonnets et les cônes, et l'image paraît verdâtre. Il reste quelque chose de l'impression première faite par le rouge; d'autre part le rouge de la lumière blanche n'est pas complètement éteint; tout cela fait que le vert de l'image consécutive n'est ni pur, ni éclatant; il faut même un certain savoir-faire pour observer cette image vaporeuse, comme toutes les autres de même nature. Nous n'avons donc pas besoin de recourir aux fibres électives et aux centres pour expliquer les images consécutives. Il ne faut pas même les considérer comme de purs accidents subjectifs. Le carré verdâtre que j'aperçois sur le fond blanc n'est pas autre chose que la lumière blanche partie de la surface que recouvre ce carré, et diminuée de ses rayons rouges pour lesquels je suis momentanément aveugle. Qu'on n'objecte pas que le phénomène peut se produire lorsqu'on ferme les yeux; car la lumière blanche traverse encore les paupières, quoique en faible proportion; ce sont encore ses rayons réels qui vont frapper le miroir choroïdien où les rouges s'éteignent.

Ainsi les couleurs consécutives ne sont pas un phénomène purement subjectif : elles résultent de la résistance opposée accidentellement par l'organe à l'admission des couleurs déjà perçues. Ce n'est pas autrement qu'un verre coloré décompose la lumière blanche et ne transmet à l'œil que certains rayons déterminés. Mais, nous l'avons dit, la sensation produite par ce phénomène a son siège dans l'œil. Il suit de là que, au moins dans le cas des couleurs consécutives, le rayon lumineux fait naître la sensation dans l'œil même. Nous croyons que, en pareille matière, il est permis de conclure du particulier au général, car c'est l'aptitude de l'organe qui seule peut être mise en question, et une expérience heureuse suffit pour démontrer l'aptitude d'un agent. Nous pouvons donc affirmer que le phénomène des couleurs consécutives prouve que le siège de la vision est dans l'œil.

II. — Le daltonisme est une disposition native ou accidentelle de l'œil, par suite de laquelle la perception des couleurs est totalement ou partiellement pervertie. Le daltonisme est ainsi appelé du nom de Dalton, célèbre physicien anglais, qui, affecté de cette singulière infirmité, en a fait le premier une étude spéciale. Nous empruntons les faits que nous avons à citer au Dr A. Favre. — (V. le *Compte rendu de l'Association française pour l'avancement des sciences*, années 1873 et 1874.)

Le daltonisme congénital est bien plus commun qu'on ne le pense. Le discernement exact des couleurs est d'une extrême importance dans les chemins de fer où, comme on le sait, les signaux de nuit sont des feux colorés. Le docteur Favre, chargé de l'examen des candidats sur la ligne de Lyon, a constaté au moins un daltonique sur cinquante hommes soumis à son contrôle. Nous ne pouvons mieux faire connaître cette infirmité qu'en rapportant une lettre où un daltonique instruit expose lui-même son état au savant médecin. L'auteur de la lettre est « membre de l'académie des sciences et lettres de Montpellier, musicien de premier mérite, peintre des plus distingués... » Son témoignage offre donc toutes les garanties désirables.

« Voici ce que j'ai à te dire sur l'incapacité de connaître certaines couleurs ou plutôt de les sentir. La série se divise à mes yeux en deux catégories, en couleurs chaudes et en couleurs froides. Les couleurs d'une même catégorie ont une analogie telle qu'il m'est souvent impossible de les distinguer... Je suis très embarrassé de déterminer la couleur de certains objets, quand cette couleur n'est pas connue de tout le monde, comme étant un des attributs de cette chose, comme celle de la rose, du bluet, du coquelicot, etc. Ainsi je ne me trompe jamais dans la couleur des montagnes, d'un lointain, dans la couleur des pierres, dans celle des figures et des parties de la figure ; mais s'il s'agit de dire la couleur d'une étoffe, c'est alors que, dans certains cas, je suis très embarrassé et que je me trompe de la meilleure foi et avec la plus grande naïveté du monde, sans m'en être douté. J'ai employé du papier demi-teinte rose, croyant en avoir pris du gris. Ainsi, hier encore, j'ai fait *rouge* un châle vert que portait une jeune fille de Perpignan dont je faisais le portrait. Également, s'il s'agissait de copier des figures peintes d'un tableau, je serais dans un embarras incroyable ; mais, d'un autre côté, lorsque le premier venu, un enfant, me donne le renseignement que je lui demande, j'imite alors la couleur et le ton avec la plus grande justesse. Je puis dire que je peins ordinairement avec un coloris transparent, brillant et surtout très harmonieux. »

Cet exposé est plus obscur qu'il ne le paraît. L'académicien peintre parle la langue commune, mais sous les noms des couleurs il met une signification qu'il ignore. Il ne se trompe pas lorsqu'il s'agit d'indiquer la couleur des objets avec lesquels il est familiarisé, non qu'il en perçoive la coloration, mais il a *appris* par le commerce de ses semblables de quel nom on la désigne. C'est à peu près de la sorte que le physicien, à la vue d'un corps, en indique, par exemple, la chaleur spécifique, qu'il reconnaît par sa mémoire et non par ses yeux. De fait, par les yeux, notre daltonique ne voit que deux couleurs, c'est-à-dire deux séries de teintes analogues, les unes pâles, les autres vives. Mais sous le rapport du degré d'éclat, il voit très juste. Lorsque la couleur d'un objet lui est indiquée par autrui, il la reproduit avec une grande perfection. Le secours qu'on lui a prêté lui sert, non pas à *voir* la couleur, mais à prendre sur sa palette la pâte colorée de même nom.

Le docteur A. Favre accompagne l'intéressante lettre de son correspondant d'un tableau où ce dernier a représenté divers échantillons des couleurs, en marquant, autant que possible, l'espèce de sensation qui en résulte pour lui. Sous deux échantillons de *rouge* et de *vert*, il écrit : « Deux couleurs bien différentes qui me paraissent assez semblables. » On comprend ainsi pourquoi le châle vert a été peint couleur rouge. Sous deux nuances de *rouge*, il écrit : « Ces deux couleurs qu'on désigne par le même nom, ne me paraissent pas avoir de rapport. » La même remarque est répétée pour deux nuances de *vert*. Plus bas nous voyons deux groupes désignés l'un par ces mots : « couleurs froides »; l'autre : « couleurs chaudes. » Le correspondant remarque de plus que toutes les couleurs de chaque groupe ont de l'analogie entre elles, et point avec celles de l'autre. Or dans le groupe des couleurs froides, nous trouvons le *rose* (appelé *rouge* plus haut), le *bleu pâle*, le *vert pâle*, le *violet*, le *gris*, et dans le groupe des couleurs chaudes, le *vert*, le *rouge brique*, le *vert pomme*, le *jaune*. Les sensations de couleurs éprouvées par ce daltonique sont pour nous lettre close. Notons seulement que deux couleurs extrêmes, deux couleurs complémentaires produisent la même sensation, tandis que deux nuances voisines diffèrent du tout au tout. Dans les huit observations qui suivent, faites par le docteur Favre, on constate ordinairement la confusion du *vert* et du *rouge;* les autres couleurs, le *jaune* surtout, sont assez exactement reconnues par le daltonique (1).

Si le daltonisme ne laissait que la faculté de discerner le degré d'intensité de la lumière, on comprendrait très bien pourquoi le daltonique ne se trompe jamais sur le *jaune* qui est la couleur la plus éclatante. Mais alors il devrait confondre certaines nuances du *vert* avec l'*orangé*, le *bleu* et l'*indigo* avec certaines nuances du *rouge*, ce que l'expérience ne vérifie pas. Il faut donc admettre pour cette sorte d'anomalie de la vision une véritable sensation de couleurs, sans qu'il nous soit possible toutefois de nous en faire une idée. Qu'on le

(1) D'après la théorie de Th. Young, on explique le daltonisme en supposant que l'une des trois fibres, la fibre rouge, fait défaut, ou se trouve paralysée dans chaque groupe de la rétine du daltonique. On donne alors à cette infirmité le nom d'*anérythroblepsie, incapacité de voir le rouge.* Si cette hypothèse était exacte, le daltonique devrait percevoir correctement toutes les couleurs, moins le rouge et les nuances où entre le rouge. Le rouge devrait paraître *noir*, et non pas vert. C'est ce que l'on constate dans quelques cas assez rares où de fait le rouge n'est pas perçu. C'est ainsi qu'on cite un ecclésiastique qui acheta un jour une pièce de drap du plus beau rouge pour en faire une soutane noire. Les choses se passent autrement dans le daltonisme ordinaire : les exemples que nous avons rapportés, d'après le Dr Favre, le prouvent surabondamment. D'autre part, la guérison des jeunes daltoniques dont il va être question ne permet pas d'admettre que certains fibres fassent défaut.

remarque bien, le daltonisme n'est pas, comme on le croit généralement, une *substitution*, c'est une *confusion* de couleurs. Il n'est pas vrai que le daltonique voie *vert* ce qui est *rouge* et réciproquement. A la présence de l'une et de l'autre de ces deux couleurs, il voit une seule et même nuance qu'il nous est impossible de désigner et surtout de nommer. Le témoignage du peintre de Montpellier ne laisse pas de doute à ce sujet.

Tout le monde a pu observer que, dans certaines circonstances, par exemple, lorsque le jour est faible ou défavorable, on a de la peine à bien percevoir certaines couleurs. Alors on donne à l'objet coloré diverses positions, on le rapproche, on l'éloigne, on l'incline, on le présente de face, en même temps on sent dans l'œil un effort : l'organe s'adapte. Les mouvements extérieurs ne sont évidemment que des tâtonnements pour donner au rayon coloré le moyen de pénétrer dans l'organe avec le plus d'intensité possible. Quant à l'adaptation, n'est-elle que cette action des muscles du cristallin qui en augmente ou en diminue la convexité pour porter l'image distincte de l'objet sur le miroir choroïdien? Nous croyons qu'il serait téméraire de l'affirmer. Car l'image distincte est obtenue en un instant; au contraire, la perception de la couleur demande des essais prolongés. Peut-être un travail secret se produit-il dans le tissu de la choroïde pour le rendre apte à réfléchir la couleur étudiée, ou dans celui de la rétine pour lui donner plus d'acuïté. Il est certain d'ailleurs qu'une surface organique peut modifier une couleur en la réfléchissant; il est certain aussi qu'une fibre nerveuse peut avoir une sensibilité plus ou moins fine, plus ou moins obtuse. Des efforts réitérés n'auraient-ils pas le pouvoir de rectifier l'une et de perfectionner l'autre?

Le daltonisme, même congénital, ne résiste pas à un exercice bien dirigé, lorsque le sujet est encore jeune. Plus tard le laisser-aller devenu habitude endurcit les tissus pour toujours. C'est ce que constate le docteur

A. Favre qui a inauguré avec succès le traitement des
jeunes daltoniques. Le procédé qu'il emploie est des plus
simples. On présente aux enfants séparés les uns des
autres dix-sept échantillons de laine colorée, en leur faisant dénommer la couleur de chaque échantillon. Ces
couleurs sont trois nuances de rouge, trois de jaune, trois
de vert, trois de bleu, trois de violet, le blanc et le noir.
Les séances doivent être continuées tous les trois ou quatre
jours, jusqu'à ce qu'il soit bien évident que la notion des
couleurs est bien établie. Le docteur A. Favre peut se
féliciter du résultat qu'il a obtenu. « Trente-cinq enfants
daltoniques, dit-il, ont été soumis par deux instituteurs
à des exercices méthodiques suivant les indications que
je leur avais fournies. Ceux qui n'ont pas été guéris ont
été grandement améliorés. L'un des instituteurs est parvenu à guérir tous ses daltoniques; le traitement a varié
de deux semaines à six mois; le deuxième instituteur
n'avait plus, le 2 avril de cette année (1874), que deux
malades sur onze. »
     En interrogeant les sujets guéris, on aurait pu se
rendre compte de la sensation qu'ils éprouvaient. Il ne
paraît pas que cette enquête intéressante ait été essayée.
Le daltonisme accidentel offre moins d'incertitude à cet
égard : on constate sans peine quelle couleur l'œil malade
substitue à la couleur vraie. Un enfant de douze ans s'était
blessé à la paupière de l'œil droit d'un coup de canif
émoussé. La paupière était un peu tuméfiée, la conjonc-
tive injectée. Amené au docteur A. Favre, l'enfant lui
raconte qu'après s'être frappé, il est resté près de cinq
minutes aveugle, puis, qu'il a vu toute espèce de couleurs,
ensuite tout blanc. Le docteur bouche l'œil gauche du petit
malade et présente une pièce de cinq francs devant l'œil
droit; l'enfant dit aussitôt : « C'est de l'or, c'est une
pièce de vingt francs. » Au contraire, à la vue d'une
pièce de vingt francs, il dit : « C'est une pièce d'argent
de dix sous. » Les objets lui paraissaient plus petits et
le blanc métallique devenait pour lui le jaune métallique

et réciproquement. Le sens des autres couleurs n'était pas moins perverti, le rouge lui semblait bleu, le bleu rouge, le vert foncé noir. En général, les contusions de l'œil amènent des teintes sombres. L'organe passe même par des phases diverses. Ainsi, pour un autre malade observé par le docteur A. Favre, vingt jours après une lésion de l'œil gauche, le rouge est rouge, le jaune est vert, le bleu est noir, le violet est vert clair, le violet foncé est vert noirâtre. Dix ou douze jours plus tard, le rouge est vert, le jaune est jaune, le bleu foncé est noir, le violet est rouge ; le jaune, le vert clair et le noir sont perçus correctement. Mais ce qu'il y a de surprenant c'est que l'œil sain, à cette date, s'est aussi dérangé : il voit le rouge vert, le bleu foncé rouge, le violet rose ; le jaune et le vert clair ne sont pas transformés. Dans tous ces cas, la lésion guérie, la perception des couleurs reprend son état normal.

Inutile de citer d'autres faits qui ne nous apprendraient rien de plus.

Le daltonisme accidentel ou congénital semble au premier abord démontrer que les couleurs sont des phénomènes purement subjectifs. On se dit que, le daltonique attribuant aux objets extérieurs des manières d'être qui lui sont propres, rien ne prouve que le reste des hommes ne soit pas le jouet d'une semblable illusion. On conclut ainsi de la maladie à la santé ; on accueille les arguments de l'aveugle contre la lumière. Mais est-il bien vrai que les couleurs perçues par le daltonique soient subjectives ? Examinons ce point.

Dire que les couleurs perçues par le daltonique sont subjectives, cela peut signifier qu'elles sont circonscrites dans les centres cérébraux, sans regard sur l'extérieur ; cela peut signifier aussi qu'elles naissent spontanément dans l'organe oculaire, c'est-à-dire dans la rétine ou sur la choroïde. Nous croyons que ni l'une ni l'autre de ces deux propositions ne peut se soutenir.

D'abord, les fausses couleurs du daltonique ne sont

pas circonscrites dans les centres cérébraux. Elles n'y
naissent même pas. En effet, nous avons vu que l'exercice
rectifie la perception des couleurs, le docteur Favre en
est le garant. Mais l'exercice n'a pas d'influence rectifi-
catrice sur les centres. Les divers échantillons colorés
que l'on fait passer sous les yeux du malade, en le for-
çant de *bien* regarder, exercent une action physique
réelle sur l'organe, sur la rétine même si l'on veut, là où
commence l'action physiologique du nerf optique. Cette
action va-t-elle au delà? Sous sa forme propre, certainement non, suivant l'enseignement des physiologistes. Elle
excite le nerf qui agit imperturbablement de son côté, à
sa manière qui est toujours la même. L'action physique a
beau changer, l'excitation nerveuse n'est nullement modifiée, et par conséquent ne transmet au centre rien de
nouveau. Le traitement ne dépasse donc pas les limites
de l'organe. Après guérison, les centres n'ont pas changé
d'état : le siège des fausses couleurs était donc ailleurs.

Ce siège est la rétine, ou plutôt la choroïde. Le daltonisme produit par les contusions de l'œil nous incline à
le croire; voici un fait qui nous le prouve. Purkinje,
comme on sait, a trouvé le moyen de voir le fond de son
œil. Un soir, répétant cette expérience, j'observai mon
œil droit pendant quelques minutes, puis je voulus
observer mon œil gauche. Mais quel ne fut pas mon
étonnement! De cet œil je ne vis d'abord que de vifs
reflets métalliques verts, bleus et violets, sur un fond
noir formé par la toile cirée de mon buvard. Peu à peu
ces couleurs se dissipèrent, et j'aperçus les vaisseaux de
la rétine congestionnés. Une légère pression des doigts
sur la paupière de l'œil gauche, pendant que j'observais
de l'œil droit, avait suffi pour amener cette congestion
passagère. N'est-il pas naturel de penser que les vaisseaux de la choroïde étaient dans le même état? Si maintenant on se rappelle avec quelle facilité les moindres
actions mécaniques modifient le pouvoir réfringent et
réfléchissant des tissus organiques, on ne pourra s'em-

pêcher de reconnaître, dans la pression exercée par le gonflement des veinules, la cause des fausses couleurs perçues par mon œil gauche. L'expérience renouvelée plusieurs fois depuis a toujours donné les mêmes résultats. Nous croyons que l'on peut sans témérité généraliser cette conclusion et attribuer à l'état anormal des tissus de la rétine ou de la choroïde la raison du daltonisme.

Mais, qu'on le remarque bien, dans ces cas, comme dans tous les autres, il n'y a pas création, il y a seulement analyse et combinaison de couleurs. Lorsque je voyais du vert, du bleu et du violet sur la surface de mon buvard, la toile cirée était éclairée par la lumière d'une bougie. Le violet, le vert et le bleu existaient réellement sur la choroïde de mon œil, de même que toutes les couleurs perçues par les daltoniques sont réellement dans leur organe. La membrane réfléchissante reçoit régulièrement les rayons venus de l'extérieur; elle est infidèle seulement en les renvoyant dans les bâtonnets, les ayant analysés mal à propos au moment où ils tombaient sur sa surface. C'est ainsi qu'une lame très mince, une bulle de savon, les stries microscopiques d'une surface de nacre irrisent la lumière blanche qui vient les frapper. Nous laisserons à de plus habiles le soin d'expliquer ce phénomène dans ces derniers détails. Ce que nous en apercevons suffit pour reconnaître la nature des couleurs perçues par le daltonique.

Appeler ces couleurs *subjectives* est tout aussi légitime que d'attribuer à l'écran et non au rayon lumineux les sept nuances du spectre solaire. L'organe daltonique a tout simplement un vice de construction qui l'empêche de se mouler exactement sur son objet (1).

---

(1) Ce que nous disons ici ne doit pas préjuger une autre question résolue par les physiciens. Pour ces savants, on le sait, les couleurs objectives ne sont autre chose que des différences de vitesse dans les vibrations éthérées. L'*objectivité* des ondes de l'éther nous suffit en ce moment.

Ainsi le daltonisme ne peut en aucune façon aider à refouler la sensation visuelle jusque dans le centre cérébral. Nous avons vu que les autres faits invoqués par les physiologistes n'ont pas plus de vertu. Mais d'autre part l'impression oculaire, nous l'avons vu aussi, est de telle nature qu'elle ne saurait cheminer par les fibres du nerf optique, même groupées trois à trois suivant la théorie de Young. Il faut donc la laisser dans la rétine avec sa forme propre et la douer de la propriété d'être sentie et de tomber sous la conscience en ce lieu. Appliquant aux autres sens ce qui a été vérifié pour la vision, nous devons affirmer, en général, que la sensation se produit au sein même de l'organe des sens, que nous flairons par le nez, goûtons par la bouche, touchons par les mains, entendons par les oreilles et voyons par les yeux.

III

L'INHIBITION

Il est un mot fort usité aujourd'hui parmi les psycho-physiologistes, dont il importe de préciser la significa-tion. Ce mot est celui d'*inhibition*. Il a été inventé, dit-on, par M. Brown-Séquard, l'inventeur aussi du rajeunissement des vieillards. Rien de plus facile que de faire comprendre ce qu'il veut dire.

Nous avons souvent parlé, dans le cours de cet ou-vrage, du *mouvement réflexe*. L'impression reçue à la périphérie par un nerf de sensibilité chemine jusqu'au centre, où il se transforme, puis revient à la périphérie, par un nerf de mouvement, sous la forme d'excitation. Or il arrive, maintes et maintes fois, que l'impression rendue au centre s'y arrête, laissant le nerf de mouve-ment associé dans l'inaction. Combien de fois, en effet, ne recevons-nous pas des sensations par les oreilles, par les yeux, par la peau, sans que nos membres, nos mus-cles sortent de leur impassibilité? Le phénomène réflexe se trouve donc interrompu. La sensation a cheminé jus-qu'au centre, mais là elle s'est arrêtée. Pourquoi n'est-elle pas allée jusqu'au bout en se repliant sur elle-même, comme elle devait normalement le faire? Elle a rencontré un obstacle : il y a eu *inhibition*. Une cause accidentelle est survenue pour lui barrer passage, comme un robinet qu'on tourne pour couper une veine liquide. Ne songez pas à une puissance immatérielle qui règle et mesure le

phénomène à son gré. La cause de l'inhibition est matérielle, de même ordre que le phénomène *inhibé;* c'est un
mouvement des cellules ou des fibres nerveuses qui s'in-
terpose plus ou moins à propos, jetant le désordre dans
l'évolution du phénomène régulier. La pensée est un cas
d'inhibition. La pensée est ainsi un désordre. Il y a
même des psycho-physiologistes qui ne sont pas éloignés
de croire que l'évolution éteindra la pensée dans son
triomphe final.

Il n'est peut-être pas sans exemple que l'inhibition
s'exerce dans les phénomènes physiologiques. Mais vouloir expliquer uniquement par le jeu, tantôt libre tantôt
contrarié, des éléments nerveux tous les phénomènes de
la vie sensible et de la vie intelligente, c'est montrer
qu'on n'a pas la moindre notion de la vie.

TABLE DES MATIÈRES

LIVRE PREMIER

LES FACULTÉS DE LA CONNAISSANCE

APPENDICE

FIN

PARIS. — E. DE SOYE ET FILS, IMPR., 18, R. DES FOSSÉS-S.-JACQUES.

APPENDICE

FIN

PARIS. — E. DE SOYE ET FILS, IMPR., 18, R. DES FOSSÉS-S.-JACQUES.

Documents manquants (pages, cahiers...)
NF Z 43-120-13

Made at Dunstable, United Kingdom
2022-08-09
http://www.print-info.eu/

84214410R00312